吴 南 著

传统宗教"游移现象"的
社会学研究

SOCIOLOGICAL STUDIES ON
WAVERING PHENOMENON IN CHINESE
BUDDHISM AND TAOISM FIELD

适应
FLEXIBILITY AND GUIDING
与引导

社会科学文献出版社
SOCIAL SCIENCES ACADEMIC PRESS (CHINA)

序一——在描述社会现象中展现社会规律

王 继

一般而言，哲学的任务是揭示社会规律，社会学的任务是描述与解释社会现象。但是，吴南同志的著作《适应与引导——传统宗教"游移现象"的社会学研究》，在完成了描述社会现象的同时，却向人们展现出了一条传统文化的生存规律，即必须主动融入现代社会，必须毫无保留地与现代社会基本要素相结合，必须在真正为现代社会提供有益服务的过程中生存发展。她采取的这种研究思路与方法，无疑是质性社会学典型的研究取向。近十多年来，陕西省社会科学院以石英研究员为代表的一批社会学工作者，坚持质性社会学的研究方法，取得了丰硕的研究成果，也影响和带动了一大批社会学工作者自觉把质性社会学的研究方法运用于自己的研究项目中。吴南同志正是其中的佼佼者。

2016 年，她主持承担了国家社会科学基金项目"社会转型期背景下我国'宗教游移现象'的社会学研究"，随即便开始了社会学田野调查。围绕调查主题，她把调研样本点分为三类：首先是佛教文化"游移现象"的典型案例；其次是佛教、道教等在分析中所需要关注的寺院、道观等；最后一类样本点是最具中国本土特色的综合式"游移现象"——庙会。根据田野调查点的特点，她采取了多样化的调研方式，包括参与式调研、访谈、观察、体验等，也因研究需要她多次深入调研地点，收集丰富、生动、鲜活的田野资料。在此过程中，开阔了视野，拓宽了研究思路，增加了研究经验，增强了研究信心。之后，她以这些田野资料为基础，呈现了传统宗教"游移现象"的生态图像。

可以说，她所深入进行的田野调查，是她坚持质性社会学研究的前提和必备条件。质性社会学研究的一个极为重要的特点，是在田野调查取得翔实资料，并描述客观社会现象的同时，必须深入进行经验总结和理论分析，以便科学解释社会现象背后的深层原因。为此，在她的研究中，引入了多种理论，借以对所描述的传统宗教"游移现象"做出理性分析。在她的整个研究过程中，对于相关理论的引入和运用，经历了三个过程。其一，在社会学理论、传播学理论、文化人类学理论和宗教学理论中完成大致的理论选取，并就这些理论中的次级理论围绕本研究的主题进行描述力和解释力的评价；其二，在对这些学科及其理论的整合中，针对所研究的现象得出相关的理论概化结果，为田野调查、事实分析提供指导；其三，就是理论的本土化问题。综合不同学科的理论基础为传统宗教"游移现象"的理论转化提供了必要的前提。参考和吸收前人在社会学、宗教社会学、文化人类学和传播学中的理论观点作为观察分析的思想基础，从而获得对传统宗教"游移现象"描述和知识生产的全新的认识。即在已有的理论图谱的基础上形成对传统宗教"游移现象"可能的分析思路、解读话语和研究结构。还有一层更为重要的意义，就是在汲取前人的成果之后，悬置以往的"概念"，更好地在实地现场实现对现象的考察，发现新的、不同知识的增长点，以本土经验补充相关理论，回答相关问题，从而体现本研究理论自觉的立场、文化自觉的意识和直面现实、回应需要的追求。

正是由于她在研究中坚持了这样的理论自觉，于是，在随后的社会现象分析解释中，达到了一定的高度，取得了相应的研究创新。在研究中，她能够从典型的传统宗教"游移现象"入手，认知传统宗教"游移现象"对经济、文化、社会等领域的影响，从田野资料和文献资料中总结六大类"游移现象"，提出宗教文化的神圣性与社会性的表现形式，化社会或被社会化的过程与结果。

其实，这些原创性的经验总结与深邃的理论分析，已经展现出了宗教文化,尤其是中国传统宗教文化与现代社会全方位融合的基本规律。只是这种展示完全不同于哲学分析,她是在社会学所遵循的社会现象描述中将其体现出来的。这样的研究结果,同时也体现出了质性社会学研究的当代价值。

以上,对吴南同志研究成果的简要评价权作为序,以表祝贺!

2020 年 6 月 7 日

序二——读后随感

江 波

　　眼前这本《适应与引导——传统宗教"游移现象"的社会学研究》是陕西省社会科学院社会学研究所吴南副研究员最新的一部阐释传统宗教与社会互动关系的宗教社会学专著。直接促成其完成此书的原因是她主持的"社会转型期背景下我国'宗教游移现象'的社会学研究"国家社科基金课题。在西方宗教学界的一些观点中，中国是缺乏宗教文化的，充其量只能称之为弥散的宗教。然而，研究者却自觉地以当前传统宗教实践为线索，不仅论证了传统宗教与社会的适应性互动，更是努力探索属于本土的宗教社会学理论，将用中国话语讲述中国故事变成现实，变成不仅仅是一种观念形态而是可以操作的策略选择和真实的成果。在研究过程中，作者以走进田野的本土实证研究为基础，适应与引导作为理论关怀的主题，将宗教文化神圣性与社会性实践作为重要素材，针对中国传统宗教与社会间的互动关系这一核心议题，展开了当代传统宗教"游移现象"全景式的社会学研究。随着课题研究的不断深入，她似乎感受到了在复杂的"游移现象"中，那些生动的实践细节、多元的话语构成、深厚的文化影响、活跃的市场经济、有效的社会治理，以及全球化格局都蕴含了丰富的实务价值和理论创新的可能。这些都为宗教社会学知识系统的本土建构带来了难得的机会。在微观事实情境中发掘新知识、在宏观脉络系统中发挥想象力，透过不同"游移"类型的梳理、比较，在社会事实发生的现场去观察、思考，以获得对"游移现象"新鲜独特的解释。

本书的作者是一位对中国传统文化和宗教社会学有着浓厚兴趣和研究志向的人。用她自己的话说，很久以前便开始对庙会等体现传统文化元素的各类现场、仪式，甚至是对其中各类美味的饮食都抱有特殊的情感。正是"热闹"刺激她逐渐地进入传统文化活跃的空间，由外在、生疏的"观众"变成身临其境、自觉的"研究者"。这一结果细细想来其实也是一种必然。陕西是一个文化大省，这里厚实的传统宗教文化土壤给了她获益良多的生活观察、知识积累和学术发展的可能和机遇。在本书出版之前，她已经出版了《陕西庙会：田野 图像 笔记》一书并发表了若干篇论文、报告。这些成果共同的特征都是依托陕西传统宗教文化、民间信仰实践而完成的。这样的田野经历，当然对她从事本课题的研究有极大的帮助，也使得她的重心不再仅仅停留在对现象的简单描述，而是具有了更加广阔的视野、更多的理论关怀和融多学科视角于一体的研究倾向。

对"游移现象"的研究也存在一定的次第关系。看看本书的目录就可以发现，研究者尤其关心"游移现象"分析的视角，研究的理论起点正是宗教学、社会学、人类学、传播学等相关知识和成果。在她看来，对一切社会现象的阐释都需要理论的支持，也正是对不同学科理论的积淀、汲取和反思，才给予了研究者驾驭"游移现象"观察、捕捉和分析的能力。于是，才有了该研究所具有的创意的观察视角——聚焦传统宗教的"游移现象"，画面感的研究取向——传统宗教与社会间的互动结构与关系，以及承担学术自觉的理论关怀——传统宗教的社会适应及其功能。社会事实分析在这部专著中没有被刻意地组合成僵硬的"规范文本"，相反，在配上网络评论、影像资料和口述经验后，研究成果变身为会说话的"故事"，理论的活化则搭起了事实与理论、历史与现实的桥梁。

本书所关注的社会事实是传统宗教"游移现象"。既然称之为"游移"就必然具有流动、传播、交往的意义。它既包括传统宗教文化向社会多领域的进入，社会不同领域对传统宗教文化发展或强或弱的影响，也意味着它们之间共同的彼此推动与作用，体现的是在互动—适应—再互动—再适应中形成的时空功能和互涉、互嵌、互构的动态力量。对"游移"的研究需要考虑场域，关照能动性。这项研究围绕时代坐标，将不同的"游移现象"进行了基于理论思考的系统分类与生动描述，灵活地模糊了唯实与唯名、静态与动态、结构与过程、事件与行为、内部与外部等在研究中二元对立的边界。该研究通过丰富的实证材料记录了传统宗教的现代性特征，从某种意义上说，它也是为这个时代保留了一份传统宗教发展的备忘录。这些被作者有幸、敏感地捕捉到的有关传统宗教的景象和折射出的变化与发展状态，绝非一种巧合或偶然，而是传统宗教与社会间互动话语及其实践的反映，是研究者使命感的呈现与表达，是文化认同力、学术想象力与社会变迁力在研究实践中的"汇合"。

正是因为研究的对象是"游移现象"，也使得研究成果的呈现充满了故事情节的描述。视觉文本的大量运用是其中的一个特色。传统宗教的流传，其中很重要的部分就是依视觉文化而发展的。作者在这里用相当多的视像方式呈现研究文本，发掘在习惯的研究领域中可能被忽视的新的认知灵感，用图片完成了记忆的翻译，增强了文化研究中必须具备的体验感。你看，她在用镜头记录心灵，用网络文本折射感情，用轻松的学科话语剖析事实，用丰富的案例书写传统宗教的社会适应。也许正是这样的投入感，才将这样一个严肃的话题变得有血有肉，对"游移"的理解也随着时间的推移、研究的深入和思考的完备变得越来越清晰而透彻，字里行间都流动着不息的精神血脉和鲜活的画面。这些图像故事、口述文本、概念陈述、理论分析带给我们的不是散乱的游记、偶发的随想、虚妄的境界，而是关注文化、关注社会、关注现实的沉静下来的思考和耳目一新的探索。

"游移现象"之所以能走进作者的视野，来自宗教学前辈的一次看似不经意的提示。先生在分析当前宗教现象时提出了一个有益的描述性和解释性概念，就是"游移"。就是这样一次偶然的听闻，却开启了作者从事本项课题的思维、视野和深入的研究过程。可以想见，如果没有相关的学科积累、缺乏必要的学术敏感以及对传统文化的高度认同，这样的研究方向和眼下的研究结果都是很难出现的。即便是稍稍放松，这个有价值的选题也会随时消失。因缘契机像是一个推进研究的加速器，在研究主题的吸引和引导下，不断地滚雪球一样的越滚越大。研究者探索的初心和信心，也在研究中发生了不断的"裂变"，她开始特别留意身边的相关"游移"事件，透过"田野"获取不同信息，尽力搜集具有参考价值的研究成果，在学术活动甚至是轻松、不以为然的交谈中"游移"都成了绕不开的"热议"话题。渐渐地，作者将对这一主题的兴趣、关注转化为一种研究的使命和追求。

沿着"游移"的轨迹探索现象及其背后的规律和本质是研究者的用力之处。其中，最能体现这种精神和取向的就是"扎根理论分析方法"在研究中的运用了。针对"游移现象"现有的理论依然存在一些盲区，这一点研究者在理论回顾时就已经注意到了。为了探寻冰山一角下的结构，她将不同类型的"游移现象"、一些看似没有关联的素材摆放在眼前，开始用自己擅长的"功夫"阅读一条条文本，梳理一个个关键词，生成一组组概念，淘汰"废品"、合并"成品"、组装"产品"、凝练"精品"，一幅幅粗糙的思维导图式的画面在她艰辛的付出后形成了"理论"的雏形。这就是基于本土经验的理论生产的过程。接下来，更有意味的元素出现了，"适应"成为挥之不去的重要概念。扎根理论的使用的确能唤醒"自学成才"的喜悦。可以说，如果没有研究道路上的苦苦寻找，没有经历细致入微的对比和筛选，怎么在纷繁的图像里获取有益的答案，又怎能在倏忽不定的信息中浓缩出实在的理论？面对巨大的视觉反差，理论就在"杂"与"专"圆融的处理中产生了新的知识。这真是一次对宗教社会学知识生产逻辑的揭发与检阅。

研究传统宗教文化"游移现象"，要认识它的内涵，发现它的本质，完成对它的想象与知识建构可不是一件容易的事。该研究的呈现有一定的"倒叙"味道。她在基础理论梳理和解读之后，没有过早地将多元的"游移"图像展现在读者面前，而是以概说的形式对"游移"做了看似简短而信息量很大的阐述。作者之所以会用现在的结构组织此书，其中，当然是为了启发读者能体察研究者由发现到理解、由生疏到熟悉、由他者到互为主体的实证过程，使读者在阅读中感受和体会文化田野、本土经验的感染力。这是作者对研究过程描写的潜台词和用心之处。再一个就是揭示了理论提炼与思考的结果，从"游移"的构成要件到机理机制，从互动关系到结构功能，从问题挑战到治理策略等。沿着这样的思路一直读下去，还真有些豁然开朗的感觉。她透过不同场域的现象分析和研究过程的交待，说明"机理权巧游，本质不曾移。适应时空界，传统久常欣"。研究者以神圣性和社会性为坐标，从四个维度对"游移现象"的阐释，对认识传统宗教同社会的互动关系及其形态与影响的确很有启发性。

本书的作者在研究过程中持守着强烈的理论关怀。对传统文化的热爱是她开展本项研究的起点，也相信她会沿着这条道路一直这样走下去。"游移现象"的探索之路更像是一次知识生产的过程。中国的宗教学研究当然需要借鉴西方学术界相关的理论成果。但是，绝不能简单地"嫁接"，这是基本的学科立场。破解宗教社会学研究中西方话语的解释权、审美权，甚至是垄断权，就要发现和坚持中国经验的学术价值，尊重传统宗教的生命力、影响力，在中国脉络和语境中，以文化自觉、理论自觉的心态努力建构中国话语，生产宗教社会学知识，对"游移现象"的研究恰恰体现了这种探索。也许正是这样的"突围"心态，使得作者在理论梳理中总是将中外学术观点包容在一起，形成相互间的积极对话。而其提出的许多观点，也都是将结论牢牢地落在了中国土壤上，并运用于现实的社会治理中。

研究者能出版这样一部有吸引力的著作，并以将要看到的风格和形式呈现出来并不奇怪。在"新"上下功夫是研究者一直努力追求的。围绕传统宗教的社会学研究既要尊重历史学、宗教学的传统取向，又要另辟蹊径，鼓励开放、倾心实证、倡导洞察、守护真实、保持敏感。而要真正走出一条新路来，更要有前瞻性的反省与自觉，将学术关怀和现实关怀置于不可分割、同等重要的位置。"标新立异"的"新"大概也能称为"新"，而作者的"新"却是将注意力投向了现实，投向社会事实发生的现场，在田野里做学问，在实践中出文章。这样，使研究者用"心"完成针对本土"游移"经验的发掘，全书列举了近百个案例，深度剖析了六个典型，正是透过这些自在的积累与书写，从容用心地认识传统宗教的时代价值，彰显文化自觉的重大意义。这项研究还开拓了研究者更"新"的空间。听说作者对今后的研究定位有所细化、深化，将聚焦于传统文化中的祖先信仰及其实践上。她想以凝聚于传统文化中的"根文化"——祖先信仰为切入点，从精神价值、日常生活、仪式制度，从人与人的关系实践中更加深入地理解文化的生命力，探索本该属于宗教社会学知识体系中的中国经验及其话语体系。如何保持一直持守的研究取向和情怀，如何深化研究的选题和领域，又如何体现研究的时代价值和使命，等等，这些都将对研究者提出更高、更新的挑战。

在新时代到来之际，需要更加珍惜中国传统文化留给我们的宝贵财富，发挥其历久弥新的作用。基于中国本土经验的宗教社会学知识体系的探索就是在为接近这一目标的实现而添砖加瓦。期待作者在今后能取得更加鲜活、更接地气、更具文化与社会价值的研究成果。

前　言

　　在部分人的思维中，传统文化给人的印象是过去的、过时的。对此，显然需要做更加深入的辨析。如果讨论者将自己置身于社会文化认同之外，置身于全球文化战略之外的话，那么，对传统文化现代动力的理解，对传统文化多样性作用的判断一定是存在局限、盲点，甚至是误区的。在现代化的今天，重新认识中国的优秀传统文化，尤其是体现中华民族"根文化"内涵（儒释道）、承载中华民族多元文化融合功能（佛教的中国化）、反映中华民族自信元素（作为传统文化一部分的佛教文化）的优秀传统文化，更是这个时代我们需要做，也必须做的事情。

　　习近平总书记对中华文明保护和传承高度重视。他在不同场合一再强调，要把凝结着中华民族传统文化的财富保护好、研究好和利用好。弘扬优秀传统文化是增强民族自信的重要方式。通过对中华文化的弘扬，引导人们树立正确的历史观、国家观、民族观、文化观，不断巩固各族人民对伟大祖国的认同、对中华民族的认同、对中国特色社会主义道路的认同。他深刻地指出，佛教同中国儒家文化和道家文化融合发展，最终形成了具有中国特色的佛教文化，给中国人的宗教信仰、哲学观念、文学艺术、礼仪习俗等带来了深刻影响。作为中国传统文化重要组成部分的佛教是中国文化复兴的重要载体，是建立文化自觉、投身中华文明创造性转化与创新性发展的重要力量。中国要成为和平、可亲、文明的国家，最根本的就是中国文化的复兴。而在中国文化复兴的征程上，中国佛教文化的发展任重道远。

在这里探讨的是我国传统宗教文化在新时代社会转型期发生、发展的多元的"游移现象"。所谓传统宗教，指的是中国传统儒释道三大教，在本研究中更加关注的是在唐代已完成"中国化"进程、具有独立自主品格的佛教。所谓"游移现象"，指的是传统宗教文化与现今社会多领域、多层面、多方面的互动关系、过程及其结果。传统宗教的"游移现象"，反映出我国传统宗教文化发展的现代化、时代化趋势，包容性、开放性特征，以及适应社会、服务社会、维护国家利益、承担社会责任的时代特色。

让中国丰厚的历史说话，让中国生动的传统文化说话。透过对当前宗教文化传播与发展的观察我们发现，以佛教文化为代表的传统宗教在新的历史背景下获得了一些新的发展、扮演着一些新的角色，尤其是在弘扬中国优秀传统文化的今天，其社会功能也更加多元。为了从理论和实践层面更好地认识这一现象，笔者提出了以"游移"为核心概念的研究范畴。传统宗教"游移现象"是认识当前宗教文化发展与传播的一个新的视角。为此，需要在"游移"描述性的理论思维框架下，对"现象"展开深入的探讨。当然，这一研究是基于社会责任感，对这样一个社会现象需要体现出社会立场、政策取向和社会关怀；同时，又要具有知识生产、学科取向和理论关怀。这项研究注重"活化"，经验来自生活和社会现场；"深化"，用理论的思考丰富对现象的解释，建构基于本土经验的理论知识；"转化"，将研究成果服务于社会治理，服务于理论对话，服务于社会。

让中国的经验发声，让中国的经验厚植文化自觉与文化自信。传统宗教"游移现象"的发生、发展在很大程度上促进、影响或制约了社会和谐、国家安全，以及改革发展的大局。社会转型期变迁速度的加快、结构的复杂性，使得传统宗教"游移现象"的频次和强度更加凸显。宗教的公共属性和治理方式的社会化取向，决定了在今后完善宗教政策和实现社会治理体系及能力现代化的过程中更需要高度重视和发挥宗教在社会治理中的作用。为此，研究结果将有助于提高我国宗教政策的适应性和宗教领域社会治理创新的品质。宗教文化的良性发展是特定的宗教文化在同社会、经济、政治、文化，以及人们的社会生活、社会思想几大系统的互动中，不同层次之间的相互促进、相互适应与相互发展。宗教文化与社会主义社会相适应的发展，一方面来源于内在的自我调适，另一方面也需要外在的社会引导。为此，就要以积极的"适应－引导"促进宗教文化的正向发展，激发体现中国传统文化的宗教文化中积极元素的活力，完善宗教领域的社会治理，促进社会稳定，促进宗教文化健康发展。

用中国话语讲好中国故事，用中国话语向世界传递中国声音。在这里关注的主要是学理上的议题。通过对社会转型期中国传统宗教"游移现象"的考察，揭示其结构、类型及本质特征。传统宗教"游移现象"涉及政治、经济、文化及社会等不同领域。本研究以传统宗教"游移现象"的典型事件为依据，将其分为宗教与市场、宗教与社会、宗教与信息、宗教与现代、宗教与世界和宗教与法治等六种类型，在结构功能分析的基础上，回应当代宗教社会学研究所关心的——制度性宗教同非制度性宗教、政治权力与市场经济、神圣与世俗、神圣性与社会性、公共性与个体性等关系的讨论，提出宗教文化的本质特征——神圣性和社会性正是通过宗教文化的传播实践"游移现象"得以呈现，而这些实践活动又在不断地扩展或缩小宗教文化的社会影响。透过对这一现象的阐释，反思经典/传统宗教社会学理论范式的局限。

纵观以往研究脉络，可以发现，其一，在研究视野上，淡化了社会发展与宗教发展的互动关系，忽视了现代宗教发展中的"游移性"特征，缺少对社会转型期中国传统宗教发展"游移现象"的深度描述、归纳与阐释。其二，在理论运用上，大多以西方经验、理论为依据。其实，当前传统宗教"游移现象"正表现出宗教神圣性与社会性的博弈，理性与情感的矛盾，个人化与社会化的竞争，工业化、市场化、商品化与价值性、精神性、超越性的较量等。这恰恰是丰富和建构具有中国特色的宗教社会学理论的机会。其三，在研究取向上，弱化了宗教社会学研究的使命是为宗教领域社会治理创新服务。本研究期待透过对传统宗教"游移现象"的阐释，应对现实对宗教领域社会治理提出的新的挑战。以中国经验为知识生产的基础，探索具有一定描述力和解释力的中国宗教社会学话语体系。宗教社会学理论范式要提高描述和解释宗教发展的能力，就要对经典/传统宗教社会学理论范式展开反思性讨论。

在建构本土宗教社会学理论的过程中，更要将多元的地方经验作为知识生产的基础。探讨宗教社会学知识离不开对作为其存在背景的本土宗教发展脉络的理解与阐释，也只有在分析和比较大量实务经验、典型案例的基础上才能提出宗教社会学新理论范式。宗教社会学是认识宗教现象的一种理论，传统宗教"游移现象"正是在反思"西方化"和"本土化"的过程中，试图阐释本土宗教现象的一次理论尝试。中国的宗教学研究需要学科的融合，呼唤解释中国本土宗教行为经验的宗教社会学理论。

透过实证研究，在对转型期传统宗教"游移现象"进行类型分析之后，围绕宗教－市场、宗教－社会、宗教－现代、宗教－信息、宗教－世界、宗教－法治等六种类型对纷繁复杂的宗教文化现象从经验事实、理论阐释开展深度研判。这些现象尽管可能属于不同的类型，但都是宗教文化对当代社会的适应反映，是"适应－引导"理念的实践结果。研究得出了对传统宗教"游移现象"发生、发展的基本判断。宗教文化资源包括精神性无形资源和物质性有形资源，它们共同构成了宗教文化的神圣性与社会性的内核。宗教的本质是"二性"，神圣性即其内在的品质，社会性即其外在的表现。[①] 正是通过变动的、多样的社会形式，宗教文化在世俗世界中进行着社会适应性实践。传统宗教在社会转型期发生的"游移现象"呈现出来的是宗教文化传播中神圣性与社会性的结构化过程。宗教文化的神圣性和社会性是传统宗教"游移现象"发生、发展的重要因素，社会、政治、经济、文化等社会结构要素是影响传统宗教"游移现象"发生、发展的关键。

在归纳、梳理相关传统宗教"游移现象"典型事件和文本的基础上，本研究采用扎根理论分析方法，针对收集到的不同类型传统宗教"游移现象"中重要的实践主体及其话语文本，系统提炼"游移"实践的目的、目

---

① 王亚荣：《在服务社会中增强神圣性与社会性》，2007 年中国佛教公众形象主题论坛：和谐社会与道风建设。

标、策略、手法等，之后，对参与这一实践的网络跟帖、言论、评论等进行再比较，发现它们之间的异同。在此过程中不断进行编码、比较、理论性采样以达到理论性饱和等。最终，不仅对传统宗教"游移现象"实践的直接原因进行抽象概念化，而且更为重要的是，观察、发现导致传统宗教"游移现象"的深层结构化因素，为实现相关实践话语的进一步理论概化提供指引和依据，从而完成对传统宗教"游移现象"的分析阐释。

开展传统宗教"游移现象"研究的目的在于，将传统宗教置于促进社会经济发展、弘扬中华优秀传统文化、适应国家发展战略的背景下进行思考。在对"六类现象"的分析中，进一步呈现宗教与市场——互利式增长、宗教与社会——共享式超越、宗教与信息——融合式传播、宗教与现代——参与式弘法、宗教与世界——互鉴式交往、宗教与法治——引导式运行等重要描述性和解释性概念。这些对于拓宽宗教社会学研究的领域与思考空间有一定的价值意义。总体来看，传统宗教"游移现象"是"宗教-社会""适应-引导"关系的反映。传统宗教团体基于中国本土特色、社会经济发展、国家法律法规、社会治理创新等要求从自身的组织体系、管理模式、实践取向、发展策略等方面与社会发展的要求相适应，同人民群众的需求相适应，同构建国家大国形象相适应等是研究的基本思考。

在研究中揭示社会转型期传统宗教"游移现象"中存在的问题也是笔者关注的议题。在"游移"过程中，尽管整体态势正面积极，但与之相伴，也出现了一些不适应的问题。敏感地意识到并揭示其中的风险和挑战，也是本研究力图做出的。在此基础上，还从社会政策视角进一步思考，提出了基于实证研究的完善宗教领域社会治理的策略。在社会主义新时代，以法治引导宗教运行，积极促进宗教与社会主义发展相适应，是正确处理宗教文化与社会关系的根本途径。

本研究期待能体现如下一些特色。

①时代性。紧扣当前社会发展与时代特征，关注宗教文化的发展现状，尤其是以佛教的现代化为对象，研究传统宗教文化主动面对各种挑战，适应

现代社会的努力，观察"游移现象"同时代的互动关系。

②循证性。以实证的态度和实践获取研究证据、得出研究结果。为发现传统宗教"游移现象"的本质寻找证据，从现实场景到虚拟网络，考察研究对象的价值取向、行动意愿、客观条件及环境因素，对相关的事实力争完整描述，对相关的理论概念努力探索丰富的词汇意义，以寻求最好的证据，促进证据的合成及"游移现象"知识的生产。

③理论性。关注"游移现象"的通意本质及其在中外理论对话中的意义，关注"游移现象"的描述性和解释性价值，发现"游移"的运作机制、内在动力、规律本质等。思考和理解宗教与市场、宗教与社会、宗教与信息、宗教与现代、宗教与世界、宗教与法治的互动，以及神圣与世俗、宗教现代性等论题，建构宗教"游移现象"与宗教社会学理论本土化之间的理论联系。

④融合性。传统宗教"游移现象"的研究需要单一性与多元性、层次性与系统性的整合，主要体现为，运用多学科知识对研究主题进行立体的讨论和阐释，并将包容、杂糅的本土宗教活动庙会纳入研究议题；在研究方法选取上，将质性研究方法即文本话语分析、影像文本等同扎根理论方法相结合，将社会事实研究成果和网络文本结合，对不同类型的代表性事件/活动开展深度描述和分析；运用多元研究方法深入社会事实的深层结构，系统描绘"游移现象"。

⑤政策性。体现宗教领域的社会治理取向。传统宗教"游移现象"的研究目的在于推进宗教文化适应新时代的社会发展，为社会服务，为完善宗教领域的社会治理献计献策，为弘扬中华优秀传统文化，为分享中国经验，为世界文明的发展做出中国贡献。

⑥差异性。"游移"是宗教文化发展中的正常现象，体现宗教文化与宗教文化之间、宗教文化同社会之间的互动关系。研究注重从多学科、多角度、多层面出发比较不同类型的"游移现象"实践，体现差异性及关联性。

当然，在研究中也存在许多不足或欠缺，尚需深入研究的问题等。如所选用的案例以佛教为主，而且，这些资料大多出自网络文本。另外，一些有影响力的传统宗教"游移现象"可能也未能全部受到关注，部分素材的疏漏可能会导致话语概念化时理论饱和的缺失，在一定程度上制约扎根分析的效果。这项复杂的研究注定是一个很难令人满意的研究，其中出现的问题或错误，欢迎批评指正，也期待在今后的研究中进一步完善。

目　录

第一部分
导论　传统宗教"游移现象"
研究设计与执行

　　简单地说，传统宗教"游移现象"是传统宗教文化在其发展和传播过程中发生的向社会其他领域的延伸、扩展和传播。从表象上看，它是一种文化现象。然而，如果细细观察分析便会发现，它是同社会中政治、经济、社会、生态等现象相互纠缠、相互影响的。正是基于此，传统宗教"游移现象"的取向是多方面、复杂的，它是由相互关联的许多方面构成的；"游移"的形态也是多样、动态的，它会随着宗教与社会互动的情境而发生改变；"游移"的影响又是不可低估、不确定的，它具有显性和隐性的功能，长时段和短时段的作用。尽管"游移现象"的呈现方式、关注主题和可能带来的后果存在差异或不同。但是，笔者还是想透过对这一现象的研究，在传统宗教"游移现象"这一议题下，从宗教文化发展与社会适应的观察视角出发，努力寻找传统宗教"游移现象"共性特征、实践逻辑、运作方式和社会影响等，从理论和实践层面开展相关的探讨，为本土宗教社会学研究发声，为宗教领域的社会治理献策，从而体现中国宗教社会学研究的文化感、社会感和使命感。

　　传统宗教"游移现象"课题的产生源于之前对社会上一些宗教现象的观察和兴趣。在课题进程中，才逐渐注意到宗教文化在当前社会中的发展与传播这个论题。也几乎是在同时，社会上出现了一系列有关宗教文化的热点事件、舆论和重要的活动。如何概化这一宗教"现象"，是"衍生""传播""扩展"，还是其他？"游移"就这样进入了我们的思维和理论的空间。习近平总书记在宗教工作会议上的讲话，"做好新形势下宗教工作，就要坚持用马克思主义立场、观点、方法认识和对待宗教，遵循宗教和宗教工作规律，深入研究和妥善处理宗教领域各种问题，不断丰富和发展中国特色社会主义宗教理论，用以更好指导我国宗教工作实践"，① 为本研究的设计和执行明确了重要原则，指出了正确方向和确定了主要思路，研究站位、定位更加清晰，目标、取向也更加准确。新修订的《民法总则》《宗教事务条例》等相继出台，这些都在不断地刺激和促使新的思考，完善研究计划的大框架和调研样本的选取。也可以说，本研究是关于宗教文化研究的再一次回响。

本研究探讨的是我国传统宗教在社会转型期发生、发展的多元的"游移现象"。所谓传统宗教，是指中国传统儒释道三大教，在研究中更加关注的是在唐代已完成"中国化"进程、具有独立自主品格的佛教。所谓"游移现象"，指的是传统宗教文化与现代社会多领域、多层面、多方面的互动关系、过程及其结果。传统宗教的"游移现象"反映出我国传统宗教文化发展的现代化、时代化趋势，包容性、开放性特征，以及适应社会、服务社会、维护国家利益、承担社会责任的时代特色。

围绕传统宗教"游移现象"的研究方法论框架和研究方法，在研究之初就予以了特别的关注。如何正确理解和定位传统宗教"游移现象"？宗教文化在参与社会实践中的积极作用和消极影响有哪些？宗教文化与社会的关系是怎样的？这些不仅仅是对这一现象的社会提问，更是基于方法论思考的结果。也就是在这样的基础之上，才确定了研究的理念，制订了调研计划，并开始了不间断的文献分析和实地调查。其中的原因在于，当时的基本共识是，对现象的分析需要有根基，那就要深入社会现象发生的现场，对理论的思考也应落实到不同文献和具体文本之中，理论梳理、政策解读、话语分析

---

① 《习近平：全面提高新形势下宗教工作水平》，新华社，2016 年 4 月 23 日。

等都成为新的"田野"工作。在这个过程中，逐步对多元、复杂、宽泛的传统宗教"游移现象"研究进行了聚焦，重点围绕"六大主题"进行了关于传统宗教"游移现象"内涵、特征、动因、功能、机制、趋势及治理的实务与理论讨论。

一 研究背景

就书中出现的传统宗教"游移现象"在之后将有详细的论述。这里，为了更快速、简明地进入讨论脉络，需要对背景做一大致的说明。传统宗教"游移现象"表明了研究目的，说的是发生在宗教与社会互动过程中，呈现宗教文化发展与传播的一种社会现象。另一个是"转型期"三个字，传统宗教"游移现象"发生在不同的历史时期，然而，受到时代变迁和社会、政治、经济、文化发展背景的影响，这一现象表现出不同于过去的新形态、新特点和新趋势，这当然引发了关注的兴趣和开展深入研究的意愿。还有一个需要特别说明的就是"研究"。传统宗教"游移现象"观察视角的产生实际上是基于宗教行为、宗教实践、宗教发展、宗教事务、宗教工作、宗教理论、宗教政策等，这些一直是宗教社会学关注的重要领域。将传统宗教"游移现象"作为立足点，对新时期宗教文化发展与传播"游移现象"的研究无论是对丰富宗教社会学理论话语，还是回应现实完善社会治理，都具有理论价值和现实意义。

（一）研究的缘起

1. 作为社会事实的传统宗教"游移现象"

在社会转型期的当下，宗教文化的公共影响和社会功能日益凸显，宗教文化发展出现了社会化与私人化、世俗化与神圣化、群体化与群际化、区域化与国际化等相互交织的态势。其中，宗教"跨界"传播与"跨领域"影响的传统宗教"游移现象"，即宗教间相互影响，以及宗教主动或被动、常态或非常态地进入社会生活其他领域的发生频次、互动范围和介入强度都明显增多，并产生了多元、复杂的影响，给宗教领域社会治理带来了新的机遇与挑战。近年来，在社会上有较大影响的活动/事件包括新修订的《宗教事务条例》、世界佛教论坛、法门寺佛指舍利出访、莫迪访华、海上丝绸之路佛教与文化之行、少林寺事件、兴教寺"申遗"事件、都市禅堂、李一事件、"法海事件"、明星皈依、《浙江省宗教建筑规范》之争，以及宗教网站、宗教用品交易会和各类新兴民间宗教信仰，甚至还有披着宗教外衣的暴恐事件等。这些都是传统宗教"游移现象"的突出反映。因此，在高度关注这一现象的同时，需要反思以往宗教社会学的描述力和解释力，提出和回答适合中国经验的宗教社会学理论体系，并为积极回应宗教领域社会治理创新提供理论与政策支持。

2. 作为完善宗教领域社会治理的"游移现象"

全面提升治理体系和治理能力现代化水平是新时代的任务，不断完善宗教领域的社会治理也成为社会转型期需要面对的迫切课题。2018年国务院新闻办公室发布的《中国保障宗教信仰自由的政策和实践》白皮书指出，"保障宗教信仰自由，妥善处理宗教关系，使之与时代相适应。中国走出了一条依法保障宗教信仰自由、促进宗教关系和谐、发挥宗教界积极作用的成功道路。"① 习近平总书记指出，宗教是文化的重要组成部分。宗教界要与社会主义社会相适应，宗教工作的本质是群众工作，要在法治轨道上推动宗教工作。② 我国宗教工作的实践需要基于本土的宗教理论。"游移现象"成为探索新理论、回答新问题、提出解决新方案的契机与通道。这一研究可以为完善宗教领域的社会治理提供理念与实践支持。

3. 作为与宗教文化发展相应的"游移现象"

改革开放以来，我国宗教文化在与社会主义相适应的大前提下获得了较好较快的发展。关于我国宗教信仰的发展现状，2018年国务院新闻办公室发布的白皮书指出，"佛教、道教、伊斯兰教、天主教和基督教等为主要宗

---

① 国务院新闻办公室：《中国保障宗教信仰自由的政策和实践》（白皮书），人民出版社，2018。

② 《习近平：全面提高新形势下宗教工作水平》，新华社，2016年4月23日。

教信仰"。依法登记的宗教活动场所 14.4 万处。中国的宗教团体约 5500 个。宗教院校共 91 所。相比于 1997 年国务院新闻办公室发布的《中国的宗教信仰自由状况》白皮书中提到的"据不完全统计,中国现有各种宗教信徒一亿多人"的数据,五项统计指标数据均有不同程度的增长。此外,白皮书(2018)还明确提出,目前还存在多种民间信仰,它们与当地传统文化和风俗习惯结合在一起。宗教的发展带来了宗教与社会互动形态的多样化和丰富性。

4. 作为反映宗教与社会互动关系的"游移现象"

宗教与社会主义相适应是新时代对宗教发展的本质要求。2018 年国务院新闻办公室发布的《中国保障宗教信仰自由的政策和实践》中清晰地指出,"中国各宗教在发展过程中历来有与中国优秀传统文化相融合、与社会发展现实需求相适应的特点"。同时,在把握宗教发展规律的前提下,变"倡导"为"引导",提出引导宗教与社会主义社会相适应,充分体现了党和政府积极主动的态度,以及基于五千年中华文明的文化自信。"适应"与"引导"正是协调和处理这一关系最核心的内涵和要求。

5. 作为宗教社会学研究的传统宗教"游移现象"

基于对宗教文化发展的客观判断,从社会学视角将传统宗教"游移现象"进行类型化、结构化和系统化的归纳、分析及阐释。我国社会转型带来了社会关系、社会结构和社会文化的多元、多变和多样。与之相应,宗教文化及其传播在信息化、全球化和市场化等力量的推动下变得更加活跃而复杂。社会发展与宗教发展间的互动逐渐频繁,影响也愈加明显。我国有丰富的宗教资源,其现实表现形态为宗教样态增多、信众数量猛增、社会功能凸显和活动"边界"模糊化的倾向等。本研究以社会转型期中国宗教文化发展的重要特征传统宗教"游移现象"为主线,阐释传统宗教"游移现象"的类型、关系维度、运作过程、结构功能,及其复杂影响。在此基础上,反思西方宗教社会学理论范式,提出基于中国经验的传统宗教"游移现象"的解释。西方宗教社会学理论中"神圣与世俗"二元对立的分析模式,并不适用于我国的传统宗教"游移现象"。传统宗教"游移现象"延续了许多传统中国的价值与习惯，如"天人合一""敬天法祖"等，信仰实践与日常生活相互融合。因此，中国宗教文化传统是丰富多彩、多元一体、均衡包含的。同时，在现代化、全球化的进程中，现实与传统、本土与西方的交叠与碰撞也唤起了本土文化自信与文化自觉。本研究探讨了基于本土经验的传统宗教"游移现象"，思考从理论层面阐释传统宗教"游移现象"，丰富体现本土特征的宗教社会学知识体系，推进宗教社会学理论中国化进程。

（二）研究准备

对传统宗教"游移现象"进行实证描述与理论分析，并不仅仅是运用社会学、宗教学的知识，还包括文化学、传播学、政治学等理论的支持。它无疑是一个复杂的研究议题。面对这一较为宽泛的研究对象，前期准备十分重要，它关系到在研究进展中有效地利用相关的学科知识、确认研究开展的路径，以及拓展思考的空间和深度。这一环节对明确研究目标、厘清研究思路、指导研究实践、清晰研究推进、调整研究方案、深化研究议题，以及达成研究结果至关重要。在这一阶段，主要是结合自身研究方向、课题类别和必要的知识储备完成了对传统宗教"游移现象"相关理论的回顾、梳理和分析，在此基础上，围绕研究主题提出了一些开放性、基于质性研究思维的判断与思考。

1. 理论回顾

宗教社会学研究曾长期为西方学者垄断，产生了一系列基于西方经验的假设、概念、命题和理论解释。在经典宗教社会学理论中，马克思认为宗教具有意识形态内涵，为统治阶层提供正当化依据，涂尔干则更关注宗教信仰在促进社会整合和秩序上的重要作用，韦伯提出宗教信仰对于既定的社会秩序将产生不稳定的影响。20世纪50年代，世俗化理论占据主导地位，认为现代性必然带来宗教的式微。之后，理性选择理论问世，认为开放性宗教市场中宗教竞争度的提高，会带来强大的"宗教经济"以及强劲的宗教活力。再往后，市场论、后世俗化理论崛起，从信仰与实践之间的复杂关系重新认识宗教的社会意义，对宗教与现代性、权力、文化等展开讨论。在国外研究中，直接以传统宗教"游移现象"为观察视角开展的理论或实证研究并不多见。只有神学家爱德华兹在早期使用过"信仰游移"概念。在目前学界较有影响的宗教社会学理论则间接地涉及本议题。比如，新世俗化理论认为，宗教世俗化包括世俗生活与宗教规范的脱离以及宗教退入私人生活领域，宗教的作用或影响是与其他因素协力并且通过其他因素而产生的，等等。①

一些对中国宗教感兴趣的学者，结合中国宗教信仰实际开展理论反思，提出"弥散性"宗教概念，指出宗教对维护社会秩序稳定具有重要贡献，认为管制导致了宗教市场的复杂化的"宗教三色市场论"。也有观点指出，中国宗教在某种意义上是一个公民宗教，其基础是一种社会和宇宙的互相渗透，宗教与世俗不相分离，中国社会是一个生态系统，宗教是这个系统中的一个元素且与其他元素存在互动，分析宗教必须与这些元素相结合，当前中国宗教发展朝着国家主导的世俗化、宗教化、理性化和躯体化方向发展，中国信仰实践将"神圣"与"世俗"掺杂并融合于日常生活，其复兴是适应新的经济、社会和政治变革及政治和经济合力的结果等。当然，其中一些观点也受到国内学者的批评，认为其概念和理论来自西方经验，不适用中国现实，会遭遇适应性难题等。上述理论注意到宗教的"跨界"特征，但并没有形成对传统宗教"游移现象"的理论分析架构。此外，社会互动理论、传播理论、网络社会理论，以及后现代社会理论等也在一定程度上为开展传统宗教"游移现象"研究提供了支持。

近些年，国内宗教社会学发展进程明显加快，田野实证和理论建构取得一定进展。国内从事宗教学、社会学的部分学者转向本土宗教社会学实证和理论研究，出版有《宗教社会学教程》《美国宗教社会学理论》《宗教社会学》集刊，在中国社会学年会上创办"宗教社会学论坛"，成立专业委员会，以及培养专业博士等，大大推动了宗教社会学在中国的发展。

针对社会转型期我国传统宗教"游移现象"的研究，国内学界的直接

---

① 〔美〕彼得·伯格等：《宗教美国，世俗欧洲？》，曹义昆译，商务印书馆，2015。

成果并不多见。涉及该议题的主要有，通过对中国宗教历史和现实的透视，在理论上，提出了基于本土经验的相关命题，其中，持"宗教生态多元通和模式"的学者认为，现存的不同宗教在其历史发展过程中大多适应了我国多民族、多宗教的国情，形成了和谐共处的关系；① "三大板块"说则将中国宗教在"一体多元"特征下分为获得国家政治支持的以五大宗教为代表"护持"型的"核心"板块，五大宗教外宗教和教派为"自发"型的"新生"板块和大众信仰、民间信仰、神灵崇拜、英雄及领袖崇拜为"模糊"型的"边缘"板块，并出现政治、社会和文化三个层面的世俗化。② 也有学者认为，信仰是一种以神人之伦为基础的权力关系的建构，呈现一种个人信仰与家族、伦理、国家、权力之间重叠与互动涉及公共性与私人性的整体关系。围绕理论建设，有观点指出，不能全盘照搬西方理论，也不可过分强调非西方文化的特异性，认为民间信仰是中国"最重要"的宗教传统具有很强的渗透性和包容力。也有学者通过对公众信仰和新兴宗教的实证研究，发现宗教传播中的不确定性与交织性特征；还有学者围绕城镇化进程对宗教的影响开展调研。这些研究对推进宗教社会学的中国化起到了重要作用。但是，这些成果大多只涉及宗教活动的跨界表象，并没有形成针对传统宗教"游移现象"的完整梳理、深度研究和系统阐释。

2. 基本判断与设想

当前我国发生的传统宗教"游移现象"大量案例揭示出宗教文化与社会各层面各方面的互动关系及其结果，反映出我国宗教文化发展的现代化、本土化、包容性、开放性特征和适应社会、服务社会、维护国家利益、履行社会责任的时代特色。中国历史上一直延续至今的文明互鉴、文化共享等成功经验为当代的传统宗教"游移现象"提供了宝贵的历史资源及现实实践路径。

中华文化是中华民族历经数千年文明实践创造汇集而成的智慧结晶，是中华民族历史上各种思想文化、观念形态的总汇。中华文化包含了历史上形

---

① 牟钟鉴：《宗教生态论》，《世界宗教文化》2012 年第 1 期。
② 汪仲启：《卓新平：从宗教和谐角度推动社会发展》，《社会科学报》2015 年 12 月 10 日。

成的对中国历史和文化的走向有着重大影响的多元文化形态。中华文化的主体，是由儒、释、道多元思想学说构建而成的，它广泛地影响着中国人的思想和行为的主流观念和价值取向。中华多元文化的包容并存、互尊互鉴，是中华民族数千年历史沉淀的优良传统，能够积极广泛地与世界其他各文明价值体系互相接纳、吸收，并进一步互相促进、丰富、发展和共同繁荣。①

中国自古就是多民族、多宗教和多神崇拜的国家。"多元一体"格局促成文化上的多元性与同体性互含、相互吸纳、中道不偏的中国宗教文化生态的多元共和模式。②宗教以人为本，宗教以人文为主导。在儒家中和之道、佛教和合之道、道家柔和之道的影响下，宗教的和平主义自然成为主流，极端主义不易产生。正因如此，我们所能看到的，多数宗教内部、不同宗教间，以及宗教与社会间的互动关系，均以"和谐"为主调，形成了较为稳定的系统结构。③

如何引导宗教文化与社会主义社会相适应？宗教文化的现代发展与传统文化的传承关系如何适应？宗教文化精神性与物质性之间的关系如何？宗教文化研究是围绕社会性与个体性，还是社会化与个人化？在关注宗教中国化、现代化、全球化的同时是否还需积极思考化现代、化全球？这些都是需要研究的主要议题。

（三）研究意义

传统宗教"游移现象"是对当前宗教文化发展与传播认识的一个新的视角。为此，需要在"游移"描述性的理论思维框架下，对"现象"展开深入的探讨。当然，这一研究一方面是基于社会责任感，对这样一个社会现象需要体现出社会立场、政策取向和社会关怀；同时，又要具有知识生产、学科取向和理论关怀。这项研究中强调"活化"，来自生活和社会现场；"深化"用理论的思考丰富对现象的解释，建构基于本土经验的理论知识；

① 楼宇烈：《佛教中道圆融精神与文明交流互鉴》，第五届世界佛教论坛。
② 王毅：《中国传统和谐文化研究三十年综述》，《东方论坛》2015年第3期。
③ 宽运法师：《交流互鉴 中道圆融》，第五届世界佛教论坛。

"转化"将研究成果服务于社会治理，服务于理论对话，服务于社会。

1. 理论价值

通过对社会转型期中国传统宗教"游移现象"的考察，揭示其结构、类型及本质特征。传统宗教"游移现象"涉及政治、经济、文化及社会等不同领域。本研究以传统宗教"游移现象"典型事件为依据，将其分为宗教与市场、宗教与社会、宗教与信息、宗教与现代、宗教与世界和宗教与法治等六种类型，在结构功能分析的基础上，回应当代宗教社会学研究所关心的制度性宗教同非制度性宗教、政治权力与市场经济、神圣－超越性与社会－世俗性、公共性与个体性等关系的讨论，提出宗教文化的本质特征神圣性和社会性正是通过宗教文化的传播实践"游移现象"得以呈现的，而这些实践活动又在不断地扩展或缩小宗教文化的社会影响。

透过对这一现象的阐释，反思经典/传统宗教社会学理论范式的局限，并试图有所突破。纵观以往研究可以发现，其一，在研究视野上，淡化了社会发展与宗教发展的互动关系，忽视了现代宗教发展中的"游移性"特征，缺少对转型期中国传统宗教发展"游移现象"的深度描述、归纳与阐释；其二，在理论运用上，大多以西方经验、理论为依据，其实，当前传统宗教"游移现象"正表现出宗教神圣性与社会性的博弈，理性与情感的矛盾，个人化与社会化的竞争，工业化、市场化、商品化与价值性、精神性、超越性的较量等。这恰恰是丰富和建构具有中国特色的宗教社会学理论的机会。为此，在研究取向上，强化了宗教社会学研究的使命是为宗教领域社会治理创新服务，期待透过对传统宗教"游移现象"的阐释，应对现实对宗教领域社会治理提出的新的挑战。本研究正是基于以上思考提出的。

以中国经验为知识生产的基础，探索具有一定描述力和解释力的中国宗教社会学话语体系。宗教社会学理论范式要提高描述和解释宗教发展的能力，就要对经典/传统宗教社会学理论范式展开探索性讨论。在建构本土宗教社会学理论的过程中，更要将多元的地方经验作为知识生产的基础。探讨宗教社会学知识离不开对作为其存在背景的本土宗教发展脉络的理解与阐释，也只有在分析和比较大量实务经验、典型案例的基础上才能提出宗教社会学新理论范式。宗教社会学是认识宗教现象的一种理论，传统宗教"游移现象"正是在反思"西方化"和"本土化"的过程中，试图阐释本土宗教现象的一次理论尝试。中国的宗教社会学研究需要学科的融合，呼唤解释中国本土宗教行为经验的宗教社会学理论。

2. **实践意义**

传统宗教"游移现象"的发生、发展在很大程度上促进、影响或制约了社会和谐、国家安全，以及改革发展的大局。社会转型期变迁速度的加快和结构的复杂性，使得传统宗教"游移现象"的频次和强度更加凸显。宗教的公共属性和治理方式的社会化取向，决定了在今后完善宗教政策和实现社会治理体系及能力现代化创新的过程中更需要高度重视和发挥宗教在社会治理中的作用。

研究结果将有助于提高我国宗教政策的适应性和宗教领域社会治理创新的品质。宗教文化的良性运行，是特定的宗教文化在与社会、经济、政治、文化，以及人们的社会生活、社会思想几大系统的互动中，不同层次之间的相互促进、相互适应、良性发展。宗教文化与社会主义社会相适应的发展，一方面来源于内在的自我调适，另一方面也需要外在的社会引导。为此，就要以积极的"适应－引导"促进宗教文化的正向发展，激发体现中国传统文化的宗教文化中积极元素的活力，完善宗教领域的社会治理，促进社会稳定，促进宗教文化健康发展。

二 研究设计

对于传统宗教"游移现象"这样一种宗教实践活动，以什么样的理论关怀和社会关怀看待它是摆在研究者面前的一项挑战。怎样将"学术的"与"政策的"、"现实的"与"理论的"等有机整合在一起，体现宗教社会学研究的思想性、社会性，学术价值感和社会使命感，这也需要在研究脉络中具有自觉和清晰的认识。社会学研究是这样，对传统宗教"游移现象"的宗教社会学研究当然也应该是这样，需要有明确的目的、目标和理念。研究还需要回答如何解释传统宗教"游移现象"，它同宗教文化内在特征的关联、同社会的关系，甚至还包括同研究的关系。要认识和分辨好这样一些关系并非易事。这不仅仅需要一个包容不同现象层次、发生时空差异、社会认同与实践且符合逻辑的研究框架，其背后需要有研究的价值观和方法论规范，以及研究路径和具体方法。

（一）研究目的

习近平总书记在十九大报告中专门对新时代宗教工作提出了明确要求，"全面贯彻党的宗教工作基本方针，坚持我国宗教的中国化方向，积极引导宗教与社会主义社会相适应"。在"亚洲文明对话大会"开幕式主旨演讲中，习近平总书记提出，积极推动不同文明交流对话、和谐共生。中华文明是亚洲文明的重要组成部分，中华文明是在同其他文明不断交流互鉴中形成的开放体系。从历史上的佛教东传、"伊儒会通"，到近代以来的"西学东渐"、新文化运动、马克思主义和社会主义思想传入中国，再到改革开放以来全方位对外开放，中华文明始终在兼收并蓄中历久弥新。①

传统宗教"游移现象"既是宗教发展历史坐标中的常态，也是当前宗教发展中的常态。任何文明都是流动、开放的。② 本研究透过传统宗教文化传播与发展中的"游移现象"，折射文明、文化的流动、影响及功能作用。研究传统宗教"游移现象"的目的，是通过对宗教文化在现代社会中的表现形式、类型特征、结构功能、运作机制及内在本质特征等现象的描述阐释，提出理论命题，从而为积极引导宗教文化与当代文化相适应、与现代社会相适应提供理论及现实依据。

---

① 习近平：《深化文明交流互鉴　共建亚洲命运共同体——在亚洲文明对话大会开幕式上的主旨演讲》，2019 年 5 月 15 日。

② 《中华文明应为亚洲文明和世界文明做出更大贡献》，《人民日报》2019 年 5 月 19 日。

（二）研究目标

1. 系统阐释社会转型期中国宗教文化与社会互动中值得关注的传统宗教"游移现象"

传统宗教"游移现象"是宗教文化与社会各层面、多领域的互动过程与结果。它既是宗教文化历史发展中的基本特征，也是当前宗教文化与社会关系发展的常态。所谓历史发展的特征，是从历时上看，任何宗教从其发生之日起就伴随着社会的发展而发展，[①] 并在其中占据着不同的位置，发挥着不同的影响。说它是常态，更确切地说是宗教文化在当代社会以一些新的形态与现实社会互动，从而运用不同的传播手法，体现不同的自我形象，显现不同的社会意义。

针对宗教"游移现象"虽然有人提到过类似的概念，但是其主要是基于宗教信仰的变化或改变，并不是在宗教文化传播意义上提出的。本研究使用传统宗教"游移现象"作为核心概念是想表达，当前宗教文化对社会发展的反应取向和互动方式都在发生一定变化，期待学术界关注和阐释这一变化的特征，回答宗教文化的社会性究竟是什么，其未来发展的趋势又将是怎样。归根到底，就是讨论这样一个问题，宗教文化与社会的互动关系是由哪些力量影响和决定的，是单向影响/适应，或是双向影响/适应，以及多重确定或不确定要素互动而成的。

在现代性背景下，宗教文化发展呈现新的状态和面貌。为了与社会发展相适应或影响社会发展的走向，相关主体会在互动中产生不同的"游移"图像，以实现自身的目的。为了对传统宗教"游移现象"有更加深入的描述，有必要对这一现象做出进一步的理论阐释。

2. 探索建构基于中国经验的传统宗教"游移现象"的理论解释

宗教－市场、宗教－社会、宗教－现代、宗教－信息、宗教－世界、宗

---

① 吴南、李明：《对当前"宗教游移现象"新特征的社会学思考》，《西北民族研究》2016 年第 1 期。

教－法治等六种类型是宗教文化在现代社会中的发展和表现，是对纷繁复杂的宗教文化现象从经验事实上分类归纳而得的。从全球的宗教发展现象来看，宗教文化在现代生活中并不像早先的预言那样趋于衰落，而是以种种具体的、灵活的形式融入现代生活。传统宗教"游移现象"即是对宗教文化在现代社会中具体转变的描述、归类、分析和解释。宗教文化的转变受到现代社会的深刻影响。但是，宗教文化作为中国传统文化的重要组成部分，数千年来影响着民众的思维方式、行为风俗以及群体生活，其内在的价值体系所具有的稳定性，促使其在现代社会中持续发挥作用。

总体来看，传统宗教文化"游移现象"是"宗教－社会"的"适应－引导"关系，宗教团体基于中国本土特色、国家法律法规、社会治理创新等要求从自身的组织体系、管理模式、传播策略、发展规划等方面与社会发展的要求相适应，弘扬中华优秀传统文化，努力使宗教教义教规同中华优秀传统文化相融合。在社会主义新时代，以法治引导宗教运行，促进宗教与社会主义发展相适应，是正确处理宗教文化与社会关系的根本途径。宗教－市场、宗教－社会、宗教－现代、宗教－信息、宗教－世界、宗教－法治等六类尽管是不同的类型，但都是宗教文化与当代社会相适应的反映，是"适应－引导"理念的实践，其实践的结果显现出信仰人数、社会影响、社会治理、文化自信等方面的动态变化。

3. 提出完善我国宗教政策和宗教领域社会治理创新的对策和建议

传统宗教"游移现象"也在启示我们，要用发展的态度认识和治理宗教文化与社会的关系，用实事求是的精神面对和引领宗教文化的发展。传统宗教"游移现象"是宗教文化社会化的过程，它透过不同的取向选择不同的路径、方式、节点等实现宗教文化与社会的互涉，实现宗教文化与社会间的合作与共赢。为此，阐释传统宗教"游移现象"的发展趋势对把握宗教文化的发展规律、主动发挥宗教文化的社会功能、完善宗教领域的社会治理都是十分必要的。

提升宗教领域的社会治理品质，要看清传统宗教"游移现象"的社会影响，贯彻落实宗教会议精神，以"导"为取向，在"导"上想得深、看得透、把得准，做到"导"之有方、"导"之有力、"导"之有效，积极掌握宗教工作主动权,实现对宗教事务的良性治理。为此,正视当前传统宗教"游移现象"这一事实,重视宗教文化可提高国家"软实力"的同时,关注宗教文化发展受到资本过度侵入带来的危险性,意识到其他势力的介入对宗教良性发展的影响。同时,更要敏感地意识到不规则的传统宗教"游移现象"可能给社会带来的风险,并将它放置在宗教领域社会治理的重要议题和实践策略中去思考。

(三)研究理念

1. 时代性

紧扣当前社会发展与时代特征,关注宗教文化的发展现状,尤其是以佛教现代发展为例,研究宗教文化主动面对各种挑战、适应现代社会的努力,观察"游移现象"同时代的互动关系。习近平总书记指出,要坚持我国宗教中国化方向,这是引导宗教适应社会主义社会的工作重点。[①]"我们必须站在政治和全局的高度,充分认识宗教问题的特殊复杂性,积极稳妥地做好宗教工作。"[②] 这就要求宗教社会学研究要在顺应中国政治、融入中国文化、适应中国社会的基础上,形成具有中国话语力量的宗教社会学知识体系,践行中国表达、强化中国风貌,把当代中国宗教文化的发展呈现好、阐释好、建构好。中国宗教社会学特色学科体系的构建,需要立足中华文化、中华民族和中国社会的丰厚土壤,才能做到真正融入与促进认同。

2. 循证性

以实证的态度和实践获取研究的证据、得出研究的结果。在研究中将收集相关的学术观点或社会反应、不同类型的事件、活动案例、影像资料等,确证其真实性。[③] 为发现传统宗教"游移现象"的本质寻找证据,从现实场

---

① 牟钟鉴:《如何深入理解"坚持中国化方向?"——学习习总书记讲话的体会》,《世界宗教研究》2016 年第 3 期。

② 习近平:《干在实处 走在前列:推进浙江新发展的思考与实践》,中共中央党校出版社,2006,第 262 页。

③ 俞可、陈丹、赵帅:《循证:欧盟教育实证研究新趋向》,《华东师范大学学报》(教育科学版)2017 年第 3 期。

景到网络空间，考察研究对象的价值取向、行动意愿、客观条件及环境因素，对相近的行为力争完整描述，对相关的理论概念深度思考，丰富扩大词汇意义，以寻求最好的证据，促进证据的合成及"游移"知识的生产。

3. 理论性

传统宗教"游移现象"纷繁复杂。在研究中，工作不是仅仅停留在"游移现象"上，而是以佛教的发展为主要例证，将大量"游移现象"类别化、规范化、简约化，在经验事实层面，根据它们的共性逐步将其抽象概念化，即以事实为依据的建构过程。同时，以已有社会学理论及宗教社会学理论等为基础，对具体经验事实，根据新的观察归纳描述概念，进行理论抽象，生产上位概念。关注"游移现象"的通意本质及其在中外国际理论对话中的意义，关注"游移现象"的描述性和解释性价值，发现"游移现象"的发展机制、内在动力、规律本质等，思考和理解宗教与市场、宗教与社会、宗教与信息、宗教与现代、宗教与世界、宗教与法治的互动，以及神圣与世俗、宗教现代性等论题，建构传统宗教"游移现象"与宗教社会学理论本土化之间的理论联系。

4. 融合性

多学科、多知识、多视角互补。传统宗教"游移现象"的研究需要单一性与多元性、层次性与系统性的整合，主要体现为运用多学科知识对研究主题进行立体地讨论和阐释，并将杂糅的本土宗教庙会活动纳入研究视角；在研究方法选取上，将质性研究方法即文本话语分析、影像文本与扎根理论相结合，将社会事实研究成果和网络文本研究结果相结合，对不同类型的代表性事件/活动开展深度描述和分析；运用多元研究方法深入事实的深层结构，系统描绘"游移现象"。

5. 政策性

体现宗教领域的社会治理取向。传统宗教"游移现象"的研究目的在于推进宗教文化适应新时代的社会发展，为社会服务。党的十一届三中全会，特别是1982年中共中央《关于我国社会主义时期宗教问题的基本观点和基本政策》的制定，及之后党的宗教政策的不断完善和党对宗教理论研讨的进一步深化，体现了党在宗教工作中实事求是的作风，对社会发展规律的科学认知、对时代特征的准确判断、对宗教发展的正确评价，适时适当调整相应宗教政策及法规，引导宗教文化与社会主义社会相适应。中国特色社会主义法律体系不断完善，宗教信仰自由权利保障的法治化水平不断提高，政府对宗教事务的管理更加规范，对广大信教公民合法权益的保护更加全面有力。宗教事务行政法规更加完善。2017 年修订公布的《宗教事务条例》，强化了对公民宗教信仰自由和宗教界合法权益的保障，依法规范政府管理宗教事务的行为，增加了维护国家安全和社会和谐的内容。[①]

6. 差异性

传统宗教"游移现象"是宗教文化发展中的正常现象，体现宗教文化与宗教文化之间、宗教文化同社会之间的互动关系。宗教文化在特定空间、特定时间及特定环境下呈现不同的"游移"表现形式。现象的多样化使得实践结果呈现了差异化分布格局，具体体现在不同宗教之间，宗教与社会、文化、经济、政策等之间，宗教文化在东西部、地域间、社区中均呈现了明显的差异性。所以，若笼统地仅将典型案例作为研究议题，有可能导致对"游移现象"认识上的偏差或盲视。因此，研究注重从多学科、多角度、多层面出现比较不同类型的"游移现象"实践，体现差异性与系统性。

（四）研究对象

本研究将重点放在了佛教文化的发展与传播，及其与社会不同领域的互动关系、结构上。

本研究围绕当代传统宗教"游移现象"这一主题，重点对佛教文化发展与传播实践进行了较为深度的描述与分析。同时，对体现中国传统文化特征的民间信仰实践也从不同侧面进行了考察。

（五）研究框架

---

① 国务院新闻办公室：《中国保障宗教信仰自由的政策和实践》（白皮书），人民出版社，2018。

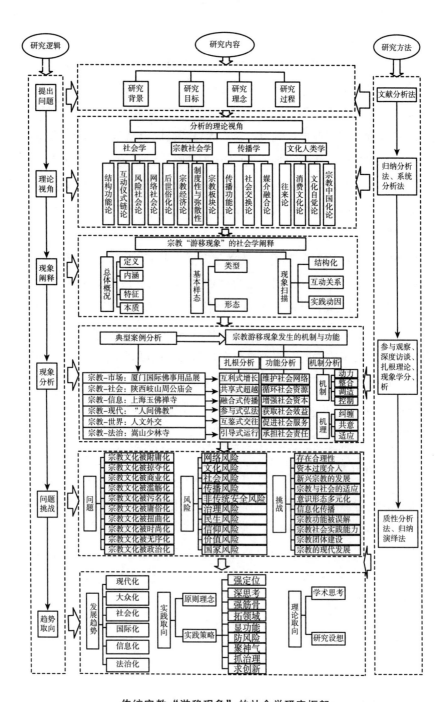

传统宗教"游移现象"的社会学研究框架

（六）研究方法

1. 样本点

根据研究需要，样本点主要分为三类，首先是佛教文化"游移现象"的典型案例，如宗教－市场分析中所涉及的西安、厦门、浙江普陀山、山西五台山等，宗教－社会分析中的岐山周公庙、广州大佛寺、终南山等，宗教－法治分析中的嵩山少林寺、长安兴教寺等，宗教－信息分析中的上海玉佛禅寺、普陀山佛教网、凤凰网佛教频道等，宗教－现代分析中的庐山东林寺、无锡灵山、常州天宁禅寺等。其次是在宗教－世界关系分析中需要关注的寺院等，如西安大兴善寺、大慈恩寺、青龙寺等实地调研以及梵呗音乐会。最后是具有中国本土特色的综合式"游移现象"——庙会，根据庙会对象的不同，将庙会分为五种类型，分别为神灵崇拜、祖先崇拜、圣贤崇拜、师长崇拜、英雄崇拜庙会，为此，分别选择了周至城隍庙会、临潼骊山老母庙会、岐山周公庙会、白水仓颉庙会以及周至豆村关公庙会等进行了调研。

2. 研究方法

文献分析。根据研究目标搜集、梳理和分析国内外在宗教理论、宗教政策、宗教文化与传播、宗教社会学、宗教人类学以及有关宗教事务管理等方面的文献，对主要宗教网站和典型事件进行内容分析。提炼本研究核心概念和理论假设，增强研究结果的描述力和阐释力。

现象学分析。用生活关系（关系性）、生活身体（身体性）、生活空间（空间性）、生活时间（时间性）、生活物体和技术（物质性）等方式探索"游移现象"。它们是存在于宗教文化生活世界的现实维度，也是宗教文化表现的主题。比如对传统宗教活动、庙会信仰实践、网络宗教等关于身体、空间、事物或世界、他者或关系和时间几个不同内容展开多元分析。

田野观察。对典型案例进行田野调查。通过实地考察，将自然情境与观察对象密切结合，注重丰富性与多样性。分析传统宗教"游移现象"发生、发展的直接或间接和显性或隐性原因、关键节点和差异性特征，进一步增强研究的在地性和可靠性。

扎根理论方法。通过对访谈资料、相关文本和研究文献等质性资料的比较分析和归纳研究，对重要文本进行扎根理论分析。在形成初步理论框架后，针对性收集和分析后续材料，整理结果，联结类别，完成一套整合的概念以及理论阐述。

网络文本分析。网络文本是本研究分析的资料来源之一。利用宗教专业网站、综合网站、宗教频道及自媒体网络平台发布的文本、照片、视频等，运用网络文本挖掘技术，对网络文本进行分类，在此基础上，对目标事件过程进行提取、收集及分析等，为进一步的研究提供基础。

影像记录分析。在实际调研中，重视研究痕迹的管理。一方面，对在田野考察中有价值的标识、现象、活动、资料等进行摄影、照相记录；另一方面，注意收集网络上相关现场、事件、文本等图片。透过影像文本的收集、整理、分类和分析，增强资料的可视性、研究的拓展性和结论的可靠性。

三　研究过程

开展传统宗教"游移现象"研究首先面对的挑战就是需要有时空感，因为它不仅涉及宗教文化的理解定位，更是跨领域、跨界别、跨语际的一项研究。相关的知识积累成为必要的保证。其次，它与纯理论研究也有区别，它是理论与实务的一项综合研究，不仅要有对国内外理论的把握，还要有对相关政策的熟知。最后，这一研究是一项实践性较强的课题，传统宗教"游移现象"的价值也在于它的实践性。

2016 年 6 月，项目获准立项后，首先是确定研究框架和研究计划。在研究框架的制定过程中，多次请教宗教学、宗教社会学、社会学、传播学等领域的专家，对宗教文化发展的历史及现状进行总体认知、概括、分析和评价，从不同的学科视角对传统宗教"游移现象"的研究重点、研究范围及研究方法等进行深入讨论，并以此为基础初步确定了研究思路与研究过程。

　　第一阶段，2016年5月至9月，梳理和分析相关文献，设计观察指标，经过试调研和修订，形成调研框架。结合研究需要，进行文献收集、整理、分析：一是国家和省市有关宗教的政策文件，尤其是对2017年修订后《宗教事务条例》的学习、前后两个条例的对比研究，《关于实施中华优秀传统文化传承发展工程的意见》以及《中国保障宗教信仰自由的政策和实践》白皮书等，标志着国家对转型期宗教发展的正确认识，以及从宗教－法治角度积极引导宗教与社会主义社会相适应，这些对研究具有重要的指导意义；二是国内外宗教社会学理论、宗教学理论，以及宗教文化与传播等方面的研究资料；三是以宗教文化为主题的各类调研报告；四是国内外出版的与传统宗教"游移现象"相关的专著、论文；五是宗教、学术、综合网站，微信、微博等新媒体与研究主题相关的重要活动、典型事件、相关报道等。

　　第二阶段，田野调查。2016年5月至2017年11月在陕西多地及前往北京、上海、广州、厦门、安徽、南京等地开展实地调研，从整体上了解传统宗教"游移现象"的基本状况、类型和特征，呈现传统宗教"游移现象"生态图像。具体行程如下。

　　2016年上半年课题组赴上海玉佛禅寺、无锡灵山、庐山东林寺、常州天宁禅寺、浙江普陀山、厦门南普陀寺展开实地调研，并参观中国西安佛教文化博览会等。

上海玉佛禅寺

无锡灵山

浙江普陀山

常州天宁禅寺

西安佛教文化博览会

　　2016 年下半年，课题组到西安大兴善寺、大慈恩寺、青龙寺、兴教寺实地调研，观看刘湘子梵呗音乐会，赴河南少林寺实地调研。

　　2017 年课题组赴南京栖霞寺、南京大报恩寺、上海静安寺实地调研，调研陕西宝鸡凤翔灵山、终南山南五台、临潼骊山老母宫、岐山周公庙和白水仓颉庙等。

刘湘子梵呗音乐会

嵩山少林寺

达摩洞

南京栖霞寺舍利塔

南京栖霞寺碑

南京大报恩寺

感应舍利

陕西骊山老母宫

岐山周公庙

周公纪念馆

白水仓颉庙

上海静安寺

凤翔灵山净慧寺　　　　　　　　捐旧衣祛灾病

南五台圆光寺　　　　　　　　　　庙会

第三阶段，资料分析。2017 年 11 月至 2018 年 10 月通过对访谈资料、相关文本和研究文献等的比较分析和归纳研究，以及对典型案例进行田野调查，分析传统宗教"游移现象"发生、发展的原因及其功能、关系、特征以及社会影响、发展趋势等，不断抽象概念，形成传统宗教"游移现象"的核心概念和框架体系。

　　第四阶段，补充调查。2018 年 1 月至 11 月课题组赴辽宁海城大悲寺、安徽九华山、南京牛首山调研，参与观察户县城隍庙会、长安王曲庙会、周至豆村大蜡会、第十三届中国厦门国际佛事用品（秋季）展览会等。

海城大悲寺

寺庙大门旁的商店

九华山概貌

九华山历史文化馆

南京牛首山

牛首山佛顶宫

户县小王店村迎城隍庆典

民乐会的表演

长安王曲城隍

十三省总城隍

周至豆村关公庙会供奉的大蜡

巡游仪式

第五阶段，整理分析。2018 年 11 月至 2019 年 8 月在资料分析及实地调研的基础上，撰写专题调研报告与相关论文，完成总报告。

第十三届中国厦门国际佛事用品（秋季）展览会

第二部分
传统宗教"游移现象"分析的理论基础

    在将要进行的对传统宗教"游移现象"的观察、分析中，可以站在不同的视角，或者说面对传统宗教"游移现象"的不同类型、不同取向、不同层次、各种运行策略与途径，以及社会环境、互动场域、国际背景等，一定需要相关的理论基础为描述和阐释这一现象提供相应的支持。也可以说，局限于某一学科视角和理论范畴是无法完整地回答和面对这样一个复杂议题的。为此，不仅需要多元的理论视角，还要在借鉴、汲取和运用的过程中实现学科的重组、理论的重组和概念的重组。正是依赖于这样的理论重新组织和知识再建构，才有可能更好地分析这一现象。当然，也要看到，用现有的不同学科的理论视角直接完成对传统宗教"游移现象"的解释还是远远不够的。这不仅是因为相关的学科理论对这一现象还存在盲点，而且其分析单位、研究层次、观察视角有不同的倾向，以及对相同的社会现象存在不同的立场和解释。这些都使得单一理论视角不可能达到完整地回答社会上发生的任何事件的效果，更不要说面对宗教文化"游移现象"这样一个敏感、复杂的议题了。

    深入研究传统宗教"游移现象"一定需要理论的支撑。为了获得这种支撑就要有目的地选择不同的理论作为参照，通过吸收、筛选、反思、运用，将这些宏观与中观、思辨取向和操作取向的理论整合进来，并内化到具体的研究实践中。在这一阶段，需要做三件事情：其一，在社会学理论、传播学理论、文化人类学理论和宗教社会学理论中完成大致的选取，并对这些理论中的次级理论围绕本研究的主题进行描述力和解释力的评价；其二，在对这些学科及其理论的整合中，争取能针对所研究的现象得出相关的理论概化结果，为田野调查、事实分析提供指导；其三，理论的本土化问题。为人们所熟知的社会学或宗教社会学研究的不少理论客观地说都是外来的，这些激发理论思考的知识如何落地并用于分析发生在当代中国的传统宗教"游移现象"实在需要一个理论转化的过程。

其实，完成这三件事的目的就是，在已有的理论图谱的基础上形成对传统宗教"游移现象"可能的分析思路、解读话语和研究结构，从而用逐步概化的知识描述和思考传统宗教"游移现象"发生发展的构成要素、互动过程、关系特征，以及实践逻辑和机理机制等。当然，还有一层更为重要的意义，就是在汲取前人的成果之后，悬置以往的"概念"，更好地在实地现场实现对现象的考察，发现新的、不同知识的增长点，以本土经验丰富相关概念，补充相关理论，回答相关问题，从而体现本研究理论自觉的立场、文化自觉的意识和直面现实、回应需要的行动自觉。

一 社会学的视角

社会学理论在分析传统宗教"游移现象"中有其重要的解释力。这不仅是因为它传统的问题意识、关注问题的方式，更是因为它能将系统与构成系统的部分、不同社会单元联系起来，从结构与功能的整合到宏观与微观的连接，甚至将日常生活也联系起来。正是社会学理论观点随着社会发展和时代变迁的不断"外溢"，才彰显了这些理论的开放性、包容性和适应性。随着风险社会的来临、网络社会的出现，社会学思考领域被不断拓展，理论触角在不断延伸，对社会发展的回应力也在不断增强。传统宗教"游移现象"其实就发生在这样的时代和变化的社会中。努力使多元的社会学理论回答当代中国传统宗教文化与社会的互动，正是本研究在做的工作。在梳理了以下理论之后，可以看出，社会学视角对认识传统宗教"游移现象"、解释和预测这一现象存在明显的优势。同时，需要通过研究使之进一步完善。

1. 结构功能论

在开始思考传统宗教"游移现象"之初就发现，传统宗教文化的当代发展在社会各领域表现得较为活跃，出现了各种相关现象增多的趋向。如何去分析它，社会结构、社会功能分析自然地进入理论视野之中。当然，也出现了不少相关的思想家的名字及他们的理论。其中，最著名的就是马克思的经济基础决定上层建筑、社会结构中起决定作用的是生产力的论述。他强调，社会结构与物质条件之间存在着高度的依赖性，正是生产力的发展，促使一种社会生活结构中发展出另一种更高级的结构。[①] 在面对社会发生的不同现象时，需要有政治经济的思维，要从社会结构的认识中获取答案。这一原则性思路为从正确理解经济与社会的关系、上层建筑与经济基础的关系出发分析传统宗教"游移现象"提供了重要视角。涂尔干认为，社会结构是社会关系即社会团结和社会整合的过程和结果，结构外在于个体且具有强制性特征，理解一切社会现象都需要从社会结构层次上分析。[②] 宗教文化究竟在维护社会整合、社会团结中起到了何种作用？这种功能如果在当下依然存在，又发生了哪些变化？表现出哪些新的形态？它同现在观察到的传统宗教"游移现象"存在何种关联？这一理论告诉我们，针对传统宗教"游移现象"需要透过社会结构和社会关系的分析予以认识。帕森斯认为，社会是由微观和宏观具有不同功能、多层面系统构成的社会系统，实现适应、目标达到、整合和潜在维持模式的功能要求。其中，文化被置于重要位置。[③] 帕森斯对秩序、行动和共同价值体系在社会结构中功能作用的强调，对传统宗教"游移现象"功能及其运作机制分析起到了重要作用。

描述和阐释传统宗教"游移现象"还存在一个主客关系的问题。不同的认识视角会带来不同的研究结果。这一现象是如何被建构的？是哪些力量

---

① 中共中央马克思恩格斯列宁斯大林著作编译局：《马克思恩格斯选集》（第二卷），人民出版社，1972。

② 〔法〕E. 迪尔凯姆：《社会学方法的准则》，狄玉明译，商务印书馆，1995。

③ 〔美〕塔尔科特·帕森斯：《社会行动的结构》，张明德等译，译林出版社，2012。

的介入影响了这一现象的发生发展？吉登斯的结构化理论认为社会结构既是由人类行动建构的，又是人类行动的条件和媒介。① 他强调社会生活中的规则可看作社会实践的实施及再生产活动中运用的技术或可加以一般化的程序。只有通过具体情境中的主体实践，结构才能得以存在。② 结构二重性始终是社会再生产跨越时空的连续性的主要根基；反过来，它又是行动者身处其中并构成日常生活绵延的反思性监控过程的前提。只有在处于具体情境中的人类主体运用各种知识完成的活动中获得了具体体现，结构才能得以存在。正是由于这些实践，结构被再生产为根植在时空跨度中的社会系统的结构性特征。结构化理论强调人的能动作用和对社会结构的贡献。宗教文化在社会发展进程中，在现代化、全球化的背景下，在社会结构、社会关系的完善中起到了哪些作用？它在同社会的互动中存在哪些因果关系？都是在研究中需要解答的。传统宗教"游移现象"是宗教与社会互动的结果，对从宗教文化参与社会结构化进程角度深度理解宗教文化的社会功能起到了支持作用。

2. 互动仪式链论

既然传统宗教"游移现象"是宗教文化与社会不同领域互动的过程和结果，那么，社会互动理论一定能够对分析这一现象有所帮助。关于社会互动，不少社会学家对此从宏观和微观、过程和结果、核心要素和发展模式等方面有过精辟的论述。在这里选择柯林斯的观点是因为，他的观察视角和提出的一些重要概念对观察传统宗教"游移现象"有较强的操作性。他指出，最早关于仪式的社会学思考是由中国思想家做出的。孔子和他的追随者强调，礼仪表现对社会秩序至关重要。互动仪式理论说明了仪式在维护原有关系和符号的同时，又可形成新的社会关系和新符号；它说明旧仪式可能失去其力量，因为仪式的力量是易变的。③ 他对互为主体的强调加深了人们对吉

---

① 〔英〕安东尼·吉登斯：《社会的构成——结构化理论大纲》，李康、李猛译，生活·读书·新知三联书店，1998。
② 〔英〕安东尼·吉登斯：《社会的构成——结构化理论大纲》，李康、李猛译，生活·读书·新知三联书店，1998。
③ 〔美〕兰德尔·柯林斯：《互动仪式链》，林聚任等译，商务印书馆，2009。

登斯结构化理论的认识并指导研究的实践，他提出的群体团结、身份认同、情感能量、道德感等对观察分析社会互动更是具有鲜活的描述力。同时，互动仪式链又将具体的实践行为上升到机制建构上，认为相互关注、互为主体与情感连带共构了成员的身份感、情感能量和行动。① 他的另一个重要概念是"互动仪式市场"，人际互动的市场、强度、机会、提供内容又受制于互动双方的资源、地位、交换等因素。② 该理论还提醒我们，传统宗教"游移现象"其实也是一种社会互动，其过程中资源、交换、资本、效益等也需要成为重要的分析单位。互动仪式链理论有助于解释传统宗教"游移现象"的成因及其实践的仪式性、发展的变动性和机制的建构性。

3. 风险社会论

乌尔里希·贝克提出，风险可以被界定为现代化自身引致的危险和不安全感的方式。风险源自社会发展与科技进步所带来的全球化的不确定性，风险影响并不局限于特定的空间、时间或社会，而是具有全球化的不可预测的后果。风险是被社会建构的。伴随技术选择能力增长的是其后果的不可计算性。在风险社会中，不明的和无法预料的后果成为历史和社会的主宰力量。③ "风险社会"理论对开展传统宗教"游移现象"研究起到了重要作用，其实不仅仅是这样一个概念，它更是一种思维意识和对社会现象的敏感观，一些深层发现、苗头性趋势都是受到它的影响而产生的。

贝克的著作中还论述了关于风险和全球化之间的关系。现代化风险具有一种全球化的内在倾向。"风险促进了全球风险社会的形成，风险还包含当代社会生活中一系列相互交织的变革。"④ 风险和不安全感的总和，它们的相互助长或者中和——共同构成了工业社会的社会和政治动力。⑤ 人们逐渐在不同主张间做出选择，选择并改变自己的社会认同，并接受由此而带来的风

---

① 〔美〕兰德尔·柯林斯：《互动仪式链》，林聚任等译，商务印书馆，2009。
② 〔美〕兰德尔·柯林斯：《互动仪式链》，林聚任等译，商务印书馆，2009。
③ 〔德〕乌尔里希·贝克：《风险社会》，何博闻译，译林出版社，2004，第20页。
④ 〔德〕乌尔里希·贝克：《风险社会》，何博闻译，译林出版社，2004，第27页。
⑤ 〔德〕乌尔里希·贝克：《风险社会》，何博闻译，译林出版社，2004，第105页。

险。① 他的这些观点在分析不同类型的传统宗教"游移现象"功能及其特征，以及探究该现象已经存在或未来可能带来的风险、挑战等方面起到了不少的作用。

4. 网络社会论

卡斯特从全球视角着手，分析信息技术革命对经济、文化、社会的发展与影响。他认为技术变迁，是当前最直接感觉到的结构性转化。但是，这并非认为技术决定了社会，而是技术、社会、经济、文化与政治之间的相互作用，重新塑造了生活场景。② 传统宗教"游移现象"的发生发展现场随着网络社会的来临也转向了网络空间。在现代技术和交往空间变化交叉作用的背景下，网络社会理论具有较强的研究洞察力，对分析传统宗教"游移现象"很有帮助。确实，网络建构了新的社会形态，改变了文化过程中的操作和结果。③ 在分析宗教网络化、网络宗教、传统宗教"游移现象"的技术化和信息化时都参考了这一理论的发现。

互联网中的沟通是一种社会现象。关于互联网会促进新兴社群、虚拟社群的发展，还是会促使个人与社会分离？这种新型交往形式的文化影响是什么？这些都引起了网络社会学研究者的兴趣。卡斯特在研究中指出，互联网促进了人际沟通、群体认同和多重身份的同一性。它们巩固了朝向"社会交往的私有化"趋势，亦即以个人为中心来重建社会网络，发展个人社群，实质的与线上的社群都包括在内。它在拓展社会交往形式的同时，重塑了社会结构及其运行机制。④ 这些结论也刺激了笔者在对传统宗教"游移现象"的判断时产生了新的见解。宗教文化在网络中的传播，既带来了宗教的网络化，也带来了网络宗教的发展，如何从宗教文化交流、宗教群体认同和宗教领域的网络治理等多重视角看待互联网在宗教传播中的作用，以及宗教文化利用互联网技术的机制等都是很需要关注的议题。

---

① 〔德〕乌尔里希·贝克：《风险社会》，何博闻译，译林出版社，2004，第107页。
② 〔美〕曼纽尔·卡斯特：《网络社会的崛起》，夏铸九等译，社会科学文献出版社，2001，序。
③ 〔美〕曼纽尔·卡斯特：《网络社会的崛起》，夏铸九等译，社会科学文献出版社，2001，第569页。
④ 〔美〕曼纽尔·卡斯特：《网络社会的崛起》，夏铸九等译，社会科学文献出版社，2001，第571页。

二　文化人类学的视角

文化人类学作为一门研究人类文明活动的科学，将人类文化的传承和传播作为自己的研究范畴。传统宗教"游移现象"的研究当然涉及人类文化的继承及传承方式的理论与实证研究。传统宗教"游移现象"研究与文化人类学研究存在极强的相通之处。于是，研究中更加期望从国内外文化人类学的成果中获得有益的启示。基于经验的实证分析就是透过"田野工作"，把来自生活的新知写进书本。当在文献阅读中看到"往来"这个概念时，有了为之一振的感觉，可以说它是对"游移"概念的另一种表达。"文化自觉"是以"整体视角"对文化现象及其全貌深入思考的结果，在传统宗教"游移现象"研究中也要自觉地凸显对文化背景的强调，从宗教文化现象与社会、时代的联系中描述和解释其真实特征。消费文化与文化的消费对认识消费社会中的宗教文化以及它的现实处境和未来走向都有着不同的启发。最后，将佛教的中国化作为落脚点，是想将相关的研究、不同的理论视角运用到以佛教文化为代表的本土宗教上来，将文化人类学的成果有效地纳入对传统宗教"游移现象"的观察与分析中。

1. 宗教—世俗"往来"论

杜赞奇认为，从近代西方历史发展出来的宗教与世俗的二元性并不能精确地把握中国宗教和政治经验的特性，而提出宗教和世俗领域之间"往来"的概念，并以一种更有意义的方式理解世俗化的影响。他指出，超越及其他宗教思想常常并未消失，而是转移到不同的领域和制度之中。这些转移后的宗教思想在道德、社会、政治甚至环境等领域的效果既有极富创造性的一面，又有同样的约束性的一面。我们需要把作为大多数现代社会理论基础的刻板的"宗教－世俗"二元体系变得更加灵活可变，才能理解一个可持续世界新的多种可能性。① 这一理论为破解二元对立的神圣与世俗思维，认识

---

① 〔美〕杜赞奇：《全球现代性的危机——亚洲传统和可持续的未来》，黄彦杰译，商务印书馆，2017。

传统宗教"游移现象"的神圣性与社会性、正负功能、建构与被建构等指出了可供遵循的研究路径。

"往来"这一概念,指的是思想与实践在宗教和世俗这两个领域之间的流动。往来更注重的是一个旧的思想或实践在同一个社会下的一个新的或陌生的环境中的栖居——有时甚至是殖民。往来也常常会被伪装或正当化成一种与众不同而且常常是更高级的组织方式——一般是一些否定了超越授权的世俗法则。它作为一个方法论概念的意义还有待考察。往来也包括反方向的流动,即世俗的实践向宗教行为的组织的渗透。通过将世俗主义看作现代性的一项工程,我们就可以观察到宗教内在的流动性和可塑性或者说是"往来"。[①] 宗教研究中习以为常的神圣与世俗其实是可以流动的。这一观点让宗教的神圣性与社会性间关系的思考变得更加生动和现实了。

胡赛·卡萨诺瓦提出了一个关于"世俗"思想在当代全球社会是否可能的论题。他发现,根据世俗主义的原始理论,"世俗"思想应该会导致以下结果:第一,宗教信仰和实践的衰落;第二,宗教在私人领域的边缘化;第三,世俗与宗教制度和规范的分化。然而,他只观察到第三个现象,即世俗和宗教的分化。宗教在各个历史社会上的更普世和更弥散的角色仍是一个记录在案的历史过程。事实上,他还认为除非宗教从政治或神权野心分化并分离出来,并使自身适应于社会需要,否则它们在现代社会往往会走向失败。[②] 这些理论命题的确拓宽了研究思维,激发笔者透过本土的宗教实践发现新的观察视角和理论。

作为对人类行为的概念化提炼,"阶级""社会""文化""历史""民族",还有数不胜数的其他一些概念,如今已经不再拥有它们在一个更实证主义的时代曾经有过的那种稳定性。这些范畴现在被认为是带有某个历史和政治时刻的定义特征。由于我们生活在一个时间加速的历史性时代,所以这

---

① 〔美〕杜赞奇:《全球现代性的危机——亚洲传统和可持续的未来》,黄彦杰译,商务印书馆,2017。

② 〔美〕杜赞奇:《全球现代性的危机——亚洲传统和可持续的未来》,黄彦杰译,商务印书馆,2017。

些概念正被认为是过时的，且不再能够把握"阶级"和"宗教"如何运作的许多方面。然而，就算我们对于解构的努力不能简单地视而不见，我们仍然继续需要概念范畴，而且需要找到一个方法将定义效果纳入我们对于这一领域的理解中。通过竞争、借用、认证和综摄，那些被称为"宗教的"元素倾向于互相认可并被第三方认可为属于同一个或者可资比较的分类框架。换句话说，一个共同或至少是相容的参照框架和可理解性正是通过流转历史才得以建立起来的。① 这一理论拓展了有关"游移"的思考空间，也要求在大量的实证素材中发现理论问题，探讨现实问题，服务理论建构与社会政策建构等相关议题。

2. 消费文化论

物质的丰富带来了人们消费选择的相对自由。传统社会等级制规则下的消费标准看似已被消解，但实际上，物所代表的象征意义，在现代社会中转换表现形式，通过消费符号潜移默化地影响着人们的选择，进而达到社会区分和地位的结构化的目的。鲍德里亚通过对现代资本主义消费的批判性分析，指出我们处在"消费"控制着整个生活的境地。② 传统宗教"游移现象"从某种意义上说也是一种对宗教文化的消费现象，尤其在市场化、商业化的背景下，这一特征表现得似乎更加明显。文化消费理论较透彻地分析了文化消费的现象，对照宗教文化被消费的事实，该理论成为认识传统宗教"游移现象"的重要理论之一。

当下，文化也不例外地被纳入消费逻辑中，以获得商业"成功"。针对这一现象，鲍德里亚提出文化消费问题既不与本来意义上的文化内容相联系，亦不与"文化公众"相联系。文化再也不是为了延续而被生产出来的。它的生产方式决定了它和物质财富一样要屈从于"现实性"使命。③ 消费被符号所操控，这构成了消费社会的深层逻辑。符号操控消费的目的

---

① 〔美〕杜赞奇：《全球现代性的危机——亚洲传统和可持续的未来》，黄彦杰译，商务印书馆，2017。
② 〔法〕让·鲍德里亚：《消费社会》，刘成富等译，南京大学出版社，2000，第5页。
③ 〔法〕让·鲍德里亚：《消费社会》，刘成富等译，南京大学出版社，2000，第94页。

在于社会区分原则，即通过对符号－物的占有和消费，个体将自己的社会地位凸显出来，使自己与他人不同，符号－物的意义就存在于这种社会区分的逻辑中，也正是在这种社会区分逻辑中，现代资本主义社会完成了另一种支配与控制，即通过主动地进入消费社会中，通过身份的差异无意识地认同了消费体系以及相应的物体系。[①] 宗教文化同商业文化的关联是研究传统宗教"游移现象"不能回避的议题。它们之间的互动是否已经形成了并不太完整的交换逻辑，其运作机制又是如何，这也是研究需要发现的问题。

3. 文化自觉论

"文化自觉"是费孝通先生在世纪之交，为思考和处理人类在全球化冲击下如何和睦相处而率先提出的文化实践概念。它以学术上的前瞻性和战略上的全局性为不同民族、不同国家间的良性互动提供了精辟的理论概括和实践准则。它对在现实条件下实践文化发展、提升民族自信、增强民族凝聚力和推动文化建设都具有重要的意义。作为中国传统文化一部分的佛教文化也需要保持这样的文化自觉，更好地发挥佛教文化在社会运行和全球治理中的作用。

费老认为"文化自觉"是当今世界共同的时代要求，是对当前发展形势提出的急迫议题。"文化自觉要认识自己的文化，理解其他国家民族的文化，在这个过程中确立自己在世界中的位置。"[②] 强调主动适应、相互交流、和平共处、互鉴共建在人类互通、国家交往中是必不可少的。"文化自信"来自文化自觉。"文化自觉"对分析作为本土宗教信仰活动的庙会文化实践、从更深的层次观察佛教文化现代化、开展人文外交、构建人类命运共同体都起到了很大的作用。

理解"文化自觉"一定要有"和而不同"的胸怀。在全球化背景下，世界范围内的文化关系虽然充满着各种紧张和对立，但是，更要相信它会走向"多元一体"格局。这一目标的实现，就要在全球视角下，以文化包容

---

① 仰海峰：《消费社会批判理论评析——鲍德里亚〈消费社会〉解读》，《长白学刊》2004 年第 3 期。

② 费孝通：《对文化的历史性和社会性的思考》，《思想战线》2004 年第 2 期。

的心态和实践策略，理解"和而不同"的文化特质，建构"和而不同"的文化关系和世界格局。① 在全球化的今天，随着世界格局和信息技术的快速发展，不同文化处在大规模的相互碰撞中。因此，面对已经和将要出现的种种问题，小至争论、对立，大至冲突、战争，要意识到其实最根本的还是文化问题。而解决不同文化的相处问题，如费老所说，不仅要"各美其美"，更需要"美人之美"，才能"美美与共，天下大同"。为此，要把握本土文化的自主性或称"地方的全球化"，体现"文化自觉"，还要建构"和而不同"的文化关系，正确判断文化发展的动力、途径和规律。从比较的视角分析文化，了解不同文化的特点，客观认识文化本质，对培育文化自信、实现文化自觉意义重大。也只有这样，才能对现代社会出现的问题提出切实可行的解决方案，使国家内部的不同文化通过主流文化的发展带动多元文化的良性互动，使本土文化成为世界文化不可或缺的重要组成部分。

费孝通先生提出，不同文明各自的优势可以互补，要"心有灵犀"地充分"领悟"这个时代的"言外之意"。② 对待传统宗教"游移现象"何尝不需要具有这样的心态、宽阔的视角和文化领悟的功夫。在分析宗教文化与全球化互动的过程中，同样需要努力用本土的经验阐释传统宗教文化在中国社会和国际社会中的作用，用中国话语书写中国故事。

文化自觉对于传统宗教"游移现象"的研究具有重要意义。面对丰厚的佛教文化资源和大量的社会实践，深入发掘这些文化实践，不仅仅对探索宗教社会学的基本概念和基本理论，而且对文明互鉴也具有强大的潜力，这也是对宗教社会学可能做出贡献的重要领域之一。

4. 佛教中国化论

习近平总书记在巴黎联合国教科文组织总部发表演讲时指出："佛教产生于古代印度，传入中国后，经过长期演化，佛教同中国儒家文化和道家文化融合发展，最终形成了具有中国特色的佛教文化。"佛教在隋唐时期完成

---

① 费孝通:《新世纪 新问题 新挑战》,《费孝通论文化与文化自觉》,群言出版社,2007,第294~304页。

② 费孝通:《试谈扩展社会学的传统界限》,《思想战线》2004年第5期。

了中国化后，成为中国传统文化的重要组成部分。① 分析当下的传统宗教"游移现象"需要历史的眼光，这种对宗教文化发展的脉络感为正确定位传统宗教"游移现象"，尤其是当下佛教文化的发展与传播十分有益。

隋代，中国佛教发展到了一个新的阶段，揭开了中国佛教发展至鼎盛阶段的序幕。究其原因，除了文化大环境的因素外，政治环境最为重要。佛教在隋文帝实现自己的政治抱负上发挥了重要的作用。隋文帝即位之初，诏令天下大兴佛教。由其宗教态度出发，对佛教的肯定和支持政策贯穿隋代始终。隋文帝也下令劝儒学行儒礼，在大量兴建佛教寺院的同时，造了不少道教宫观，如《历代崇道记》记载："隋高祖文皇帝迁都于龙首原，乃于都下后内造观三十六所，名曰玄坛，度道士二千人。"隋文帝对宗教的态度于此可见一斑。

在隋代佛教的基础上，唐代佛教全面展开。由于唐代政治清明、社会开放，社会环境相比隋代来说较为稳定，经济发达，国力强大，政权延续的时间也比较长，社会各个方面的发展都有长足的进步。佛教也是如此。唐代佛教在经典翻译、人才培养、宗派形成、寺院规制建设等许多方面都超过了隋代。文化与政治有时会出现矛盾、互相制约，也经常会互相促进、共同发展。佛教适应了西部地区的文化土壤，与中国固有的传统思想互相渗透；开放的西部文化为佛教与中国传统思想交流提供了宽松的氛围和理想的地域环境。佛教服从了中国的政治原则，循着一条带有中国特色的发展道路，在和平的菩萨精神的基础上，完成了中国化的进程。②

如果从历史的角度考察佛教在中国的发展以及佛教中国化的进程，可以说，西安首屈一指。在历史上西安不但是第一古都，也是北传佛教的译传中心，是佛教融入中国传统文化、完成中国化进程的所在地。唐至五代，完成了从"佛教传入中国"到"中国佛教"的发展与转变。北朝和隋唐期间，中外高僧大德和学者云集西安，在这里写下了东方文明发展史上浓墨重彩的

① 洪修平：《中国佛教文化的独特性》，《光明日报》2014年8月26日。
② 王亚荣：《隋唐佛教的文化环境和政治环境——以长安地区为研究的出发点》，载黄心川主编《玄奘精神与西部文化——玄奘精神与西部文化学术研讨会论文集》，三秦出版社，2004。

灿烂篇章。① 佛教中国化理论为分析传统宗教"游移现象"奠定了坚实的理论自信和研究基础。

三　宗教社会学的视角

宗教社会学理论经历了多样化的发展过程，尽管可以说它同其他一些学科相比还处于理论上不太成熟的阶段，但许多已有的启发性的理论观点对开展传统宗教"游移现象"研究依然起到了重要作用。第一，在认识宗教神圣与世俗的关系互动上，世俗化理论或后世俗化理论都为探讨作为社会文化体系的宗教与社会的相互关系提供了比较全面的分析框架；第二，宗教市场论或经济论的一些观点，为分析当下市场化背景下宗教功能的发展与演变提供了思路；第三，关于中国民间信仰的研究成果对于揭示多元文化下的宗教观、特征及其运作规律、本质也具有积极的意义。以下选取的这些理论观点，对理解宗教与社会的互动、本土宗教运作的特点、宗教的正负功能，以及把宗教视为一种社会中的利益团体，尤其在经济方面的利益有较大的影响。这些理论提出的不少命题和结论，比如神圣性、世俗性、弥散性、市场论、板块论等大多已经进入研究理念和视角中，作为隐形的逻辑对开展设计、调查和研究产生了一定的影响。

1. 后世俗化论

20 世纪 50 年代，世俗化理论被正式提出。虽然其核心思想有着非常久远的历史前身。简单地说，其基本的观点是，近几个世纪的历史发展导致宗教的日渐式微，人们有足够的理由相信，式微的态势将会继续存在下去。事实上，大多数社会学家已不再接受这样的看法。希姆尔·艾森斯塔特的"多样现代性"观指出，现代性的确具有某些普遍的必然特征，当涉及科学和技术时，尤其如此。一旦这些特征被制度化就会产生某些相应的社会和文化效应。尽管如此，现代性却以不只一个版本的形式到来。日本是这方面的

---

① 王亚荣：《长安文化的定义及其特征》，《长安大学学报》（社会科学版）2010 年第 2 期。

典型例子。自从 1868 年明治维新之后，它成为第一个走上现代化之路的非西方国家。时至今日，日本的现代化程度丝毫不亚于欧洲和北美诸国，但却依然保持着社会文化和政治方面的特色。这些特色毫无疑问不属于西方，并且有日本社会多个世纪的政治传统和文化积淀的渊源……"多样现代性"的概念，意味着西方的现代性并非唯一的形式。在当今世界的许多地区，恰恰是宗教决定着人们对于可选择的现代性发展模式的态度。① 这一观点启发我们，需要透过传统宗教"游移现象"的描述和分析，以更加积极的本土经验和话语表述呈现传统宗教文化在中国社会现代化进程中的作用，用中国经验书写宗教同社会主义社会相适应的故事。

宗教是通向和谐世界进程中重要的组成部分。如果得到恰当理解的话，宗教也就无须成为彼此之间互生怨恨和敌意的源头。实际上它只不过是组成不同社会结构形态的众多制度的其中一种而已。而有效的政策制定将会充分地开发和利用这一潜能。也就是说，在任何一种情境中都必须着眼于其所具有的积极因素，尽量减少和降低可能会损及公共利益的消极方面，让宗教的角色和功能予以最大限度的优化和发挥。② 发挥传统宗教在社会建设中的积极社会功能是该理论对开展本研究的重要启示。

2. 宗教经济论

斯达克用一个总体的观念和理论模型来理解社会的宗教生活，这个模型被称作宗教经济。宗教经济是社会系统中的一个子系统。任何社会的宗教子系统跟世俗（或商业）经济子系统存在较多的类似，两者都包括产品和供求互动。③ 该理论把经济学的基本原则应用在团体或社会层面的宗教现象上，以获得更多的解释力。这个结论依赖于一切社会科学最基本的假定，人们试图选择最有益的行动路线。④ 的确，宗教文化现象不仅发生在宗教与社

---

① 〔美〕彼得·伯格等：《宗教美国，世俗欧洲？》，曹义昆译，商务印书馆，2015，第 143 页。

② 〔美〕彼得·伯格等：《宗教美国，世俗欧洲？》，曹义昆译，商务印书馆，2015，第 197 页。

③ 韦芳婧：《宗教世俗化语境下民间宗教仪式的功能变化》，《原生态民族文化学刊》2019 年第 1 期。

④ 〔美〕罗杰尔·芬克、罗德尼·斯达克：《信仰的法则——解释宗教之人的方面》，杨凤岗译，中国人民大学出版社，2004，第 44 页。

会间，也因其影响，间接地发生在社会其他诸多领域。但就其特征来说，宗教产品的社会占有是由需求、供应、质量和"市场"管理决定的。

对于人们选择的差异性问题，斯达克指出，人们都试图做理性选择，为什么他们并不总是在行动上相同？为什么在同一文化中长大的人们不都寻求同样的回报？因为他们的选择是在其喜好和趣味的引导下进行的。喜好和趣味致使个体决定什么是值得的，什么是不值得的。结果，人们在想要的东西和想要多少上就有了不同。同样明显的是，文化特别是社会化会对喜好和趣味造成很大影响。选择既不是偶然的也不是纯粹个人趣味的问题。不过，一个事实是在任何一个文化中个人的喜好和趣味都会有很大差别。有些差别至少部分的是不同的社会化所导致的结果。① 可知，传统宗教"游移现象"也是由社会化的取向、内容、途径、过程和环境等决定的。

关于宗教经济理论模型，斯达克提出了相关的定义和命题，并对此进行解释论证。他认为，如果宗教经济是无管制的和有竞争的，那么，宗教的社会参与度就高；② 低度宗教参与的社会将缺少有效的宗教社会化；在很多人接受无效的宗教社会化的地方，主观宗教性将倾向于个体的和不合正统的，但是与组织化宗教的参与相比更加广泛；如果宗教回报能够激发宗教领导人，他们就会倾向于这个群体有更高程度的张力；③ 随着一个在低张力状况中的宗教团体移向高张力状况，它就从较小的区位移入较大的区位，并且有更多的机会增长；在一个无管制的宗教经济中所有宗教群体的生存都依靠市场过程，增长将有助于神职人员把群体移入更低或更高的张力。④ 这一理论对判断传统宗教"游移现象"的成因、规模和发展趋势等有较多的启发。

---

① 〔美〕罗杰尔·芬克、罗德尼·斯达克：《信仰的法则——解释宗教之人的方面》，杨凤岗译，中国人民大学出版社，2004，第47页。

② 〔美〕罗杰尔·芬克、罗德尼·斯达克：《信仰的法则——解释宗教之人的方面》，杨凤岗译，中国人民大学出版社，2004，第237~268页。

③ 〔美〕罗杰尔·芬克、罗德尼·斯达克：《信仰的法则——解释宗教之人的方面》，杨凤岗译，中国人民大学出版社，2004，第237~268页。

④ 〔美〕罗杰尔·芬克、罗德尼·斯达克：《信仰的法则——解释宗教之人的方面》，杨凤岗译，中国人民大学出版社，2004，第237~268页。

3. 制度性与弥散性宗教论

杨庆堃使用结构功能的方法分析中国社会，总结出中国社会中宗教的两种结构，即制度性宗教与弥散性宗教。该观点认为，制度性宗教有其基本的观念和结构体系。弥散性宗教与世俗制度和社会秩序的观念和结构交织在一起，并有组织地出现在社会生活的各个方面，发挥着广泛的功能。[①] 在关于传统宗教"游移现象"的研究中将中国传统文化中的"庙会信仰及其实践"纳入传统宗教"游移现象"中的一种类型，正是受到了这一理论的启发。庙会现象就是制度性与弥散性互补、互构的结果。

在许多情况下，制度性宗教和弥散性宗教又是相互依赖、互为表里的。弥散性宗教依赖制度性宗教发展，提供象征、仪式和供奉方式。制度性宗教则被借用于弥散性宗教的不同形式中，如祖先崇拜等。这两种宗教结构在角色功能上互相作用和产生社会影响。[②] 民间庙会实践更大程度上表现出的是弥散性宗教的活动特征。该理论观点也激发笔者进一步地思考，民间信仰活动的社会功能到底是怎样的，它在传统文化社会化中扮演了哪些角色？对待这样一种现象该理论的两种划分是否适用于中国、适用于当下？

杨庆堃提出，弥散性宗教在社会生活的所有主要层面广为流行，维系着社会制度的稳定。正是宗教这种弥散性，人们能够最大限度地接触宗教。制度性的和社区的宗教活动以宗教的弥散性结构形式表现出来。[③] 宗教在中国作为一个独立的社会组织以一种高度去中心化的模式出现。[④] 在这样去中心的系统下，宗教通过弥散性形式服务于世俗社会制度，强化其组织。宗教普遍地渗透于世俗社会制度中，并对民众的生活产生系统性影响。作为社会风俗的一部分，宗教通过展示功能形成了弥散的影响力。[⑤]

吴飞针对"弥散性宗教"提出不同见解，认为它是一个非常有洞见的概

[①] 杨庆堃：《中国社会中的宗教》，四川人民出版社，2016，第17页。
[②] 杨庆堃：《中国社会中的宗教》，四川人民出版社，2016，第229页。
[③] 杨庆堃：《中国社会中的宗教》，四川人民出版社，2016，第230页。
[④] 杨庆堃：《中国社会中的宗教》，四川人民出版社，2016，第263页。
[⑤] 杨庆堃：《中国社会中的宗教》，四川人民出版社，2016，第264页。

念，具有相当强的解释力。但这个概念背后隐含着这样的一个理解：这些弥散性的宗教虽然在人们的生活中随处可见，并且有相当重要的影响力，却并不是一种制度化的宗教，而只是制度性宗教的剩余现象。"弥散性宗教"的概念之所以有解释力，并不是因为它将这些无主的、不大像宗教的现象大杂烩般地归到了一个范畴之下，而是因为它与传统中国对这些现象归类的方式非常类似。不过，传统中国并没有用"弥散"或类似的一个概念来概括，而是很严肃地把这些崇拜纳入官方的祀典当中来认可和管理。该概念虽然可以很全面地容纳现存的诸多民间信仰现象，但在解释这些信仰的历史时，会有很多误导。实际上这些信仰不仅不是剩余的宗教性现象，恰恰它们才是古典中国信仰体系的主体部分。可见，只有在深度认知传统宗教特征的基础上，才能更准确地把握传统宗教"游移现象"的本质。

"弥散性宗教"使我们在面对现代中国的民间宗教时更加自在而深入。无视这个传统的礼制体系，是现代研究者和宗教管理者的一个巨大问题。天地、风雨、社稷、山川岳渎之神、祖先、五祀、历代圣贤忠臣等，虽然名目众多、形态各异，但是相互关联在一起，属于一个共同的礼制祀典体系，不能将它们分为不同的宗教，也不能简单地以"弥散性宗教"来敷衍。它们是古代礼制体系的一部分，与家族制度、国家制度紧密结合，构成了祀典的主体。相对国家祀典而言，那些制度化的宗教才是民间宗教。在整个祀典之中，每一种崇拜都有各自的位置，可以整齐地归入天神、人鬼、地祇三者之一。这个模式与基督教成立以来的现代宗教制度非常不同。因此，以现代西方宗教学中关于教义、教会、神职人员的观念来理解，往往会造成很多严重的错误。①

4. 宗教板块论

这一理论观点促使在传统宗教"游移现象"研究中，更重视宗教、社会、国家之间的关系，对更加细致地观察、理解传统宗教"游移现象"起到了作用。从历史发展上看，宗教板块大致分为"核心板块"、"敏感板块"

---

① 吴飞：《从祀典到弥散性宗教》，载李四龙主编《人文宗教研究》（第三辑），宗教文化出版社，2012。

和"边缘板块"。其中，"核心板块"是指得到国家支持的宗教存在方式，在当代中国社会，尤其在文化工程、经济创业、社会工作中发挥重要作用。在开展"道德教化"、"经济搭台，宗教唱戏"、"宗教外交"，以及"心灵鸡汤"、"娱乐文化"、"大众禅修"等方面十分活跃。因此，在为社会提供服务的同时，也暴露出一些脆弱性、过度"世俗化"的倾向，甚至是出现问题。① 传统宗教中的"游移现象"在很大程度上是由于这类宗教在资源拥有上的稳定性、合法性，在社会结构关系中神圣性与世俗性的结合，及其在功能上的跨界性而发生、发展的。

"敏感板块"是当代中国宗教发展中的"问题板块"。在全球化进程中，这一"板块"往往成为境外敌对势力利用、渗透，攻击中国的工具，给社会安全带来巨大挑战，也给社会治理带来了新的考验。在宗教领域的社会治理中，本研究针对这一现象进行了分析，并提出了相关的对策建议。"边缘板块"指具有一定"模糊"意义的宗教。② 当前社会中的民间信仰、祖先崇拜、圣贤崇拜、师长崇拜、神灵崇拜、英雄崇拜等就是重要的代表。这一板块同"核心板块"相互借用、相互作用、相互影响、相互纠缠，也是传统宗教"游移现象"发生、发展的重要空间。为此，在研究中受到"宗教板块说"启示，将民间信仰活动作为重要的样本予以特殊的关注。当然，到底是"边缘"还是"中心"，是"根文化"还是"延展的文化"，仍需要深入探讨，这也许是"模糊"的另一种意义。

四　传播学的视角

对于传播学理论观点在本研究中的定位，本研究更多的是从传播策略、手段、功能上来获取相关观点。传统宗教"游移现象"简单地说，就是宗

---

① 卓新平：《金融危机与宗教发展》，载金泽、邱永辉主编《中国宗教报告（2009）》，社会科学文献出版社，2009。

② 卓新平：《金融危机与宗教发展》，载金泽、邱永辉主编《中国宗教报告（2009）》，社会科学文献出版社，2009。

教文化与社会互动而形成的传播现象。所以,在理论研究中更为关注的是能够对"游移现象"的解释产生实际影响的理论和观点。为此,以这样一些核心概念或主题组织了相关的一些观点,包括传播工具与手法、传播效果,尤其对新媒体、媒体融合予以特别关注。的确,宗教文化在当下的传播过程中越来越社会化、技术化,不能正确地把握相关的知识,对这一现象的认识很可能是不够清晰和透彻的。当然,还有传统宗教"游移现象"的功能作用,透过传播学视角的功能分析对传统宗教"游移现象"获得一些新的发现。传播与人际关系也至关重要,对这一成果的分析是考虑它也是实现宗教与社会互动的重要一环。

1. 传播功能论

威尔伯·施拉姆指出,"社会的存在依赖于传播工具。正是传播行为激发了社会的活力。每一种文化模式、每一个社会行为都涉及交流,都与传播发生关系。"[1] 要认知传统宗教"游移现象"的社会功能及其在传播中是如何体现的,需要运用传播学的知识,它的分析视角与原有的知识积累是不尽相同的,进而为突破某种局限,提出某些解答给予帮助。

该理论告诉我们,社会是各种关系的总和,社会需要共享某种信息。传播的实质在于处理信息。"游移现象"往往是透过不同的传播途径和工具设置议题、付诸实践、发布信息,以及加工、处理而完成信息制造的。该理论还强调,传播并不是简单的关系,而可能是关系背后关系的表达。[2] 传播具有政治功能、经济功能及其他社会功能。[3] 宗教与社会的关系是透过不同信息的传播而产生和实践的。为此,在观察传统宗教"游移现象"时,需要看到宗教与社会在不同领域的信息互动,从不同层面分析、解剖这一现象,将不同的功能作用阐释出来,并揭示其运作规律和机制。

---

[1] 〔美〕威廉·波特、威尔伯·施拉姆:《传播学概论》,何道宽译,中国人民大学出版社,2018,第 3 页。

[2] 〔美〕威廉·波特、威尔伯·施拉姆:《传播学概论》,何道宽译,中国人民大学出版社,2018,第 5 页。

[3] 〔美〕威廉·波特、威尔伯·施拉姆:《传播学概论》,何道宽译,中国人民大学出版社,2018,第 31 ~ 32 页。

传播的社会功能①

政治功能	经济功能	一般社会功能
监测(收集信息)	资源及市场机会资讯	接受或拒绝规范角色等讯息
协调(解释信息、制定宣传政策)	解释资讯,政策制定,市场运作与控制	协调公众的理解和意愿
法律和习俗传承	经济行为的洗礼	规范和角色传承,娱乐功能等

传播功能内外观

功能	外观面	内观面
社会雷达	寻求或给予资讯	接受资讯
资讯操作,决策管理	劝说,命令	解释,决策
传授知识	寻求知识,传授知识	学习
娱乐	愉悦	享受

传播渠道。施拉姆认为,信息与思想在社会上川流不息。大众媒介对流经其中的信息直接或间接地产生巨大的影响。事实上,所有人大概都在影响信息的流动,只是时机、方式、领域、角色、影响力不同而已。信息连续不断地在社会体制中流动,在社会机构的推动下加速流动。② 新媒体的广泛使用带来的是宗教文化传播渠道的多元化,也因此扩大了"游移"的广度、深度和社会影响。传播渠道的隐蔽性、个体性、流动性也对社会治理,尤其是网络宗教的社会治理提出了新的课题。

传播效果。有关传播效果的模型大多认为,受传者是能动的,传播效果是传送者和受传者共同起作用的结果。有限传播论认为,媒介绝不是不可抗拒的。传播效果是由传播者对受传者的信息传播,以及受传者对信息的满足状况而确定的。③ 互动论设想传播过程中两个相对平等的参与者,各自加工

---

① 〔美〕威廉·波特、威尔伯·施拉姆:《传播学概论》,何道宽译,中国人民大学出版社,2018,第31~32页。

② 〔美〕威廉·波特、威尔伯·施拉姆:《传播学概论》,何道宽译,中国人民大学出版社,2018,第114页。

③ 〔美〕威廉·波特、威尔伯·施拉姆:《传播学概论》,何道宽译,中国人民大学出版社,2018,第229页。

对方发送的一套符号并根据自己的欲望和需求从交流中获取自己需要的信息，同时对接收到的符号进行解释。传播过程是传播者与接受者双方互动的结果，都在试图影响对方。① 传播效果是由传播工具的使用、传播的强度，以及传播内容的适应性等因素决定的。以此分析传统宗教"游移现象"，在传递中国宗教工作经验的过程中，更需要在传播效果上做文章，尤其是向全世界传播中国经验，更需要思考传播效果的问题。

2. 人际传播——社会交换论

传统宗教"游移现象"也是社会交换的过程。传统宗教"游移现象"是在各种信息的交换中传播、发生、发展的。作为社会交换的人际传播，关注传播在社会交往中的形式、功能及目的等。罗洛夫认为人际传播的动力是自我利益——这一假设与社会交换理论相吻合。人们倾向于在发展自我利益的情况下，同某些人发生某些传播行为。② 传播是一种交换，不仅仅是信息的交换，也是多种资源的交换。宗教文化传播过程就是不同资源的传播与交流过程。该观点也提醒我们，在理解和发生宗教文化传播行为时，需要考虑资源的使用、资源的价值，以及资源的收益等。③ 同时，传播不仅是一个目的，而且是达到目的的一种手段、一个过程。宗教文化的"游移"过程会引发、衍生出一系列不确定的后果，这些又都同宗教与社会不同领域的信息、资源交换有关。

根据以往的研究，社会交换存在着五种不同的观点，霍曼斯的操作心理学观点、布劳的经济学观点、蒂博特和凯利的相互依赖说、B. 福阿和 U. 福阿的资源说，以及 E. 沃尔斯特等人的公平说。④ 对这五种社会交换理论的分

① 〔美〕威廉·波特、威尔伯·施拉姆：《传播学概论》，何道宽译，中国人民大学出版社，2018，第229页。
② 迈克尔·E. 罗洛夫：《人际传播——社会交换论》，王江龙译，上海译文出版社，1991，第3页。
③ 迈克尔·E. 罗洛夫：《人际传播——社会交换论》，王江龙译，上海译文出版社，1991，第142页。
④ 迈克尔·E. 罗洛夫：《人际传播——社会交换论》，王江龙译，上海译文出版社，1991，第27页。

析，为传播和关系发展提供了以下结论。交换关于彼此情况的信息有助于其他资源的交换，或者标志着关系扩展到了一个新的领域，并与关系发展联系起来。另外，传播可以说就是另一种交换形式。由于一般认为关系发展的特征是交换领域的扩大。因此，可以看到信息交换就是另一种形式的交换领域的扩大。信息交换的指导原则与其他资源交换的原则相仿。传统宗教"游移现象"的发生发展在某种意义上也遵循着信息交换的基本原则并与其他社会资源进行着不同的交换。

3. 媒介融合论

媒体融合是信息时代背景下一种媒介发展的理念，是在互联网迅猛发展的基础上对传统媒体的有机整合。它表现为技术的融合和经营方式的融合。随着新媒体的广泛应用、快速变化以及对社会产生的深刻影响，传播、媒介及新媒体等成为学界的研究重点。克劳斯·布鲁恩·延森对此提出了媒介融合概念，解释人们如何交流和沟通，并通过建构"三个维度的媒介"即网络传播、大众传播和人际传播融合的解释框架，来理解当前变化中的媒介环境。当前，传统宗教"游移现象"频发的重要原因之一就是现代传媒技术的广泛应用。尤其是融媒体的发展使得宗教文化与社会的互动更加多元。该理论说明技术与社会的关系、新技术与新社会互动的形成，对认知宗教文化的传播及其功能作用很有帮助。的确，媒介融合可以被理解为一种交流与传播实践跨越不同的物质技术和社会结构的开放式迁移。[①]

一般说来，媒体融合包括狭义和广义两种，狭义的概念是指将不同的媒介形态"融合"在一起，随之产生"质变"，形成一种新的媒介形态，如电子杂志、博客新闻等。广义的"媒介融合"则范围广阔，包括一切媒介及其有关要素的结合、汇聚甚至融合，不仅包括媒介形态的融合，还包括媒介功能、传播手段、所有权、组织结构等要素的融合。它是信息传输通道多元化背景下将报纸、电视台、电台等传统媒体，与互联网、手机、手持智能终

---

① 〔丹〕克劳斯·布鲁恩·延森：《媒介融合：网络传播、大众传播和人际传播的三重维度》，刘君译，复旦大学出版社，2018，第17页。

端等新兴媒体融合起来的一体化模式。其促进更多的人跨越时空参与到融媒体的传播过程中。当前，传统宗教"游移现象"的发生其实也同融媒体的强势功能和宗教文化传播中的利用有密切关系。

当代媒介使得思考和交流跨越时空。文化和社会塑造了其间的媒介，而媒介也反过来塑造着文化与社会。传统宗教"游移现象"中新传媒的广泛运用正反映了这种倾向和特征。相较于其他分析和思考的制度——如科学、艺术和宗教——从积极意义上来说，媒介是文化和社会最基础的构成单位。它们并不要求具备一种科学或艺术的特殊技能或天分才能进行交流与审视，它们也不预先假设那些只有通过有限的特殊文本、特定个体或特别过程才能接触到先验性可能世界的存在。媒介强调了任何个体都是特殊的个体，并在传播过程中将各个社会个体囊括其间。传播涉及社会的目的和方法，而这一传播过程则日益呈现跨越时空的特征。[1] 这种传播逻辑也贯穿在传统宗教"游移现象"的发展过程中。

数字媒介极大程度地拓展了信息于传播者而言的可获得性，使得信息与传播均变得随处可及、随时可及，[2] 其影响因此多元而复杂。不仅如此，这一点不仅体现于家庭生活的私人合作中，也体现于社会生活中。更重要的是，数字媒介使传播跨越时空，维系社会关系，个体参与到自我的维持和社会的维持之中。传统宗教"游移现象"的社会功能也就不仅仅发生在作为整体的社会，还发生在作为社会的个体和群体中，其社会功能也将变得多元、充满不确定性。

---

① 〔丹〕克劳斯·布鲁恩·延森：《媒介融合：网络传播、大众传播和人际传播的三重维度》，刘君译，复旦大学出版社，2018，第 107 页。

② 〔丹〕克劳斯·布鲁恩·延森：《媒介融合：网络传播、大众传播和人际传播的三重维度》，刘君译，复旦大学出版社，2018，第 113 页。

第三部分
传统宗教“游移现象”阐释

宗教文化正以不同以往的方式进行着当代的传播与发展。对于这一形态如何阐释，如何在判断其特征的前提下得出精准的结论？针对宗教文化与社会互动取向、内容和形式不断延伸和拓展的状态，是否可以从“游移”的视角出发，参考和吸收前人在社会学、宗教社会学、文化人类学和传播学中的理论观点作为观察分析的思想基础，从而获得对传统宗教“游移现象”描述和知识生产的全新的认识？

为了寻求问题的答案，先不妨对当代宗教文化传播与发展的某些事件做一个简略的阅读，透过以下社会热点事件，便可感受到宗教文化对国内、国际事务的“跨界”影响。如世界佛教论坛、法门寺佛指舍利出访、莫迪访华、海上丝绸之路佛教与文化之行、“少林寺事件”、“兴教寺申遗事件”、都市禅堂、“李一事件”、“法海事件”、明星皈依，以及宗教网站、宗教用品交易会和各类新兴民间宗教信仰，甚至还有披着宗教外衣的暴恐事件等。这些耳熟能详的大小事件，其实，都是宗教文化与社会互动、向社会不同领域延伸的现象、过程与结果及其突出反映。本研究将这样的现象称为传统宗教的“游移现象”。需要强调的是，在当前，传统宗教“游移现象”的发生频次和影响呈现明显增多、增强的趋势。

从事传统宗教“游移现象”的研究也是有双重的考虑，一方面，宗教文化在当前的发展与传播方式对社会发展究竟会产生怎样的影响，发挥何种功能，具有哪些意义。另一方面，则是想知道，传统宗教"游移现象"的概念和分析思路能不能为描述和解释当下的宗教发展与传播提供或多或少的帮助。其实，透过研究的过程也意识到，无论从哪个角度切入传统宗教"游移现象"的形态，都不能回避一个问题即宗教文化到底是如何传播的？正是这样的原因，"游移"也好"传播"也罢，还有就是之前理论回顾中已经提到的"互动""往来""交换""互构"等，都可以为这一研究提供帮助。然而，有一个关键问题不可不提，那就是在当前宗教文化发展与传播中需要如何协调宗教与社会的适应关系，发挥宗教在新时代的积极功能，再建构神圣性与社会性的传统关系，或探索宗教的神圣性与社会性的新兴关系。

对传统宗教"游移现象"的阐释，离不开对社会背景的把握。世界的快速变化，市场化、网络化、信息化、风险化等的到来，对个体、群体和社会都产生了巨大的影响，给宗教与社会的关系也会带来新的变数，也因此造成了社会转型期传统宗教"游移现象"的纷繁复杂局面。对传统宗教"游移现象"内涵、结构、形态和动因的呈现、分析与解释，正是为了在此基本思考框架内为进一步深入地透过不同典型案例的类型分析，探求传统宗教"游移现象"的外延、功能及其作用机制做必要的铺垫。

一 概念、特征及其本质

本研究探讨的是我国传统宗教在社会转型期发生、发展的多元的"游移现象"。所谓传统宗教，指的是中国传统儒释道三大教，在研究中更加关注的是在唐代已完成"中国化"进程、具有独立自主品格的佛教。所谓"游移现象"，指的是传统宗教文化与现今社会多领域、多层面、多方面的互动关系、过程及其结果。传统宗教的"游移现象"，反映出我国传统宗教文化发展的现代化、时代化趋势，包容性、开放性特征，以及适应社会、服务社会、维护国家利益、承担社会责任的时代特色。

传统宗教"游移现象"并不是一个理论，而是一个针对宗教文化在社会互动中发展与传播的观察视角。它是对宗教与社会互动过程中宗教发展与传播不同取向、呈现形式、主要类型及其本质的一种认识观,客观地说,还处于理论的萌芽状态。定义传统宗教"游移现象"的任务绝非建构一个新的概念,而在于,为了阐释宗教议题中涉及宗教与人类社会共同生活的不同领域,包括经济的、社会的、文化的、生态的,甚至是政治的实践关系,这些互动领域不是彼此独立的,它们遵循着共同的运作"逻辑"。这也就决定了传统宗教"游移现象"的多元性、复杂性和不确定性。还有一个目的,就是期待学术界能对不断出现的这类现象给予足够的关注,宗教社会学的理论观点要在社会事实的发生时空中生产。要回答这样一个问题,不仅需要现实的关怀,还要有历史的思考,也不仅要关注社会、国家,还要有全球意识。传统宗教"游移现象"既是一个过程,也是一个结果,是一种状态,也是一种能力。"游移"的提出更是想在宗教与社会的动态互动中思考"游移"的"特征"和"本质"。为此,对于当前传统宗教"游移现象"需要做出一个基本的判断。

(一)传统宗教"游移现象"概念描述

社会发展带来了社会关系、社会结构和社会文化的多元、多变和多样。与之相应,宗教文化的发展及其传播在信息化、市场化和全球化的推动下也变得更加活跃而复杂。当前,经济社会发展与宗教文化发展间的互动逐渐频繁,影响也愈加明显,出现了宗教文化发展过程中新型"跨界"传播与"跨领域"影响的传统宗教"游移现象",即宗教文化主动或被动地嵌入社会生活的不同领域,[①] 在宗教文化因素和多元社会因素的相互作用下,与社会不同领域发生互涉关系,形成积极/正向或消极/负向的社会表象,并对社会、经济、文化、政治等产生多元而复杂的影响。尤其在社会结构转型、社会关系复杂、社会需求多元,以及现代化、本土化、市场化、信息化、大众

---

① 吴南、李明:《对当前"宗教游移现象"新特征的社会学思考》,《西北民族研究》2016 年第 1 期。

化和全球化的背景下，传统宗教"游移现象"的发生频次、范围都有所扩大，强度和社会影响明显增强，构成了宗教文化传播与发展的常态，也折射出宗教文化的神圣性与社会性本质同社会互动的新景观。传统宗教"游移现象"概念和研究取向的提出，改变了某些习以为常对宗教文化实践固定空间、清晰边界的判断，以及宗教文化与社会不同领域结构关系的认定，对重新认知宗教文化传播的本质特性及其功能起到了重要作用。

宗教产生于社会之中，在其初始阶段，便与社会有着不解之缘。如良渚文化的玉琮玉璧、二里头文化中的绿松石龙等，这些考古遗迹、文物显示出宗教符号和仪式痕迹与社会的关系。在历史的不同时期传统宗教"游移现象"都会发生。浩繁的中国历史记录下一个又一个宗教文化同社会互动的实践、关系、结构与机制等。在这里不必赘述。但是，在现代性背景下，宗教文化与社会互动的关系、其传播形态的发展又是如何？传统宗教"游移现象"又呈现哪些新的状态和面貌？

第一，传统宗教"游移现象"概念扭转了某些习以为常的对宗教文化实践固定空间的判断，以及宗教文化与社会不同领域关系的认定。传统宗教"游移现象"是宗教文化与社会互动、社会发展与宗教文化发展的结果，它可能是历史上发生过的，也可能是当下社会已经和正在发生的，还包括将要发生的。宗教文化正以人们始料不及的态势发展。宗教文化的社会意义在于它已经成为公共事务和群众工作的重要组成部分。这正是对传统宗教"游移现象"的基本说明。在信息化时代，新媒体、自媒体快速发展的背景下，宗教网站、微信、微博等的影响力正在不断扩大，这也是对"游移现象"的另一种"运用"与解读。

第二，传统宗教"游移现象"是一种社会现实或是人们的想象，它是社会与宗教文化互动关系的一种"常态"。① 当人们面对宗教文化的影响，尤其是涉及更为严肃和敏感的议题时，会感到突如其来。其实，这是对宗教

---

① 吴南、李明：《对当前"宗教游移现象"新特征的社会学思考》，《西北民族研究》2016年第1期。

定位的误区和盲点造成的。凡是熟悉宗教发展的人都知道，任何一个宗教从它诞生之日起就是在社会中生长、发展的，并活跃于社会的不同空间，只是因实际状况的不同，其活动边界和影响范围不同罢了。同样，宗教活动和影响的界线有时清晰，有时模糊，这也是不同的社会情境而构建的。当下，"游移"跨界影响和事件的发生频次和强度增大，社会影响、公众感知明显，甚至出现全球化的发展，这构成宗教发展的常态，也因此会大大出乎人们的意料。

第三，传统宗教"游移现象"还是宗教文化与市场互动，是全球化、社会化、现代化及信息化的产物。随着传统宗教"游移现象"的发展，人们已经看到宗教文化越来越多地融入人们的日常生活，甚至是国家外交事务。宗教节日既成为人们展开消费活动的节日，也成为人们精神追求的场所。同时，宗教文化也成为一项文化传播的国家战略、一张国家形象的"文化名片"。此外，一些国家、社群也在利用宗教加强意识形态的争夺，甚至不惜挑起一场文化战争。极端势力也在利用宗教，分裂民族国家，制造社会恐慌。在这样复杂的情况下，需要制定怎样的国家战略，社会政策如何积极地回应，这些都是针对如何促进宗教与社会良性发展而提出的严肃思考。

第四，全球化带来传统宗教"游移现象"的发生发展更加多元、复杂。这里需要提出的是境外势力的渗透问题，对此，当然要持续保持警觉。全球化带来的时空压缩为宗教文化传播提供了产生更大影响的机会和可能，使得宗教文化的功能反映在方方面面，给社会安全也带来了一定威胁。但是，更要以自信的态度应对风险，用法治建设预防风险，用文化战略降低风险，用社会主义核心价值观建设抵御风险。文化的自觉、自信，直接影响到在全球化时代的各项社会政策，当然也包括对待宗教的态度和相关政策。历史上我们成功地实现了不同宗教的中国化，并成为中国传统文化的一部分，为维护国家的统一和繁荣民族文化做出了重要的贡献。

（二）传统宗教"游移现象"的主要特征

在社会转型期的当下，宗教的公共影响和社会功能日益凸显，宗教发展出现了社会化与私人化、世俗化与神圣化、群体化与部门化、区域化与国际化等相互交织的态势。其中，宗教"跨界"传播与"跨领域"影响的传统宗教"游移现象"，即宗教间相互影响，以及宗教主动或被动、常态或非常态地进入社会生活其他领域①的发生频次、互动范围和介入强度都明显增多，并产生了多元、复杂的影响。概括起来，呈现如下一些特征。

1. 互构性

传统宗教"游移现象"是宗教与社会的互动、互构、互鉴关系。传统宗教"游移现象"视角是从宗教文化实践中的现象出发，关注宗教文化传播发展中与社会间的互动关系，思考宗教文化主动或被动、积极或消极嵌入社会生活不同领域，并对社会和人们的日常生活产生多重影响的过程与结果。它既对宗教文化的传播过程、关系结构与互动结果保持敏感，也试图阐释宗教文化与社会间互动的功能作用与运作机制。该视角的核心观点认为，宗教文化的神圣性和社会性本质是传统宗教"游移现象"发生发展的基础，宗教文化的神圣性和社会性正是通过其传播实践中的传统宗教"游移现象"得以呈现。宗教文化的神圣性体现在其精神性、超越性、终极性方面，实践和彰显宗教文化的价值观和信仰价值。宗教文化的社会性则是吸引信众，承担宗教文化融入社会、走进人们日常生活、善世利人的社会责任。两者的社会作用则在于透过宗教文化社会化的过程，适应社会发展，体现社会关怀，发挥社会功能，服务社会大众。

2. 内源性

传统宗教"游移现象"的内在动力是宗教的神圣性与社会性。在宗教文化实践中，神圣性与社会性是互嵌、互赖、互构的关系。社会性需要有神

---

① 吴南、李明：《对当前"宗教游移现象"新特征的社会学思考》，《西北民族研究》2016 年第 1 期。

圣性的支持，神圣性需要社会性去传播。宗教文化的传播是在弘扬宗教文化的同时实现其自身的社会价值。为此，佛教发展进程中建造寺院、创立宗派、凝聚僧才和当下开办讲堂网站、践行公益慈善、参与"一带一路"等既是为了自身的发展，也是为了弘化一方、利益众生，与社会发展相协调、适应。同样，"三位一体"的寺院文化、僧团文化、居士文化在一定意义上又是同信众文化、地域文化、社会文化相联系的。正是宗教文化神圣性与社会性实践的统一，促成了佛教的中国化、大众化、本土化和现代化。"在生活中修行，在修行中生活。"宗教文化的神圣性和社会性相辅相成，并通过宗教文化实践得以体现。

3. 流变性

传统宗教"游移现象"是宗教适应当前社会与宗教文化发展的常态。当前发生的传统宗教"游移现象"是宗教文化朝着社会各层面发展的过程，宗教文化与社会多领域互涉的过程，既是宗教文化发展历史中的基本面向，又是现代社会宗教文化发展的常态。宗教文化历经不同时代，并在其中占据着不同的位置，发挥着不同的社会功能和影响。说它是常态，更确切地说是宗教文化沿着自身发展的脉络和传播逻辑发展的同时，在传播空间、运用技术、影响范围和作用强度上也发生一定的变化，并不间断地以新的形式与现实社会发生关联，形成了宗教文化与社会互动的新形态，建构当前宗教文化跨"边界"实践与跨领域影响，从而体现不同于以往的新形象、新特征和新意义。

4. 两面性

传统宗教"游移现象"导致的结果可能是积极的，也可能是消极的，或是不确定的。透过研究可以发现，大部分"游移现象"具有适应社会、服务社会等积极功能。但是，需要指出的是，宗教文化在其"游移"过程中既具有建设性意义，也存在已经发生和可能发生的社会风险和挑战。传统宗教"游移现象"既然是一种历史上和现实中发生的社会现象，一种宗教文化与社会多领域互动的复杂过程，也就存在同社会发展相适应或不相适应、传统风险与非传统风险的挑战。这一过程和结果也是考验宗教领域社会治理能力的过程与结果。

（三）传统宗教"游移现象"的本质

宗教"游移"视角认为，宗教文化的神圣性和社会性本质是传统宗教"游移现象"发生发展的基础，宗教文化的神圣性和社会性正是通过其传播实践中的"游移"得以呈现的。以佛教文化为例对此简要说明。

佛教文化的神圣性与社会性构成两个基本认知维度四个象限，以横轴表社会——世俗，纵轴表宗教——佛教，体现出世与入世，究竟与不究竟，理与事，质与形等。即象限1：强神圣性—强社会性；象限2：强神圣性—弱社会性；象限3：弱神圣性—弱社会性；象限4：弱神圣性—强社会性。其中，第1象限中，以河北柏林禅寺的生活禅、河南少林寺的品牌推广、广州大佛寺的心理咨询等为代表，通过自身的现代化，以灵活多样的方式将佛法落实于生活、工作中，从而达到化现代的目的。第2象限中，其实践表现出更关注自我的修行与解脱，与社会处于相对疏离的状态，如终南山中的一些隐蔽寺院、茅棚和大量的隐士等。第3象限中，主要是一些还没有恢复的寺院遗址，或是寺院的形式依然存在，但是出于各种原因现在未能发挥宗教影响与社会影响，尤其是在历史上有重大影响的寺院，如陕西仙游寺、杭州弥陀寺等。第4象限中，"游移现象"最为人们关注，表现出趋向市场化、神秘化的倾向，一些旅游点、名胜地，以及非法功德箱、香火经济、烧头香、承包宗教场所、戏说现象等。

传统宗教"游移现象"的发生是宗教文化本质的体现，是宗教文化传播过程中在这四个象限中的活动轨迹、语境、聚合状态及其结果。"人间佛教"实践其实也是围绕佛教的神圣性与社会性展开的。在这四个象限中，佛教文化与经济、社会、文化等领域发生不同的互动，体现出各自边界的扩张与收缩、融合与排斥、坚守与变通。在此过程中形成了各种关系与结构，并影响佛教文化传播的基本取向、表现形态与发展趋势，也影响到宗教领域社会治理的取向、策略、路径和具体的制度设计与政策制定。

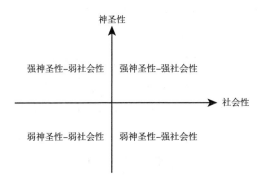

传统宗教"游移现象"象限图

二　类型、特质及其形态分析

　　传统宗教"游移现象"发生的意义在于它发生相关互动或传播的工具取向及其作用。而如何去认识它，类型分析的方式可以提供较为明晰的观察视角。也就是根据研究目的和"游移现象"的共同性与差异性，按照一定的标准将相关资料归纳为性质相同或相近的类别，即从"游移"的社会环境、社会条件出发划分不同类型。同样，对传统宗教"游移现象"的分析也离不开对其静态与动态结构的剖析。传统宗教"游移现象"作为一种社会实践和社会关系的表现，是宗教文化与社会之间互动过程与关系模式的结果，作为基础性关系，显然存在传统与现代的不同，作为过程性关系，则是透过不同形态的表达得以呈现的。遵循这样的研究路径，将大大拓展对传统宗教"游移现象"的理解，为更好地探讨"游移现象"发生的原因、规律和特点创造条件，也为认识各因素间的内在联系，看到不同类型发展变化的状况。从而，使研究体现条理化和系统化。

（一）"游移现象"的类型

　　从宗教发展的过程来看，"游移"乃是一个用法极为多样的范畴，既可以用来指宗教文化内部各教派之间的传播，也可以指宗教文化对社会各领域的传播，以及社会不同领域对宗教文化资源的影响。只是其间接直接、显性隐性不同，影响功能不尽相同罢了。

在本研究中，虽然主要聚焦于"游移"的事实描述和理论阐述，但是如何将"游移现象"分析得契机契理，显然需要对复杂、多元的"游移"进行现象学或类型学的处理，梳理不同类型游移的方式和表现特征，在此基础上，归纳其取向、方式、传播逻辑和社会功能等。回顾"游移"论题的发展大致可以发现，关于这一议题的讨论在不同场合、基于不同的立场，以及对实践理解的差异有着不同的关注点和重心。其研究结论，也因仅仅局限于个别案例，或某种知识提出了一些模糊的观点，不仅缺少实证研究的深入比较分析，也少有理论思辨层面的深度阐释。面对"游移"的复杂现象，本研究通过梳理已经获取的相关案例，辨识出主要的意义类型，为进一步的讨论提供了基础性理论框架。

关于传统宗教的"游移现象"，可以大致做出一些类型学的划分。比如，从性质上分为三个层面的含义：文化观念的游移、物质技术的游移和组织制度的游移。根据影响和波及的社会领域，可分为领域型与非领域型游移；根据传播形态，分为外向型、关系型和修正—创新型游移。从游移的向度上看，有工具游移、眼前实用性需求利益目标—功能游移、发展战略性需求利益目的—价值游移；从领域上看，大致分为宗教的"教内游移"和"教外游移"，比如少林寺释永信与其徒弟释延鲁的关系，以及这一"事件"透过网络的不断扩大演变为社会关注的重要宗教舆情；从主体上看，又可分为宗教（组织）的"主动型游移"与"被动型游移"，比如东林寺僧人到国内多家寺院和地方居士林讲经说法，指导二十四小时经行，以及"鸡足山门票事件"；从内容上看，可分为"情感信仰型游移"与"工具型游移"，如宗教慈善的发展，在赈灾、救援等领域中宗教团体十分活跃，大批信徒为宗教场所捐赠物资，以及围绕宗教活动场所实施的商业性景区开发；从本质上看，则可以分为本质延续的"变化型游移"和"异化型游移"，如居士佛教、"人间佛教"的发展，及某些极端宗教的传播等；从取向上看，又可分为"积极正向型游移"和"消极敏感型游移"，如无锡灵山成功举办多届世界佛教论坛，被确定为永久会址，受到各界人士的高度评价。而由"申遗"引发的"兴教寺事件"则成为深受社会关注的宗教舆情突发事件等。对于这些现象可以进一步从形态层面进行具体的分析。

在本研究中，透过对田野和文本资料的分析，将"游移"大致概括出六种主要类型，分别是：市场化、信息化、现代化、社会化、全球化和法治化等。再就这些类型进行相关观点的分类，大致涉及以下内容。

1. 市场论

在这种含义上使用的"游移"一词，把宗教文化在社会中的传播和发展过程都称为"市场作用的推动结果"。这种论述在社会分析中较为多见。在一些新闻报道和舆情议论中，往往从宗教的社会市场适用，即"适用性"上描述"游移"的经验。所以，也就谈不上对传统宗教"游移现象"理论和方法本身的反思。

在此意义上的"游移"研究，大多表现为现象学较为浅层的研究，阐述宗教在中国当下以市场经济为主导的发展阶段的传播和发展，视其在中国的应用和实践本身就是一个"游移"的进程。这些评价主要倾向于从外在的宗教行为、相关制度、机构、人员等活动层面回顾和描述"游移现象"，把"游移现象"同市场联系的经验现实相对接。这类分析研究往往是综合性和描述性的，认为"游移"是社会市场力量对宗教文化渗透的结果。对"游移现象"的论述可以描述为宗教文化在市场力量的作用下发生的传播过程和某种实质内涵。

2. 现代性论

现代性论认为现有的"游移"现象不是一种特殊性，应该透过现代性的实证材料加以检验和修正，从而发展更具解释力和普遍性的宗教社会学分析概念。在这一含义的主张里，需要做的是在现代性的背景下，就"游移"的材料对现有理论命题进行检验、补充、修改，从而形成宗教学已有现代化理论与发生在眼前的社会事实糅合在一起的一种新的综合。传统宗教"游移现象"的现代化表现显然可以为建构普遍的宗教社会学理论提供更丰富的"个案"，使其更加具有涵摄力。这种研究可以参照西方已经建立的研究体系进行,但更要以中国现实社会为中心,体现中国宗教文化的特征和民族性,并融合宗教社会学知识,融入宗教的现代化理论体系中。对此,应该从四个方向入手尝试,"重新验证国外的研究发现,研究本土的重要与特有的现象,修改或创立概念与理论,改变旧方法与设计新方法"。要求在普遍性和特殊性的二元关系中,强调更充分地考虑特定社会的"特殊性"一面,而构建更加"科学"、有解释力的理论。

3. 文化传播论

文化传播论是"游移"中另一种重要的判研取向。这种观点认为,"游移"的核心应该是传播技术融合的产物。一定程度上,当然可以把这样一种"游移现象"理解为宗教文化发展中对新技术的运用。在这样的观点看来,传播意识不能简单地追随技术的进步,而是基于一种本土宗教文化的主位意识,从这个视角寻找中国经验的独特性。在当今信息化趋势愈演愈烈的情形下,认识传统宗教"游移现象"具有至关重要的意义。为此,需要尤其关注传统宗教"游移现象"的"价值"和使用的"语言"。从价值视角来看,其有不同于自然科学的特质,对价值和意图的主观理解,并不仅仅是对所谓"客观事实"的因果解释。从语言的维度来看,它强调宗教传播中的技术性及其"语境性"和"语言建构"色彩。重要点在于,表面相同的传播"事实"在技术力量的运作下也会被"差异化"地定义和赋予意义。大体来看,其更加强调了传播工具的重要性,强调在议题设置、概念和理论建构等各个环节都应该重视不同的实践需要和利益立场。

4. 社会化论

这种类型的观点将关注重点放在对这一现象的特殊价值上,强调社会现实或社会文化情境的特殊性。认为社会研究面对的是有能动性的人和情境性的、有文化基因之影响的社会行动,要求研究能够更契合本土的历史、社会和文化条件,从解释学传统来看,强调对行动者行动意义和意图的解读。这个意义解读一定是"情境性"的,关联着前后发生的具体事件以及更为宽广的历史文化背景,一个个具体行动者的自我主体性等。这一种思路的本土化主张并不以服务于实践性问题为主要目标,而致力于发展学理上不同于量化实证主义"解释"的另一种研究路径——质性研究。[①]
强调要"以中国为本位",基于中国传统文化、宗教文化的经验构建对
"游移现象"的阐释。认为研究传统宗教"游移现象"的发生要重新重视中
国历史和乡村文化。这种观点更强调"建构性",宗教文化是在社会化中不
断被熏习、传递和建构的。为此,描述和解释这一现象需要新策略、新路径
和新方法。

5. 网络化论

这类观点主要是从传播工具的变化引起传播方式、传播路径及传播结构
等改变,从而引起宗教文化传播的结构性变化的角度展开论述。社会媒体化
和媒体社会化是当代社会发展基本特点之一。社会成员之间产生的信息及其
信息网络已经成为经济活动和社会活动的脉络。社会媒体正在成为沟通的最
新方式。网络客户端、群体之间的"朋友圈"正在取代传统的文件传输方
式,改变传统的信息传播渠道,也改变着人们的行为方式乃至社会结构。[②]
进入信息时代,宗教文化的传播方式融入了体现信息化的互联网形式。宗教
文化传播的信息化是宗教文化在传播理念和工具使用上的一种新的形态,它
影响到宗教文化的传播内容、传播范围和传播效果。当然,这种影响也包括
了正面影响和负面影响并行的状态。与现实世界相比较,网络宗教疆域更加
流动不居。互联网提升了宗教团体的组织能力,增强了其内部的认同感,拓
展了宗教文化传播渠道,在一定程度上影响和塑造了人们对周围世界的看法
并改变了他们的行为方式。互联网扩大了宗教文化的影响能力,使其具备了
现代全球性媒体在网络疆域中的覆盖能力。网络传播所具有的隐蔽化、信息
量大、监管难、传播快、成本低等性质在宗教文化的信息化传播中均有体
现,当然,也活跃于传统宗教"游移现象"之中。

6. 新全球化论

这是一种更具全球视角的宗教文化"游移"的论述。从这个角度出发

---

① 李宗克:《社会学本土化论题的历史演进与理论反思》,华东理工大学博士学位论文,
2013。

② 丁元竹:《重视互联网给社会结构带来的影响》,《社会治理》2017 年第 9 期。

的观点认为，在国际文化交流领域，其实一直存在文化殖民化、东西方文化竞争、宗教文化的全球使命等关键议题。从这样的视角看待传统宗教"游移现象"，更试图突破宗教文化的封闭视角，从国际关系、外交关系建构的立场和层面体现本土宗教文化的文化自觉和自信。人类文明在全球化过程中已经到了一个重要的阶段，世界主要文明之间是冲突还是和谐的问题日渐突出。同时也出现"逆全球化"的趋势。为实现人类未来的良性发展，费老提出的文明之间"各美其美""美人之美"，到"美美与共"，最终实现"天下大同"的思路具有重要价值。在全球化进程中更需要发掘、传递包括宗教文化在内的中华优秀文化的精华，践行文化自觉和文化自信，推动整个世界文明的和谐发展。①

7. 法治化论

法治是社会良性运行的重要制度保障。社会赋予法律以权威性，而宗教的法治化对于坚持党的宗教政策、坚持与教义教规相结合管理宗教事务、释放宗教正能量具有重要的保障功能。宗教文化的"游移"是在一定的法律法规框架内的"游移"。法律对宗教文化在社会的地位、作用、组织形式、场所人员、财产管理等方面有明确的规定。不同国家的法律、同一国家不同时期关于宗教的法律法规具有不同的规定及内容，改变的原则是国家通过法律的变化引导宗教文化的发展方向，使其与国家的发展规划相适应。我国现行《宗教事务条例》中明确指出，宗教事务管理坚持保护合法、制止非法、遏制极端、抵御渗透、打击犯罪的原则，坚持党的宗教工作基本方针，贯彻党的宗教信仰自由政策，依法管理宗教事务。② 在法治理念及实践层面正确处理宗教领域各种矛盾和问题是法治化的基本原则。

这里所概括的七种类型的"游移"观点，大致呈现由浅及深的序列。从比较表层的"市场论"一直到反思全球政治和文化关系的"新全球化论"，也对社会科学的"科学性"和"普遍性"提出了越来越深的质疑。这

---

① 李宗克：《社会学本土化论题的历史演进与理论反思》，华东理工大学博士学位论文，2013。
② 《宗教事务条例》（中华人民共和国国务院令第686号），2017年8月26日。

些不同的类型与观点并非对立和互斥的关系，而是从不同维度和层面关联着学术本土化论题。这种对于社会科学中"普遍主义"知识论不同程度的挑战，背后都隐含着多种知识论逻辑，需要做进一步的挖掘和剖析。

这样一个类型学的粗略区分，其意义就在于更加清晰地识别这些"游移现象"不同的意义维度和层次，进而相对系统地反思各种意义维度背后的理论预设，不再流于一种相对任意的比较感性的评论。只有这样，围绕传统宗教"游移现象"的有关研究才能真正有所推进。

（二）传统宗教"游移现象"的形态分析

传统宗教"游移现象"具有实践性特征。宗教文化会在相同的社会结构中表现出不同的形式，或是以相同的现象存在于不同的社会结构中。面对传统宗教"游移现象"丰富的形态就需要以动态、立体的方式观察和评价，以认识和阐释宗教文化传播与发展的新格局。

1. 表现形态：一致性、差异性、变异性

传统宗教"游移现象"具有延续性，无论是历史上还是现实社会中，宗教文化与社会发展一直存在着深刻的关联。其中，慈善是许多宗教的教义要求。[1] 宗教文化在社会慈善领域无论其方式、内容发生怎样的改变，其与慈善间的传统联系始终没有改变。如果说有一定的变化，就是由强调"财施"，向"救济型"、"弘法型"与"服务型"发展。[2] 在"游移"过程中，也有发生部分转变的现象，比如，观音菩萨的形象在本土化进程中产生了性别角色的转变，由阿弥陀佛的胁侍变为独立救度者。这种"游移"更符合国人的需求，更能促进宗教的积极传播。传统宗教"游移现象"还涉及对宗教文化借用的现象。农村兴建庙宇的实践尽管有明确的宗教目的和热诚，

---

① 王进：《全球化时代的道教信仰版图问题》，《云南社会科学》2014 年第 3 期。
② 王振耀：《宗教与中国现代慈善转型——兼论慈悲、宽容、专业奉献及养成教育的价值》，《世界宗教研究》2012 年第 1 期。

但其本身并不仅仅是宗教性的表达形式。①

2. 时段形态：动态、长时段

传统宗教"游移现象"与时间、空间有着互动关系。正是时间的不同，对"游移"起到了重要作用，时间完成了宗教文化的传播及其内化。比如，中国人参与佛教文化信仰实践丰富而动态的中国化、现代化进程正是最好的反映。在 2000 多年的历史中，历代信众围绕佛教文化提出新思想、撰写新典籍、建立新宗派、创造新艺术，表现出对佛教文化的熏陶、滋养和丰富。② 当代，我国宗教呈现五大建制宗教与众多民间信仰共存的现象也是极好的映证。

3. 关注形态：道德、生与死

传统宗教"游移现象"是宗教文化"衍生性"的体现。宗教文化有形或无形地遍布于人类社会生活的不同领域，或明显或潜在地影响人们的世界观、人生观、价值观和生活方式，在传播道德义务感、维护社会秩序上发挥作用。比如，佛教的"五戒""十善"等。各种宗教的道德律令尽管多寡不一，内容有一定差异，但与社会道德有某些共同之处。③ 宗教文化及其实践从本质上而言，皆是一种悟"生"了"死"之学，体现了宗教的生死智慧。比如，宗教文化在当前临终关怀中的广泛应用，成为现代宗教界积极投入社会公益事业的主要领域之一。④ 近年来，多有民间自发组织助念团为需要的家庭提供服务。宗教文化具有超越的神圣性功能，也具有满足人们需求的社会性力量。神圣性并不是神秘性，它在真实地回答生、老、病、死，人的生命终极意义等问题，社会性也没有脱离个体的存在，而是强调回报、慈悲、社会认同等文化价值。在宗教文化传播中，寺院、僧侣、居士等都扮演了重

---

① 曹南来：《中国宗教实践中的主体性与地方性》，《北京大学学报》（哲学社会科学版）2010年第 6 期。
② 魏道儒：《〈世界佛教通史〉序言》，《世界宗教研究》2015 年第 6 期。
③ 张波：《宗教信仰与青少年思想道德建设》，《和谐社会与青少年思想道德建设研究报告——首届中国青少年发展论坛暨中国青少年研究会优秀论文集》，2005。
④ 郑晓江：《宗教之生死智慧与人类的灵性关怀》，《南京师范大学文学院学报》2005 年第 4 期。

要角色,他们透过自觉的宗教信仰实践表达宗教文化的神圣性与社会性本质。

4.传播形态:传统媒体、新媒体

传统宗教"游移现象"从传播媒介上看,分为传统型和新兴媒体型。当下依然活跃的寺院法会、印刷流通经书,以及出版各类书籍、期刊等就属于重要的传统传播方式。比如,南普陀寺举办的"周日皈依共修法会"、广州大佛寺图书馆馆刊《如是雨林》杂志等。苏州弘化社印经法务弘扬优秀传统文化,在结缘赠送儒释道经典的同时,定期举办"共修、讲座、养生、护生"等公益活动。而新近活跃的网站、微博、微信朋友圈等则构成了宗教文化传播新的舆论生态,促进了信息的流动。传统宗教"游移现象"的助力是网络化联结,无论是现实社会网络,还是互联网、新媒体,宗教文化的发生发展都处于其中。传统社会中"游移"受空间、时间的制约,影响范围有限且可控。在现代社会中,信息科学技术的发展促使了网络社会的兴起,开放且多变的网络,穿越了空间和时间的边界、陌生人与熟人的边界,形成了新的结构。同时,线上与线下构成的网络社会,更促使社会网络不断地拓展与延伸。

5.结果形态:现代化、参与社会

当前传统宗教"游移现象"的重要结果正是它的现代性。《中国宗教调查报告(2015)》指出,有超过77%的宗教活动场所有民主管理委员会,34%的宗教活动场所有管理小组,超过55%的宗教活动场所的大额财务支出由民主管理委员会决定。当遇到重大决策等事项召开面向信徒的会议时,信徒参加会议并发表意见的比例高达54%。56%的宗教活动场所具有组织机构代码证,47%的宗教活动场所有自己的银行账户。超过32%的宗教活动场所可以宽带上网,有10%的场所使用网站、论坛、博客、微博、微信、QQ等网络方式传教。其中,佛教是使用互联网传教比例最高的宗教(14%)。正是这样的现代管理体系促进了五大宗教更好地发挥服务社会的功能。

6. 空间形态：宗教活动场所、其他场所

传统宗教"游移现象"不仅发生在宗教活动场所，有时也会扩展到其他相关空间。比如，雍和宫围绕信众的祈福产业、五台山以佛教文化为主的旅游活动等，它们在保护、挖掘、开发、宣传各自独特的宗教文化资源，培育宗教文化发展模式方面形成了自己的特点。此外，有一些瑜伽、冥想、辟谷、气功班或讲座等也在宗教场所之外从事同宗教文化相关的活动。当然，在这个过程中，还存在一些非法聚会等问题。网络空间的形态更加多元且多变，成为新的神圣空间。

7. 价值形态：神圣性、社会性

传统宗教"游移现象"同样存在宗教文化的神圣性和社会性的实践取向，即内在品质与外在体现的合题问题。以佛教文化为例，佛教的神圣性和社会性是相辅相成的，当两者的关系从认识到实践都处于一种和谐状态时，佛教文化就呈现兴盛的局面。当前，佛教寺院遇到的一些发展问题，很多是由于对招商引资产生很大兴趣，把寺院作为旅游景点予以过度开发。因此，强化了市场性，弱化了神圣性。所以，要充分发挥寺院的社会功能，在体现积极的社会性的同时，表现出佛教的神圣性。神圣性和社会性就其本身而言是圆融无碍的。佛教要在社会关怀上体现自己的价值诉求，回应社会性功能才能适应社会发展，也唯有在服务社会、大众的过程中，才能完成自己的神圣使命。[①]

三　结构化要素及其动力

认识传统宗教"游移现象"当然要超越二元对立的思维，结构不是固定的结果，而是结构化进程的一部分。也就是说，宗教文化的传播不是固定不变的模式，透过宗教文化传播的过程可以看到宗教与社会结构的双重性，

---

① 王亚荣：《在服务社会中增强神圣性与社会性》，2007年中国佛教公众形象主题论坛：和谐社会与道风建设。

一方面社会结构规定着宗教文化传播的实践，另一方面宗教文化的传播过程也促进再生出新的社会结构。传统宗教"游移现象"只有经过宗教文化与社会活动的结构化过程才能得到说明。可见，从互动和结构化的交织作用中去认识传统宗教"游移现象"，可以对这一现象有更深入的了解。宗教文化的实践、宗教文化与社会的互动始终是一个过程，没有它们之间的互动就不可能形成相应的社会关系和社会结构。同时，这种互动又促进着社会结构的改变，促进社会的发展。传统宗教"游移现象"还可以借助深层结构与表层结构的区分与关系进行探讨。所谓深层结构，就是宗教文化的核心结构要素及其特征，而透过现实表现出来的具体形态则是它的表层结构。要理解这个互相关联的转换过程就要经过对具体原因的分析，并将其置于结构化中去认识，从而观察传统宗教"游移现象"是如何透过深层结构而折射、衍生表层结构的。把宗教的结构化特性转换成宗教实践的外在现象，即从"深层"显现到"表层"结构可以有不同的形式。透过大量的案例梳理和分析可以发现，宗教文化的传播过程中其神圣性与社会性实践总会受到一些重要力量的激励、调适与控制，这些构成了影响传统宗教"游移现象"发生发展的动力系统。

（一）传统宗教"游移现象"结构化要素之政治领域互动

习近平总书记指出，佛教同中国儒家文化和道家文化融合发展，最终形成了具有中国特色的佛教文化，给中国人的宗教信仰、哲学观念、文学艺术、礼仪习俗等带来了深刻影响。[①] 宗教是社会的组成部分，其教义教规、伦理道德、文化艺术等是可以适应社会主义社会，并为社会主义服务的。政治因素的介入保障了宗教文化的神圣性与社会性在传播中的良性发展。

随着社会的发展，针对传统宗教"游移现象"中出现的一些新需求和乱象，修订《宗教事务条例》，开展宗教活动场所挂牌工作等，显示出制度建设对宗教文化传播过程的积极治理取向。这些依法规范佛教道教

---

① 《习近平在联合国教科文组织总部的演讲》，人民网，2014 年 3 月 28 日。

活动场所管理的举措，保护了佛教道教界合法权益，方便社会公众识别，维护和促进了正常的宗教秩序、正法的弘扬和宗教领域的其他文化与经济活动。

自 2012 年 10 月十部门联合发布《关于处理涉及佛教寺院、道教宫观管理有关问题的意见》（以下简称《意见》）后，国家宗教局指导各地进行全面排查和专项整治，纠正了部分佛教、道教场所"被承包经营"的突出问题，遏制了一批非宗教活动场所借教敛财现象，清理了一些风景区内涉及佛教道教场所的乱象。①

其中，的确也存在理顺宗教文化传播和政府职能部门间关系的问题。目前，一些地方政府部门为发展经济、改善民生、增加社会福祉，将宗教文化建设过多甚至被动参与地引入世俗活动，特别是地方经济发展中，在一定程度上很可能影响到宗教文化的声誉。② 为此，国家相关部门也提出了进一步强化宗教法律制度，依法治教的建设思路。

黑龙江省牡丹江市宁安西来圣寺，2002 年寺院原住持被投资商赶走，此次投资商被清除出寺院；福建省泉州市晋江安海龙山寺，长期被村民组织直接管理，体制不顺且管理混乱，此次妥善解决后，实现了由宗教界自主管理；湖南南岳衡山存在个别公职人员插手寺院、借教敛财的现象，也经几个月整治而有所改善。③

提高宗教工作法治化水平，用法律规范政府管理宗教事务的行为，用法律调节涉及宗教的各种社会关系。明确宗教工作法治化是正确处理宗教领域各种矛盾和问题的根本途径。为完善宗教法律法规和具体政策，各界提出了实现政策与法律衔接配合的建设思路。传统宗教"游移现象"中出现的各种问题与矛盾应该按照法律法规相关要求，通过法律途径处理。面对宗教领域出现的新情况、新问题，如商业化、宗教财产权属性等，政府相关部门通

---

① 《买不起的门票 烧不起的高香，寺庙道观乱发"信仰财"遭严厉查处》，《人民日报》（海外版）2014 年 4 月 18 日。

② 王志成：《少林寺风波值得佛教界深思》，中国宗教学术网，2015 年 8 月 13 日。

③ 《国宗局强势打击"信仰被承包"曝光十大案例》，《人民日报》（海外版）2014 年 4 月 24 日。

过法律、行政途径予以规范，明晰宗教文化传播边界，体现出在宗教文化传播中的保障功能。

（二）传统宗教"游移现象"结构化要素之社会领域互动

近年来，宗教团体积极探索宗教文化的社会传播。一方面，宗教团体为回应传统文化及宗教文化的社会需求，其表达方式和发声位置日趋多样化。另一方面，宗教团体在回应精神需求方面也有所创新，使宗教文化的社会服务功能凸显，宗教文化在社会层面的实践对传播宗教文化的神圣性与社会性起到了重要的推动作用。

生活禅夏令营在社会中的兴起与推广是标志性的实践之一。生活禅是以提倡"人间佛教"神圣性思想为旨归的适合大众的社会性活动。十几年来，它带动了佛教界新形式弘法的风尚，体现了佛教在传播教义、满足人们需求、适应社会取向的作为与努力。

据不完全统计，现在每年由各地佛教组织主办的此类针对在家信徒的佛学营、禅修营、净修营等活动有几十次之多。其中著名的有湖北黄梅禅文化夏令营、福建广化寺的福慧之旅、庐山禅茶会、终南山的佛子夏令营、南京栖霞寺的佛学营等。①

柏林禅寺夏令营

---

① 包胜勇：《世俗化抑或大众化　宗教如何应对现代性》，http://www.mzb.com.cn/html/report/217094 - 1.htm。

在现代性不断扩张的社会变迁过程中，适应现代社会要求的宗教团体既要处理好适应社会、融入社会的发展要求，充分保护自身的内在本质要求，保持其超越世俗社会的神圣性，避免过度世俗化，也要自觉地融入社会核心价值观建设，为社会成员，无论是个体还是群体提供精神层面的财富和资粮。

引领全国佛教界深入挖掘并弘扬佛教文化中适合协调社会关系、鼓励人们向上向善的内容，如拔苦与乐的慈悲精神、圆融中道的和谐思想、自觉觉他的教化思想、众善奉行的道德思想、勇猛精进的进取精神、重视因果的自律精神，以及反哺回馈的知恩报恩精神等，更好地发挥佛教文化疏导心理、净化人心、涵育道德的独特功能，引导、影响信众和社会大众在日常生活中爱国守法、爱岗敬业、诚实守信、与人为善、慈悲利他，为培育和践行社会主义核心价值观提供思想资源，发挥助推作用。[①]

在宗教文化与社会的互动中，不同佛教组织或关注扶贫、救灾、助残、放生、解决纠纷、临终助念等，或关怀心灵、缓解压力、构建价值观、提供信仰知识等，它们以不同的方式，将宗教文化的价值理念浸透于社会服务中，达到化世导俗的目的，从而体现宗教的神圣性与社会性本质。

（三）传统宗教"游移现象"结构化要素之文化领域互动

随着我国经济的发展和全球地位的提升，一方面在国内出现了部分社会成员信仰游移、人文精神失落等不良现象，世俗化、功利化、庸俗化同神圣性、超越性、终极性相互博弈，构成了社会发展中的挑战与难题。另一方面，全球化的发展带来了不同文化的接触、交流与深度互动，文化竞争已演变成一项战略，甚至是战争。在这样的背景下，宗教文化作为促进"和谐世界"、体现文化包容和国家"软实力"的力量，在践行"文明互鉴"、提升全球化质量上具有重要作用。宗教文化的传播形态在传递神圣性的同时具

---

① 包胜勇：《世俗化抑或大众化　宗教如何应对现代性》，http://www.mzb.com.cn/html/report/217094-1.htm。

有了社会性和跨疆域的全球意义。

在宗教文化资源的利用开发过程中，一定要把握好宗教的信仰功能和文化功能之间的关系，把握好宗教文化资源利用开发与确保宗教合理有序发展之间的关系。在充分发挥宗教文化功能的同时，科学发挥宗教的文化传承和道德教化功能，警惕和防范由此助长的宗教热以及一些宗教固有的排他性所带来的稳定隐患。在肯定宗教文化在丰富民众精神文化生活方面积极作用的同时，充分认识宗教文化社会作用的"两面性"，切实把宗教与邪教、宗教与迷信区分开来。①

在佛教界，少林寺采取的是主动面对佛教全球化的策略，尝试将少林文化全球化。然而在此进程中，社会大众更多看到少林禅宗全球化在传播和发展方面的显性策略，看到日益快速的"世俗化"，比如门票、法人公司等平面化和简单化的印象。

随着社会的发展和变革，社会各界对都市寺院的发展提出了新的要求。为因应时代发展的需要，广州大佛寺不断探索文化建设的新途径，在坚守传统中不断努力创新，在文化建设中承担社会责任。

大佛寺地处寸土寸金的广州著名商业中心地带，将自身定位为都市佛寺，着重探索都市佛教寺庙应当承担的义务和责任、面临的挑战和困境。大佛寺从文化建设和文化服务入手，这是最能获得都市民众认可的方法和途径，也是现代都市佛教融入主流社会、创新管理模式的方向和基础。②

针对烧高香、烧头炷香、烧高价香、乱烧香等乱象频出的状况，正规宗教活动场自2014年、2015年开始文明敬香的活动。中国佛教协会在《关于在全国佛教界继续大力开展文明敬香建设生态寺院活动的倡议书》中指出，燃香礼佛在于通过以恭敬心、清净心点燃三支香的方式，传递对佛、法、僧三宝的恭敬、供养和皈依，感通虚空法界，得到十方三宝加持，与法界诸佛、菩萨沟通、交流。

---

① 张训谋：《宗教文化开发之度》，《中国宗教》2012年第2期。
② 《广州大佛寺：恪守传统弘妙法　努力创新兴文化》，http://www.chinabuddhism.com.cn/yj/2016-03-07/10363.html。

南华寺文明敬香告示　　　　　　　大兴善寺免费结缘香

随着宗教文化社会化、全球化的发展，宗教文化也在化社会、化全球。"众生佛教"以契合"佛陀本怀"的实践在社会运行中与社会发生互动，显现其神圣性与社会性的能量。同时，世俗社会的发展，一方面对传统宗教的神圣性提出了疑惑，另一方面也激起人们对于精神信仰的渴求，形成了一定程度的张力。由此，一方面是世界日益的现代化，一方面是宗教在许多地方的发展。佛教文化通过各种形式为社会提供信仰知识，建立信仰氛围，避免信仰迷信化、神秘化、肤浅化等，传承宗教文化神圣性使命，回应社会需求，促进社会和谐。

（四）传统宗教"游移现象"结构化要素之经济领域互动

将宗教文化资源的保护、利用和开发纳入文化遗产保护、城市建设、旅游发展等整体规划，在一定程度上发挥了宗教文化在经济社会发展中的积极作用。但是，宗教与经济的一些互动实践也常被庸俗化为"宗教搭台，经济唱戏"。于是，利用与开发的尺度成为宗教文化资源合理运作的关键。

整体上看，当前损害宗教文化形象的因素主要来自以敛财为目的的经济行为。对此，十部门下发《意见》对杜绝借教敛财起到了很大作用。宗教文化参与经济活动的多元性、多样性既反映了社会环境渐趋宽松，也说明了佛教寺庙"经营"上的多样、多元。正是这些实践结果影响着宗教的神圣性与社会性的关系及其发展。当然，宗教文化在当前也时常出现在经济浪潮中被裹挟的状况，也因此制约了其神圣性与社会性的实践效果。

在滚滚的商业浪潮中，在一切为了发展经济的社会潮流中，寺院经济逐渐成为地方经济的组成部分。于是，处在风景名胜区的寺院，或被投资经营，或被作为企业资产上市，或存在强拉或诱导游客和信教群众花高价烧高香、从事抽签卜卦等现象。而且，一些地方、企业和个人以弘扬传统文化、发展经济为借口，投资新建或承包寺院，借佛敛财；一些旅游场所雇用假僧人，非法从事佛事活动，违规设置功德箱，甚至威逼利诱游客，骗取钱财。这一切大大抹黑了佛教的社会形象。①

经济资源与信仰资源的互动，充满着利与义的博弈，需要厘清所有权、使用权、收益权、分配权的关系。如何利用市场优势，实现多方的合作互赢，从而既能实现宗教文化的传播、企业的盈利、公众的需求，又符合国家的法规政策、宗教的教义教理等，这些都需要体现出宗教团体的现代管理能力及宗教领域社会治理的智慧。

（五）传统宗教"游移现象"结构化要素之知识精英互动

知识精英在传统宗教"游移现象"中扮演了重要的角色。这一群体不仅存在于教内也存在于教外，他们或集中于"某某学院"中修行弘法，或以学问僧的身份主持寺院，或在科研院校为宗教文化的发展发声。这一群体在学术研究、宗教治理、宗教实践、宗教舆情等方面都有积极地介入，推动着宗教文化的神圣性与社会性进程。

经过几十年的学术研究，佛教界不仅取得了一批重要的、有影响力的成果，也培养和形成了宗教研究人才及其教育体系，佛教研究正在成为人文学科的一个重要的内容。②

---

① 《寺院经济不能经济寺院》，http://www.mzb.com.cn/html/Home/report/404099-2.htm。
② 黄夏年：《佛教教育与学术研究浅议》，《佛学研究》2009年第1期。

《陕西·中国汉传佛教祖庭研究》对中国汉传佛教宗派与祖庭的概念下了新的定义，指出其历史特点和在当代的信仰价值，并依此对宗派形成的顺序做了科学的界定。对每一祖庭的研究，举凡思想、人物、经典、寺院沿革、流传法脉以及社会背景等，都做了仔细的梳理，把1000多年来该宗派与祖庭的发展演变和在海内外的影响浓缩在一起。①

中国社会科学院重大项目成果《世界佛教通史》论述了佛教从起源到21世纪在全世界的兴衰演变全过程。《世界佛教通史》以辩证唯物主义和历史唯物主义为指导，以史学和哲学方法为主，并且借鉴考古学、文献学、宗教社会学、宗教人类学、宗教心理学、宗教比较学、文化传播学等相关学科的理论和方法，在主要收集、辨析第一手资料的基础上，全方位、多角度对世界范围内的佛教历史进行贯通性研究。②

学术专著

学术会议论文集

在宗教文化传播中，学术界运用知识资源对其发挥了至关重要的推动作用。学界从宗教文化的教义体系、礼仪制度、文化艺术、组织制度、人

---

① 中国汉传佛教陕西祖庭调研组：《陕西·中国汉传佛教祖庭研究》，陕西人民出版社，2006。
② 魏道儒：《〈世界佛教通史〉序言》，《世界宗教研究》2015年第6期。

员构成等到发展现状、社会需求、问题矛盾等各方面的研究探索，为宗教文化的现代化与化现代提供了理论依据和实践路径。作为教内的知识精英更是努力透过不同形式传播宗教的神圣性与社会性知识。

除此之外，开展对宗教文化的研究也成为知识精英传播宗教文化的一项重要任务和使命。

"美美与共——广东宗教文物展"是国内首次以地区所藏各宗教文物为题策划制作的展览，在一定程度上梳理了广东所藏宗教文物，并促进了相关机构对宗教文物保护、展示和研究的重视。与展览配套的丰富多彩的活动、讲座和专业图录，服务于各个层次的观众，加深了人们对我国宗教尤其是广东宗教的认识。为促进观众对宗教艺术、文化的理解，发挥观众主观能动性，综合展览各部分的特点，广东省博物馆针对不同年龄层和知识面的群体开展不同广度与深度的活动，例如有宗教专家开设的学术讲座、通过互动方式进行宗教知识普及的系列活动、组织观众赴著名宗教场所实地体验的系列活动以及专家导赏等。①

在佛教界，也出现了一大批在教内外有一定影响的团队和人物，更是成为媒体聚焦的题材。一些寺院努力弘扬道场正气，在社会性行动中弘扬宗教文化的神圣性。

辽宁海城大悲寺大门口告示牌（不收金钱，无功德箱等）

---

① 《"美美与共——广东宗教文物展"在广东省博物馆开幕》，《中国宗教》2016 年第 5 期。

从传统宗教"游移现象"发生发展的基本规律上看，概括起来有四种主要力量推动着它变化形态。其一，社会的力量，即社会的价值取向，及公众的社会心态与需求实践；其二，市场的力量，即经济的推力与拉力，及其对宗教文化的功利性开发和对宗教"消费"的刺激和引导；其三，政府的力量，即国家力量的介入，体现在社会治理、国家治理和全球治理能力与体系创新的理念和实践中；其四，宗教界自身的力量，即教内人士、信众价值取向的话语表达及其话语实践，在社会上发挥道德和精神转化的作用。当然，也存在境外宗教力量、国外政治力量的渗透或干预等。在不同力量的互动、互构中，传统宗教"游移现象"变得更加复杂，呈现重叠性、流变性和不确定性。①

四 实践动因

在认识和判断传统宗教"游移现象"发生发展的结构化致因之后，系统探究传统宗教"游移现象"发生的表象原因是什么？影响其发展的深层结构又是什么？并对这些问题做出合理的解释，不仅具有极强的现实意义，也具有重要的理论价值。对传统宗教"游移现象"发生发展原因的研判，需要多维综合的视角。首先，传统宗教"游移现象"的发生领域十分广泛，包括政治、经济、文化、社会等各个领域；其次，层次不同，上至精英下至普通群众；最后，参与群体复杂，既有宗教界人士、信众，也有知识群体、普通民众，且年龄跨度大，职业多元。此外，还有时间跨度大、区域分布广、各种宗教参与、事件活动复杂、类型多样等。相关研究表明，传统宗教"游移现象"具有本体性、多样性、扩展性、跨界性和两面性等重要特征。

---

① 吴南、李明：《对当前"宗教游移现象"新特征的社会学思考》，《西北民族研究》2016 年
第 1 期。

（一）"游移现象"原因之"自立自养"：延续和拓宽寺院经济获取方式，保障正常运行

在现代社会中，宗教文化的发展在一定程度上依赖经济的支撑。与之相应，寺院的生存与发展同样需要资金的支持，也就是依靠信众供养的资源汇集。正是信众的捐赠成为寺院基础设施建设、僧侣生活、日常维护、宗教活动，以及人才培养、弘法活动等的重要资金来源。这些以经济资源获取为手段，超出宗教本身的行为其实也具有"游移"的特征，尤其是市场化社会，为宗教嵌入经济领域的"游移"实践提供了更加多元的渠道与可能。

作为经费重要来源的门票收入是当前汉传佛教寺院的运作形式之一。目前，有相当部分的寺院为了实现"自养"而沿用门票制度，也有一些是因为地处风景区内而收取门票。当然，其中也存在分化现象。在一些大城市或经济发达地区，门票的收入颇为可观。[1] 即便如此，一些寺院对收取门票制度并不赞同。东林寺为此还举行过一次专题座谈会。

取消寺院门票的呼声，由来已久，有些寺院亦有取消门票的举措。实践证明，取消门票，对保持寺院宗教品格、维护佛教形象，均有着非常正面的效果。[2]

对此，少林寺也做出过解释：其对门票并没有决定权，他们将拿到30%的门票收入，用于少林寺的修缮、少林文化的推广传播和各项公益慈善事业。[3]

各类社会捐赠也是寺院经济的主要渠道。其包括信徒捐赠、通常的功德箱布施、殿堂佛像修建化缘，以及超度佛事、水陆法会等宗教法事活动中的收入，还包括其他经营活动，如素菜馆、佛经及法物流通、卖香烛等。

---

① 纪华传、何方耀：《当代汉传佛教寺院经济现状及其管理探析》，《世界宗教文化》2014 年第 1 期。
② 《关于"寺院与景点门票收费"的座谈会》，《净土》2010 年第 5 期。
③ 《大众不知道的那些事》，http://blog.china.com.cn/blog - 34599 - 432776.html。

寺庙是自负盈亏、自养的团体，没有行政拨款。① 在这样的背景下，为了维持寺院经济，只有以施舍捐赠为主要的生存手段。②

另外，也有一些寺院近些年陆续发展旅游产业和文化产业，呈现新型的"游移"现象。正因如此，如何避免过度商业化、扭曲世俗化、弱化佛教教化功能的危险引起了人们的关注，甚至担忧，构成了"游移现象"带来的敏感性宗教舆情。经济领域发生的传统宗教"游移现象"其经济获取并不是目的，更深的意义还在于宗教文化传播本身。此外，伴随经济与文化的交织过程，宗教界在佛教实践中更是突破了以往经济资源获取的渠道，开辟了更大的空间。

"通过我们自己的知识才能、文化创意，整合一些资源和优势，既兼顾弘法，还能自养。这是我们在做的一个探索。"③

以戒为师、勤修三学，致力于了脱生死、圆满正觉；抵制和反对放弃追求出世解脱、弘法利生的志愿理想而一味追求世俗名利，不务修行弘法的正业而把主要精力用于追逐经济利益等佛教过度商业化现象；抵制和查处佛教寺院被承包、被上市等借佛敛财、以教牟利的佛教"被商业化"乱象。④

当前，在"自养"话语实践的背后，发生了一系列由经济活动引发的"游移现象"，它们有些是传统的运作方式的延续，有些是现代化进程中新出现的形态。在看似经济实为文化取向的"市场行为"背后，能够感受到"经济"元素的复杂性。但它们都是导致传统宗教"游移现象"发生的基本原因。

---

① 《烧高香敛财的大多是某部门承包的寺院》，http：//fo. ifeng. com/a/20160928/44459263_0. shtml。

② 王亚荣：《在服务社会中增强神圣性与社会性》，2007 年中国佛教公众形象主题论坛：和谐社会与道风建设。

③ 《烧高香敛财的大多是某部门承包的寺院》，http：//fo. ifeng. com/a/20160928/44459263_0. shtml。

④ 《中佛协会长：教界应积极配合政府查处寺院被承包等乱象》，http：//fo. ifeng. com/a/20150827/41464688_ 0. shtml。

（二）"游移现象"原因之"信仰实践"：融入社会活动，体现宗教本具的社会关怀品质

传统宗教"游移现象"的目的是为社会服务，这种服务包括物质层面、制度层面和精神层面，尤其以精神层面为主。同样，正是这一价值取向，使得宗教文化具有的社会"游移"功能变成了社会常态，为社会提供多元的服务。回应社会需求就是与社会发展相适应，扩大宗教的社会影响力，积累和增强服务能力。如"佛事用品会展"也是为社会公众服务，传播宗教文化，提供宗教产品，扩大宗教正能量。当然，也有主动或被动之分，比如，门票、景区化等就是被动的结果。这些过度开发是同宗教文化本质相背离的。

传统宗教"游移现象"的发生发展还体现在宗教文化功能在新的社会条件下与社会发展相适应的继承与创新上。当前，宗教文化一直表现出传统社会关怀，并被赋予了新的时代和社会意义，如救济、赈灾、扶贫等。在现代性的影响下，一些寺院积极从事各种慈善公益事业，涉足医疗、扶贫、养老、助学、赈灾救灾、心理辅导、环境保护等领域。这些宗教文化实践不仅超越了修行与做法事的印象，更自觉地承担起社会责任。[1] 对社会活动的积极介入，拓宽了宗教文化以往的传播空间，将宗教文化社会性及其"游移现象"变得更加生动、丰富和多元。

普陀山佛协以"妙善文教慈善功德会"为平台，开展扶贫济困、敬老扶幼、助学助残等活动。[2] 设立"心灵与生活咨询中心"，帮助信众乃至无信仰的群众舒缓内心忧虑、烦恼等苦受。[3] 鞍山市佛协开展了"微信＋公

---

① 《加拿大高僧年度对话：从禅的角度看身心灵健康》，http://fo.ifeng.com/a/20161023/44475676_0.shtml。

② 《浙江舟山市民宗局指导普陀山佛教从香火兴寺向文化兴教转型》，http://www.cssn.cn/zjx/zjx_gg/201505/t20150508_1763287.shtml。

③ 《广州大佛寺：恪守传统弘妙法 努力创新兴文化》，http://www.chinabuddhism.com.cn/yj/2016-03-07/10363.html。

益"的模式,打造"指尖上的微公益"。① 北京佛教居士林组织北京彩虹桥慈善基金会与安贞医院共同开展了以"听心声·内蒙行"为主题的内蒙古杭锦旗先天性心脏病筛查公益慈善活动。② 祥符禅寺向无锡市慈善总会捐赠500万元,设立慈恩基金,用于公益慈善项目。③

　　还有一些寺院,回应社会对绿色发展的追求,延续佛教生态理念,推进环保活动。大佛寺倡导"心灵环保、生活环保、生态环保、社会环保",推进心灵环保义工队的成立与运作。此外,以讲经、禅修等方式,为现代人培养健康、快乐、安详的身心,使其学会照顾自己、照顾社会、照顾自然。④

广州大佛寺的垃圾分类告示

　　有一些寺院在传统超度法会的基础上,为灾区疫区、为现代人祈福。为追荐逝去的生命,河北省佛教协会、唐山市佛教协会发起"全球千寺为唐山大地震40周年祈福"活动。全世界上千座寺院道场分别举办了唐山大地

---

① 《鞍山市佛协以"微信 + 公益"的模式开展公益慈善事业》,http://www.mzb.com.cn/html/report/1603319934 − 1.htm。

② 《北京佛教居士林积极开展"听心声·内蒙行"公益慈善活动》,http://www.chinabuddhism.com.cn/xw/cs/2016 − 07 − 19/11158.html。

③ 《无锡灵山·祥符禅寺感恩社会慈善捐赠仪式》,http://www.sara.gov.cn/xwzx/xwjj/379205.htm。

④ 《广州大佛寺:恪守传统弘妙法　努力创新兴文化》,http://www.chinabuddhism.com.cn/yj/2016 − 03 − 07/10363.html。

震 40 周年祈福法会。①

尤其值得关注的是，面对社会转型期众生出现的心灵危机，一些寺院将心理建设与修行结合，推出体现宗教文化特征的社会服务。

以"明心见性"为要旨的祖世师禅和以"调和四大"为要务的秘密禅，为众生的心灵安宁提供殊胜的修学诀窍。② 让人们去除贪、嗔、痴、慢、疑、偏见等烦恼，使心灵得到净化。③ 其根本目的还是从佛教根本义理的角度，让佛教以符合时代需求的精神面貌展现于民众面前。④

在现代社会中，慈善活动、心灵教育、心智培养需要通过物质和精神两个方面潜移默化地予以实现。宗教文化在相关社会领域不同类型的"游移现象"最容易引起社会认同，并为宗教文化的传播导入神圣性打下基础。

（三）"游移现象"原因之"现代传播"：丰富宗教文化传播载体，展现宗教文化影响力

传统宗教"游移现象"的边界流动很大程度上还在于宗教文化影响力的不断扩大。保护、利用和开发宗教文化资源是影响"游移现象"发生频次、强度的另一个动因。宗教文化资源包括精神性无形资源和物质性有形资源，它们共同构成了宗教文化的神圣性和社会性本质内核。⑤ 传统宗教"游移现象"在体现精神价值"培育引导"和信仰导向实践等一系列文化活动中也扮演重要的角色。

不同类型和表现风格的传统宗教"游移现象"已经大大超出了传统宗教文化传播的领域和手法，它们以更能适合公众习惯、分层需求和社

① 《佛光佑唐山　纪念大地震 40 周年全球千寺祈福法会圆满》，http：//fo. ifeng. com/a/20160729/44429012_ 0. shtml。
② 《"药师信仰与大众健康"：第二届东方山药师信仰高峰论坛开幕》，中国宗教学术网，2016年 11 月 1 日。
③ 《加拿大高僧年度对话：从禅的角度看身心灵健康》，http：//fo. ifeng. com/a/20161023/44475676_ 0. shtml。
④ 《为什么中国佛教缺乏走向世界的使命感?》，http：//fo. ifeng. com/a/20160801/44430076_ 0. shtml。
⑤ 王亚荣：《在服务社会中增强神圣性与社会性》，2007 年中国佛教公众形象主题论坛：和谐社会与道风建设。

会发展变化的取向，通过举办夏令营、禅修营、读书节，创办刊物、建图书馆、办讲座，以及电影、音乐、艺术展等形式，为公众搭建宗教文化认知桥梁，展示和传播宗教文化，建立信仰生活氛围，推动健康的信仰建设。

世界佛教论坛为佛教文化的交流与传播搭建了广阔的平台。①

世界佛教论坛和以佛教文化为主题的学术研讨会、论坛、文化节、艺术展演等活动，发挥了佛教文化整合资源、凝聚善缘、交流对话、影响广泛的积极作用，为弘扬佛教文化搭建多层次、多角度、跨领域、可持续的机制平台。

在加强佛教文化建设与传播方面，与时俱进地将现代科技、社会时尚融入宗教文化的传播中，开辟网站、博客、微博、微信，拍摄影视、动漫等，对佛教文化的表现形式和载体加以改造，赋予宗教文化新的时代内涵和现代表达形式，增强了佛教文化的传播力和生命力。

河北邯郸二祖寺启动"大众问经"活动。"大众阅藏"的"问经"，让每个人真正走入佛经，让每个人的每次参与都有价值，为自己，亦助他人。大众在阅藏时，找到问题的答案，互相分享；同时，利用现代科技手段，以佛经所能解决的现实问题为索引，建立网络化佛学搜索引擎和佛学词典，这个新体系，成为佛经与现代众生的联结站。不仅佛教徒来查阅，甚至其他宗教、其他学科的人，都能在这里找到所关心问题的答案。②

在凤凰网开设的"两个和尚锵锵锵""师父来了"等栏目中，法师运用佛教知识对社会生活进行解读，回答观众疑问，为观众提供了新的视角和理念，受到社会好评，被称为电视节目中的一股清流。此外，还有通过创建现代化图书馆，创办宗教刊物等打造集阅读、教育、弘法、修持、社会服务于一体的综合平台，为社会大众认识佛教提供有益、健康

---

① 《海内外高僧大德共话佛教与亚洲文明　续写"海丝"新篇章》，中国网，2018 年 10 月 31 日。

② http：//www.fjnet.com/jjdt/jjdtnr/201612/t20161208_ 243005.htm.

一禅小和尚的新书推广　　　　　　凤凰网节目"师父来了"

的桥梁。

《如是雨林》以"为众生作不请之友，与有情作明鉴之本"为宗旨，"为众生作不请之友"就是主动承担起弘扬传统文化、净化社会人心的责任，"与有情作明鉴之本"就是向社会传播美德标准，树立向善楷模。①

广州大佛寺为了搭建立体的宗教文化传播平台，举办佛教读书节、兴办念佛堂，组建儿童经典诵读班、岭南古琴学习班、海螺梵乐团、临终助念团，开办中外佛教交流讨论会、英语佛法讲修班、八关斋戒传授组、高校校外实习基地、读者俱乐部，以及青年禅修班等。②

电影也是宗教文化传播的形式之一。

电影《大唐玄奘》以艺术性再现大师事迹，缅怀先行，传承文化。不仅广受普通大众欢迎，更是得到专家学者、佛教界人士的认可，结合现代传播，回归历史面目，具有东方人文情怀。③

---

① 《广州大佛寺：恪守传统弘妙法　努力创新兴文化》，http：//www.chinabuddhism.com.cn/yj/2016 - 03 - 07/10363.html。
② 《广州大佛寺：恪守传统弘妙法　努力创新兴文化》，http：//www.chinabuddhism.com.cn/yj/2016 - 03 - 07/10363.html。
③ 《电影〈大唐玄奘〉在北京举行首映发布》，http：//www.fjxw.net/gnnews/2016 - 04 - 27/59662.html。

开办宗教夏令营也是当前较为活跃的一种宗教文化传播形式。其目的是普及传播宗教文化，接引众生，① 也肩负着精神文明建设的社会责任。②

史上首个机器僧龙泉寺贤二的出现，更是体现了宗教与现代科技的优势结合。

龙泉寺机器僧贤二成了网红。他能说能舞，既能背诵高深佛经，也能调皮博你一笑。甚至，他还能化为无形进入你的手机，通过微信开解你的日常烦恼。现代科学在认识和改造物质世界方面有其独特的优势，而佛教在认识和改造精神世界方面则有一套完备的方法，两者应有机地结合起来。③

这些宗教文化实践运用现代传播理念和科学技术，使社会大众更容易亲近佛教，浸润在传统文化清净祥和的氛围中，让宗教文化的社会性与神圣性透过传播过程实现有机整合。

宗教文化的传播动力来源于宗教文化的神圣性与社会性的合题，两者的结合能够集结更多的宗教、经济、社会和文化资源，达成宗教文化传播效能的扩大化。同样，宗教文化的传播也是紧紧围绕宗教文化的神圣性与社会性及其关系展开的。宗教文化传播还促进形成了宗教文化的神圣性与社会性关系与结构的再建构。宗教文化的神圣性形成了神圣性关系与结构，即佛法僧、戒定慧、宗教组织、茅棚，以及寺院制度等。社会性则同样建构了一整套社会性关系与结构系统，比如居士林、协会、供养关系等。宗教文化的神圣性与社会性正是在上述实践及其互动关系中发展变化的，并不断建构和强化宗教文化神圣性与社会性的结构。

① 《"最美禅修营"邀请函！2016 北海禅院禅修营报名通启》，http：//fo. ifeng. com/a/20160615/41623533_ 0. shtml。
② 方立天：《宗教媒体与文化自觉》，《中国宗教》2010 年第 12 期。
③ 《揭秘史上首个机器僧——龙泉寺贤二诞生全记录》，http：//www. yangfenzi. com/zixun/60706. html。

（四）传统宗教"游移现象"原因之"资源转化"：参与市场活动，将文化软实力转化为文化市场和社会市场优势

传统宗教"游移现象"的内容是社会资源的拥有量。它不仅指现实存在的各种资源，还包括能为社会接受、为社会提供的潜在资源，"游移"的发生是以这些资源为依托的。同时，自身资源也可以在交流中不断扩大和增加。正是具有了交换能力才能称得上资本。反之，宗教文化资源如果不具有社会交换能力就无法显现其社会功能，也就制约了"游移"的空间和可能。同样，自身资本也会在"游移"过程中得到沉淀、积累和增值。如市场化背景下企业与寺院的交流、交换体现了宗教文化的社会和市场价值。

传统宗教"游移现象"的一个直接原因就是适应社会发展和时代要求，应对市场化。市场不仅仅是经济概念，其实还是文化概念和社会概念。传统宗教"游移现象"较好地演绎了对"市场"的再解读。一些寺院充分转化自身优势，彰显多元功能，在打造多元"市场"名片的同时，打造出中国的国际形象名片。

从 2013 年起，鉴真图书馆每年举办"中国扬州两岸素食文化暨绿色生活名品博览会"。"素博会"为期 5 天，汇聚了海峡两岸 200 多家知名素食饮食、特色小吃和绿色生活名品，以及来自印度、日本、马来西亚、新加坡、菲律宾等地的国际性素食产品。"素博会"期间还举行多场传统文艺演出、文化交流及文化讲座等活动，吸引 10 多万人参加。"素博会"彰显了佛教文化的魅力，推动了与中国台湾及东南亚的交流合作，进一步提升城市的知名度和美誉度。①

当然，对于宗教文化传播过程中的"市场化"也存在一定的讨论。2016 年《宗教事务条例修订草案》第五十三条明确提出，禁止以宗教名义进行商业宣传。

---

① 《宗教应该如何应对现代性？》，http://www.mzb.com.cn/html/report/141228444 - 1.htm。

扬州素食文化暨绿色
生活名品博览会

苏州灵岩寺素食馆

少林寺探索出一条传统寺庙生存模式与现代商业理念的融合之路，既打赢了传统宗教文化品牌的保护战，也合理地运用了市场机制，走上了与现代社会积极互动的转型发展之路。无锡灵山创新理念，塑造大佛、新建梵宫，用现代手段阐释传统宗教文化，取得了良好的社会效果。①

无锡灵山梵宫

---

① 张训谋：《宗教文化开发之度》，《中国宗教》2012 年第 2 期。

一些寺院将宗教名胜的自然、历史和人文优势转化为当地旅游、文化和经济社会发展的优势。

北京智珠寺、嵩祝寺"将一处丧失原有功能的古建筑群由破败的工厂变成一处集餐饮、住宿、文艺活动于一身的社区文化中心，且借由不同的活动规划面向公众开放参观，保证了文化遗产历史信息的传承，保护了文化遗产的社会价值"。①

中国·五台山第四届国际文化旅游月，以"提升生态休闲品味，展示美丽佛国风采"为活动主题，深挖文化内涵，展示世界遗产。每年的国际文化旅游月活动，展示了五台山佛教文化的魅力。②

作为"游移现象"发生的主体，其可以是宗教界，也可能是企业、社会组织等，但一个重要的方面就是"游移"的内容以宗教文化为主，其内核不能发生根本性的改变，正所谓"游而不移"。宗教文化"游移"到商业领域、参与商业活动也是备受争议的话题。对此，需要特别关注的是，宗教界在遵守法律、教规的前提下，是主动"出击"，扩大自身影响力，取得话语权，还是被动"配合"，"被占用""被上市"是需要面对的现实。当然，过度"游移"或者说完全的"游移"则意味着宗教文化及其实践性质的改变，也就不能再称为传统宗教"游移现象"了。

（五）传统宗教"游移现象"原因之"能力提升"：优化宗教团体自身建设，推进宗教文化健康发展

佛教团体自身发展需求是导致传统宗教"游移现象"发生的一个直接因素。改革开放以来，宗教团体在制度建设、人才培养、机构优化、实践监督等方面的逐渐完善对宗教文化的传播起到了重要作用，促进佛教文化与当前社会发展相适应。

---

① 《智珠寺风云：是"高档会所"还是文物修缮典范?》，http://m.news.cntv.cn/2015/08/02/ARTI1438447793352970.shtml。

② 《中国·五台山第四届国际文化旅游月圆满闭幕》，http://news.xinzhou.org/2013/0726/article_149267.html。

2016 年中佛协召开"汉传佛教教务教风会议"（普陀山），提出汉传佛教教务工作与教风建设是关系佛教事业兴衰成败的重要工作，强调勇于担当、提高自身素质、加强教制建设等意见及建议。①

汉传佛教发展到今天，既有以修行戒律著称的寺院，又有以培养佛教人才著称的寺院；既有以禅修著称的寺院，又有以接待海外佛教人士著称的寺院；既有以专注讲经弘法著称的寺院，又有以农禅并重一日不作一日不食的寺院。有弘扬少林禅和少林武术的少林寺，又有以佛陀戒律坚持实证实修著称的辽宁海城大悲寺等为代表的寺院。②

当然，也要看到宗教人才建设的问题依然存在。十一世班禅在人大会议上就提出了加强宗教教职人员教育的建议。③ 教内通过举办"中国佛教讲经交流会""中国佛教辩经会"等活动，培养宗教弘法人才，推进宗教健康发展。

为弘扬佛教"深入经藏、弘法利生"的优良传统，进一步培养和发现汉传佛教优秀讲经人才，促进汉传弘法事业的发展，以"慈悲·圆融·宏博"为主题的"2016 中国佛教讲经交流会"于 2016 年 8 月在山西五台山隆重举行。讲经主题为"新时代佛教经典的阐释与弘扬"。④

宗教团体作为传统宗教"游移现象"的主要推动者，其专业素质、整体组织化、制度化水平，以及寺院自身发展目标策略、人才培养、机制运行等对宗教文化传播的实践效果、社会影响等起着至关重要的作用。

（六）传统宗教"游移现象"原因之"文明互鉴"：担当对外交流使者，汇入文明共享实践

传统宗教"游移现象"具有跨国界的全球意义。历史上，佛教在国际平台上、在文明交流互鉴的过程中，促进了不同文化、文明的交往，这使得

---

① http：//www. fjnet. com/jjdt/jjdtnr/201604/t20160410_ 239710. htm.
② 徐玉成：《佛教发展空间论：若要佛教兴 就得僧赞僧》，http：//fo. ifeng. com/a/20151021/ 41493857_ 0. shtml。
③ 《2015，来自全国两会佛教界代表委员的声音》，《法音》2015 年第 3 期。
④ 《2016 中国佛教讲经交流会》，http：//www. chinabuddhism. com. cn/special/zfjjjjlh2016/。

宗教文化的"游移"不仅具有跨地域性、跨文化性，还有互构性、互涉性和互鉴性。当前，宗教文化作为中华文化的软实力扮演着对外交流、促进发展的重要角色。在构建人类命运共同体，推进"一带一路"建设的进程中，佛教文化有着独特的优势。①

"海上丝绸之路佛教文化系列活动"努力打造广州佛教、岭南佛教与世界文明的对话平台，广结善缘，为中国与周边国家的共同发展奠定更为深厚的精神底蕴与价值共识。在更大范围上拓展关照广度和深度，丰富中国与周边国家作为"命运共同体"的深刻内涵。②

随着中国的发展，包括中国传统文化在内的佛教文化也日益彰显其宝贵的价值，成为促进中国发展、对世界和平发挥重要作用的宝贵财富。

"加中佛教文化交流周"提供加中两国文化交流平台，促进两国人民相互理解和沟通，共同为世界和平做出积极的贡献。"水陆法会"的举办也是为了让海外华人能在居住地感受中国文化，体验千年古规，享受佛法利益。③"加州'嵩山少林寺日'确立十周年庆典"也受到当地政府和社会各界的热烈欢迎。④

南传佛教是中国佛教的重要组成部分，中国与南亚、东南亚国家关于南传佛教的交流沟通促进了各国之间的友好往来。

2016 年中国南传佛教史上最高规格的国际盛会——"首届南传佛教高峰论坛"在西双版纳景洪市隆重召开，会议由多国僧王共同参与，不仅是中国佛教界的大事，也是世界佛教史上的一次盛会。论坛是国内外学术界首次举办的高规格南传佛教学术会议。其以"慈悲济世、和平共荣"为主题，围绕南传佛教与国际和平、南传佛教与文化交流、南传佛教与环境保

---

① 《佛教理念可为核心价值观提供宗教伦理支撑》，www.sxfojiao.com。
② 《广州大佛寺：恪守传统弘妙法 努力创新兴文化》，http：//www.chinabuddhism.com.cn/yj/2016－03－07/10363.html。
③ 《盛况空前！加拿大规模最大水陆大斋胜会圆满》，http：//fo.ifeng.com/a/20161027/44478894_0.shtml。
④ 李嶷、邹相：《"东学西渐"少林文化在美国》，《中国宗教》2014 年第 4 期。

美国"嵩山少林寺日"   加中文化交流
确立十周年庆典活动

护、南传佛教黄金纽带的传承与弘扬等议题展开研讨。[①]

"中韩日佛教友好交流会议"延续了三国友好往来关系，为不同国家宗教交流提供了可供参考的经验。

三国佛教"黄金纽带"构想由中国佛教协会原会长赵朴初居士和韩、日佛教界长老大德共同倡议发起。1995 年 5 月在北京召开了中国大会，其后每年一次，由中韩日三国轮流举办。现已成为三国佛教友好交流与合作共事的重要平台，为推动三国佛教交流合作机制化、巩固加强中韩日佛教"黄金纽带"关系、促进三国友好、维护东北亚乃至世界和平做出了重要贡献。[②]

由凤凰网组织的北美佛教交流活动，成为沟通两国公众对佛教深度认知的重要活动，引起良好的社会反响。

2016 年 9 月 5～21 日，凤凰网组织的北美佛教交流活动就是一起成功的由媒体组织、实施并发布的文化交流活动。全方位向国内外网民、观众、读者介绍了北美佛教的最新发展，包括重要的佛教场所、法会及学术机构

---

① 《共谋"一带一路"战略构想　首届南传佛教高峰论坛开幕》，中国宗教学术网，2016 年 2 月 29 日。

② 《第 19 次中韩日佛教友好交流会议在宁波举行》，http://news.xinhuanet.com/politics/2016 - 10/20/c_ 129329802. htm。

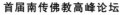

首届南传佛教高峰论坛　　　　　　中韩日佛教交流

等。也使北美佛教及其他机构了解大陆新媒体的力量。学术顾问的设立，则极大地提升了交流的专业深度，使北美的受众、机构对于大陆佛教研究的深度与广度有所认知。①

凤凰网组织的北美佛教交流

宗教文化的传播不仅促进外交政治，而且对国际社会更深入地认识中国传统文化起到了重要作用。

美国人对于少林文化的认识，已经由直观的"功夫"层面逐渐向深层发展。2013 年，美国总统奥巴马说，"嵩山少林寺日"活动能为我们提供心灵空间，也有助于培养我们强烈的社会责任心，并号召我们履行人生中最神圣的职责——奉献自己，服务他人。②

---

① 魏德东：《为佛教媒体走向世界喝彩：绽放在北美的凤凰人》，http://fo.ifeng.com/a/20161014/44468858_0.shtml。

② 李嶷、邹相：《"东学西渐"少林文化在美国》，《中国宗教》2014 年第 4 期。

少林文化能够让人身心受益，这是美国人广泛接受少林文化的原因。

随着全球化发展，中国与国际社会的交流日益频繁，中国不仅学习借鉴外来文化，也向世界展示中国文化，促进世界文明的交流互鉴。宗教文化作为中国传统文化的重要组成部分，需要不断提升自觉性和敏感性，构建适合本土的宗教文化传播话语体系，促进宗教文化资源的对外传播，推进宗教文化在对外交流中的地位和作用，增强国际影响力。从而承担宗教文化神圣性和社会性传播的责任和使命。

传统宗教"游移现象"是宗教动力与社会动力互动、互构的结果。由于社会环境、社会思潮、社会需求、社会心态、宗教与社会的互动关系，以及社会互动情境的不同，传统宗教"游移现象"发生发展的价值取向、主导力量和表现形态也会有所不同。

总之，传统宗教"游移现象"发生发展的动因可以概括为以下几点。

第一，市场经济力量的强力介入。现代市场的力量广泛利用宗教文化作为生产力和促进经济繁荣的工具性价值，宗教文化被赋予了更多的经济学意义和市场价值。近年来一系列宗教领域发生的有一定社会影响的事件相当一部分同这一因素有关。比如，"宗教商品博览会"、宗教活动场所入选世界遗产名录等，在促进宗教文化繁荣与健康发展的同时，也满足着公众和社会的消费需求。而围绕宗教场所出现的违法建设和违法拆迁、"借佛敛财"、"寺院承包"、"功德箱经济"等，则把宗教文化作为谋求经济利益的手段和方式，将宗教场所过度市场化开发，对宗教产品过度商品化运作，从而产生功利化的色彩。

第二，文化属性被多元地开发与利用。宗教是社会文化资本的重要组成部分。在社会转型期，更需要从传统文化中的优秀宗教文化里汲取营养，透过信仰和道德维护社会秩序。在弘扬传统文化方面，寺院场所、宗教建筑、宗教艺术，以及一些宗教节日等，将宗教文化扩展、渗透到人们的生活中，为人们提供了信仰实践的空间，也培育了人们的哲学观念、文学艺术、礼仪习俗等。如北京某寺举办"抗战胜利祈祷和平法会"，体现了缅怀英烈，祈愿祖国统一、繁荣富强、人民幸福安康、世界持久和平的情怀。上海玉佛寺举办"开智增福祈福考生"公益活动,吸引了众多考生家长参加。当然,也存在一些不法群体,盗用宗教文化资源,召开"山寨"宗教高层论坛,制造"朝阳区仁波切现象"等,在社会中产生了负面影响。

第三,宗教组织主体作用的不断凸显。组织化是宗教发展带有规律性的社会现象。宗教的组织化,不仅反映了宗教发展与社会治理的成熟度和有序性,也说明宗教团体在社会、经济、文化和生态建设方面可以扮演更多的角色。不少宗教团体广泛开展了一系列救灾、赈灾、捐资助学、助残等慈善活动。透过这些助人义举,宗教团体积极调动不同的社会资源,利用各种机会,自觉地参与到社会治理实践中,承担社会责任,为社会提供服务。在营造健康的宗教文化氛围、促进宗教文化传播、扩大信众范围、拓展宗教文化市场和社会影响力上扮演了重要角色。通过与社会生活的紧密联系,宗教组织不仅使自己适应当下的环境,而且承担着传承宗教文化的社会责任。

第四,传播手段与空间的极大拓展。网络社会日趋成熟带来了宗教信息化的发展。在宗教文化传播与发展中,网络空间的广泛利用起到了极大的助推作用。新媒体、自媒体促成了宗教文化传播时空的延展,宗教网站、宗教客户端数量的剧增。上海玉佛禅寺、江西东林寺,以及各类宗教学院、寺院网站,开启了宗教社会推广的多元方式。各类"在线宗教"以超地域性、符号信息化及网络信任机制加强了宗教的弹性传播和功能,构成了宗教网络化传播的新场域,扩大影响的新空间。宗教的网络化发展,不仅有赖于宗教界人士、居士团体的努力,而且有赖于公众的参与。与此相伴,地下网站、非法微信等也在兴起。不容忽视的是,境内外敌对势力也在借助网络技术,意图进行政治渗透与和平演变。

第五,公众不同价值取向的参与需求。传统宗教"游移现象"的发生同人们的价值追求相关联。"辽宁大悲寺行脚","少林寺以商业化对抗商业化"的运作,引来公众对社会价值重建的反思与追求,彰显出宗教的社会意义。"短期出家体验营",明星皈依、出家,"白领阶层流行去庙里上灵修课"等相关题材,即刻引发媒体和社会公众的高度关注,成为坊间聚焦的舆论热点。同样,道德作秀下的放生"成患",也引来人们的热议,体现出公众对道德和守护精神家园的思考。"法门寺事件"和"瑞云寺事件"则形成了一时间影响广泛的重要社会舆情，表达出公众对信仰与利益关系的关注。广大信众和一般公众尽管需求不同，但整体上看，他们在促进宗教与社会发展相适应的过程中起到了积极和建设性的作用。

第六，国家治理和大国外交理念的积极实践。宗教文化作为传统文化的一部分，已成为国家文化软实力的象征，被赋予国家层面的战略价值。"世界佛教论坛"的举办，向国际社会展示了中国佛教的博大精深，成为弘扬传统文化的重要平台。佛牙、佛指舍利赴不同国家和地区供奉，成为连接人民情感的纽带。赴海外举办宗教文化展演等增进了国外对我国宗教信仰状况和宗教政策的了解。"昂山素季访华""莫迪西安之行""马克龙参观大雁塔"则发挥了"宗教外交"的作用。在这个过程中，信仰元素扮演了重要角色，使宗教成为展示国家形象的"文化名片"，构成"政治上更有影响力、形象上更有亲和力、道义上更有感召力"的外交力量。[①]

---

① 吴南、李明：《对当前"宗教游移现象"新特征的社会学思考》，《西北民族研究》2016 年第 1 期。

第四部分
传统宗教"游移现象"典型案例

　　社会转型期传统宗教"游移现象"纷繁复杂，在概括式的"巡礼"之后，为进一步深入分析阐释"游移现象"，需要将众多的"游移现象"划归于不同类型，并围绕宗教 – 市场、宗教 – 社会、宗教 – 现代、宗教 – 信息、宗教 – 世界、宗教 – 法治等六种类型从经验事实、理论阐释角度开展更有深度的研判。以下描述的这些现象尽管可能属于不同的类型，但都是宗教文化对当代社会的适应反映，是"适应 – 引导"理念的实践结果。

　　传统宗教"游移现象"类型之宗教与市场——厦门国际佛事用品展览会。这一现象在一定程度上反映了宗教文化与市场的某种结合，体现了宗教文化如何走进市场，市场又如何作用于宗教文化传播的互动形态。

　　传统宗教"游移现象"类型之民间信仰与社会——周公庙会。选择与民间宗教信仰密切相关的庙会文化实践来考察传统宗教与社会的关系，是因为"庙会是集游艺、商贸、宗教于一体，群众广泛参加、延续多天的大型综合性民间活动"。作为传统宗教实践的组成部分，它对民间社会的运行影响深远。

　　传统宗教"游移现象"类型之佛教与信息——玉佛寺网站。作为一种在新媒体融入后宗教文化传播中的"游移现象"，其建构了虚拟世界的"神圣空间"，需要予以更多的理论关怀与经验研究。

　　传统宗教"游移现象"类型之宗教与世界——西安"对外交流"。透过宗教文化在新的全球化背景下向外交领域延伸的描述和分析，认识传统宗教"游移现象"的不同取向和形态，为阐释多元的宗教文化"游移"提供更多的理论与经验支持。

传统宗教"游移现象"类型之佛教与现代——"人间佛教"。"人间佛教"思想及其在当下社会中的弘扬，体现的正是宗教文化扩展其发展边界、以新的姿态进入现代社会的典型经验。

传统宗教"游移现象"类型之佛教与法治——少林寺商标注册与上市。在当前发生的众多传统宗教"游移现象"中，法治成为宗教文化与社会良性互动、适应社会发展、增强宗教文化正功能的实践保障，也是宗教社会学研究中值得关注的重要议题。

在细化学科视角、深化理论解读和类型分析的基础上，回应当代宗教社会学研究所关心的——制度性宗教同非制度性宗教、神圣－超越性与社会－世俗性、公共性与个体性等关系的讨论，提出宗教文化的本质特征——神圣性和社会性正是通过宗教文化的传播实践传统宗教"游移现象"得以呈现的，而这些实践活动又在不断扩大或缩小宗教文化的社会影响。

典型案例一：厦门国际佛事用品展览会
——传统宗教"游移现象"类型之宗教与市场

在当前发生的各类传统宗教"游移现象"中，佛教文化与市场互动的实践是值得关注的重要现象之一。针对宗教文化能否或是否需要融入市场、宗教文化进入市场活动的方式，以及受市场力量的作用将给宗教文化带来怎样的后果等议题，一直以来存在着不少的争议。对此，站在不同的视角、立场会得出不尽相同的判断和结论。其中，有一类观点认为，宗教文化应当恪守底线，市场可能导致宗教文化神圣性的弱化。[①] 另一类观点则认为，无论是现在还是在历史上，对于众多的宗教文化实践来说，都或多或少同市场存在着千丝万缕的联系。然而，宗教文化的本质并没有因市场元素的进入而消解，[②] 却显示出宗教文化对市场的合理利用，并为市场的发展提供了价值、道德引导的功能，甚至是利用市场的力量而达成传播宗教文化的目标。

在现代市场经济发展的背景下，"厦门国际佛事用品展览会"作为近年来走热的展会形态之一，以其佛教文化同市场相结合的新颖方式出现，不仅代表了当今中国佛事用品产业发展的水平，被业界公认为"全球佛事用品专业贸易平台"，更是显现出宗教文化与市场互动的进程中传统宗教"游移现象"的新趋向、新特征。该展会经过多年的发展，其品牌影响力和国际化程度持续提升，已成为全球佛事用品行业的年度盛会。这一现象在一定程度上反映了宗教文化与我国市场经济的某种结合，体现了宗教文化如何走进市场，市场又如何作用于宗教文化传播的互动形态。这种宗教文化的社会"游移现象"，较为成功地体现出在市场力量的协助下，佛教用品获得前所未有的社会知晓度和影响力的过程和结果。透过这种市场化图景，我们看到了佛教文化传播的新形态、新动能。在本部分，将以社会学、宗教社会学、

---

① 段玉明：《宗教经营不恪守底线　焉能不乱？》，佛教频道，http：//fo.ifeng.com/。
② 王亚荣：《在服务社会中增强神圣性与社会性》，2007 年中国佛教公众形象主题论坛：和谐社会与道风建设。

文化人类学的相关理论为基础，在大致描述佛教文化传播中与市场互动的相关实践后，对"厦门国际佛事用品展览会"案例展开重点描述和讨论，并对该类型宗教文化实践功能做出基于"游移"立场的探索性结论。

一 传统宗教的适应性发展：市场与传统宗教文化的互动实践

提到宗教文化传播中佛教文化与市场的互动现象，给人们的第一印象或许就是宗教文化发展中的"商品化、商业化"等现象。大致结论是，宗教文化在市场经济的推动下，展示着游离于宗教文化本质的可能性，并形成了似是而非的宗教文化形象。沿着这样的市场实践路径，既为现代化进程中宗教文化展现在世人面前提供了机会，也为宗教文化的多样化发展、某种变形埋下了并不乐观的伏笔。这种价值判断，使我们对宗教文化与市场的关系、宗教文化传播的时代性有一种模糊的认识。这里，将在对学科的理论思考之后，对比观察宗教文化与市场力量互动的实践，发现市场与宗教可能存在的不只是二元对立冲突的思维所能解答的"游移现象"的功能。从而，启发人们从宗教文化传播的层面认识这样的"游移"类型，对宗教文化与市场的关系有"立体"的观点和多元的认知。

（一）背景：理论的阐释与实践的取向

1. 多学科视角的解读

宗教文化与市场的互动如果从开放、广泛的意义上说，到底是一种有益的交流与交融，还是一种消极的竞争与冲突？不同学科、不同立场的研究者给出了不尽相同的解释。许多研究者试图以价值中立的思维描述和分析这一现象，以实现对宗教文化传播过程的深度分析。

（1）社会学的观点

社会学在研究市场这一现象时更注重市场的具体性、复杂性和历史特征，对时间和空间维度保持了学术敏感，摈弃了经济学所提出的非制度化和去历史性的普遍市场模型，认为正是不同的社会结构、文化传统和制度规范导致了不同类型市场的诞生。① 宗教文化市场的出现是各种力量互动的结果，受到社会结构中不同因素的影响而产生和发展。也有学者借用经济学市场研究中的资本概念，以中国宗教文化实践的经验为参照，提出精神资本是通过肯定和培养每个人的内在精神价值而产生的个人和集体能力，精神资本是现代经济发展的重要支柱。② 透过历史经验，强调了在中国的社会文化背景下，宗教对经济发展的促进关系。还有学者受帕特南社会资本的启发，延伸出宗教社会资本概念，运用社会网络、规范和信任等概念论证宗教社会资本的社会功能。宗教团体通过从个体到小群体再到组织的人际网络的发散式聚合过程，创造和培育社会资本。宗教文化能通过信仰信念更好地提倡彼此相爱和帮助的规范，培育社会资本，提供集体合作的基础。③ 也使人们意识到，作为社会资本形式之一的宗教文化在近些年增长明显，并为经济发展、社会发展做出了一定的贡献。这些研究透过经济市场的分析扩展到社会市场，将物质资本延伸到文化资本、社会资本，一系列概念和分析范式的出现，大大拓展了宗教社会学研究的视野和领域。

本土宗教信仰或称为民间信仰活动的研究也有相当一部分是围绕宗教与市场的关系展开的。针对本土民间信仰活动，有研究者将宗教理性选择理论运用到宗教实践分析中，不仅研究民间信仰实践空间中发生的具体经济活动，还将宗教关系看作市场供需关系，通过宗教与市场的互动，分析民间信仰在民间社会中的经济、社会、文化等功能。有研究者通过实证调研指出，围绕宗教文化产品的生产和消费，实现了社区资源的再分配。该研究实际上是提出了宗教文化市场的概念和研究范式，在充分肯定宗教文化活

① 符平：《市场社会学的逻辑起点与研究路径》，《浙江社会科学》2013 年第 8 期。
② 杨明洪、涂开均：《精神资本视阈下的藏传佛教寺院经济》，《世界宗教文化》2019 年第 3 期。
③ 赵罗英、夏建中：《国外宗教社会资本理论研究进展及对中国的启示》，《宁夏社会科学》2015 年第 1 期。

动具有经济作用的同时，突出强调了宗教信仰活动的文化价值、情感支持及其社会意义。① 当然，如果从反向关系上也可以发现市场进程对宗教文化的影响，在某种程度上，现代市场经济的发展刺激了部分群体的宗教需要，也促进了宗教传播形式的多样化。传统民间信仰中所带有的功利性、实用性及即时性要素也随之有所体现和放大。

（2）消费社会学的观点

宗教文化在某种意义上说，也是一种消费文化。当我们用消费社会学的观点看待这一现象时，更能从微观、中观和宏观层面展现出宗教文化实践多元的功能。一些学者认为，现代社会的大众消费最重要的并不在于消费行为本身的直接意义，更在于其包含的社会意义，即形成"我们"的共同生活方式，从而维持与整合群体特征和认同感，以及展现某种"标志"和培养归属意识的功能。② 文化消费是具有社会意义的，它是连接个体、群体和社会的一系列纽带，而宗教文化的消费正是这些纽带中的特殊纽带。它透过宗教文化消费活动达到个体的认同、群体的归属和社会的参与。这一观点从社会功能的视角看待市场元素影响，宗教文化为大众提供、开拓了可供消费的不同面向和层次的需求和产品，回应和刺激着宗教文化的社会传播及群体认同。也有观点从宗教文化传播的立场更为细化地指出，现代社会的人们更需要精神上的依托，这是人类精神发展的一个重要特质。物质层面欲望得到一定程度的满足，会使得精神层面的追求开始出现。③ 把宗教文化作为消费活动当然在一定程度上受到消费主义的影响。伴随着这类消费活动的出现，公众对宗教文化的追求也开始升温。于是，出现了商业资本的过度介入、追逐经济利益等乱象。如何理性看待宗教文化消费，如何保持必要的意识形态敏感也就成为值得关注的议题。

① 高万芹：《民间宗教市场：一种现代社会的整合机制——以浙江农村地区的民间宗教为例》，《民俗研究》2015年第1期。
② 夏建中：《消费社会学的主要理论视角》，《郑州轻工业学院学报》（社会科学版）2007年第5期。
③ 成庆：《中国社会宗教回潮　真伪喧嚣背后是精神刚需》，中国民族宗教网，http://www.mzb.com.c。

随着宗教文化消费的兴起，也有研究者针对宗教文化在一定程度上演变为大众消费的现象，结合现实中出现的世俗化、媚俗化，甚至是污名化乱象提出了消费风险等议题。有研究者也提出正是消费制造了风险，认为这种风险根源于现代性本身，因此它可以称为由系统所引发的风险。消费的现代化涉及两个基本内容：一个是消费自主性，另一个是有效应对消费的脆弱性。① 这些观点对认识、预防和消解宗教文化市场化中生产过程和消费活动可能带来的风险起到了警示作用。②

（3）宗教社会学的观点

宗教市场论是 20 世纪 90 年代出现的一种研究范式。该理论认为，宗教经济的构成包括信徒需求、提供服务的组织以及所提供的产品。③ 宗教经济学者认为，竞争会提升现代社会宗教参与的整体水平，现代宗教通过积极主动的市场营销，不断地实现自我更新。④ 这一观点的核心是，当代宗教变化的主要根源取决于宗教产品的供给者而不是消费者，宗教消费活动会促进宗教的传播与发展。这一理论有机借用经济学中的市场理论，对分析不同地区的宗教活动及其发展起到了一定的借鉴作用。当然，该理论的一些观点也遭到了来自不同国家、学科、理论流派学者的挑战与批评，认为它过高地估计了人们的理性选择程度。结合传统宗教 "游移现象" 分析，可以发现，宗教文化的传播过程也是宗教文化产品保护、利用和开发、进入市场运作的过程。同理，宗教文化的市场运作过程也具有宗教文化传播的功能。

（4）社会政策的观点

宗教政策是社会政策研究中的重要领域。在这方面，2018 年国务院发布的《中国保障宗教信仰自由的政策和实践》白皮书很有代表性。坚持宗教的中国化方向，积极引导宗教与社会主义社会相适应。目前，依法登记的

① 王宁：《从 "消费自主性" 到 "消费嵌入性" ——消费社会学研究范式的转型》，《学术研究》2013 年第 10 期。
② 朱迪：《消费社会学研究的一个理论框架》，《国外社会科学》2012 年第 2 期。
③ 〔美〕罗德尼·斯达克、罗杰尔·芬克：《信仰的法则——解释宗教之人的方面》，杨凤岗译，中国人民大学出版社，2004。
④ 〔英〕安东尼·吉登斯：《社会学》，李康译，北京大学出版社，2009，第 464 页。

宗教活动场所 14.4 万处。佛教寺院约 3.35 万座，其中汉传佛教 2.8 万余座，藏传佛教 3800 余座，南传佛教 1700 余座。[①]

近年来，全球出现宗教发展的新趋势，个体及群体信众对宗教文化的需求状况呈现明显化、多元化以及现代化等特征。宗教组织如果不能适时满足、及时引导信众及群众的精神需求，就有可能造成信众的流失及自身生存发展的困境。无论怎样，强化和推动宗教与社会主义社会相适应是重要的政策原则和实践基础。

2. 适应性互动的发生

宗教文化在其传播运作过程中有着内在的适应机制，随着社会的发展而发展。在市场经济的作用下，宗教文化实践在延续传统重视社会教化功能和人际感情联系的基础上，在与社会相适应的同时，与经济发展相适应。市场经济的发展给宗教文化的发展带来了生机和活力，商品意识、市场意识也获得了部分人士的认同。同时，市场经济所引发的过度商业化和消费主义倾向以及社会风险对宗教文化的侵蚀引发社会各界的争议。但是，一般认为，宗教文化的发展需要以积极的态度迎接市场经济的挑战。

经济体制改革为佛教的发展奠定了一定的社会基础。同时，出现了发展中的市场经济对传统道德伦理价值的挑战，出现了一些唯利是图者，引发所谓的信仰缺失、信仰紊乱现象。这类"游移"虽然可能只是暂时的过渡现象，但给人的心理、价值追求、传统意识等都会带来冲击。有观点认为，现代化在改变人们生活的同时，给人们带来了新的压力，于是，为了应对这种压力，一些人开始将自己的选择转向对宗教的需求。[②] 市场经济唤醒了人们的市场意识和市场行为，宗教领域也不可能置之度外。[③] 佛教文化传播与市场经济互动，在法律、规范及习俗许可的条件下可以形成良性的互动关系，达到适应性互惠互利的双赢结果。

---

① 国务院新闻办公室：《中国保障宗教信仰自由的政策和实践》（白皮书），人民出版社，2018。
② 王雷泉：《佛教在市场经济转轨中的机遇与挑战——兼论当代中国宗教的若干理论问题》，《佛学研究》1995 年第 4 期。
③ 王雷泉：《中国佛教发展的历史性机遇》，《法音》1996 年第 2 期。

3. 适应性互动的特征

高回报。改革开放以来，在党和政府的支持下，经过佛教界、学术界以及信众的共同努力，佛教文化在经济社会发展中起到了积极的推动作用。尤其是随着现代旅游的发展，我国丰富的旅游资源吸引着世界各地的游客，带来了可观的经济收入。其中，具有悠久历史文化传统的佛教寺院成为不同地区国家信众关注的重点，朝圣的团体接踵而来，捐资捐物，支持寺院的恢复重建与持续发展。受国际消费潮流的带动，国内的旅游业也逐渐兴起，其中名山名寺成为旅游业发展的主要载体之一。由于发展初期管理不规范、制度不健全，以及群众宗教文化知识不足等问题，一些地区以追求经济效益为目的，认为建设寺院投资小、见效快，积极投资建设，呈现景区寺院快速发展的局面。此种现象引起了社会的高度关注。

两面性。在现代社会中，佛教的社会参与不可能完全超脱于经济活动之外。实践告诉我们，经济活动本身并不是问题，社会运行离不开经济运行，良好的经济状况是社会发展的基础。佛教文化的传播、寺院的维持也需要一定的经济支持。这里存在一个理念定位的问题，是视经济为寺院发展、文化传播的助力，为僧众、公众、信众提供良好的修学环境，还是作为敛财的工具，本末倒置，这才是关键。后者的破坏性极大，不只是影响寺院，更可能导致社会对佛教文化的消极认识，不利于宗教文化的健康发展。

互惠性。当代中国佛教文化与经济发展之间存在着紧密联系。一方面，经济发展给佛教文化的传播带来了机遇。另一方面，佛教文化也为经济发展提供"文化支撑"，甚至"文化引导"。若能强化其"文化支撑"作用，开发其"文化引导"功能，实现佛教文化与经济发展的良性互动、共同发展，不仅有助于推进中华文明伟大复兴，而且有可能引领世界经济"和合发展"。这也是佛教文化发展的"中国经验"与"中国拓展"。[①]

在市场经济背景下，弘扬我国优秀传统文化，发挥佛教文化的积极功能，而不被资本所利用和侵蚀，这是需要持续深入研究的议题。

---

① 孙健灵、普麟晏：《当代中国佛教文化与经济发展的关系》，《中国佛学》2019 年第 1 期。

（二）图像：互动的主题与多元的形态

不需要过于仔细地梳理发生在宗教－市场互动关系中的重要事件就可以发现，在佛教文化领域受到市场力量介入的方面大致包括了如下这些重要的方面。这些既涉及经济活动的重要发展业态、宗教文化在现代性影响下发展的策略和路径，更涉及宗教文化在中华民族伟大复兴中的定位，以及适应性生存的创新与发展的探索等。正是在这样的背景下，宗教文化同市场经济同框共生，既获得了积极的共意性价值，又遭遇了冲突性问题与挑战。

1. 会展经济的发展

会展经济是指以会展产业为中心、依托相关产业而形成的新兴经济形态。全球化商业经济发展促进了社会共享性，会展行业也因此迅猛发展。会展经济因其产业链带动作用、良好的发展前景在国际上被誉为"城市面包"或者城市发展的助推器。①

近年来，佛事用品博览会开始兴起。比如，福建省厦门国际佛事用品展览会、山西省五台山佛教协会主办的中国五台山国际佛事用品展、浙江省舟山市政府主办的中国普陀山佛事文化旅游用品博览会、河南省佛教协会主办的中原（国际）佛教文化暨佛事用品博览会、中国国际展览中心集团公司主办的中国（北京）国际佛事用品博览会，以及西安佛教文化博览会、南京国际佛事文化用品展览会、天津国际佛事用品展览会、杭州国际佛事文化用品博览会、中国（太原）佛教文化用品博览会、中国上海香博会等。

也有的地方将展会与当地宗教文化旅游结合，推动地方经济发展。如在山西省商务厅、忻州市委、忻州市人民政府指导下，在山西省五台山风景名胜区管理委员会支持下，2018 年五台山佛博会成功举办。它延续了将品牌展会与地方经济文化相结合的特色，来自国内 21 个省、自治区、直辖市，以及印度、日本、韩国、尼泊尔、越南等国家和我国台湾地区的180 家知名佛事用品生产、经销企业参展，展出面积 6500 平方米。同时，

---

① 黄靖怡：《厦门市会展经济市场竞争力研究》，《内蒙古财经大学学报》2018 年第 1 期。

西安佛教文化博览会

配合现场千年寺院文化巡礼、五台山佛塔、康盟中医联盟义诊、五台山特色佛教产品等精彩展示与活动，五台山境内各大寺院、僧众，五台山佛教、旅游用品经销企业、批发商，景区游客、本地居民等纷纷到场参观、洽谈。五台山佛博会对宣传五台山佛教文化、推动当地的文化旅游发展发挥了重要的作用。①

2. 宗教文化旅游的热销

习近平总书记指出，宗教不仅是一种社会意识形态，还是一种特殊的文化现象，比如，浩如烟海的宗教典籍，丰富了传统历史文化宝库；智慧深邃的宗教哲学，影响着民族文化精神；深刻完备的宗教伦理，强化了某些道德规范的功能；异彩纷呈的宗教艺术，装点了千姿百态的艺术殿堂；风景秀丽的宗教圣地，积淀为旅游文化的重要资源；内涵丰富的宗教礼仪，演变为民族风情的习俗文化。②

宗教文化旅游是一种具有宗教神圣性的旅游模式。今天的宗教文化旅游是以参观宗教场所为中心，普及宗教思想、传播和谐概念和提升并净化心灵境界的旅游活动。③ 山西五台山、四川峨眉山、浙江普陀山、安徽九华山作为富有魅力的自然和人文景观、蜚声中外的佛教圣地，每年都会吸引众多的游客。其实，

① 《第二届中国五台山国际佛事用品博览会开展》，http：//dy. 163. com/v2/article/detail/DNO6B9U10514S6TL. html。

② 习近平：《干在实处　走在前列：推进浙江新发展的思考与实践》，中共中央党校出版社，2006，第264页。

③ 谢若龄、吴必虎：《30年境内外宗教旅游研究综述》，《旅游学刊》2016年第1期。

旅游业的发展，尤其是宗教文化旅游的发展不仅仅促进了地方经济的发展，更深的意义还在于净化人的心灵，使人们在其中获得与自然和人文的亲近。①

九华山地藏禅寺

九华山商业街

五台山

黛螺顶

普陀山

观音文化节

---

① 贤宗：《重视佛教文化的发展：既能搞旅游　又能铸国魂》，《中国民族报》2016 年 9 月 30 日。

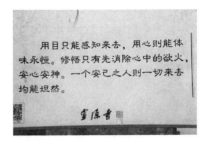

灵隐寺入口　　　　　　　　　　　法语

3. 场所上市的喧闹

"普陀山上市"引发全社会的热议。一方认为，提出"上市"申请是正常的市场经营行为，佛教界和社会大众会给予理解与支持。这也是以经济为手段整合多种资源，更好地促进佛教文化的发展。另一方则认为，"普陀山"是佛教圣地，"上市"会制约和影响佛教的神圣性。指出，"普陀山"上市会带来"宗教搭台，经济唱戏"的隐忧，势必引起公众的疑虑与担心。① 此事后经相关部门介入调研，撤销了上市申请。普陀山上市计划搁浅，反映了公众对宗教文化商业化的敏感。这一事件也提醒人们，宗教文化的发展可以有不同的思路，可否转换经济思维，正本清源，发挥宗教文化本身应有的内化精神的功能。

普陀山观音文化节　　　　　　　　祈福

---

① 圣凯：《"普陀山"上市带来"宗教搭台，经济唱戏"的隐忧》，凤凰网华人佛教，2018 年 12 月 23 日。

4. 景区化及公司运作的诞生

江苏无锡灵山因成功举办"世界佛教论坛",并成为"世界佛教论坛"的永久会址,备受社会瞩目。无锡灵山的发展模式被认为是现代佛教文化发展的典型。无锡灵山文化旅游集团位于无锡太湖国家旅游度假区,它是以"文化、旅游、投资"为核心、多元化经营为特色的国有文化旅游产业集团。近年来,先后荣获全国"五一"劳动奖状、中华文化传承典范单位等荣誉。该公司旗下的"灵山胜境"景区是中国佛教文化旅游的标志性景区之一和国家5A级旅游景区。① 现拥有无锡灵山胜境文化旅游有限公司、无锡灵山景区经营股份有限公司、无锡灵山文化传播有限公司下属公司和经营实体。

无锡灵山景区　　　　　　　　　　　　　拈花小镇

公司于 2000 年 1 月 21 日成立。2016 年 4 月 15 日,公司召开股东会并通过决议,公司企业类型自有限责任公司变更为股份有限公司,折股后的股份公司注册资本为 3000 万股。灵山股份(870501)2017 年年报显示,公司2017 年实现营收 1.91 亿元,同比增长 3.61%;实现净利 3292.31 万元,同比增长 14.64%。2017 年 1 月 17 日,灵山股份发布关于公司股票将在全国股份转让系统挂牌公开转让的提示性公告。2018 年 8 月 16 日,灵山股份发布关于公司股票暂停转让进展的公告。2018 年 8 月 27 日,全国中小企业股份转让系统有限责任公司发布《关于无锡灵山景区经营股份有限公司股票

---

① 王波:《规划视角下特色小镇的编制思路与方法研究——以无锡禅意小镇规划为例》,《江苏城市规划》2016 年第 10 期。

终止挂牌的公告》。[①]

5. 市场运作的探索

在现代社会中，寺院如何发展、佛教文化如何传播，是需要郑重思考的问题。少林寺由于电影《少林寺》的热映，蜚声海内外，成为商业资本追逐、蕴含巨大潜在经济利益的目标，出现了一系列抢注商标、随意将少林寺名称用于各种商品，以及名目繁多的少林寺武校等现象。面对此种局面，少林寺做出了被动的或主动的回应。尤其在市场运作方面，少林寺的探索模式可谓引人瞩目，引起社会的热议、政府的关注、学界的讨论及教界的探讨。少林寺的做法是现代社会中对如何传播佛教文化、如何应对市场经济无所不在的扩张、如何利用市场工具做出的探索，是将佛教文化的社会性表现形式与现代社会的特征相协调的尝试。

少林寺探索出了一条传统寺庙生存模式与现代商业理念的融合之路。在市场化浪潮的冲击中，探索保护、弘扬传统宗教文化品牌的路径，并在这个过程中逐步走上了与现代社会积极互动的转型发展之路。少林寺在积极适应现代社会发展和市场经济要求的同时，逐步把寺庙之经营与佛教之信仰在制度层面予以适当区隔，提出"佛不避世"的主张，使少林寺佛教文化的部分元素走出寺院围墙，走向世界各地，从而使一个息影山林的"重点文物保护单位"，成为一个有广泛影响的现代文化品牌。少林文化在海外的传播与发展，以及少林寺作为佛教寺庙在欧美国家所开展的各类弘法利生、文化交流活动，促使中国佛教文化在欧美地区被主流社会逐渐认可与推崇，并进入普通民众的生活之中。[②]

（三）争论：汇聚的焦点与动机的剖析

从一般宗教学的角度看，宗教具有神圣性而超越世俗利益。然而，伴随

---

① 《关于无锡灵山景区经营股份有限公司股票终止挂牌的公告》，东方财富网，2018 年 8 月 28 日。
② 释永信：《永信：从少林文化海外交流看中国佛教在欧美的影响》，第五届世界佛教论坛：中美欧佛教分论坛，2018 年 10 月 30 日。

少林寺 sutra 剧目演出团赴希腊、
意大利、土耳其等地巡演

少林系列网络电影
发布会于少林寺举行

着市场力量对宗教文化活动的逐渐浸入，也带来和出现了一些问题。围绕这些敏感性话题，各界展开了激烈的讨论。

1. 放生

放生是佛教修行慈悲心的行为和戒杀生的体现。近些年，一些人受到经济利益的驱使，扭曲、放大所谓的放生活动，甚至将利益众生的放生变成获取不义之财的一种产业。某寺庙景区的放生屋将鱼龟明码标价，且"放了又捞、循环利用"。有的放生地引来外来物种、危险动物。放生异化为害生甚至杀生、破坏生态环境。①

放生活动本来是积极正向的，倡导人们尊重生命，救度众生。2014 年 3 月 15 日，浙江省佛教协会、浙江省小动物保护协会和杭州市渔政渔港渔船监督管理总站在灵隐寺联合主办"浙江省首届科学放生研讨会"传递佛教思想，倡导对生命的关怀。2016 年 8 月，厦门南普陀寺与厦门大学生环教营开办"合理放生"系列活动，针对一时兴起的放生热，分享放生意义，传递放生仪轨，引导正确放生。随着社会经济的发展，人们在获得物质生活满足之余，也有了更多精力和时间关注身边的动物和环境保护。但是，不合理的放生，会引起生态不平衡，以及一些商贩利用信众的放生，形成放生产业链。放生的目的是让动物的生存环境和生活有所保证，而如果在放生的过

---

① 贺梨萍：《奶奶庙按需造神，杨小波委员：治理佛教道教商业化刻不容缓》，澎湃新闻，2019 年 3 月 6 日。

程中不遵循自然的准则，那行善就变成了一场"道德作秀"，既害了这些无辜的生命，也违背了放生最初的本意。①

西安放生活动　　　　　　　　　宁波阿育王寺放生池

关于如何放生，是近年来探讨的热点话题，面对公众的质疑，佛教界对此也做出了回应，通过解释佛教放生的意义，引导信众的放生行为，既满足信众的信仰及其行善需求，又宣传关爱动物生命，维护生态环境的和谐。

2. 门票

由于佛教寺院的地理空间和归属等受到现实和历史遗留问题的影响和限制，寺院收取门票现象较为普遍。于是，门票也成为公众舆论关注的焦点。有观点认为，宗教活动场所收门票，受伤害的不仅仅是游客和广大信众，其实更是佛教，这个问题涉及和影响佛教的宗教地位及发展形式。也有研究者提出，寺院收门票，不仅是为了经济利益，从更深的层次上看是对佛教的歧视。这一议题其实在宗教界内部也展开过激烈研讨，认为门票问题只是一个表象，实质是侵害了佛教利益，伤害了信众和公众的心灵、情感，玷污了佛教的神圣性形象，给佛教蒙上了尘垢。②

关于佛教寺院收取门票的问题，并不仅仅是寺院单方面是否愿意收取门票，如少林寺方丈释永信的"两会"提案曾多次提出取消门票，苏州灵岩寺多年来只收 1 元门票，南普陀免收门票等。问题的根源往往是景区与寺院

---

① 南普陀寺弘法部：《南普陀寺携手大学生倡导"合理放生"：让善利益更多生命》，凤凰佛教，2016 年 8 月 16 日。

② 《东林寺关于"寺院与景点门票收费"的座谈会》，佛教观察，http：//blog.sina.com。

门票捆绑，即被商业利益绑架造成的高额门票，将普通信众隔离在寺院围墙之外。寺院成为景观，而其作为传播佛教文化的主要意义却被忽视。如2014 年春节，鸡足山因门票关山门事件引起的强烈社会舆论。

对寺院门票问题东林寺大安法师认为，作为一位僧人，为教内寺院收门票颇感汗颜。寺院是一个住持法道、续佛慧命、领众修行的道场，为什么我们还这么庸俗地去卖门票？这让佛教蒙上尘垢了，与佛教慈悲布施、清净平等的精神背道而驰。寺院是修道弘法的场所，如同一面镜子，能让众生照见身心尘垢，改恶从善。如果寺院也商业化了，这面镜子本身就蒙上了尘垢，岂不让众生失望乃至绝望！是故，寺院不收门票、杜绝一切商业行为应该成为教内的共识。[1]

鸡足山祝圣寺　　　　　　　　　苏州灵岩寺一元门票

3. 功德箱

作为布施善款的功德箱，在市场化背景下，也出现了变样、异化的现象，有的景区甚至将功德箱演化为"功德箱经济"。对此，其实来自宗教界内部的质疑声更高。2014 年末，多家媒体曝光了借教敛财的"功德箱经济"问题。报道揭示，个别景区内佛教寺院存在两类功德箱设置情况。一是写有"功德箱"字样的箱子，该"功德"归景区所有，一是写有"广种福田"字样的箱子，则属于住寺僧团所有。[2]

---

① 大安：《关于"寺院与景点门票收费"的座谈会的纪要》，《净土》2010 年第 5 期。
② 雨山：《剖析"功德箱经济"》，《中国民族报》2015 年 1 月 20 日。

景区功德箱　　　　　　　　　　寺院功德捐助公告栏

一般公众认为只要是佛教活动场所，就可以烧香拜佛许愿。但是，由于历史遗留以及现实管理方面的问题，一些寺院并未在宗教管理部门登记备案，不属于正规的宗教活动场所。寺院的管理人员也并非专业的宗教教职人员。因此，造成了种种乱象。2014 年，国家宗教事务管理局对此现象进行专项整顿，一方面在官网公布登记注册的正规宗教活动场所，方便查询；另一方面实施宗教活动场所挂牌制度。此项措施的推进，为公众辨识宗教活动场所的真伪提供了保障。

4. 烧高香与头香

有的寺庙天价出售头钟头香，香客如潮、高香如柱。其实，凡是正规的寺院，都不会劝说游客烧高香、算命。教内人士就此发表感言，这种情况多半是被承包的寺院，以赚钱为目的。[①] 春节、庙会期间，烧高香抢头香的新闻不断，平日寺院门前的商贩，也会向游客兜售各种高香，更有诸多说辞，似乎只有这样才能获得保佑。但是，在正规宗教活动场所内，公众会看到场所的提示，要求文明敬香，并提供免费环保香，设有指定烧香地点。

---

① 宗舜法师：《烧高香敛财的大多是某部门承包的寺院》，《南方人物周刊》2016 年 9 月 28 日。

景区大钟颂

寺院敬香的意义

5. 膨胀的骗术

当代中国有四大"借佛敛财"骗术。骗术一：假寺院，寺院并非在宗教部门登记注册的宗教活动场所，而是公司主办，其目的是骗取游客的钱财。一般会设置在景区内，公司与旅游团合作，引游客至指定的"寺院"，收取高额门票、高香、算命钱，并推销所谓的"开光"商品，"消灾法事"。骗术二：以集资建庙为名，骗取善款。骗术三：假冒"出家人"，四处化缘，或在公共场所或敲门入户伺机行骗。骗术四：附佛之名，行诈骗之实。①

财神热。财神热是现代社会的经济特性在文化领域的表现。五台山本是象征智慧的文殊菩萨的道场，80多座传统寺庙"殿殿文殊"。然而，这些年却出现求官求财的"五爷庙"。地藏王菩萨的德业"大孝大愿"，但其道场九华山近年热闹的是新近开发出的"财神殿"。②

二　实地调查：厦门国际佛事用品展览会

在讨论传统宗教"游移现象"的市场行为时，本研究选择了社会影响

---

①　道坚法师：《首次揭秘：当代中国四大"借佛敛财"惊天骗术》，凤凰博客，2016年10月11日。

②　《五台山"五爷"是怎样被制造出来的?》，宗教观察，2019年2月25日。

五台山五爷庙　　　　　　　　　　　　　五爷庙戏楼

广泛的佛事会展、文化旅游、公司上市及慈善活动四种实践作为对象，其中"会展经济"表现出市场规范、运行良好、发展成熟、资料丰富等特征，利于进一步系统考察。通过资料分析，在多个佛事用品会展中，厦门展会经济的成熟度、市场化程度、社会接受度等几项指标明显高于其他会展。因此，选取了厦门佛事用品会展作为典型的研究对象。2018年10月中旬，课题组来到厦门参加第十三届厦门国际佛事用品（秋季）展览会，体验、观察会展实况，虽然此前看了不少佛事用品会展的报道，来到厦门后，还是被会展盛况所吸引。会展中心交通便利，标志清晰，会展整体规模宏大，产品种类繁多、门类齐全，展馆内外分区合理，现场管理有序、治安良好，志愿者及服务人员态度亲切、服务优良。展会上多见出家僧众为寺院挑选、采购各种佛事用品。看到这一幕时，才真正意识到，寺院所需物资，从建筑材料、一砖一瓦到殿堂的佛像、法器，以至所穿的袈裟、手握的念珠、用斋的钵盂、食用的素食等，都需要在市场上采购。看到商品标价，不由感叹，"一分价钱一分货""不当家不知柴米贵"。出世的修行也需世俗的物质保障才能维持寺院的正常运转。

（一）会展的发展脉络与定位

1. 首届展会

厦门佛事会展起步较早，得益于厦门深厚的佛教资源。这里历来佛教文化传播兴盛，佛事相关产业发展稳定。近年来，厦门以其独特的区位优势和

厦门佛事用品展 　　　　　　　　　　　　　展会现场

港口优势，已成为我国佛事用品重要生产基地和出口集散地。

2006 年 12 月，在厦门政府的大力支持下，由厦门总商会、厦门国际商会主办，厦门会展金泓信展览有限公司承办的"首届中国厦门国际佛事用品展览会"在厦门国际会展中心举行。作为首届厦门佛事用品展的主办方之一，厦门总商会副会长陈大中在接受采访时指出，选择佛事用品这个行业作为展览主题，是由厦门的文化优势、产业优势、区位优势和硬件优势所决定的。主要有以下几点：第一，福建地区有着浓厚的佛教文化底蕴，民众信仰以佛教为主；第二，本地企业和台湾佛事用品企业交流合作密切，方便学习借鉴台湾的工艺；第三，莆田木雕、惠安石雕、翔安马巷制香、永春汉口神香这样的特色产业带的形成，为大规模出口创汇提供了必要条件，在一定程度上加速了厦门佛事用品产业的繁荣发展；第四，厦门地区华侨台商聚集，城市经济实力较强，为精品佛具提供了广阔的市场空间。在厦门周边发展佛教用品产业，有着无可比拟的资源优势。首届佛事展的所有盈利，都捐给厦门慈善总会。佛教文化的根源就是爱和慈悲，主办方希望通过这个展会能够长远地传播文化，促进交流，发展经济。①

2. 第二届展会

在首届中国厦门国际佛事用品展览会成功举办的基础上，主办方、承办方于次年 3 月起即加大对外宣传、招商力度，如在高速公路上制作大型广告，在厦门航空、《新世纪周刊》、海峡摄影及日韩相关报刊宣传招展，还

---

① 《访厦门佛事展组委会主任、厦门总商会副会长陈大中》，http：//autumn. buddhafair. com/ PublicityCenter/news. asp? ID = 22，2007 年 8 月 22 日。

2006年创办

6800平方米　参展企业126家

首开先河　建立奠基

首届厦门国际佛事用品展

派人携带精美宣传品外出推介。第二届中国厦门国际佛事用品展规模比上届扩大三倍，设置国际标准展位1000个，展览面积达20000平方米，其他展位980余个，展商近300家，主要为内地知名佛事用品企业，并有马来西亚、泰国、日本、韩国等10家海外企业参展。由于首届展会参展效果较好，除上届参展的企业几乎全数到场外，大部分企业还扩大了展位。香港泰安佛具灯饰神楼厂、福建永盛雕刻工艺精品公司、厦门舫昌佛具公司、河北古城香业集团等龙头企业，均已早早预订了展会的特装展位。海内外专业观众大幅度增加，港、台多家知名佛教团体均组织莅会。展会为展商和客商提供更多更全面的服务和信息。①

据报道这届展会呈现以下几个亮点。

第一，打造"全球第一佛事展"态势良好。第二届中国厦门国际佛事用品展览会展览规模之大、参展地域之广、展示品种之多、展品档次之高、专业客商之众、配套服务之全，是全球佛事用品行业展前所未有的。无论是近年来在国内各地举办的小型佛具展销会，还是在日本、韩国举办的国际佛具展示会，都和厦门佛事用品展的专业性和国际性相差甚远。主承办单位及业内人士对打造"全球第一佛事展"的定位普遍认同。

第二，相关商会加盟协办，台资企业占参展商的1/3。台北佛具商业同业公会在第一届时曾由会长亲自到展会考察，第二届更确定为协办单位，且出于厦门与台湾省的独特关系等多方原因，佛事用品企业广泛认可在厦门举

① 《第二届厦门国际佛事用品展览会》，http：//autumn. buddhafair. com/about. asp？ID＝81。

办的佛事展。第二届佛事展的参展商有 1/3 来自台湾的企业，展位占总展位的 40%，此外，2000 多个客商到厦参观、采购，不少正申办通过金门"小三通"来厦门。

第三，《盛世百和图》亮相首届佛门书画展。同期在展会展厅内举办了"首届佛门书画展"，增强和凸显展会独有的文化艺术特色。由数名画僧历时四年完成的大幅画卷《盛世百和图》，成为本次书画展的一大亮点。该画卷经各大名山长老开光后，作为中国宗教界的奥运献礼，承交北京奥委会。

第四，其他配套活动丰富多彩。在续办上届已有的"两岸佛事用品产业发展座谈会"及配套举办"首届佛门书画展"的同时，筹备了丰富多彩的配套活动，在开幕式上由两岸演唱梵音，举行慈善捐赠活动。承办单位向厦门总商会慈善基金会及由李连杰发起的、在中国红十字会框架下独立运作的慈善专项基金——"壹基金"捐款。此外，还举办"佛学与企业管理""历代水陆画传承"等专家讲座。①

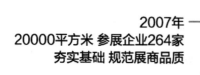

2007年
20000平方米 参展企业264家
夯实基础 规范展商品质

第二届厦门国际佛事用品展

3. 第八届展会

2013 年第八届中国厦门国际佛事用品展览会和第五届中国厦门国际素食养生节同时举办。来自 11 个国家和地区的近千家企业莅会参展。业界人士称，厦门国际佛事展，历经 8 年磨砺，已当之无愧成为全球第一大佛事用品展。此届展会从规模、档次到影响力均有进一步提升，是全

---

① 《第二届厦门国际佛事用品展览会》，http：//autumn. buddhafair. com/about. asp? ID = 81。

球佛事用品行业中前所未有的。在参展的近千家企业中，来自佛事用品行业发展较为成熟的台湾企业达 350 家，为同类展会之最。展会着力为境内外佛事用品企业搭建贸易交流平台，打造海内外专业采购商首选商贸平台。①

第八届厦门国际佛事用品展

4. 第十届展会

2015 年中国厦门国际佛事用品展览会被中国会展财富论坛评为"十大创品牌展览会"。会展对扩大佛教文化的社会影响，促进佛教文化的传播起到了重要的推进作用。

第十届厦门国际佛事用品展

（二）田野观察：2018年秋季展会及其发现

1. 展会基本情况

厦门国际佛事用品展览会分为春秋两季，2018 年秋季展览时间为 10 月

---

① 《厦门国际佛事用品展跻身全球第一大佛事用品展》，中国新闻网，2013 年 10 月 10 日。

18～22日，展览地点在厦门国际会展中心。本届展会展览面积11.5万平方米，约有6500个国际标准展位，除来自国内各地的企业外，还有澳大利亚、印度、日本、马来西亚、韩国等地企业，共有1126家企业参展。展览范围包括：佛像佛雕、佛龛佛具、法器法物、香品香具、蜡烛灯具、僧服绣品、书画音像、禅茶素食、佛教生活用品、佛教工艺品、禅艺空间装饰、寺院建筑与装饰、制香机械及原料等，展示全球佛教用品行业各类产品，被盛赞为"全球佛事用品专业贸易平台"。①

在本届厦门佛事用品秋季展上，展区划分更为专业和集中，十大展区布局大大方便了客商、观众根据自身采购需求快速定位、集中选购，显示出"一站式"采购的便捷、高效。

国际展区面积较往届扩大20%，来自不同国家的展商带来了不同工艺、不同风格的佛像佛龛、制瓦、铜器、香品香器和当地传统商品等，为展会增添了丰富的观赏性和文化体验。

展会现场　　　　　　　　　　展会指示牌

造型庄严宏伟的佛像更是吸引了前来参观的人们。造像风格各异、材质多样。佛教工艺品精美雅致，体现着参展企业的专业水准。在注重传统工艺传承的同时，巧妙地融合现代美学艺术和风格设计，呈现了当今中国佛教用品工艺发展的高超水平。

---

① 《2018年厦门国际佛事用品展览会》，http：//autumn. buddhafair. com/PublicityCenter/news. asp？ID＝141。

展品范围

佛像：木雕、石雕、瓷器、铜像、树脂、锻金、生漆脱胎、佛画等

香：线香、竹角香、微烟香、无烟香、工艺香、印度香、材料香、香料香、高香、盘香、塔香、藏香等

佛具：佛龛、佛珠、木鱼、铜盘、蜡台、香炉、护身类、花瓶、贡台、贡盘、净水杯、拜垫、念佛机、舍利塔、香筒、钵、法器、电子佛典、金铜钵、金桶、聚宝桶、家庭佛堂等

蜡烛：工艺蜡烛、无烟蜡烛、莲花蜡烛、斗烛、水晶蜡烛、酥油蜡烛、普通蜡烛等

宫庙用品：鼓、钟、寺庙装饰、宫灯等

灯具：佛灯、莲花灯、电烛灯、油灯、灯油、电香等

僧服绣品：僧服僧鞋、绣品、幡幢系列、吉祥绣包、佛堂挂饰等

书画音像：佛像、山水画、佛经音像影像、年画等

原料设备：制香机械及原料、蜡烛机械及原料、制纸机械及原料、佛像雕刻设备、其它相关机械及原料等

素食

其它未分类佛事用品

相关展品

　　会展规模宏大，吸引了海内外观众超过 28.6 万人次。厦门佛事用品展已成为从业者们探讨互鉴、工艺切磋、信息交流的重要平台，得到业界广泛好评。①

---

① 《金秋相聚厦门　共襄佛禅盛会》，厦门国际佛事用品展公众号，2018 年 10 月 19 日。

因每年参加展会的人数众多，为有效管理，会展组委会把观众分为法师与普通观众。对普通观众的入场采取了多样化的形式，包括提前预登记与现场登记，经审核后在服务台领取入场证件，方可进入。

厦门国际佛事用品展　　　　　　　　　　　　　　登记处

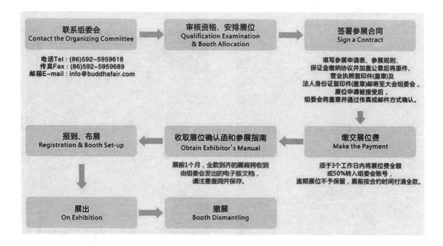

参展流程

普通观众参观方式有以下两种。

方式一：提前预登记。组委会以邮件方式回复"预登记序列号"，观众在已登记窗口出示"序列号"或"微信二维码"直接换取证件入场。预登记途径：官网预登记→点击此处；邮箱预登记，info@ buddhafair. com；电话预登记；微信预登记，关注微信官方账号 Buddhafair。预登记 VIP 专享：报到处免费获取入场证件；享受展会期间酒店优惠价格；获赠大会现场休息区

VIP 券一张，可享用饮料、点心、上网等服务。

方式二：现场登记。客商于现场凭个人名片获取入场证件，没有携带名片需完整填写入场登记表或扫微信二维码填表后，换取证件。

其他：退休人员、儿童，领取贴纸入场。

展会设 6 个观众登记处，分别位于前广场大棚内、B3L 厅、B6 厅、B7 厅、C 馆后侧 13 号门、C3a 厅 3 楼酒店连廊。可以选择最近的报到处办理入场证件。进入观众登记处后，指引至相应窗口办理"来宾证"。

已预登记观众凭二维码或手机号及身份证/护照等有效证件，直接前往已预登记窗口领取来宾证，并可获赠大会茶歇券一张。佩戴证件后，在展厅入口处扫码入场。

现场登记的观众，可以凭个人名片/填写登记表/现场扫码登记及身份证/护照等有效证件，至相应窗口领取来宾证。佩戴证件后，在展厅入口处扫码入场。

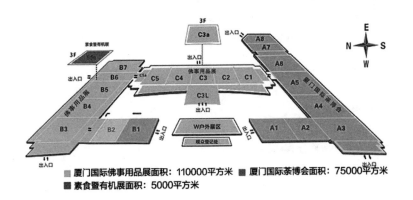

平面图

这次展会更加注重用户体验，全新线上展示平台——微信小程序"佛贸通"成为本届展会的一大亮点。用户无需下载及安装，在微信上即可形成丰富的展示页面，方便展客商随时随地进行贸易，获取全年不间断的采购需求，与线下厦门国际佛事用品展互为补充，从展前宣传到展后客户维系，全流程获益，成为永不落幕的线上佛事用品展。[①]

2. 展会中的组织系统

组织方厦门会展金泓信展览有限公司有着多年的会展经验，在展会上注重宣传自己的优势，以吸引各方参展。组织方安排多样化活动与展会同步进行，包括佛教文化论坛、素食展会和茶产业博览会。素食与茶叶是佛教的饮食文化传统，从中体现出厦门会展与普通会展的主要区别，显示其产品独特的文化背景。

组织机构、主办单位：厦门会展集团股份有限公司、厦门会展金泓信展览有限公司。

承办单位：厦门会展金泓信展览有限公司。

组织方在宣传广告中还特别向客户和观众给出了选择厦门佛事用品展的理由：

>>>>> 为何选择厦门佛事用品展：

1、厦门佛事用品展已成为全球佛事用品专业商贸平台，展会规模大、参展地域广、展示品种多、展品档次高。

2、专业佛事用品生产商、采购商、经销商齐聚盛会，厦门佛事用品展已成为行业交流优选平台。

3、同期举办第十一届中国厦门国际素食暨有机产品(秋季)展览会；2019中国厦门国际茶产业(秋季)博览会，禅、茶、素食三大文化元素的完美同台，互映生辉。

4、配套举办海峡两岸佛门书画展、佛教文化论坛等，丰富展会内容，提升展会档次。

>>>>> 五大展商增值收益：

· 会刊免费刊登公司信息简介

· 与佛事用品经销商、寺庙采购面对面，发掘潜在客户

· 免费邀请展商的现有及潜在买家作为VIP客户参观展会

· 现场知识产权保驾护航，鼓励原创设计

· 提供参展准备及最大化参展投资回报的免费咨询和建议

3. 视觉中的文化机制

展会对不同展厅进行有针对性的策划和介绍，注重产品的文化内涵、艺术美感及实用特征等。凸显佛教文化传统的传承，又融合现代文化元素，适

---

① 《厦门佛事用品展首发微信小程序　开启线上展示新模式》，凤凰网，2018 年 5 月 11 日。

应当代社会民众的文化需求。同时，还运用新媒体通过公众号的宣传，增加买卖双方的认知度，促进沟通，以提高成交率、满意度等。

如对佛像展厅的简介中可以看到以下介绍："在智慧与大悲的修行中，我们同在路上。"在这里佛像佛雕、香品香具、佛教文化、禅意家居、禅艺装饰、艺术设计、生活美学应有尽有。

展会中还设有文创设计空间，强调精神层面的追求。将佛教文化的意境融于生活空间的设计之中，以外在空间的美好来达到内心的安定。"一花一叶一菩提，一木、一水、一石皆可营造出禅意空间。生活离不开空间，禅意空间以简约、自然的特点，营造一种静谧、悠然、慢节奏的感觉。这种纯净的视觉美感，正是禅意空间的体现。走进另一种生活状态，让心沉静下来，使心境平和安祥，超然物外。让时间慢下来，感受生活里的美好。"①

厦门国际佛事用品展微信公众号

① 厦门国际佛事用品展公众号。

文创设计空间

在寺院建筑的简介中,力求突出建筑的文化与艺术特点,强调寺院建筑的美学传承、文化蕴意及信仰特征,体现寺院建筑内外结合的美感。

展会一角

4. 展会中企业的社会追求

展会中企业的自我宣传介绍,也无不凸显本企业的高超技艺、创新突破、人文素养、宗教涵养、民族风格及艺术特色等。参展的企业确实与一般企业不同,企业的服务对象属于特殊信仰群体,对产品的专业性、艺术性、多样性,以及创新性要求较高。在考察中,常见到双方就某一产品进行深入探讨。

其中,宽宏国际佛教艺术有限公司的介绍,指出企业承"借物传法"佛像艺术化创作之使命,以无形文化资产工艺技法诠释当代华人佛教文化经典的设计风格。运用宫廷典丽的景泰蓝技艺,点缀佛身端庄厚重,呈现鲜明的民族风格和深刻的文化内涵。

参展企业

弘安企业在宣传中则强调，植入信仰要素，将道德追求作为企业的目标。提出以弘扬中国传统文化并结合所继承的非物质文化遗产生漆脱胎技艺及西方现代化设备制作高品质艺术造像，让信仰回归、让人心善良是企业的愿景。

有的企业注重工艺技术，力图重现古时制作技艺的高峰。永嘉县瓯越工艺品有限公司说明，其参加厦门佛事展，主要是想弘扬大唐盛世制作的精美佛像，展示唐时佛教密宗的神秘之处和佛像造型的独特之处，复原我国工匠技艺之精湛。

也有企业将自身的艺术追求作为企业发展的目标及动力。泉州雍立园林古建工程有限公司提出以打造石材艺术文化标杆为企业使命。随着科技的发展，展会上电子宗教文化用品也越来越多，以多种形式满足人们的需求。

传统手工制作依然深受欢迎，将信仰文化植入匠人精神。

（三）宗教文化元素的"游移"

1. 主要表现：世俗－神圣的融合

企业在展会上所展出的琳琅满目的产品，彼时就是寺院殿内神圣空间中庄严的佛事用品。同一物品，放置于不同空间，归属于不同的所有者，也就被赋予了不同的意义。展会成为世俗与神圣之物转换的重要平台。透过展区的分区介绍，世俗与神圣的建构性得以全面展现。会展分为九个展区。

佛像佛龛展区－万佛朝宗。极具变化的造像风格，材质多样，诸多艺术工艺精美绝伦。

佛像佛龛展区

寺院建筑展区－金碧辉煌。青瓦金檐，相形相应，展示佛学蕴含的恢宏美学和博大胸襟。

寺院建筑展区

法器法物展区－如法庄严。各类佛事用具一应俱全，充分满足寺院采购所需。

法器法物展区

香品香具展区－修心养性。以物养性，心悦清净，品味"和、敬、清、寂"的文化魅力。

蜡烛灯具展区－五彩斑斓。点一盏明灯，普照十方，点亮自性光明，熠熠不熄。

僧服绣品展区－如法讲究。缁服衲衣，一秉清心，精致考究，感受佛家的慈悲与威仪。

香品香具展区

蜡烛灯具展区

僧服绣品展区

禅意家居展区－怡然自得。古色古风，宁静悠然，禅意在静与动之间惬意流淌。

禅意家居展区

工艺品、佛珠展区－琳琅满目。木雕、玉雕、陶瓷、刺绣、琉璃等天成质感尽显东方信仰文化神韵。

工艺品、佛珠展区

国际展区－精彩纷呈。不同国家、宗派、风格、工艺的佛事用品，丰富多彩，创意融合、相得益彰、各美其美、美美与共。①

2. 延伸的链条：结构与关系的互补

寺院的信仰文化明确，企业以此为本制造、宣传各自的产品。从企业的理念、制作态度到产品的呈现都凸显信仰元素，以符合寺院的信仰要求，有

———————————

① 厦门国际佛事用品展公众号。

国际展区

助于佛教文化的传播。

用技术性的视觉效果影响宗教文化与社会的互动，将神圣性与社会性、超越性与世俗性、视觉性与体现性、参与性与权威性、特殊性与普遍性、知识性与建构性、公益性与市场性等结合。从而完成了宗教文化传播的一种叙事，将文化同人、事、物、价值、艺术等形式结合。

在展会的公众号文章中，将佛教造像与佛教义理、慈悲理念等相联系，引导观者的认知。"佛造像之美是文化、艺术、智慧的结晶，极具丰富的造像风格、材质多样，诸多工艺精美绝伦。观者既可领略到佛造像的艺术风采，超脱俗世的慈悲之美，心灵更能感悟到佛造像所蕴含的深邃佛教哲理。"

有的公司在其介绍中，强调自身的宗教信仰，以及对佛教高僧大德的信奉，以显示公司产品的性质具有佛教所要求的纯真品质。如圆照文化用品有限公司提到，其管理层及技术骨干均为三宝弟子，对佛教用品的生产有着虔诚的信心和独到的理解，所有产品均按照印光祖师的言教如法制成。

　　有的公司以产品表达对教界的回馈之情。如宽宏国际佛教艺术有限公司表示，让信仰与艺术价值结合为一，塑造庄严佛像与器物来回馈教界。

　　有的公司直接将产品的特性、公司的愿望与社会的信仰相连接，如佛源铜雕艺术有限公司指出，让社会因有虔诚宗教信仰更加祥和安乐。

　　仙游县永盛雕刻工艺精品有限公司，强调公司的信仰实践，将产品的制造变为信仰的历程。提出自始至终坚持佛教徒的虔诚信仰，以造像为道场，秉持着神圣庄严的造像理念，专注造像，得到了行业的认同、国内外客户的赞誉和法师们的支持。

　　盛凡实业有限公司，秉持虔诚的信仰，将信仰道德的追求倾注于产品之中。让世界各地的客户通过公司的产品来传播真、善、美的理念。

　　温州八瑞祥艺术品有限公司，则传达出佛教因果观在其产品中的体现，以及信仰给予制造者的动力。传承真善且净化人心，八瑞祥艺术工作者皆以此为福报的体现。认为信仰在创作中给予的加持力量，可以激发无穷的潜能与智慧。

　　上海汉承贸易有限公司，将产品与佛教的弘法利生紧密结合，突出产品的的内在特性。它以"澈"为主题，将传统的琉璃工艺制作融入当代美学，用工艺之长凸显佛像之澄净与空灵，用佛之光照拂众生的本具佛性。

　　福建大贤古建，以石雕产品表达了企业的责任承担与价值信仰。"以信仰传承中国石雕古文化"，一手担负着责任，一手流传出价值。莆田市金艺装饰材料有限公司则提出以服务寺院为公司的责任，以庄严道场为己任等。

　　寺院慈善会活动，宣传佛教慈善文化。在展会的一角是鸿山慈善会的义诊活动。作为展会医疗保障点，医疗人员及志愿者正在为观者做义诊。在鸿山寺的宣传中介绍了鸿山慈善会的发展理念"以弘法传播文化、以文化促进慈善、以慈善培植信仰"。提出慈善会重视的不只是救济、援助的成效，更在乎用佛法启发人性的良善，付出爱心济助贫困，找到生命的意义，使人能因施而乐。

慈善会活动

利用新科技建立佛教文化传播新平台，提高寺院管理效率、促进寺院弘法利生、方便信众。展会上不仅有佛教文化传统用品，更有新科技公司的加入，如深圳市妙严科技有限公司，是中国佛教协会授权单位，与凤凰佛教频道等多家传媒签署了合作协议。公司所属的品牌"自在家"旨在以现代新兴科技手段传承与复兴中国传统文化、传播正知善念，为国内外数千家寺院互联网化提供全方位的技术解决方案。北京万物三千公司的宣传是通过智能科技＋创意美学分方式传播佛法智慧，帮助当代佛教信众更方便、更快乐的修行。

寺院互联网化

文化交流互鉴。参展企业中还有来自日本、韩国、印度及澳大利亚等国的企业。来自日本的岩佐佛喜堂提到，公司始终秉承传统制香工艺和理念，遵循古法，崇尚自然，其所创立的"流川香"香派在日本占有一席之地。流川香香派的形成得益于日本高僧——空海法师对香道的大力弘扬与传播，空海法师在长安修学期间潜心学习了中国博大精深的香道文化，回国后结合日本当地文化与民族习惯，创立了日本香道。他所创建的真言宗对日本佛教产生深远而重大的影响。岩佐佛喜堂在潜心学习、吸收、传承传统日本香道的基础上，开创了"流川香"这一知名品牌。可以说，日本香道与中国古代的香道文化一脉相承，同宗共源。从其香道文化中可以清晰见到盛唐遗风依然历久弥香。

文化交流

传播环保理念。展会中来自台湾的环保公司通过环保产品宣传环保理念。倡导大爱感恩科技，"慈悲科技展大爱，心念传递净人心"。利用循环经济实现减废到零废。秉持"续物命造福惠"的理念，开发出一系列环保产品，包括 R2R 环保赈灾毛毯，为业界首创的创新环保纺织品。

传播环保理念

推广素食。展会期间还开办了第十届中国厦门国际素食暨有机产品展。素食展与佛事用品展在同一展馆举行。汉传佛教的素食传统大大促进了素食产业的发展。

推广素食

（四）会展的主要特征

寺院对所需产品的选购，有专业性方面的要求。社会发展、科技进步促使企业在传统制作的基础上对产品附加现代元素，既强调功能性价值，满足寺院物质需求，也要显现创新性及信仰性价值，体现物质产品蕴含的精神价值。

1. 市场性

寺院通过市场采购所需物资，现代展会打破地域限制，在有限空间内提供尽可能多的产品，且品种多样化、价格差异化、象征符号多元化。展会一方面充分体现出佛教文化对功能性产品的要求，另一方面也提供了需求满足的平台。

随着市场的发展，企业面向寺院的服务更加成熟，如出现了杰筑首家寺院策划、设计、施工、融资、推广一体化的全程服务商。南京名城文化发展有限公司将策划、制作、销售、盈利打造成完整的闭环模式，可专门为不同寺庙、宗教团体提供个性化文化创意及伴手礼服务。

服务商

2. 特殊性

佛事用品展览会，购买群体主要为寺院。企业的目标客户定位明确，即佛教群体及泛佛教群体，产品具有明显的针对性。如德乐菩提，提出"做有信仰的腕表，让正念时刻相随"。在传统制表的基础上，将宗教艺术设计与雕刻技术相结合，赋予腕表全新的深刻意义及价值。

3. 原创性

要在众多的产品中脱颖而出，原创性就成为企业的卖点。在这方面，企业也在不断寻找新的结合点。如鼎立雕刻集团是以石雕艺术为主的文化创意集团。广州市三宝文化传播有限公司，专注于佛教音乐制作与发行，以及佛教动漫创作和文化创意衍生品的开发。北京艺海心常态公司的色空鼓，是公司推出的特色乐器。

宗教与雕刻的结合

原创产品

4. 工艺性

产品的表现材料、技法、色彩等，通过工艺赋予信仰以实体。这些产品在表现佛教文化的同时，试图通过新工艺创新制作，实现新的美学、视觉感受。如铜制佛像赋予了铜流动的自由，利用熔铜艺术，在多种艺术形式中形成对当代艺术的一种另类的表达。①

铜制佛像

---

① 景明：《坚毅执著：艺术家铸就青铜的第二春——中国当代铜建筑大师朱炳仁和他的熔铜艺术作品》，《资源再生》2013 年第 5 期。

5. 实用性

将日常生活中所需的衣物、饮食、用品与佛教相联系，以小见大，展示产品的日常性。虽是普通用品，却蕴含着超脱的含义，简单的产品因此不再简单。如九品莲洗浴系列强调洗浴是一种仪式，清洁是一种修行。八卦香，则体现出世俗性的一面，认为可改善公司居所气场缺失，旺生意，旺公司，旺气场，笑傲江湖。憨头小方，漫画人物外形可爱，吸引不少观众。其产品主要为日用品，如抱枕、香皂、T恤、布包等。

相关日用品

6. 艺术性

自古以来，佛教造像及画像注重形神之美的刻画，显示超凡脱俗的风貌。如厦门妙行工笔画，其所绘佛菩萨细腻规整，法相庄严，有呼之欲出之效果。特别是面部表情和服饰的刻画精细入微，给观者带来美好的感受而广受市场欢迎。

佛教造像

7. 本土性

突出中国本土文化特色也是企业的推广重点。中国人注重传承，不管是当代的传承，还是传统中国哲学的传承，首先都必须找到属于中国的文化基因，带着中国优秀传统文化的思想，走向国际。

本土特色

8. 专业性

多数公司在宣传中，注重对产品中佛教文化元素的阐释。如厦门市湖里区汇轩佛具厂，提出其品牌精神"波浪似山般若禅，心静如水自平凡"。成都功德林解释，所有香方皆经过参阅佛典、拜访汉藏寺院，由上师及师父认证后方成，并于寺院念经加持。

佛具厂　　　　　　　　　　　成都功德林

9. 情感性

情感是人心理层面的需求，在人们的物质需求基本满足的基础上，更高层次的情感性需要也受到重视。一些公司的产品提出以亲和的情感接触自然、融入自然，让人们在自然的宗教艺术空间中体会空寂和闲静，从而发现生活的幽静之美。

贴近自然

10. 融合性

信仰属于精神层面的要求，产品需要体现其中所蕴含的精神性因素。如彦木新中式家具旨在让家具作为一种载体，联通人们物质生活和精神世界，成为人们品质生活中不可或缺的一部分。物质意义上的家具，去繁化简，以形传意，释放出藏身的芳华，形成一座架设于物质和精神世界的桥梁，让人们可以通过物质的转化感悟体现神圣的意识。

党的十九大报告指出，中国特色社会主义进入了新时代，我国社会主要矛盾已经转化为人民日益增长的美好生活需要和不平衡不充分的发展之间的矛盾。社会主要矛盾的变化是关系全局的历史性变化，要求我们在继续推动发展的基础上，大力提升发展质量和效益，更好地满足人民日益增长的对美好生活的需要。如何认识和把握人民日益增长的美好生活需要？从需求性质来看，人类需要大致可划分为三个层次。第一层次是物质性需要，主要为保暖、饮食、种族繁衍等生存需要，这是人类最基本的需要。第二层次是社会性需要，它是在物质性需要基础上形成的，主要包括社会安全的需要、社会保障的需要、社会公正的需要等。第三层次是心理性需要，指的是由心理

体现信仰因素的产品

需求而形成的精神文化需要，比如价值观、伦理道德、民族精神、理想信念、艺术审美、获得尊重、自我实现、追求信仰等。① 展会体现出物质追求与精神追求的合一。

　　厦门国际佛事用品展览会从 2006 年 338 个展位、120 多家展商、4 万多人次国内外观众，发展到 2019 年春季，面积已达 11 万多平方米，设有国际标准展位 5500 个，近千家企业参展，吸引海内外观众数十万人。2019 年春季展会期间还举办了"物有本末"设计展、佛前供花 - 禅花讲座、春日 - 香席秀、2019 佛事产业论坛等活动，探讨佛事传统行业的传承与创新，积极弘扬佛教文化。作为专业化的特殊商品，佛事用品自古就已有市场活动，进行市场交易，可以说，商业性的市场行为持续进行。当今，虽然交易的表现形式发生了重大转变，一地一时的小型交易平台上升为大型国际化交易平台，产品类型更加丰富多样、与时俱进，但商品交易的实质并未改变。逐年增长的参与展会的企业，也是一种市场的信号，即宗教文化产品市场越来越

---

　　① 何星亮：《不断满足人民日益增长的美好生活需要》，人民网，2017 年 11 月 14 日。

旺盛，人民群众在艺术审美、精神满足、信仰需求等方面的要求也越来越高。从这里可以看到一种市场参与的循环转换的开放过程。企业生产物质类产品，在展会或其他交易平台展示，寺院通过市场行为采购产品，以完成寺院神圣空间的建构，购买之后的物质类产品转化为精神类产品，信众或游客在寺院这一神圣空间内，得到精神层面及信仰层面的满足。信众或游客对寺院的布施、做法事等行为又可视为对精神产品的买单。寺院得到的收益也是其进一步维持发展的物质基础。在此过程中，形成了良性循环的沟通关系。

三 小结与思考

对宗教文化与市场的关系在不同社会领域其实一直存在不同的声音。有观点认为，不能一概而论，应区别对待。佛教的自养行为并不是市场化而是与市场的某种关系，持这一观点的更喜欢用宗教与市场、宗教市场等概念。还有观点反对市场化的提法及其实践，认为宗教不该被资本绑架、由市场左右，这里的市场更侧重于从经济意义上提出，认为这样会消解宗教的神圣性。此外，还有一种观点认为，用市场大概念假名评价宗教的市场价值，认定宗教也是一种社会资本，以市场概念说明宗教文化的社会价值，宗教文化是市场的主体。

党和政府高度重视佛教道教商业化问题。2012 年 10 月 8 日，在党的十八大召开前一个月，国家宗教事务局等十部门联合下发了《关于处理涉及佛教寺庙、道教宫观管理有关问题的意见》。党的十八大以来，以习近平同志为核心的党中央高度重视宗教工作，对治理佛教道教商业化问题提出了明确要求。2016 年 4 月 22 日至 23 日，召开了全国宗教工作会议。2017 年 11 月 3 日，国家宗教事务局等十二部门联合发布《关于进一步治理佛教道教商业化问题的若干意见》，坚持问题导向，明确政策界限，落实工作责任，针对佛教、道教领域商业化问题的主要表现，从 10 个方面提出了治理的具体举措。2018 年 2 月 1 日，新修订的《宗教事务条例》正式实施。2018 年 6 月 28 日，以 "治理佛教道教商业化" 为议题的第十三届全国政协第五次双周协商座谈会在北京召开，汪洋主席主持会议。这次会议对于厘清治理思路和政策、促进佛教道教健康发展和净化社会风气具有重要意义。2018年11月中共中央政治局常委、全国政协主席汪洋在江苏调研时指出，严禁商业资本介入宗教。2019年10月21日至22日，中央统战部在安徽九华山召开治理佛教道教商业化工作推进会，总结近年来治理佛教道教商业化工作经验，查找问题，部署工作。这些都是对习近平总书记关于宗教工作重要论述精神的深度贯彻，是对党的宗教工作基本方针的全面落实，是对全国宗教工作会议精神的具体落实。①

关于佛教道教商业化是如何形成的，有研究表明，佛教道教商业化一般有以下成因：市场需求是外部动力；寺观负责人商业化倾向是直接动力；当地政府的倡导与引导提供了政策支持；外来投资直接参与寺院经营管理，形成利益共同体；周边居民通过就业或经商进行参与等。其中，寺院、政府、开发商在商业化发展中起主导作用。②

社会在加速转型，社会生活与生存的方式也随之转变，佛教文化的继承与传播也要"随机"顺势。当代宗教文化的功能已经发生了变化，不再是单一的出家人修行和生活之场所。因此，无论从历史和现代还是佛法与世间法的角度来看，都要正确看待并区分佛教的自养与商业行为，同时，保持佛教自身的宗教文化特色。

随着社会的不断进步与发展，伴随宗教与市场关系的变迁，佛教去商业化已经成为当今人们讨论的热点话题之一。但怎么定义商业化？如何正确区分佛教自养与商业化？这些问题还需要进一步的讨论。其实，佛教去商业化的本质并不是否定佛教寺院的一切经济活动，而是正确引导佛教经济行为与社会主义相适应，同时保持佛教文化的原本属性，以更好地为社会服务，这才是当代佛教界和其他社会各界一再认真思考和探讨的问题。

---

① 景天星：《摒弃商业化错误思想　坚持中国化正确方向——新时代佛教道教健康发展的必由之路》，待刊稿。

② 《治理佛教道教商业化　促进佛教道教健康发展　全国政协"治理佛教道教商业化"双周协商座谈会发言摘登》，《中国宗教》2018年第7期。

典型案例二：周公庙会

——传统宗教"游移现象"类型之民间信仰与社会

宗教信仰行为，作为一种文化，是一种社会互动现象，其功能和作用可以因人、因时、因地、因外界自然社会条件的变化而转化。这在一定意义上说，存在着一个"游移"过程和结果。为充分深入了解当前宗教信仰变化的外在形态与深层内蕴，发现新时代宗教信仰实践的特征，可以从其社会化内容、过程和功能上入手。

本部分，将宗教信仰的外延扩大到民间信仰的内容，也体现出中国信仰体系的"杂糅性""模糊性"特征。选择民间信仰的概念是想将民间信仰放置在中国本土的实践中来观察其宗教社会学的意义。民间信仰从分类上说，大致可以概括为，神灵信仰、祖先信仰、圣贤信仰、师长信仰、英雄信仰等。当然，随着社会的发展，信仰的内容也在不断延伸和拓展。这些杂糅性、包容性信仰实践，在满足直接物质需求的同时，具有回应精神需要的特性。就其功能来说，往往被概括为心理调适、道德约束、群体凝聚、社会整合和促进经济发展等。

其实，民间信仰更为重要的是文化社会化的功能，即整合社区、教化民众、心理抚慰、文化传承等。选择以庙会文化实践为代表的民间信仰来考察宗教的社会化途径，是因为庙会实践就是中国信仰文化的"根文化"、信仰社会化的空间，是民间信仰方式的体现。周公庙会集中体现了民间信仰与地方文化的融合，也体现了传统习俗被不断增添新文化元素的文化教化的过程。宗教文化的社会化是宗教文化传递的重要功能。在以往的研究中，宗教文化往往忽略了作为中国本土文化庙会活动的经验。在这里，本部分将以庙会为例，观察其社会化功能，从中体会传统宗教"游移现象"的不同类型。

一 传统宗教文化的社会价值：社会化与传统宗教文化实践

人的社会化既需要一定的生物基础，也离不开一定的社会条件。生物基础包括人类特有的语言能力、思维能力、学习能力和较长的依赖生活期。社会化的社会条件包括家庭、同伴群体、学校、单位、社区、阶层等，它们在社会化过程中履行着相同或不同的社会功能。此外，媒体也是社会化的重要机制。宗教文化实践是社会化的组成部分。它一方面传递宗教文化，另一方面又在不断地生产培育宗教文化。在现代社会中，随着大众传播的日益发达，宗教文化领域的社会化表现出传播内容的多样性、表现形式的复杂性和社会影响的深远性等特征。

（一）背景：社会化理论与宗教文化的社会化

宗教文化是如何获得的，宗教认同是如何形成的，宗教行为是如何发生的？这些当然都离不开社会环境系统的影响。正是相关社会系统的支持使得作为社会成员的个体逐渐获得了相关的知识及其实践本领，并在日常生活中不断巩固这种认同，学习新知识，并开展相关的实践活动。这里就涉及一个宗教文化的社会化议题。

1. 社会学的观点

社会化是社会文化内化的过程，是自然人通过学习、模仿和扮演成为社会人的过程。社会化包括许多方面，其中技能知识、角色期待、道德政治、自我人格、信仰规范等都是社会化的重要内容。在社会化过程中，人们通过学习生活习俗、延续文化价值、理解社会规范和内化制度要求等完成人的认知和行为能力培育以及人格的成长。人们关于宗教文化的学习、行为的培养、角色的扮演是在宗教社会化的过程中逐步完成的。

社会化的载体指的是有重要意义的社会化过程中实践社会化的那些群体或社会背景。家庭被称为社会化的摇篮，其他社会化中介有学校、同龄群体、阶层、社区、组织、工作场所、媒体等。此外，还有老年社会化，即作为终身社会化的继续社会化。社会化贯穿人的全生命周期，社会化的关键是个体与个体、个体与群体、群体与群体的社会互动，在互动的过程中，人们不断地学习与领悟社会规范、价值理念和行为方式，扮演、实践和承担社会角色，建立人际关系和社会支持。民间信仰活动也正是在这样的社会化进程中熏陶养成的。

社会互动论的解释。人与人之间的互动是通过符号以及对于意义的解释而发生的。处于符号互动层次上的人类群体生活是一种涉及面很广的过程，并以此获得生活和生命的能力和意义。① 在人的社会化过程中，通过赋予符号意义的互动，身处其中的社会结构持续地被生产以及再生产出来。人的社会化成为建构社会结构的重要机制，社会制度、社会文化、习俗、价值观等通过社会化过程得以延续。这一研究成果告诉我们，社会互动的过程其实也是符号互动的过程。在一定的社会结构和社会情景中，人们通过彼此之间的多元、多维度互动获取知识、技能和价值等。民间信仰活动就是透过不同的仪式过程、日常生活、风俗习惯，学习和培养相关的知识，培育和巩固特定的文化认同，选择和实践相关的行为。

2. 宗教学中的社会化观点

中国传统文化中宗教文化的社会化需要从宗教的社会功能角度来理解，尤其是它所具有的社会治理、教化百姓方面的功能不可忽视。这就是贯穿中国文化始终的神道设教的思想传统。从历史上看，神道本身是用来教化百姓的，圣人的作用就是利用神道来设教，以治理天下。因而可以看出，神道设教强调的是宗教的人文化倾向，它着眼的是宗教的教化作用。② 在当代，宗教的社会功能也随着社会的变迁而发生流变，但教化功能却是不曾改变的。

宗教的教化功能。民间信仰活动尽管随着社会的变迁发生了较大的变化，但即便是现在，在社区中依然具有较强的影响力。许多民间习俗都同宗教信仰/民间信仰有着密切的联系。民间信仰是融于社会日常生活之中的。如白水仓颉的传说、神话与当地现实、人们的认同紧密结合。仓颉生于白水、葬于白水、为官于白水，白水有仓颉造字的遗存，当地人认为他们是仓颉的子孙。在当地人心目中，仓颉已由人而成为神，能够护佑当地民众。因

---

① 〔美〕赫伯特·布鲁默：《论符号互动论的方法论》，霍桂桓译，《国外社会学》1996年第4期。

② 王志跃：《从文化传统看中国宗教的人文化倾向》，《世界宗教研究》1995年第2期。

此，当地有"不信佛，不信道，只敬仓颉"的传统。在当地人的生活中，人们并不会说信仰、崇拜之类的词语，但仓颉的影响可谓处处可见，延续至今的当地习俗中，敬重老师、重视读书、喜好文化的传统浓厚，书法、美术、刺绣、戏曲等文化活动活跃。民间流传的仓颉故事中，多有奖善罚恶、为民除害、教化民众等。人们对仓颉的敬畏感，内化为道德约束力，外显为行为规范，在日常生活中显现出精神意义。

宗教社会化的治理。当代中国的宗教管理就是如何把宗教工作视为社会工作和群众工作来抓、来治理。宗教社会化的议题，可分两个层面加以理解。一是宗教社会化的乡土导向，主要是使宗教信仰落地，深入民间，发展或建构成为一个健康的社会子结构。[①] 二是中国民间信仰的社会期待，也就是如何做到有效回应部分群众的精神需求，使宗教信仰能够建构与社会主义社会相适应的价值体系。所谓"上接天线，下接地气"。宗教社会化是一个很重要的课题和值得关注的领域，针对宗教领域也需要积极有作为的治理。

（二）实践：宗教文化社会化的观察视域

1. 民间信仰的庙会

体现民众信仰同社会互动关系的庙会实践之所以吸引学界的广泛兴趣，最为重要的三点是：其一，研究者对庙会实践给人们和当前社会结构带来何种影响的问题意识，现代社会使时间压缩、行动变快，而思想的发展却滞后了，这是一种社会关怀；其二，"庙"的神圣性与"会"的社会性呈现了民众信仰与社会的互动关系，作为宗教社会学研究的核心议题，庙会实践是一个难得的题材，这是一种学术关怀；其三，信仰研究也存在"文化殖民"的倾向，在西方宗教学研究宗教等级论的影响下，一些发展中国家，包括中国的民间信仰活动被视为准宗教、迷信、巫术等。如何解构习以为常的宗教观，将民间信仰作为推进本土宗教学研究的突破口，这

---

① 李向平：《宗教与信仰的双重社会化——当代中国宗教—信仰的基本变迁》，《创新》2012年第3期。

是一种文明关怀。

对庙会实践的研究既要强调神圣性方面，也要强调社会性方面。以往的研究话语中隐含或显性地指出其"游移"的倾向，这种倾向如果站在信仰或宗教知识视角上观察就是一种"游移现象"的折射或反映。对庙会实践的研究，将丰富"游移现象"中民众信仰与社会等不同领域互动关系的研究，拓宽和深化传统宗教"游移现象"研究的领域。同时，在传统宗教"游移"视角下，揭示庙会实践的结构化过程、类型及其本质特征，能够更有效地观察在个人、家庭、家族区域、民族、国家坐标中庙会实践的功能与作用。透过对庙会实践的阐释，反思传统民间信仰研究理论范式的局限，提出具有解释力的关于民众信仰的概念、话语和理论。庙会是各地各种传统信仰模式形成、维持及延续的重要实践形式。

周至城隍庙会

凤翔炎帝之母——女登庙会

一个奶奶庙的视频在朋友圈广为流传。作者在文中提到，"每年的庙会是三月初一到十五，这15天会有超过100万人到现场去朝拜。在奶奶生日三月十五日那天，有13万人上山。半个月不到它能产生4000万元的流水。""奶奶庙的环境，只能说非常糟糕，但是香火非常旺。"如何看待这种现象，一时间网上讨论激烈，可谓"仁者见仁，智者见智"。作者对此有清晰的认识，那就是"民间文化其实还活着，且非常有生命力"[①]。这其实也是信仰

---

① 徐腾：《现在隆重介绍让我佩服得五体投地的一尊神仙》，一席，2017年8月6日。

社会化结果的反映。

2. 佛教夏令营

宗教文化的"社会化"意指宗教文化走出宗教团体或"内群体"与社会生活的贴近和融入，也是宗教文化介入社会生活和个体心灵的一种宗教文化"社会化"过程。比如，近年来盛行的佛学夏令营、禅修营等活动，河北赵县柏林禅寺主办的"生活禅夏令营"、湖北"黄梅禅文化夏令营"、福建广化寺的"福慧之旅"、庐山"禅茶会"、终南山的"佛子夏令营"、南京栖霞寺的"佛学营"等，① 属于有较大影响的实践活动。产生一定社会影响的佛教夏令营，往往形式多样，有不同年龄段的夏令营，有禅修、音乐、专业英语等不同主题的夏令营，有不同人群如居士、义工、企业高管夏令营，还有不同法门研修等夏令营。各种夏令营内容层次、时间长短不一，以丰富多彩的形式满足人们的需求。②

古观音禅寺亲子夏令营

佛教英语夏令营

3. 生活禅的推广

宗教与生活世界如何关联，又如何界定日常生活的价值？净慧法师和柏林禅寺就生活禅的推广给出了佛门的回答。柏林禅寺是对现代社会持开放性态度的一个典型，早在 1992～1993 年便提出生活禅。生活禅是把日常生活审美化、伦理化，它以非常现象学的方式描述禅，在日常

---

① 包胜勇：《世俗化或大众化——宗教如何应对现代化》，http：//www. mzb. com. cn/html/report/217094 - 1. htm。

② 吴言生：《佛门为何致青春？佛教夏令营现象之我见》，凤凰佛教，2016 年 8 月 12 日。

生活中体验如诗如画的真善美，进入禅的状态。在这个意义上，出世的苦行便没有必要了。日常生活被赋予了宗教的意义，禅是个体用意识和审美体验到的现实。更进一步，日常生活的价值和目标被交还给每个个体，表达出强烈的自我规训："只要你每时每刻观照自心，每时每刻观照当下，就能够把修行落实于当下。"通过对当下的思想保持反省性的关注，信仰的原则得以贯彻，对当下的强调，又使得日常状态掌握在主体的身体、意识和行动之中，克服了意义系统的断裂。另外，这种禅法取自祖师禅，对传统的记忆也赋予了它宗教的价值。[①] 至 2019 年，柏林禅寺已举办了二十九届生活禅夏令营。在夏令营中，通过组织讲座、分组讨论、对谈、小参等活动，向来自各地的营员讲授佛教文化，使其体验生活禅。

禅文化夏令营

夏令营

4. 佛化婚礼

"佛化婚礼百年合，菩提眷属合家喜。"2018 年元旦清晨，来自澳洲、菲律宾以及两岸三地的近 200 对菩提眷属和 60 对新人，偕同 2000 多位亲友，共同在佛光山佛陀纪念馆，见证爱情的喜悦与坚贞。2018 年 1 月 1 日，由象征祝福与传承的小天星幼儿园孩童担任可爱花童，引领盛装打扮的新人礼佛入席，在佛前缔结良缘、共结连理。

---

① 汲喆：《回到日常与重建当下——禅宗与现代人的自我建构》，http://www.ihss.pku.edu.cn/about/index.aspx？nodeid＝20&page＝ContentPage&contentid＝617。

佛光山寺佛教婚礼

佛光山寺住持心保和尚带领新人在三宝座前宣誓，承诺彼此真心相爱、相互照顾、相互携手及永不变心。随后宣读结婚证书及星云大师《佛化婚礼暨菩提眷属祈愿文》，勉励新人秉持"家庭和慈应从佛化，眷属爱敬端赖同心"的信念，用尊重、包容与体谅，携手迈向新的人生旅途，共谱人生新乐章。近200对菩提眷属代表宣读《菩提眷属誓愿文》，在佛前发愿互敬互谅、爱家护教，共同成就佛道。其中有4对是结婚超过60年的"钻石婚"，历久弥坚的感情，让现场逾2000名亲友见证情比金坚的幸福是真实存在的。①

5. 民间习俗

民间流传下来的一些习俗其实同佛教的传统密切相关。修寺建庙、烧香拜佛成为民间较为普遍的风气，并因此在一些地区出现了"家家观世音，户户阿弥陀佛"的盛况。现在，一些寺院每逢佛教节日都会向社会开放。"赶庙会"是重要的民间习俗，人们三两成群拜佛诵经，祈求消灾免难，祈求保佑。由此形成的庙会和集贸活动、文化娱乐结合在一起，发挥了特殊的经济和文化功能。② 这种观念及习俗延续至今，影响深远。

扫墓。佛教纪念逝者，寄托哀思，常以扫佛塔来表示。这种方式也逐渐被民间所仿效。我国传统的祭祖活动是在祠堂宗庙里进行的，后来也出现了

---

① 《台湾佛光山佛化婚礼　星云大师为60对新人送祝福》，凤凰佛教，2018年1月2日。

② 方立天：《谈谈佛教与中国民俗》，《华夏文化》1994年第1期。

现代社会

现代社会众生，生活节奏紧张、竞争压力大，烦恼业力厚重，贪欲横流，而资源日益枯竭，环境日趋劣下。净土念佛法门成为他们最宜普及修习的法门。无论在家出家，无论学生老师、士农工商，学习紧张时，工作压力时，成功时，失意时，工间休息时，早晚睡眠时，时时可念佛片刻，净化心灵缓解压力，熏修改变性格习气，辅疗身心疾患，提升智慧等。心净国土净，娑婆世界本是众生众业所感而成。而佛法净土信仰，众生皈依佛陀之教导，在生按净业三福、五戒十善，环保素食，六度万行等准则妙法提升、改造自己的心性品格，从而净化社会风气，为精神文明，为建设和谐社会做出贡献。有法师提倡所谓"人间佛教"，而实际净土法门即是末法时代最好的"人间佛教"！佛法以出世心，行入世事耳。所谓家家阿弥陀，户户观世音是也。

敦煌雷音寺展板介绍佛教文化

扫墓活动。时至今日，人们仍沿袭这一习俗，怀念亲朋，祭奠先烈。清明时节扫墓成为一种普遍的民间风气。[1] 清明节的复兴和法定假日化，为上坟扫墓和祭祖之类的民俗提供了不容置疑的合法性，使得"慎终追远"的中国传统价值观有了可靠的传承依托。同时，将清明时节作为法定节假日，这使得各地对"烈士"的公祭有了必要性的依据。清明为烈士扫墓固然是革命话语体系的一部分，同时又有传统民俗文化的依据。除了和祖先的交流，清明墓祭仪式旨在增强子孙们彼此之间的亲睦关系，非常引人注目。技术进步促使"网祭"成为一种发展趋势，"国内首个清明网祭平台"引起了社会各界的广泛关注。这一形式已得到民政部门的提倡，被认为是绿色和文明的祭扫方式。[2] 在传统与新式扫墓活动中往往也能折射出佛教文化的痕迹。

---

[1] 方立天：《谈谈佛教与中国民俗》，《华夏文化》1994 年第 1 期。

[2] 周星：《从"亡灵"到"祖灵"或"英灵"：清明墓祭的文化逻辑》，《云南师范大学学报》（哲学社会科学版）2017 年第 2 期。

网祭平台

孝道。在传统及现代社会，孝道是维护社会伦理的重要形式。孝道承载的是知恩报恩思想，以此为基础，发挥教化天下、敦化风俗的功能。儒者服劳奉养以安其亲，孝也。立身行道，扬名于后世以显其亲，大孝也。①

中华慈孝文化节暨浙江省宗教界开展"传承慈孝·五教同行"活动启动仪式在浙江杭州举行。②"百善孝为先，'孝'是中华民族传统美德，也是中华传统文化的基础与核心。"中国佛教协会副秘书长、杭州灵隐寺住持释光泉表示，随着中国社会进入快速转型期，"孝"存在被淡漠、无视的现状。呼吁孝道回归，唤起民众的拳拳孝心，这正是举办此次活动的目的。中国佛教协会副会长释心澄认为，佛教对弘扬中国传统的孝亲文化发挥着积极作用，其中"孝"文化作为海外华人最具认同感的传统美德，更应该受到重视和弘扬，彰显其应有的伦理功能。希望此次活动能够以中华传统文化为纽带，增进海内外华人的血脉情深和文化认同。③

盂兰盆会。佛教盂兰盆会被认为是社会表达孝道的特殊符号。唐代，人们通常按佛教说法称"鬼节"为"盂兰盆"，并将僧侣、世俗人民与祖先的利益系于这一每年更新的节日中。鬼节还能帮助改善僧侣和世俗人民之间的

---

① 《增广印光法师文钞·佛教以孝为本论》。
② 《中华慈孝文化节在杭州启幕　传承孝道"正能量"》，中国新闻网，2017 年 9 月 6 日。
③ 《中华慈孝文化节在杭州启幕　传承孝道"正能量"》，中国新闻网，2017 年 9 月 6 日。

苏氏宗亲祭祀苏武　　　　　　　郭氏宗亲祭祀郭子仪

关系，并形成一种良好的利益循环。让僧侣为死去的亡灵超度这一做法不仅让人们认可了僧人的生活，还将他们置于世俗生活的核心。鬼节时，为了使祖先获救，僧众的参与不可或缺。①

2016 年 8 月 17 日，适逢农历七月十五佛欢喜日，中国佛教协会直属寺院北京广济寺隆重举行盂兰盆节施放瑜伽焰口法会。首都佛教信众近千人参加法会，共同诵经回向，祈请三宝慈光加被现世父母安康吉祥，历代宗亲往生净土。农历七月十五"盂兰盆节"，又称中元节、十方僧众自恣日、十方诸佛欢喜日，是纪念目犍连尊者供养安居众僧、救母于倒悬的佛教节日。盂兰盆节可谓孝亲报恩节，在这一天举行盂兰盆会诵经施食，体现了佛教重视孝亲报恩、慎终追远的精神内涵。②

养生。健康涉及身体和心理的良好状态。随着现代生活节奏的加快，人们对放松身心提出了新的要求。于是，宗教文化同人们对健康的追求发生了密切的关联。说到养生，其往往包含养心与养身、修心与修身，这一思想和行动的产生同佛教、道教文化有着很深的关系。养生既是身体的修炼，也是心理的修炼。③ 佛教文化实践在修身养性方面有针对性的传播，使得社会上流行起禅修等宗教文化同社会需求相适应的现象。

①　〔美〕太史文：《中国中世纪的鬼节》，侯旭东译，上海人民出版社，2016。

②　《中国佛教协会直属寺院北京广济寺举行 2016 年盂兰盆节法会》，中国佛教协会，2018 年 8 月 18 日。

③　《养心修心是养生之本（下）》，本性法师的博客，http://blog.ifeng.co。

盂兰盆法会

茅山首届"开启幸福养生行修班"

6. 临终关怀

对于病患的看护以及临终者的关怀，是现代宗教文化重要的关注面向和社会服务项目。现代社会人病重时，可能都会住进医院，接受专业的医护照料。但在病危弥留之际，患者本人及其亲属都会陷入恐慌、焦急、悲苦、无奈的情绪中。此时，有些人期望获得宗教信仰和宗教精神的照顾。中国的净土念佛法门，不仅能够做临终时的助念关怀，也能够做死亡后的诵念超度。①

慈善是佛教文化倡导的思想，其也需要关注临终的脆弱人群。临终关怀已是现代宗教机构重要的服务项目。2019 年 8 月 3 日，第四届普觉文化"2019 佛教与生命教育"学术交流大会在广州市大佛寺召开。大会从"生死学""安宁疗护""终极关怀"三个角度展开研讨。近年来，大佛寺在广州率先开展生命教育和临终关怀，开办了癌症康复营，安抚和慰藉濒死病患，参与的学员在精神状态改善度、抗癌信心增加度、心态调适度及参与身心感受度等方面均有较多收获和成效。②

广东省梅州市兴宁慈光安养院

7. 各类"佛系"现象

2017 年"佛系"成了网络热词。网络上铺天盖地都是佛系话语，一时

---

①　释圣严：《佛教在二十一世纪的社会功能及其修行观念》，《法音》2003 年第 6 期。

②　《共同生死：2019 佛教与生命教育学术交流大会在广州召开》，凤凰网华人佛教，2019 年 8 月 3 日。

间冒出了"佛系购物""佛系少女""佛系恋爱",还有"佛系学生""佛系员工""佛系家长""佛系打车""佛系官员"等。①"佛系"集中了现代社会的某些特点,经由这些而产生种种淡然、无所谓、不在乎、超脱、无为等精神状态和处世态度。中国佛教协会副会长静波法师认为:"这跟佛教的真正认知是有距离的。"比如说,佛教提倡四个"它"——面对它、接受它、处理它、放下它,不会逃避现实。佛教也提倡"放下",放下不是放弃,随缘不可以随便,圆融不是圆滑,负责不是负担。要面对现实,认真负责,成就自己,利益众生。这才是佛教中道圆融的态度。佛教确确实实与佛系有着非常大的差异。②

8. 祖先祭祀

清明节是中华民族的传统节日,是慎终追远、感恩先祖的节日。清明节在黄帝陵公祭轩辕黄帝是中华民族的传统盛事,是坚守中华文化立场、传承中华文化基因、增强文化自信,不忘初心、不忘本根的民族盛典。每年清明节,陕西省都会举行清明公祭轩辕黄帝典礼,共同祭奠人文始祖轩辕黄帝。2017年公祭活动的主题是"溯源、寻根、凝心、铸魂",这一祭祖活动也是透过庄严的仪式怀念始祖恩德,凝聚华人血脉,祝愿华夏昌盛。③

黄帝陵

---

① 徐小跃:《"佛系"是伪佛:中国传统文化如何消解佛系》,《探索与争鸣》2018 年第 4 期。

② 静波:《"佛系"和佛教啥关系?》,凤凰佛教,2018 年 3 月 5 日。

③ 刘莹:《溯源、寻根、凝心、铸魂——戊戌(2018)年清明公祭轩辕黄帝典礼侧记》,《台声》2018 年第 9 期。

二 实地考察：周公庙会

延续千年的庙会文化及其实践是深具中国本土特色的信仰崇拜活动，它将儒释道宗教信仰的系统性、祖先神灵等崇拜的多元性、中华乡土文化的代表性开放、包容地有机整合，展现出中国传统"根文化"的社会价值和影响。当前，各地庙会活动日趋活跃，既有区域性影响显赫的"城隍信仰"，也有庇护一方的"神灵"崇拜，既有官方组织的"祭祀大典"，也有引发舆论热议的民间造庙典型河北易县"奶奶庙"等。伴随弘扬传统文化、申遗、发展文化产业等发展趋势，周公庙会活动呈增长态势。

（一）庙会的基本形态

庙会实践于 20 世纪 80 年代开始恢复。在整体性"村各有庙，庙各有会"的背景下，各地庙会在规模、时间和影响等方面存在一定差异。但是，作为在地的民众信仰和宗教实践活动却有着深厚的社区基础和运作能力。随着人们生活水平提升、传统文化复兴、社区习俗延续、民间组织发展、文化产业催生、宗教文化生产和市场经济价值泛化，乡村庙会文化及其实践获得了前所未有的发展。其实践活动呈现多元主体性、多领域复杂性、多表征层次性和多取向互涉性等特征。庙会是民众信仰集中展演的平台，它不仅具有祭祀崇拜和宗教信仰的功能，也是商业市场、娱乐消费、人际交往等社会活动的重要场所。作为体现本土特征的庙会实践反映、折射和建构了社区文化在崇拜与信仰间的某种"空间性""模糊性""转化性"，反映了宗教神圣性与社会性的互涉、互嵌和互构关系。

庙会形态多种多样，在不同的取向和视角下会有不同的分类标准和结果。如果从更加抽象的层面看，体现人神关系的神本信仰和人本信仰是两个核心类型。如果跳出具体仪式，透过脉络的梳理，根据信仰对象的不同，庙会的类型可分为五大类，即神灵崇拜、祖先崇拜、圣贤崇拜、师长崇拜和英雄崇拜。不同类型的庙会实践具有不同的特征，对社会的影响和作用也会有所不同。神灵崇拜是民众对"天"的敬畏，对异己力量的崇拜，相信神灵具有对人事、自然进行干预的神圣力量，这类崇拜表现出种类多、跨度大、能力强的特征，具有道德意义。祖先崇拜源于血缘关系，是家族、民族、国家认同的纽带，强调中国传统文化"孝"的伦理意义。圣贤崇拜以立德、立功、立言为标准，在传统社会中，圣贤被纳入国家正祀，以道德教化民众。在现代社会中，圣贤的思想言行如周公、孔子等被赋予了新的诠释，体现人性的向善，具有了新的时代意义。师长崇拜体现了对师长、长辈的"敬"，对师长感恩理念的认同与延续。英雄崇拜则最具特色，体现了民众的自主选择性，为自己认可的英雄即"有功于民者"建庙，烧香、磕头、祈祷，英雄人物既有古代人物，也有现代人物，他们不仅能力超群，更重要的是能够体恤民情、了解人间冷暖。不同的崇拜对象回应了民众在物质、精神方面的不同需求。崇拜体系的建构满足了民众不同取向、层次、类别的信仰需求。因此，也不难理解为何庙会在民众中具有如此强大的生命力。

庙会是"庙"与"会"合为一体的产物。庙会实践是"庙"与"会"在社会运行中的一种整合，"庙"作为神圣空间，供奉神或神性物，举行仪式、沟通关系、满足需求，彰显宗教文化的神圣性；"会"则体现了宗教文化的社会性，表现为信仰观念的信条化、规范化，信仰实践的组织性、制度性，以及信仰生活的商业化、娱乐化等。庙会是"庙"的神圣性与"会"的社会性一体两面呈现的过程与结果。从庙会实践的主体看，在某种意义上说，它是宗教文化与社会互动的典型表现形式，从庙会发生发展的历程上看，它也属于一种传统宗教"游移现象"。

庙会实践是民众信仰观念、信仰情感、信仰体验的外在表现形式，人神关系、人人关系的集中表达。首先，这里强调了人—神与人—人的关系，这不是没有意义的。因为，后者往往被忽视了，不妨看看具体的实践活动。庙会会期从1天到10天不等，多为3天，依庙会规模大小而定。需要强调的是，会期也是具有社会性的，其时间的选择同人们的生产方式、生产活动密切相关，影响参与者的规模。庙会的举办，有固定地点，每年在同一地点举办，也有流动的，数村供奉同一神灵，每年轮流在其中一个村庄举行仪式，到时其他村庄都会来助兴。这也是社会性资源链接的体现，并非如人们想象的一样是必然的。它是由需要、条件的支持或限制而发展为习以为常、理所当然的现状的。每个庙会都有隆重的祭神仪式，一般可分为接神、安神、谢神等几个程序。根据庙委会的安排确定主持祭神仪式，多数庙会还会邀请民间会社前来祭神、念经等。有的庙会在过会期间，区域内各家摆设神位贡品，接神灵的到来。庙会并不是中国式的狂欢，而是突破平日的社会结构、社会角色、社会等级，表现为一种平等、自由的交往关系，感恩报恩的心理，轻松、愉悦的心情，热闹、融洽的节日气氛。庙会期间，主办方会广发邀请函，邀请全县各乡镇、单位，及鼓乐社、会社、戏剧团等前来助兴。这些单位、团体的祝贺，使得庙会热闹非凡。

庙会也是当地的物资交流大会，庙会期间商家摆摊设点，生意兴隆。在当地娱乐活动集中的场所，影响力大的庙会，可以连唱几天大戏。因此，往往根据剧团的等级、排戏的天数可判断庙会的影响力。随着时间的推移，庙会现已成为当地一年一度的盛会，部分庙会逐渐成熟发展，影响力和影响范围明显扩大，当地政府对此也采取了相应的措施，在庙会期间，相关部门会派人到庙会现场值班，确保庙会的正常进行。庙会实践的表达方式，有对传统的延续，也有对现实需求的回应，这就需要以更加灵活的方式对形式进行创新。

文化是民众社会生产、生活的产物，与当地的自然资源和人文资源息息相关。在历史发展过程中，文化与人处于不断互动、互构之中，既有文化对人的塑造，也有人对文化的解构与建构，体现了人的能动性、文化的规定性与社会发展之间的关系。庙会文化历史悠久，不仅体现着不同文化、民族、地域等特色，也承载了对传统文化的延续与创新。在庙会实践中，人们看到庙宇供奉的神灵五花八门，道教的祖师、佛教的佛菩萨、儒教的孔子往往同处一庙，自然神种类繁多，由人成神的现象屡见不鲜，甚至现代人物也能享受香火供奉。庙会的仪式并不完全由某个特定的教派按照其教义和仪轨举办，而是依照民间信仰"规则"进行重组，同时，不排斥其他信仰的人士参与。这种现象可以说是"天人合一""天人感应""众生平等""心诚则灵""因果报应""生死轮回"等传统文化理念的现代实践，也是传统祭祀文化的延续。庙会的表现形式显示着传统的差异、地域的不同。但是，信仰的本质彰显着中国式宗教文化的共性。

（二）周公庙会

周公及其崇拜活动不仅是地方文化也是民族文化认同的标志之一。周公庙也因此成为传承国人敬天法祖基本观念、建构精神家园、维护社会秩序的重要象征。如今，周公庙会已经演变成集儒家文化、佛教、道教、民间信仰于一体的实践空间，成为人们思考人生、祈福生活的公共平台。庆幸东方文明建构了这样一个杂糅的信仰系统，它实现了包容性与庞杂性兼顾、神圣性与世俗性一体、稳定性与发展性并存。周公庙会及其实践反映了中国民间信仰历久弥新"根文化"的鲜活特色。

1. 基本形态

（1）周公其人

周公旦者，周武王弟也。《集解》谯周曰："以太王所居周地位其采邑，而谓周公。"《索隐》：周，地名，在岐山之阳，本太王所居，后以为周公之采邑，故曰周公，即今之扶风雍东北故周城是也。

《尚书》载周公摄政，一年救乱，二年克殷，三年践奄，四年建候卫，五年营成周，六年制礼作乐，七年致政成王。① 正是因为周公具有非同一般的社会影响和社会地位，杨向奎先生认为："没有周公不会有武王灭殷后的一统天下；没有周公不会有传世的礼乐文明；没有周公就没有儒家的历史渊源；没有儒家，中国传统的文明可能是另一种精神状态。"② 陈来先生提出，"周公在早期中国文化发展的历史上扮演了一个决定性的克里斯马角色。周公的历史重要性和贡献，不仅在于传统的制礼作乐，周公的贡献实是在于他的思想。"③ 许倬云先生提出，"周以蕞尔小邦而能克商，刺激周人追寻历史性的

---

① 许启贤：《周公是中国第一位伦理思想家》，《道德与文明》2003 年第 2 期。
② 杨向奎：《宗周社会与礼乐文明》，人民出版社，1997。
③ 陈来：《古代宗教与伦理：儒家思想的根源》，生活·读书·新知三联书店，1996。

解释，遂结合可能确曾有过的事实以及商人中知识分子已萌生的若干新观念，合而发展为一套天命靡常惟德是亲的历史观及政治观。这一套新哲学，安定了当时的政治秩序，引导了有周一代的政治行为，也开启了人道精神及道德主义的政治传统。"① 当地人传说周公去世后，人们便建祠祭祀。周公庙自此而始，但后屡经战乱而不存。史料记载唐高祖李渊下诏建周公祠，此后进入国家正式祭祀体系，祭祀活动也逐渐制度化、规范化。虽经变迁，周公庙作为民族、国家精神象征之一，一直留存。即便在朝代更替、庙宇衰败之时，也不断受到仁人志士的保护、修葺，足见周公在民众中影响力之深厚。

（2）周公庙景区空间结构

岐山周公庙位于陕西省岐山县城西北方的凤凰山南麓，因其背靠凤鸣岗，东、西、北三面环山，唯南边与平地相接，形似簸箕状，如倒凹字，《诗经》载"有卷者阿"，故称"卷阿"即弯曲的大陵。现在的周公庙景区包括周公庙古建筑群和凤凰山风景名胜区，占地面积 1000 余亩。《国语》曰：周之兴也，鸑鷟鸣于岐山。将周公庙建于此地，无疑具有神圣之意。

2006 年周公庙被国务院确定为第六批全国重点文物保护单位，2011 年被评为国家 AA 级旅游景区。周公庙古建筑群依山而建，为中轴线对称布局。走进大门，便是一条绿树掩映的大道，由南至北。在道路左侧有一戏楼，维续前行迎面可见一乐楼。

乐楼北面即是主庙区，依次为周公塑像八卦亭、周公史迹展厅、周公殿、召公殿、召公史迹展厅、太公殿、太公史迹展厅、姜嫄殿等。八卦亭意在纪念周公作爻辞。周公殿是主殿，殿左侧为召公殿，右侧为太公殿，以配周公。其后，为姜嫄殿，为纪念周部族始母姜嫄而建。《史记·周本纪第四》载："周后稷，名弃。其母有邰氏女，曰姜嫄。"旁为后稷殿，以纪念周部族先祖后稷。这一建筑格局被当地人称为"姜嫄背子抱孙"。这部分为周公庙核心建筑群，以纪念周公及其祖先为主。中轴线后右侧的建筑群，主要有郊媒殿，道教的三清祠、玉皇殿、吕祖洞、八仙洞等，佛教的观音殿、

---

① 许倬云：《西周史：增补二版》，生活·读书·新知三联书店，2018。

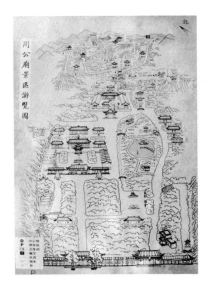

周公庙景区图   "赶会"的民众在景区
大门口休息

普贤殿等，以及民间信仰的三霄殿、黄飞虎塑像等，数内塑像、壁画、香炉及功德箱等设施齐全。

周公白玉像   观音殿

从建筑布局可以看到，周公庙以儒教为主，佛教、道教及民间信仰为辅，是多元信仰建筑共存于同一空间之中的建筑群。与主建筑群交相呼应的还有：庙区东北角的碑亭、山门旁的千年古柏、殿堂墙壁上"离雅奇古"的乐山名画、"点划奇异"的云房仙笔、润德泉，以及莲花池、老龙泉、召伯甘常图碑和殿堂前树上挂满的祈福红布条等。现在所见周公庙的亭台楼阁、碑池泉树等皆是历经数代逐渐修建而成的。建筑是历史的符号，形象地记载了周公庙的沧桑与变迁。

　　周公庙大门东侧为近年新建的文化广场，建有哪吒殿和大成殿，哪吒像为中国台湾桃园护国宫所赠。广场南端有一戏楼，东西戏楼相互呼应，这也是当年庙会时唱对台戏的地方。广场一端布置有周文化、当地饮食文化等不同主题的展板。景区大门外有一些商铺，以当地美食、特产招揽游客，主要有面皮、凉粉、蜂蜜粽子，以及油糕、麻花、稠酒等。与多年前相比，如今，周公庙附近已建成具有一定规模的民俗村，被称为"陕西民俗第一村"。村内的"农家乐"家家相连，吸引了来自各地的游客，已成为当地特色经济的重要象征。

西岐民俗村

景区门前的当地小吃

　　从岐山县城到周公庙也很方便，在县城乘坐 1 路公交车，投币 2 元，20多分钟即可到达。

　　（3）庙会的仪式

　　庙会常被认为是"底层民众"的信仰表达，世俗性、功利性色彩浓厚，与村落日常生活、地方社会联系紧密。其实，这是对庙会的片面理解。庙会并不仅仅是普通民众的信仰，在传统社会，周公祭祀是由当地精英主持的仪式活动。在现代社会中，原有的祭祀活动所依托的儒家体系虽已不复存在，但活动的组织者仍为精英阶层。现代祭祀是由多方合作共同主持的活动。尤其在外来资本进入后，呈现新的特点，表现为更注重仪式表演的效果、宣传的效益。同时，为规划中的立体发展奠定了基础。

周公庙会根据不同的需求和时事会有不同的改变，但其基本内容变化不大。丁酉年（2017）周公庙景区组织的庙会活动包括：周三公阁——拜三公、祈福、祈运、祈平安；姜嫄殿——拜姜嫄圣母、祈子、还愿；郊媒殿——拜郊媒、结良缘、合婚姻；玉石洞——摸玉石爷，祛病消灾；魁星楼——魁星点斗、求学业；凤凰山——登高转运求吉祥、踏青游乐赏花；景区东戏楼广场、景区门前东侧美食街道——品味西府特色美食等。庙会活动的主要内容是祈福消灾、娱乐消遣等。

庙会中的庙和会具有不同功能，"庙"表达人与超越世界的关系，"会"是人与人的关系，合起来是杂糅的关系。从周公庙发展的脉络可以发现，从最早建立周公祠、对周公的祭祀，到后世逐渐建立的姜郊媒殿、观音殿、普贤殿等，皆是后代依据当时的情境而设立的。现在留存的这些佛教、道教以及民间信仰活动，与个体的生命历程紧密相关，主要为运气、婚姻、子女、健康、平安、学业等。这也是庙会的"庙"的主要社会功能所在。人们烧香磕头之后，便可得"诸神护佑"了。

庙会的仪式其实是一种外在的形式。人与超越世界的关系可以借助庙会仪式活动强化沟通，或更灵验。但并不会因庙会形式的有无，而削减人与超越世界的互动。但庙会期间人与人的关系则会受到庙会活动有无的影响和制约，尤其对于非信众更是如此。庙会的"会"，是人们热衷的社会活动。往年周公庙会期间，摊点林立、人群拥挤，饮食区聚集了岐山美食，臊子面、炸油糕、炸麻花、蜂蜜凉粽子、凉粉等，还有各种其他地方小吃，吆喝声此起彼伏。小商品区有日用品、床单、被罩、衣服等，还有艺术品，剪纸、刺绣挂坠、宝剑等。物资匮乏时期，周公庙会也会组织物资交流大会，各地商贾云集，人们也借此购买各种商品。现在物资丰富、购买方便，但是庙会上的游乐很好地满足了人们的精神与物质需求。这期间也是亲朋好友欢聚的日子，许愿、还愿、赶会、聚会，热闹非凡。当地流传的民谣显现着人神互惠的关系及情感："人敬神诚心一片，神佑人世代连绵。敬周公、祭圣母，家安居保平安人长寿……""会"将民间信仰的价值观融于生活，在轻松自在的氛围中，扎根于信众的思维与行为之中。2018年周公庙会期间并没有像以往一样组织活动，庙里的人看起来也不多，信众祭祀之后，休息一会儿，很快就离开了。在庙会场所停留的时间虽有长有短，但心灵信仰崇拜是不会改变的，依然同昔日一样，一样的行为，一样的过程，一样的虔诚。

参加庙会的当地民众

（4）庙会的公众参与

周公庙会属于流传至今的传统民间信仰实践活动。"国之大事，在祀与戎。"在传统社会中，周公祭祀既是国之公祭，又是民之祭。国家祀典体系中的祭祀活动，是古代中国信仰体系的重要组成部分和中国传统文化的表现形式之一。"若认为祖先崇拜、灶神崇拜、门神崇拜、圣贤祠庙等，都是杂乱无章的'弥散性宗教'，则根本没有理解中国民间宗教的实质，和它们在中国文化体系中的位置，而只是根据一些表面的现象做出的理论归纳。"① 至于民间为什么会不断出现新的神，这是国人爱造神吗？是一种非理性活动吗？其实不然，"祀以为神"是上古传统。"有功烈于民"，应予祭祀的圣帝明王，诸如尧、舜、禹、黄帝、颛顼、契、汤、文王、武王等。"及夫日月星辰，民所瞻仰也；山林、川答、丘陵，民所取用也。非此族也，不在祭

---

① 吴飞：《从祀典到弥散性宗教》，载李四龙主编《人文宗教研究》（第三辑），宗教文化出版社，2013。

典。"祭祀是中国历代王朝政治制度、宗教制度的重要组成部分，具有政治文化认同的功能，为历代统治者所重视。国家与民间的互动关系，促进了信仰崇拜实践在民间的发展。因此，周公祭祀在民间具有深厚的根基。

国家祭典体系与民间信仰始终存在着互动关系。实际上，二者之间的关系更为复杂。在周公庙内看到的建筑，深深地刻着时代的烙印。周公殿左右的召公殿、太公殿为宋代所修建，以配周公，元代增建了姜嫄殿，以祭祀姜嫄，明代增建了后稷祠、郊媒祠等儒教祭祀体系中的人物、神灵等。不断增加的祠殿，代表着不同时代的信仰需求。开始的圣贤崇拜逐渐扩展为祖先崇拜、师长崇拜等融合性崇拜，以及道教、佛教的菩萨神仙崇拜，吸引了更多参与庙会的民众。

前来参加庙会的信众，一般会买些香、黄表纸、纸元宝等，也有人会买鞭炮，特别是来还愿的还要带来被面，上布施等。在周公庙大门口，卖香火的商摊一字排开，卖家站在路上，不断向行人兜售，有人在门口买上所需的香火，有人犹豫后还是决定在庙里请。在庙内指定地点，信众拿出黄表纸、纸元宝烧的时候，嘴里还念念有词。一位妇女向旁人说道："这是给神烧的，保佑全家人平安！"另一位妇女说："把经念上！""念啥经？""上香经！"在周公的白玉像前，没有烧香、烧纸的地方也没有功德箱、拜垫。但是，虔诚的信众还是在周公白玉像前跪拜磕头，在栏杆内放人民币，还有人将被面放到雕像的脚下。周公殿、召公殿、太公殿前的香炉香烟缭绕，树上缠满祈福的红布条。熟人相互之间打招呼还要强调，"把礼敬到，挨个神敬到，就算是把周公庙走到了！"

2. 庙会的组织

（1）周公庙的历史沿革

看周公庙的兴衰变化、更替循环，犹如四季：春季温暖，万物复苏；夏季热烈，欣欣向荣；秋季凉爽，硕果累累；冬季严寒，清冷沉寂，循环不止。据《汉书·平帝纪》载，元始元年（公元1年），"封周公后公孙相如为褒鲁侯，孔子后孔均为褒成侯，奉其祀"。周公和孔子，始列国家祀典。唐初，唐高祖李渊下诏，在国子学内建周公庙、孔子庙。武德七年（624）

烧香的信众　　　　　　　　　　　　还愿锦旗

李渊列周公庙、孔子庙行释礼，尊周公为先圣，以孔子为先师，配享孔子。据文献记载，岐山周公庙建于唐武德元年（618）。但 2004 年周公庙遗址考古发现，对此说法提出了疑问，认为该遗址"周公采邑说"的可能性似乎更大一些。① 目前，我们看到的周公庙历经多次修建，如清·张大楠《重修卷阿周公庙记》碑文记载，"元祐六年重修，金定兴五年重修，明德正统时。前后两修，……庙貌换新观，所以妥神灵，重祭典，至肃也。"1940年，岐山县为国民党天水行营主任程潜在庙内修建别墅一座。抗战胜利后，为胡宗南的军官学校和蚕桑学校所用。中华人民共和国成立之初，周公庙成为周公庙中学所在地。1964 年为岐山县档案馆所用。1983 年成立岐山县周公庙文物管理所，1992 年更名为岐山县周公庙管理所。② 在姜嫄殿的门口，几位老人在聊天，其中一位老人指着姜嫄殿说"以前我们的政治课就是在这上的。"近年，周公庙被划为陕西旅游集团公司岐山周文化景区的组成部分。周公庙四周、庙内景观以及庙会活动又将显现新的面貌。

　　虽在历史上经历过繁荣与衰败，起起落落，但周公庙及古庙会一直延续至今。今天，走在周公庙内，看到的乐楼、殿堂、碑刻等遗存尽管修建

①　徐天进：《周公庙遗址的考古所获及所思》，《文物》2006 年第 8 期。
②　冯翰文：《周公庙"文化名胜"古今谈》，宝鸡岐山县老科学技术教育工作者协会，2010；刘宏斌：《周公与周公庙》，三秦出版社，2005；郭周礼主编《周文化与周公庙》，陕西旅游出版社，2003。

的朝代不尽相同，建筑风格也各有差异，但是周公"以德配天，敬德保民"的理念、人格魅力和文化精神依然能激励后人，带来别具一格的感叹。

周公庙乐楼

周公圣水

（2）周公庙会的发展脉络

周公制礼作乐，奠定了中华民族的文化基础。唐武德元年（618），唐高祖李渊因周公"匡翊周邦，创设礼经，尤明典宪。启生人之耳目，穷法度之本源，化起二南，业隆八百，丰功茂德，冠於终古"，下诏建周公祠。据《重修卷阿碑记》载："尧舜禹汤文武之道孰承之，周公承之也。孔子之道孰传之，周公传之也。古往今来，人人心中有周公，故人人皆知敬周公。邑卷阿有周公庙盖因之采邑在此，故庙亦在此，祀周公旦也。追祀周公之先，故姜嫄后稷之庙亦在此。前代每岁春秋，地方官以三猪三羊致祀，国之公祭也。每岁三月十五日为会期，演戏致祭，民之祭也。"可见，周公庙祭祀古已有之，既有国家正祀，也活跃着民间祭祀活动。

随着社会变迁，周公庙会也发生了不小的变化。《岐山县志》载："周公庙会，始于唐代，规模之大，涉及陕、甘、宁、川、晋、豫诸省区。原会期三天，自农历三月十二日至十四日止。与会者每天数万人。大致分三种类型：求神祈子烧香者、从事商贾经营者、阅历世面者……庙内各神前，明灯蜡烛，钟磬交鸣，香烟缭绕，献供成堆，善男信女投香钱如雪片纷纷落下，念佛诵经声此起彼伏，站在蟾领坡上鸟瞰脚下，简直是人的汪洋大海，波涛鼎沸。举目远眺，几十路人流源源泄来，车水马龙，络绎不绝，场面之壮观，令人忘返。中华人民共和国成立后，人民政府为促进物资交流，利用此庙会，推而广之。会期延至 7 天。把一个香火会发展成规模宏大的物资交流会。"① 透过这些描述，至今仍可以感受到生动的民间信仰实践形象和民众力量，这也正是庙会作为中华民族"根文化"从未真正间断的深层原因。

进入 20 世纪 90 年代，在市场经济的刺激下，岐山县周公庙遗址文物管理处有效地利用庙会的群众集聚效应促进单位经济收益的增长。"文物管理单位均很看重每年一度的庙会活动，希望以此积累资金，搞活文管工作。"② 文物管理部门"颇善经营"，通过降低门票、邀请省内著名秦腔演员前来演出、提供摊位等，组织多项活动，吸引信众及游客于庙会时节前来拜祭、游玩。③ 近年来，集经济、社会、文化、生态、民间信仰等于一体的旅游文化产业更发展成市场主流。如今，陕西省已经将岐山周文化景区项目列为全省十大文化旅游景区重点项目。

2017 年的周公庙古庙会由陕西旅游集团公司岐山周文化景区主办。该庙会活动主要聚焦于拜三公祈平安、拜姜嫄祈子、拜郊媒祈良缘、摸玉石爷祛病消灾，以及魁星点斗求学业等。

2018 年，周公庙古庙会正赶上五一小长假，在庙会正日子之前来到这里。不曾想，2019 年景区暂停了延续多年的庙会。陕西旅游集团公司计划在 7 月 18 日周原京都项目开园时以文化节的名义举办规模更大、影响力更强的活动。这天，尽管没有举办常规的庙会仪式和其他大型活动，但是并没有减弱周边民众上香拜祭的热情和逛景区、凑热闹的冲动，也没有减少生意人经营挣钱的机会。庙会已经被打上了文化的记忆。这里三两成群的人流替代了人潮汹涌，虔诚清静的跪拜唱诵祈祷替代了拥挤的喧闹，周到的服务、

①　岐山县志编纂委员会：《岐山县志》，陕西人民出版社，1992。
②　赵德利、孙新峰：《关中西府庙会的调查与文化思考》，《民间文化论坛》2005 年第 6 期。
③　赵德利、孙新峰：《关中西府庙会的调查与文化思考》，《民间文化论坛》2005 年第 6 期。

耐心的挑选、稳当的品尝替代了热闹的吆喝和往日的匆忙。这时的周公庙更显得神圣而安静。

周公庙景区门口的商摊　　　　　　　周公庙景区内的商摊

（3）庙会的组织及传播

周公庙会扎根于民众的日常生活。其内涵既有制度性宗教形式下的组织形态，表现为有专业人士主持、正规的组织方式，有固定地点、仪式和规则等，又有乡村自有组织形式的庙会，一般以"会"为组织机构，以地域为单位界限，以各尽所能为物资来源，以时间节点为周期组织仪式，以事件为因组织临时性民间信仰活动。此外，随着社会变迁，也出现了文物部门主办、市场力量参与的新型庙会业态。三者之间的边界发生收缩、扩张的变化，是动态移动的过程。庙会体现神圣的世界与日常的世俗生活水乳交融，二者之间的沟通以"诚"为媒介，"心诚则灵"，打破了天人沟通的障碍，突破了世俗严格的等级界限，实现弥合制度、超越阶层，体现人性的平等。

庙会是古老、传统的民间信仰文化实践活动。庙会举办的时间、空间基本上延续传统，数千年不变。庙会能够举办，要有"庙"，要有"会"，还要有信众，有游客。有人讲，能够办起庙会的地方，就是民风好的地方，民风越好，庙会越大。仔细分析这番话，有其部分道理。大型庙会期间，每天来往人群达数万，杂而不乱井然有序。懂规矩讲规矩，也是庙会长盛不衰的原因。其实，庙会的实践何尝不是不断建构和维护社会秩序。

长期性、稳定性是庙会传播的基础。参与庙会者也是庙会文化的传播者。传统"人山人海"的庙会，以当地人为主，约定俗成，代际相传。精神需求与物质需求二者合一，是庙会不断发展的主要因素之一。庙会一般设在农闲时节，借此也可走亲访友、聚会欢悦、购物消费。做生意的人，消息更是灵通，哪里有会，哪里人多，就往哪去，游走于各大庙会之间。唱戏是庙会的重头戏，大型庙会资金雄厚，能够请大剧团的名角，吸引众人驻足观赏。庙会参与性强、经验性感知丰富，且属于重复性实践活动，参与者易于固化情感性的认知与认同，有利于庙会的进一步发展与传播。

有效的组织机构是庙会发展的保障。"卷阿会"是当地传统的群众性组织，负责周公庙的建设及维护。会长多为当地精英，在周公庙衰败时，他们利用社会资本，协调各方关系，筹集资金，重修庙宇。改革开放后，文物部门组织的庙会，"做法确实独具智慧和匠心，庙会收入一天可达万余元"。[①]近年来，陕西旅游集团岐山周文化旅游产业发展有限公司以旅游经济、市场理念为庙会增添新的元素，如利用微信、网络等新媒体结合传统媒体多途径宣传，组织多种活动，如戊戌年春节，景区推出走福路、摸玉像、龙槐树下祈鸿运，本命年游客免门票，秦腔、社火、杂技表演，以及当地美食等吸引游客。在门票方面，65岁以上的人免收门票，平时80元的门票庙会期间50元，本地人9点以前进庙免费等，为信众、游客打开方便之门。

（4）庙会的表现特征

社会化与私人化融为一体的民间信仰活动在上古时期便已存在，代表了人类对于异己力量的探索。当代所讨论的宗教世俗化趋势，其中就有对民间信仰在私人领域复兴的反思。实际上，宗教世俗化是针对西方社会信仰从制度性到私人性的社会背景下发展变迁而言的。中国传统社会的信仰则明显有别于西方社会。以庙会为例，中国传统社会中信仰观

---

① 赵德利、孙新峰：《关中西府庙会的调查与文化思考》，《民间文化论坛》2005年第6期。

周公庙会

念、行为多元一体，代表了不同维度下民间信仰活动的需求、发展，形成一种弹性的民间信仰体系，而私人化的民间信仰与日常生活相融合，成为人们日常生活的重要组成部分，因而能够通过家庭代代相传，有效应对外部的变迁。

庙会的"会"是一种实体性的要素，以戏曲、商业等为表现形式。在以往的研究中，庙会组织结构、仪式以及娱乐性、商业性活动等吸引了研究者的目光。但是，这样也就忽略了"会"所呈现出来的时间上的神圣性。"会"的日期是经久不变的，约定成俗，即便没有任何具体仪式性活动，也不会影响人们的习惯。在庙会的神圣时间，人们纷纷前来烧香祭拜，可以说，"会"是一种文化记忆。"赶会""逛会"代表了"来"庙会是为祭祀，体现了神圣性，而"留"下来是庙会热闹与否的一个关键因素。"留"下来享受世俗性，信众为的是娱乐、人际交往等。庙会中呈现的神圣性是其核心，而世俗性则是"附加值"。如果主办方熟知地方知识，尽可能将庙会活动组织得丰富多样，信众在祭拜之后，多会在此游玩逗留。此时，人群的流动速度明显减慢，群体聚集效应出现，由此可以带来显著的经济效益和社会效益，也强化了庙会的社会性与情感性。

传说能治病的"玉石爷"洞前排队的信众

（5）文化的话语构成

近年来，庙会的复兴引发了人们的思考。为何经过多年的沉寂，庙会仍能自发兴盛？基于中国农村现象，有学者认为基于民间红白喜事等世俗需要，复兴是一种"再循环的传统"，实质是以过去的实践适应新的经济和社会变革，视为"共同体开发、文化、旅游、遗产制作等的对象"，强调民间信仰复兴背后的文化和经济因素等。纵观世界范围内的信仰变迁，可以看到，曾经认为随着现代社会的发展，宗教会逐渐衰落的世俗化观点，因对全球范围的宗教发展现状解释乏力而被加以修正。之后提出的理性选择理论、市场论及私人化边缘化论等基于欧美文化现象提出的理论，尝试对这些现象进行进一步的解释。中国是世界人口最多、历史最悠久的国家，庙会复兴为文化多元化视角下的现代社会包容性、差异性发展展现了新的独特模式。

民间信仰现象的存在，说明其本身所具有的功能未曾被替代。庙会是深具中国本土特点的文化表现形式。中华文明有着数千年的历史，前后连贯绵绵不绝，具有稳定的内在延续性。庙会的发展，可以说是活的传统、活的历史，从中能够认识中国传统文化融于民众日常生活的传统。周公庙会是一种社会生活，更是一种使精神生活鲜活的文化陶冶。周公在前人基础上制礼作乐，重新建构人对超越世界的认识，人与超然世界、人与人互动的规范，不同群体的沟通规范等，形成了适应当时社会发展的秩序，影响了中国数千年的历史进程。在现代社会中，"礼"的核心理念与理性，为不同文明之间的沟通与对话、人与人之间的交往提供了可供参考的丰富而宝贵的资源。

传承优秀传统文化与弘扬社会主义核心价值观

3. 庙会的基本特征及其本质

神圣性及社会性特征。周公庙会，从活动内容看，分为两大部分，即"庙"所表现的神圣性与"会"所表现的社会性。在"庙"的神圣性方面，其是多元化的，有以人物、以神、以物为主的神圣性，其中，在以人为主的类型中，包括以周公为崇拜核心，姜嫄、后稷等为辅的图景；以神为主的类型，包括道教、佛教以及民间信仰的神灵；以物为主的神圣类型，包括润德泉、玉石爷、龙槐树等，以及香烛、供果等贡品，甚至庙内的饭菜也具有某种神性，信众争相食之。对于多数民众而言，其更关注周公、姜嫄等具有的神性与自身生活的关系。庙会的社会性同样是多元化的，遗存、史料记载、传说、神话、石碑等向众人解释、传递、印证着超然世界与现实世界的联系。祭祀仪式强化群体记忆，周公祭祀成为省级非遗体现了国家认同。2013年周文化景区成为陕西省十大旅游景区之一，显现了周公庙景区的实力，而庙会的热闹表明周公庙的区域影响力。前来赶会的人有本地的，也有外地的，庙内烧香祈祷摩肩接踵，玉石爷殿内挤满了祈求治病的信众，龙槐树上挂满了祈福的红布条，润德泉的灵泉水要喝上一口，姜嫄殿内的求子传说很灵验，各个殿内都有功德箱，熟人、陌生人围坐一团。庙外摆摊设点数以百计，有常见的饮食、日用品、农具、种子，也有专门的集市，商贩之间自成默契。这些社会性活动是一种附加于神圣性之外的活动，发挥生产、延续的功能。信众前来敬神会评价，"今年的会不热闹""今年没戏唱"，热闹不热闹在于民众愿不愿"留"，而庙会时期的"来"才是核心。"这下看见娘娘了！"姜嫄殿前满心欢喜的妇女脱口而出的话语体现的是深深的信仰情感。

姜嫄殿多为求子还愿

以"德"为先的价值观。社会秩序的维护，既需要法律规范，又要有道德的约束，尤其在人际关系层面，伦理道德发挥着更为内在、稳定和长久的作用。庙会的延续可以说表达了民众对周公的崇敬，对周公制礼作乐的认同，对社会秩序规则的维护和对社会稳定的渴望等。以"德"为先也成为数千年中国传统文化中治理理念的核心之一，并根植于中国社会之中。习近平总书记提出，"核心价值观，其实就是一种德，既是个人的德，也是一种大德，就是国家的德、社会的德。国无德不兴，人无德不立。"作为对德的敬畏而发展起来的周公庙会，将人的道德社会化过程融于庙会活动中，体现的正是文而化之、弘扬优秀传统文化的要义。

本土信仰的多元一体。庙会往往也是多元民间信仰在同一时间、空间内

周公庙润德泉　　　　　　　　　　　碑亭

的展示活动。对此，一些似是而非的观点常常将其视作粗糙的、功利的、现世的甚至是迷信的等。但是，庙会现象反映的恰恰是中国本土民间信仰的特色，将教义贯穿于日常的世俗生活之中，具有长期性、包容性、游移性、模糊性等特点。与西方二元对立理念下神圣、世俗割裂的宗教观不同，中国本土民间信仰是建立在天人合一、不即不离、神圣即世俗、大俗大雅理念下的实践活动。在周公庙会上，既可以看到民众超越性、精神性的追求，又可以看到求子、求姻缘、求福、求学等世俗性活动；既体现民众对儒教圣贤的祭祀，又有对佛教菩萨、道教神仙的膜拜，烧香许愿；民间信仰中不同人物也会受到民众的供奉。在民众的观念中，这些圣贤、佛菩萨和神仙等都是有神性的，能保佑自己、教人为善，他们共同构成了具有超越性的信仰世界体系。

共同体记忆的传承。庙会属于群体性民间信仰行为，也是个体性信仰行为。它通过周期性、集体性实践和个体信仰行为，强化地区性以及区域性民间信仰群体的建构以及共同体的团结。共同的信仰成为连接个人、家庭、社区，以及社会不同层次群体或阶层的桥梁，共同的社会规范成为公共空间理性交往的纽带，形成合力构建共同体并正常运转传承的动力之源。

庙会文化的发展有高潮，也有低潮，但从来没有中断。野火烧不尽，春风吹又生，这就是根的作用。论及庙会文化的性质，其自然属于中华文化的

后稷殿　　　　　　　　　　　周公殿内唱善歌的妇女

根文化，其中附载着中国人的生命观、世界观和宇宙观，当然，还有幸福观。周公庙会带给人们的是有关信仰的深度思考。在不同信仰"游移"的时代背景下，庙会实践将如何组织新的话语体系，又如何去实践相关的建构活动，完成新的时代文化校正，从而真正体现参与社会，继承传统，时代创新，这是实施文化战略最需要关注的议题。

社会秩序及共同体的运行维护需要社会文化土壤，信仰的生产与延续需要制度性支持和公众的认同。信仰对社会发展具有重要影响和作用。优秀历史代表人物的价值、态度、话语、行为和不断丰富的崇拜活动，往往会作为传统文化的内涵、要素、形象、表征而被表达、传递、复制与强化，并对不同时期社会结构、社会关系的建构产生重要的影响。在某种意义上，甚至还作用于社会文化发展趋向中。对周公庙会的观察可以是多视角的，它为观察信仰崇拜实践的合法化、社会化、内在化提供了可能，也对探讨信仰活动在完善社会教化、优化社会治理等方面起到重要的作用。

（三）庙会实践中宗教文化元素的社会化表现

1. 多元的呈现：内容与意义

庙会实践中的传统宗教"游移现象"体现在神圣空间上，表现形态为庙会活动地点并不受宗教文化场所制约。如凤翔灵山老母庙会在净慧寺内举办，老母与释迦牟尼佛、观音菩萨共享一处道场，这种现象在庙会中颇

周公庙－岐山县勤廉教育基地　　　　　中共宝鸡地区党组织
　　　　　　　　　　　　　　　　　　　创立活动旧址

为常见。

在神灵供奉祭祀方面，清朝时期"奉诸神之像""行百神之祭"的理念导致民间"泛神"现象广泛流传，其影响延续到今天。各路神仙的"到场"或"缺席"往往是由庙会的现实需求和传统脉络决定的。在各地的民间庙宇中，各路神仙齐聚一堂。人们常常可见儒释道的圣贤、佛菩萨、三清同时供奉于大殿上，各种民间信仰中的神仙也同享香火，彼此之间和睦相处。信众认为，心诚则灵，这些神仙均可保佑自己。

武功后稷庙的十二老母殿

庙会的仪式并不完全是由某个特定的教派按照其教义和仪轨举办的，而是依照民间信仰"规则"进行重组。同时，不排斥有其他信仰的人士参与。

在组织方面，表现出官方与民间的协同。蓝田华胥陵祭祀中主祭人为陕西昱丰实业有限公司董事长兼总经理，参祭人身份依次为退休官员、各种官办协会领导、文化界人士和企业家等。周至城隍庙会会长在一次庙会致辞中提到，"县上各机关党委的领导、各企业部门的领导，以及周至城区的各级个体经营户，对筹办大会给了大力的支持和热情的帮助。在这里，对他们表示最诚挚、最衷心的感谢。"

华胥陵祭祀大典参祭人名单

在庙会活动期间，戏曲展演是必不可少的活动。演出的场次、所请的剧团、上演的剧目等都会根据庙会的规模、资金状况、民众喜好而有所不同。在展演正式开始前，由演员扮演的菩萨、神仙们也都会登台，以表恭贺之礼，接下来的大戏则属于神人共享了。

在诉求方面更多地体现出民众视角，既有个人精神、物质方面的需要，也有宏大叙事表达。其中，个体层面的需求有求子、祛病、学业顺利、事业

"挂灯"时周至城隍庙会戏台上
各路神仙前来祝贺

当地特色"曲子"

有成、消灾增福;家庭层面的需求有婚姻美满、家庭和睦、家族兴旺;社区层面的需求包括风调雨顺、五谷丰登等;国家层面更多地使用国泰民安、国家富强、社会安定等话语。庙会既是不同层次诉求的述说,更是民众感恩之情的呈现。

在社会交往方面,人们通过庙会提供的社交场所获得不同的精神慰藉和物质满足。在乡村社会中,庙会是村中一年或数年的重大事情,举办庙会需要倾全村之力。庙委会由村中有威望的长者负责组织,各家均需按情况出钱出力,共同参与庙会活动。可以说,庙会就是村庄的集体性活动。同时,庙委会向附近村庄送去请柬,邀请村民前来过会,维护村庄之间的关系网络。过会期间,亲戚朋友也会来逛会,增强亲属之间的联系。

骊山老母庙会的休闲民众

文昌殿

在社会影响方面,庙会的结构化体现了社区内部个体、群体能动性与地方传统的积极互动。庙会信仰实践推动着宗教文化社会市场空间的生产与再生产。任何一个村民家庭都有参与的基本义务，以庙会为中心的信仰活动与村务之间是密不可分的关系。庙会，在关中农村基本上属于自愿的全村性活动，村委会、庙委会和村民多认为这是"做善事、做好事"，积极主动参与，提供力所能及的支持。庙会信仰实践起到强化区域信仰文化圈的情感与社会认同的作用。

庙会信仰实践是一个不断变动的被建构的社会存在。在庙会实践过程中，不同社会需求、信仰文化资源和能力，以及社会政策等都会影响庙会信仰实践的样态。

周至豆村大蜡会

2. 延伸的链条：结构与关系

庙会并不只是信仰者的盛会，还是村庄的重大节日和集体记忆，集拜神、赶集、唱戏和走亲戚等于一身，可谓多元一体，具有很强的社会功能和意义。它是在长期的实践活动中形成的独具特色的文化现象。

庙会实践不仅在一定程度上反映了特定地域社会的经济状况、民众的生活水准，更是反映了人们的精神需求与价值追求。在这样的交叉重叠中，既有神灵信仰、祖先信仰、圣贤信仰、师长信仰和英雄信仰与不同的信仰交织、融合，也有不同信仰与宗教之间，不同信仰、宗教与文化、政治、经济之间的纠缠、联系，以及庙与会之间、家与庙之间、家与国之间、人与神之间的交流和互动。同时，反映了社会与市场、官方与民间、主流与边缘、传统与现代的关系。① 可见，庙会实践过程体现和蕴含着丰富的传统宗教"游移"元素。

在实证呈现和考察基础上，可以对庙会的实践层次做出一个基本的判断：第一层，从表现形态上看，是民众信仰文化传播的过程与结果，它具有不同的类型，是庙会实践的表征，有的庙会侧重于地方社会的秩序整合，如以地域性为前提的城隍庙会，会上以村社为单位进钱粮。有的则侧重于对民间核心价值观的强调，如以关帝信仰为主的庙会，会打出"拜关公，行仗义，忠勇诚信，大吉大利"的标语。第二层，从深层结构上看，涉及内在的信仰和价值，是庙会实践内涵的显现，体现了不同庙会的相同特点和本质特征。庙会中的信仰内涵，总是围绕民众生活需求这一主题，无论是强调风调雨顺、一生平安，还是大吉大利、事事如意，其所指向的都是实际生活中必须但又往往难以达到的目标。第三层，从宗教文化与社会结构关系上看，庙会实践既是庙会利益相关群体需求互动的结果，更是公众需求的表达及社会结构对公众需求的反应。在乡村社会中，由于居住分散，公众有定期集会的需求，即便物资交流在今天已经不依赖于庙会，但人际交往、共同体建构、基层自治与社会治理关系调适等需求，很难由商业社会来完成。在城市中，传统性的庙会似乎显得不再必需，但"圣诞节"活动其本质依然具有"庙会"的特质。

周至豆村大蜡会纪念关公"忠义"精神

---

① 岳永逸：《庙会》，《民间文化论坛》2015 年第 6 期。

3. 宗教文化社会化的主要特征

在庙会实践的不同呈现方式中，始终贯穿着时空与社会性、神圣性的关系。这些方式所反映的特征包括以下几方面。

主体多元性。这里既包括被崇拜主体的多元、单一或整合，也包括崇拜行为主体的差异，即参与者的不同。在庙会实践中，不同年龄、性别的个体、群体，超越地域、阶层、组织、职业、信仰等差异，在庙会期间聚集在同一神圣空间祈拜，组织、参与、感受并分享庙会的热闹。

华胥庙会

价值分层性。如果从信仰价值上看，庙会实践者所追求的价值也是不同的，包括信仰、道德、社会、政治、文化、精神、物质等。比如，商业性自古以来就是庙会的主要特色。许多民间文艺剧目和手工艺品会在庙会期间展演。这些不同的特征会随着环境、资源、情境，尤其是价值认同的不同而发生形式上的变化。

结构复杂性。传统庙会与现代庙会交织在一起的形态下，不同群体都会进入同一实践空间，表现为社会、市场、国家力量的参与。当然，不排除一些缺席情况的发生。在庙会实践中如以组织者对其进行分类，可分为部门推动型、企业开发型、民众自办型、文化研究型和混合型等不同类型的庙会。同时，参与者的需求、认识、解释和行为也是多样的。

周至城隍祭祀仪式

谷雨白水仓颉庙会暨 2018 年度汉字发布仪式

　　形态持续性。庙会实践中既有规范的仪式活动，也有不同的活动仪式与功能类型。在庙会实践常态化背景下，其往往会遵循内在的文化逻辑，实现组织机构、运行程序、内在规则、外部联系等的逐步制度化，以保证庙会的秩序与延续。

　　结果不确定性。庙会作为民众信仰的实践空间，宏观层面对应对各种自然灾害挑战、安抚民众、稳定社会秩序起到了重要作用。同时，对非物质文化遗产申请、"一村一庙"、文化活动中心建设等起到了推进作用。尽管庙会的核心功能在于信仰体系和社会秩序的认同。但是，对于特定时空状态下的现实处境则可能带来正向与负向的不同社会影响。

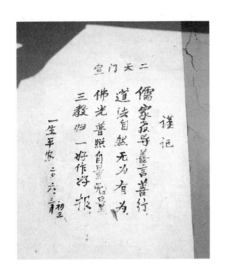

民间信仰中的三教归一

周至城隍庙会诵经大赛

宝鸡凤翔灵山庙会周边
"灵媒"参与其中

自乐班

参与平等性。在民众的观念中，这些圣贤、佛菩萨和神仙等都是有神性的，能保佑自己、奖善惩恶，他们共同构成了具有超越性的信仰世界体系。平等其实更体现出人在神灵面前的平等，它体现在根植于民众心中的"皇天无亲，惟德是辅""心诚则灵""善有善报恶有恶报""行善积德"等因果观念，为民众与超越世界的沟通提供了具体途径。

时空神圣性。庙会的时间、空间皆具有神圣性，圣诞日、成道日等

灵山庙会上挂红绳祈福的妇女

民间自发的孝道宣传

户县大城隍庙会

周至上二屯庙会的组织机构

是重要的时间判断，家乡、成就地等是确定的神圣空间。"会"的日期是神圣的，庙会的时间是印在心里的，即便没有任何具体仪式性活动，也不会影响人们的习惯行为，在庙会期间人们纷纷前来"庙"里烧香祭拜。

传播信息化。进入信息化时代，新媒体得到广泛的运用。利用新媒体这个便捷的工具，在互联网平台上传播庙会文化，组织方也有不少尝试。如有

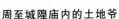

周至城隍庙内的土地爷   杨凌姜嫄庙会

些活动场所已开通了新浪微博、微信公众号等账号,开启了庙会文化传播的新气象。在网络平台上,介绍庙会概况、信仰知识、活动安排等。庙会期间,通过微博不断发布消息,及时上传庙会进展的图片、文字介绍,以扩大社会影响。

周至城隍庙会通过周至掌圈公众号在网络直播

三 小结与思考

庙会是民众信仰集中展演的平台,它不仅具有祭祀崇拜和宗教信仰的功能,也是商业市场、娱乐消费、人际交往等社会活动的重要场所。庙会实践为人们理解和认识宗教文化传播的复杂性和宗教文化的运作机理提供了难得的机会,也为阐释传统宗教"游移现象"提供了素材。

庙会是"庙"的神圣性与"会"的社会性一体两面呈现的过程与结果。在宗教文化传播实践中，神圣性与社会性是一种互嵌、互赖、互构的关系。社会性需要有神圣性的支持，神圣性需要社会性去传播。它们之间的连接性共同构成了宗教文化传播的结构、发展的力量和本质的特征。社会性通过人们对命运、死亡、灾难的不确定性，对终极意义的思考强化神圣性，神圣性也通过人们的认同、参与、探究维护着社会性。同理，社会信仰理念及其实践巩固神圣性的社会基础，而神圣性的传播又不断拓宽社会性的空间。宗教文化的神圣性和社会性正是通过宗教团体及参与者多种形式的实践行为对外传播，从而使"游移现象"得以呈现。这些实践活动又在不断地强化或削弱宗教文化的社会性与神圣性特质。

学术界对不同类型的庙会现象已经有了多视角的研究。这些研究充分表明，如果缺少对庙会现象的社会学视角解读，或仅仅将其作为历史文化风俗来讨论将是不可思议的。庙会的现实意义究竟体现在哪里？人们共同认可的崇拜对象和信仰行为的发生建构于怎样的基础之上？不同信仰、人神之间的关系在庙会实践中又是如何沟通的？信仰体系是通过何种方式不断延伸和表达的？民间庙会是如何被人们用自己的话语实践建构的？民间文化同传统文化与整体社会文化的关系，以及在现代性背景下庙会活动是怎样同社会适应、融合与发展的？要直面这类复杂的提问，当然需要在庙会实践的情境中去感受和认知。

不同的庙会在组织形态、规模影响、品级地位和活动表现等方面往往存在异同。尽管所选择的样本点庙会不能说是最大的，但其多元化的呈现也为认识各类庙会的复杂性差别提供了某种参照。庙会是中国传统文化的重要组成部分，来源、成长于中国社会，又为社会的发展、变迁提供了资源。当下，庙会实践对繁荣地方文化、提升文化自信、促进经济发展和维护社会稳定起到了一定的积极作用。

现代语境中，庙会文化及其实践活动从来就不是孤立存在，也不是缺少资源的。它是历史发展的产物，也是现实互动的结果。对此，一方面要从弘扬优秀传统文化、强化民族心理建设的视角思考传统文化的现代意义；另一方面也要从文化自觉的维度理解信仰与社会功能适应的关系，以及需求满足与社会引导的互洽、互补性。

庙会实践在其运作过程中表现出不同的修辞策略，较好地实现了传统文化的借用、地方文化的复兴、现代社会的适应，以及传播手法的创新等。随着新时代的来临，这样一个具有特殊意义的文化社会化内容，当然也需要与时俱进，发挥其促进民族文化认同、为社会建设和心理建设服务的社会功能，传播优秀传统文化。

从中国民间信仰传统来看，正常的信仰行为是无法脱离家庭、村落或社区日常生活的。也就是说，信仰实践是 "日常生活中不可或缺的一部分"，而所谓的 "神圣" 与 "世俗" 其实就 "掺杂并融合于日常生活" 之中。中国民间信仰仪式可提供的另一个有利的比较研究要素，就是它们的 "非教派性"，这些仪式一般是由当地家族的祖先们创办的，每个村民或社区成员都被认为应当参与。千百年来，道教和佛教都对民间信仰及其仪式有所影响，但它们最后反被民间信仰影响了。这是因为早在教派性宗教之前，民间信仰就按照当地传统的世界观和老百姓的意愿融合了，而教派性宗教进入民间信仰的地盘时，其经典、教义和仪式等便不能不为迎合民众的需求而发生 "意义的转变"，即 "祈福避邪" "趋吉避凶"。地方性民间信仰传统绵延不绝地影响着老百姓的日常生活。[1]

社会秩序是社会学关注的核心议题之一。它是理解、揭示社会动态及其有序平衡发展的观察要素和分析单位。透过庙会信仰活动的过程，可以追踪社会秩序凝聚或分化的影响因素，以及社会秩序是如何建构并延续的。对信仰实践同社会秩序互动关系的研究，当然需要以鲜活的社会生活为观照。庙会实践景观恰好为认识、阐释其中的内在逻辑关系及实践转化给出了有效的解答。

在现代社会中，庙会这一古老的文化实践活动依然吸引着众多民众热情

---

[1] 张志刚：《中国民间信仰研究的 "他山之石" ——以欧大年的理论探索为例》，《世界宗教文化》2016 年第 5 期。

参与。在这里，看到的不仅仅是"现世性""功利性"需求，更是民众对于"因果报应"、超越世界与现实世界互动规则、祖先对于后代影响观念的认同，以及落实在日常生活中对家庭伦理、社会道德准则的遵守。可以说，信仰崇拜及实践作为根文化维系着中国数千年来以家族为核心的社会结构，是维护社会稳定与发展的重要力量。在这个过程中，体现优秀传统的宗教文化的社会化也具有一定的社会功能。

典型案例三：玉佛寺网站
——传统宗教"游移现象"类型之佛教与信息

在当前发生的传统宗教"游移现象"中，佛教文化受到新技术、新媒体快速发展的带动和影响，其传播中的信息化实践成为一种新的发展特征和趋势，各类传媒工具也就成为助推和加速宗教文化向社会多领域、各阶层传播的技术性基础和支持性条件，构成了一个值得关注的重要"游移现象"。宗教文化传播空间从"现实社会空间"延伸到"网络社会空间"，从传统的神圣空间扩展到非传统新的"神圣空间"。

进入 21 世纪以来，形态各异的新媒体在人们生活中占据着越来越重要的地位。新媒体是当今社会非常重要的传播工具，具有强势的导向作用，体现了存储方式的数字化、表现形式的多样化、传播方式的动态化和传递触角的多元化等特征。传统宗教文化传播中如何在社会信息化、网络化的机遇与挑战面前借助新技术、新媒体的力量拓展渠道、完善方法、扩大影响、发挥作用，是新时代促进佛教文化与社会主义相适应的重要议题。信息化时代，传统宗教文化的传播方式也面临数字化、网络化、智能化。传统宗教文化传播的信息化是宗教文化在传播理念和工具使用上的一种新的形态，它影响了佛教文化的传播内容、传播范围和传播效果。当然，这种影响呈现正面影响和负面影响并行的状态。对此，宗教界、学界和社会舆论也有不同的观点和评价。

整体上看，面对传统宗教文化传播的信息化新趋势，有三种观点，支持、反对或中立。支持者强调顺应时代，反对者则质疑过度世俗化。相对包容的观点则认为，佛教文化传播需要与时俱进，有必要运用现代传播手段弘扬和发展佛教文化。还有观点指出，传播佛教文化也需要适应媒体国际化的趋势，除做好本地区、本国家的宗教宣传外，还可以扩展传播空间，适应全球文化多元化发展。其实，中国佛教文化还需要大力传播，在把中国佛教文化推向国际舞台的同时，提升中国文化的国际影响力。在实践层面，包括建立佛教网站，通过网站宣传优秀传统文化重要组成部分的中国佛教文化，推动佛教团体参与国际活动，消除偏见，遏制邪教，弘扬正法。作为一种在新媒体融入后传统宗教文化传播中的"游移现象"，需要予以更多的理论与经验研究。

一 传统宗教文化发展新趋势：信息化与 传统宗教文化实践

信息化的发展，将文化、经济、政治、社会等要素纳入传播之中，同时，也加速了以文化为核心内容的传播路径的形成。网络传播新技术与传统的大众传播、人际传播的媒介融合形态，极大地增加了信息量，促进了信息流，增强了信息的影响力。这一结果，反映在文化领域，有助于推动文化自觉、文化自信，弘扬中华优秀传统文化，增强文化软实力，提升中华文明的国际影响力。传统宗教的信息化发展，更加拓展了"游移现象"发生发展的广度和深度。在推动宗教文化良性传播的同时，也引发了一些新趋势、新问题与新挑战。对此，需要认真对待，科学认识，积极应对，有效引导。

（一）背景：信息化的社会学意义

媒介是传递信息的载体，是人际沟通的桥梁，是实现社会化的工具。它在制造、影响传统宗教"游移"过程中扮演了重要角色，起着潜移默化的作用。信息化时代，人们主动或被动地卷入信息生产与消费的洪流之中。施拉姆认为，在信息革命中，个人问题与社会问题交织在一起，一个重要趋势是个人日益增长的"使用"媒介而不是被媒介使用的能力。传统宗教对信息技术的掌握与运用，大大拓展了宗教与社会间的互动。探讨宗教文化与信息化在传统宗教"游移现象"中的关系将更好地反映两者之间的互动结构，以及宗教文化具有的神圣性与社会性本质。

1. 信息化的结果

从 20 世纪 90 年代中期开始，以"信息高速公路"建设计划为重要标志，互联网技术得到大规模应用，社会也因此进入以互联网应用为特征的网络化时代。至今，互联网已经深度渗透到经济社会的方方面面，冲击着原有的社会结构，并逐渐编织起新的社会网络，改变着知识基础、思维模式和行为实践，大大拓展了人们认识和行为的广度和深度，使人类生产和生活的各个领域都发生了巨大变革。美国未来学家奈斯比特认为，信息社会具有以下新的特点：一是起决定作用的是信息而不是资本，权力的来源不是少数人手中的资本，而是多数人手中的信息；二是价值的增长主要不是通过劳动而是通过知识实现的；三是主要战略资源是信息，不会有资源枯竭的问题；四是人际交往呈几何级增加，解决人际交往摩擦的法律诉讼日益密集；五是社会从等级制结构向网络状结构转变。信息社会的到来也大大影响了宗教文化传播手段的变革与创新。①

在前信息化时代，宗教文化的传播主要是通过书籍或者在宗教活动场所进行的仪式性活动，以及面对面的交流方式等。信息化时代，宗教文化的传播工具、传播途径都发生了前所未有的变化，人们可以通过互联网获得更多的信息，参与更多的活动。在一定意义上，增加了民众理性选择的可能性。这些变化对传统宗教团体形成了巨大的冲击。因此，部分团体开始寻求变化，以适应信息化时代人们的新惯习，引导、满足人们的宗教需求。信息化也带来了新的挑战，不仅对社会网络治理，而且对理解、定位宗教文化的信息化发展趋势，尤其是对作为优秀传统文化的佛教文化传播提出了新的挑战，也提供了新的思路以及新的机遇。

2. 科学发展的转向

科学技术发展带来了人类知识及其传播手段的更新。宗教与科学之间的关系也引发诸多争论。科学知识体系与人文知识体系同是人类不可或缺的知识体系。无论科学技术发展到何种程度，人类都需解决人生的意义和目的的

---

① 罗文东：《发挥信息革命对经济社会发展的引领作用》，《科学社会主义》2018 年第 5 期。

问题，宗教所提供的正是对此问题的回应。佛教是以人文理念和方法探求和解决人的生死烦恼问题。在科学不断发展的今天，佛教在社会中的影响依然存在。近年来以科学理论论述佛教的真理性形成了佛教文化圈内的独特现象。一方面，继承了以科学"证实"佛教义理的传统，将科学的最新发展与佛教理论作哲学上的互通。另一方面，也强调佛教在改造世事人心、落实信仰、提升精神方面发挥着科学起不到的作用，以论证佛教与科学在文化上的互补性关系。佛教与科学的融通也反映了当代宗教与科学关系的总体走势，成为当代宗教与科学对话的重要组成部分。现代科学的进展以及现代社会思潮的演变，刺激了佛教与科学在跨文化领域的对话，为佛教与现代文明之间的进一步融合、为佛教发挥其智慧潜力提供了新的历史机遇。[①]

科学是人类对未知世界的探索，近代科学的发展造福人类社会，提高人类的物质生活水平，延长人类的寿命。但经典社会学家所预言的宗教逐渐式微并未实现，反而出现了全球宗教发展现象。科学技术的发展与经济增长所带来的物质层面的繁荣，并不能很好地解决人的精神需求问题，反而可能加剧对资源的掠夺、欲望的放纵，以及精神的堕落等。由此，宗教与科学的关系开始从对立逐渐转为对话。宗教所关注的人生的终极问题，为科学的发展提供精神、道德、价值以及伦理维度的帮助。宗教也在调整与科学的关系，寻求在现代科学时代发挥自身影响力的适恰途径。

3. 智能化的动力

宗教文化传播经历了"从口语到文字，从手抄到印刷，从电子到网络"的过程，技术的发展使宗教文化突破时空的限制在全球范围内广泛传播，这种传播方式正在并持续对社会文化产生影响。

智能化对人类生活的深度参与，促进人类社会更深刻的变革，这种变革不仅体现在快速更迭的产品上，更体现在人类对自我与智能关系的认识方

---

① 王萌：《融摄与对话：现当代佛教与科学关系研究》，四川大学博士学位论文，2004。

面。未来200年，人类将探索内心世界，智慧生存。[①] 60年来，人工智能技术发展迅猛，从工程、医疗、交通、安全、教育等公共领域到日常生活，人工智能快速提高了生产力，对显著改善人们的生活发挥了积极的作用。人工智能在深度参与社会生活的同时，也在深度改变人们的观念，这也引起有关人士的警惕，探讨人工智能是否会失控，是否会对人类的生存与发展形成威胁，在造福人类的同时引发灾难。人工智能本身非善非恶，关键是如何应用。人类的智慧不仅体现在科技的发展上，更体现在对于道德价值的追求，在更高的价值理念层面，对人工智能的价值输入成为解决问题的关键。人类最大的优势在于对文化的把握、对愿景的思考，以及巨大的想象力。未来，不是机器换人，而是机器扩人，机器升人，机器化人。[②]

以信息技术为依托，网络的发展带来的是网络社会的到来。这不仅仅属于技术事件，更是社会事件。网络技术成为信息时代经济与社会发展的重要动力。在开放的网络互动中，社会、经济和文化实现持续发展。信息化成为社会的基本特征，与之相伴，其也塑造出佛教文化全新的发展与传播形态，在网络平台上传播的宗教，又称为网络宗教。它以大量宗教信仰类信息传递为主导力量，动摇了以固定空间领域为基础的传播既有形式。

（二）阐释：多学科视角下的解读

人类进入信息化时代，传播技术日新月异的演变，促进了宗教文化传播方式发生了质的飞跃与变化。总体而言，宗教文化的信息化过程，使得传播形态呈现虚拟化、网络化，传播内容出现多元化、复杂化，传播效果呈现视觉化、现代化等特征。这一发展，带来的是丰富的体验感受、自由的连接方式及多中心化的传播结构等。建构积极、健康、安全的宗教文化传播环境，

---

① 马云：《今天是科学家和企业家的最好时代》，《中国经济信息》2018年第12期。
② 陈静：《科技与伦理走向融合——论人工智能技术的人文化》，《学术界》2017年第9期。

形成传统宗教"游移现象"在信息化实践中的良性适应与引导，提升优秀传统文化的传播力和影响力。

1. 现代传播理论

在众多的传播理论当中，麦克卢汉的媒介延伸论占有重要地位。他认为，媒介是人体感官的技术延伸。[①] 人对外界的认知，通过视觉、听觉、触觉、味觉及嗅觉共同感知而形成。不同的媒介工具，是人的视觉、听觉、触觉等不同感官的延伸。因此，使用不同媒介会改变原有的感官平衡，形成新的认知方式。从形式上看，媒介仅是传播信息的载体，但是，从其效果而言，却具有隐性的功能。在传播过程中，通过对媒介工具的利用，改变社会成员认知。在此意义上，媒介的价值在于人们对于媒介的利用，人们通过媒介改变与他人的互动关系以及人与自身的关系，从而达到改变原社会结构的效果。该理论将媒体放置在极为重要的地位。它提醒我们，媒体不仅仅是工具，其实也是内容。传媒主要通过传播的方式而不是传播的内容来影响社会。按照麦氏提供的思路，从媒介的功能作用与社会影响的角度理解"内容"。应当承认，媒介作为承载、传递社会信息的工具，一旦进入信息流程，便会以其自身的特征与活力，对社会及其成员产生有力的影响。[②] 的确，宗教文化传播因新媒体的作用而被放大，也因此出现了"网络宗教"的概念和新功能。

哈贝马斯指出，传媒的作用在于创造了一种"公共领域"。[③] 现代传媒拓展了宗教文化的发展空间，也使得宗教议题不再是个体和群体议题，而成为公共议题。汤普森认为，现代传媒为人们提供了许多以前不可能获得的信息。大众传媒改变了生活中公共性与私密性之间的平衡关系。宗教到底是公共性的还是私人性的，或是这种二元对立的取向本身就存在盲点，甚至是误

---

① 〔加〕马歇尔·麦克卢汉：《理解媒介：论人的延伸》，何道宽译，译林出版社，2000，第11页。

② 张咏华：《新形势下对麦克卢汉媒介理论的再认识》，《现代传播》（中国传媒大学学报）2000年第1期。

③ 〔德〕哈贝马斯：《公共领域的结构转型》，曹卫东等译，学林出版社，1999；〔英〕安东尼·吉登斯：《社会学》，李康译，北京大学出版社，2009。

区？哈贝马斯对宗教公共性的思考对认识宗教舆情产生了决定性影响。在发生的众多网络宗教事件或话题中，私人话语变成了公共话语，群体话语变成了社会舆论话语。这种认识观对研究网络时代传统宗教"游移现象"中的传播议题很有启发。

2. 媒体融合理论

当代的媒体传播已经不再是彼此孤立地运作。相反，在新技术的支持下，已经出现了多元融合的趋势。美国麻省理工学院普尔教授提出了媒介融合概念，即不同媒介技术被整合在同一媒介中。媒介融合使得全球化版图得以重绘，全球化的意涵也在发生微妙的变化。媒介内容不仅从西方流向东方，也同样从东方流向西方。在东西方商业媒体的推动下，一种新的文化世界主义日渐形成。[①] 数字化、网络化、智能化生存是由科技的发展带来的，数字化、网络化、智能化传播是大数据时代的科技结果。现在看来，媒体融合作为描述性的提法似乎已经不是一个新的观念。但是，如果把它作为一种理念予以贯彻其实并不是件容易的事，而用这样的认识去阐释传统宗教"游移现象"也许会存在一定争论。

在宗教与媒体的互动关系上，存在着三种观点。一是"工具观"，宗教团体将媒体运用在目的性的服务中。二是"本质观"，认为媒体与宗教在本质上相互矛盾。三是"辩证观"，指出宗教与媒体的互动并非利用媒体进行宗教教义和信念传递，而是经由非宗教方式达成宗教上属于伦理的、神圣的终极目标。[②] 这三种不同的观点在实践中就成为三种具有不同传播策略的实践活动，并进一步影响传统宗教文化传播的形态。从宗教同现代媒体的关系已经可以看到技术、工具运用的意义和价值。正是现代传播技术的日新月异丰富和扩大了宗教文化传播的途径和内容，也影响宗教文化的发展。

[①] 韦路、鲍立泉、吴廷俊：《媒介技术演化与传播理论的范式转移》，《当代传播》2010 年第 1 期。

[②] 庞志龙：《文化认同：台湾妈祖文化传播与"两岸"关系互动研究》，苏州大学博士学位论文，2016。

3. 网络分析理论

社会网络研究者林南认为，社会资源是个人通过社会联系所获取的资源。关系不仅是人们获得信息的途径，而且实际上也成了人们获得社会资源的渠道。① 在结构意义上认识社会网络特征，其基础还是连通性。社会网络研究尽管是从社会学的人际网络开始的，如今却已经延伸到人类社会生活与生产活动的各个环节和领域。互联网技术的发展与渗透，极大地丰富了原有社会网络的格局，不仅让生产活动、生活环境、人际交流越来越智能化，也通过连通性的发展，悄悄地改变着人类社会的特征与属性。社会网络的基本问题即连通性问题。② 在这样的背景下，宗教文化的网络传播其实不仅仅具有传播力，就其核心意义来说，也具有特殊的连通性。

（三）佛教文化传播信息化的相关议题

互联网正在成为促进宗教认同的工具。有学者认为，随着互联网使用的大规模普及，宗教信徒们会更倾向于根据传统的、已经在现实生活中形成的宗教认同来构建网上宗教认同。因而，利用互联网技术进行传统宗教传播不仅不会影响宗教认同，还有可能对传统宗教认同产生促进作用。③

1. 佛教文化传播的信息化

在网络化背景下，佛教文化的传播得到了前所未有的扩展，因此也刺激一些人走上了通过网络修习佛法的道路。但是，网络上一些错误信息的传播也给佛教文化的健康发展带来一定的危机与挑战。

信息化对传统宗教文化的现代实践产生的影响前所未有。互联网、移动终端的普及，改变了受众选择、接收信息的模式，互联网提供了内容丰富、种类繁多的宗教文化信息。因此，通过互联网了解宗教文化信息成为更加便

---

① 张文宏、刘琳：《职业流动的性别差异研究——一种社会网络的分析视角》，《社会学研究》2013 年第 5 期。
② 邱泽奇、范志英等：《回到连通性——社会网络研究的历史转向》，《社会发展研究》2015年第 3 期。
③ 孙静：《新媒体视域下当代宗教传播模式与传播效果研究——基于中国三种宗教派别的实证考察》，中国科学技术大学博士学位论文，2015。

捷的途径。信息化也促进受众的信仰行为多样化、隐蔽化，信众可以通过网络在私人空间的虚拟道场从事个体性的信仰行为，不需要到宗教活动场所，就可以参与网络道场举行的学习及信仰活动。由此可以看到，信息化不仅促使传统宗教实现跨越边界的传播，而且使得信仰活动更加便捷、更加多元。

宗教文化的网络传播与传统传播的差异，也对宗教文化的结构化产生影响。受众通过互联网参与的信仰实践进入或退出机制灵活，自主性更强。在信息化的背景下，传统宗教的传播面临原有信仰权威体系的弱化。虚拟道场的主体不同于现实中的宗教活动场所，其主体不再局限于宗教从业人员，与传统上存在的居士佛教的发展在某种程度上具有相似的特征。

2. 神圣空间的虚拟化

汉宝德曾说，建筑形状固然重要，但其精神在于形态之内所包覆的空间。[1] 对信众而言，寺院空间是一个神圣空间，是物理空间与心灵空间的合一。寺院从凡俗空间转为神圣空间是神圣意义建构的过程，本身即是一个弘扬佛法的过程，卷入了造寺僧人的佛学修养、宗教信力以及化俗技巧种种，不是任何僧人皆可为之的事情。故造寺被佛教视为最大的功德之一，其宗教动力也在这里。[2] 信息化时代，传统寺院的神圣空间由现实空间延伸到虚拟空间，建构过程与传统现实空间相比更加简便、易行、快速、专业，表现为在虚拟空间的投影，并积极影响现实空间，通过现实与虚拟空间加深与信众的联系，促进宗教文化的传播。需要注意的是，新兴宗教也开始在网络平台建构自身的神圣空间，在虚拟空间中形成对传统宗教的竞争态势。

3. 政策话语下的宗教网络化

在 2016 年全国宗教工作会议上，习近平总书记强调，要高度重视互联网宗教问题。2018 年 2 月 1 日正式施行新修订的《宗教事务条例》，对从事互联网宗教信息服务也有明确规定。[3] 这些都在国家层面对有效治理互联网

---

① 汉宝德：《建筑母语——传统、地域与乡愁》，生活·读书·新知三联书店，2014，第 24 页。
② 段玉明：《从空间到寺院——以开封相国寺的兴建为例》，《世界宗教研究》2004 年第 3 期。
③ 《构建网络命运共同体　传播佛教正面好声音》，《法音》2018 年第 3 期。

宗教提出了明确要求。

网络宗教是信众通过网络表达宗教需求，宗教团体、宗教场所、宗教界人士通过网络提供各类宗教信仰内容服务的过程与结果。① 面对网络宗教，要真正落实"导之有方、导之有力、导之有效"，就要切实把握其变化、发展的规律和特征，敏感地意识和发现苗头性、倾向性问题，稳妥解决现实宗教问题，防止线下单纯的宗教问题在线上被放大，转化为社会或政治、安全问题。② 科学研判其发展趋势，对互联网宗教的社会治理提出了更高的要求。

（四）实践：佛教文化信息化的发展

1. 重要领域与影响力

智能化尝试。史上首个机器僧贤二的出现，体现了传统宗教文化与现代科技的优势结合。2016 年贤二机器僧 2.0 正式亮相。它以佛教知识解答问题的独特创意备受关注。它的出现使实体机器人更加具象化，也更加有利于佛教文化生动和便捷地传播。贤二机器僧创意目的在于通过人工智能技术和佛教大数据的结合，最大化地传播佛教文化，积极服务社会。同时，它也为现代科学技术更有效地运用于宗教文化传播提供了具体的实践经验。③

佛教信息化发展。网络宗教发展迅速，其影响力也日趋扩大。目前，宗教网站的主要特征：一是除了各大宗教团体之外，许多小的宗教团体、地方的宗教分支机构乃至个人都开始设立自己的宗教网站或网页；二是宗教网站不仅仅是发布信息的平台，也开始承担双向的信息交流功能，成为教团与信徒、信徒与信徒间沟通交流的重要平台；三是许多信息化手段也开始出现并且被大量运用；四是一些寄身于网络虚拟空间的新型宗教开始显现端倪。④

---

① 唐良惠、杨文法：《重视互联网宗教问题　依法治理互联网宗教》，《中国民族报》2018 年
　　1 月 9 日。
② 唐良惠、杨文法：《重视互联网宗教问题　依法治理互联网宗教》，《中国民族报》2018 年
　　1 月 9 日。
③ 陈茜：《贤二机器僧，科技身智慧心》，《商学院》2017 年第 10 期。
④ 金勋：《互联网时代世界宗教的新形态》，《中国宗教》2015 年第 4 期。

贤二机器僧

开通中文网站。有消息称登封嵩山少林文化旅游集团注册了多个无线网址，显示出以少林寺为主的传统佛教团体已经开始利用移动互联网等先进科技平台进行宣传。无线网址以覆盖广泛的互联网为依托，通过手机、笔记本电脑等移动终端接入网络，进入虚拟空间，实现信息交流。较之以单机为主的固定终端上网模式，更加灵活，不受空间、时间的约束，更有利于传统宗教的保护与传播。

少林寺网站

佛教文化 App。App 为移动终端应用软件，因其界面清晰、操作简单成为产品推广平台，应用广泛。传统宗教的传播、修学也借用 App 的形式进行推广。如在手机安卓系统应用商店中有多个佛教文化 App，其侧重点各不相同，如佛经大全金刚经心经，提供佛经著作译文、有声书，下载量 116 万次。菩提佛学院，闻思修行佛法平台，下载量 49 万次。自在家，主要内容为佛教佛经佛乐大全，下载量 29 万次。佛经大全，手机礼佛，下载量 33 万次。怀恩菩提心，善缘社交，下载量 13 万次。大白牛车，修行智能计算，下载量 8 万次。相关 App 不仅成为修学平台，还可通过平台购买佛事用品，以及开展社交等。App 已成为传统宗教推广的重要形式，并且呈不断扩大的趋势。

安卓手机中有关佛教
文化的应用下载

寺院电子显示屏

"两个和尚锵锵锵""师父来了"网络栏目。凤凰网开设的这两个栏目，运用佛教知识对社会生活进行解读，解答观众疑问，提供新的视角和理念，受到社会好评。此档节目每周一期，每期 10～15 分钟，全年 48 期。它以潮流文化的形式，传递佛教文化的处世哲学和人生智慧。栏目邀请延参法师和印能法师联合主持。两位法师通过对话聊天的方式，讨论热点话题，以佛教文化解读其中含义。节目探索传统佛教文化现代传播的手段和方式，为运用好新媒体提供了借鉴。①

凤凰网"两个和尚锵锵锵"

网络微公益。网络微公益是随着互联网成长起来的一种新型公益形式。它以网络为平台，是公民自发组织的、通过网络形式广泛参与的公益活动，具有积少成多的特点，是大众广泛参与的公益模式。如归元禅寺"善缘义助"微公益在线捐助平台旨在为贫困学子募捐学费，为和谐社会培养人才，是佛教界在募款上的又一次创新。微公益是通过互联网或移动互联网实现人与人之间的互动，它以 QQ、微博、微信等社会化媒体为工具，具有参与者和发布者分散化、发布内容碎片化等特征。然而，由于社会化媒体的交互性和便携性，这些"微"传播非常迅速，能产生强大的影响力。以微小的善念，重建社会信任，打破人与人之间的戒备与隔阂，让更多人都能去做对自己和他人有利的事。②

戏谑佛教"毁三观"。网络佛教的发展带来了佛教文化的有效正向传播。与此同时，也被一些商业化利益、媚俗观念所利用，出现了负面低级的

---

① 《〈锵锵三人行〉：窦文涛对话延参法师》，凤凰网，2016 年 6 月 1 日。
② 蒋桨：《善念一点一滴，落在阿拉耶的草地——教你用微公益趋入普贤行》，2017 理想地球大奖获奖论文。

混乱现象。2012 年底某晚会上，某歌手演唱了《法海你不懂爱》，① 引起了社会的广泛议论。法海为佛教历史人物，在佛教界具有特殊意义。歌手借用法海之名而表达自我，对此，佛教界提出了强烈抗议。娱乐界对宗教界人物、事件的随意改编，引发社会各界对宗教被娱乐化的讨论。对娱乐文化中的流俗、庸俗、低俗现象的批评，反映出社会公众对提高全民文化素质的期盼。中国佛教协会也对此发表声明，被认为是当代中国佛教团体首次公开向戏谑佛教的低俗文化说"不"。文章发布后引起强烈反响，得到了社会各界的同声共鸣，据凤凰网称有上亿网友参与评论。

互联网公司"拜神"。一些企业利用网络技术开发网络拜神项目。比如，一些互联网公司会供奉财神、关公等传统神像。原生互联网企业也开始造新神。在互联网企业的世界里，旧神已老，且所分管的领域已不适应时代发展，创造新神才能保佑新领域。因此，大家熟知的人物成为新神，如马某、刘某某——电商之神，张某某——公众号之神，来去之间——微博之神等。同时，一些传统的做法也得以延续，公司乔迁新办公楼，举行祭祀仪式，法台、祭品、鲜花、黄符、道士一应俱全；作为许多互联网公司的命脉，服务器的稳定是重中之重。因此，服务器开光也成了重要一环。为了达到预期效果，出现拿服务器去寺庙开光并由程序员全程护送的现象。此外还有数字迷信，如产品一定要在某个精确的时间点上线或改版，仿佛错过了这个时间整个项目就会失败。还有星座迷信、面相迷信、社交迷信、穿衣迷信等。在关键时刻和重要场合只穿那一套可以给自己带来幸运的衣服；以及风水，互联网行业是属火的，所以千万不能沾到水；朝圣，不少中国互联网人的心中都有一个神圣的地方——硅谷，等等。②

2. 发展性互动的主要特征

信息技术引导下的现代传媒在人们生活中占据着越来越重要的地位，尤其是互联网技术的广泛运用更具有强势的影响力。近些年来，佛教文化传播

---

① 明贤法师：《明贤法师：一位僧人眼中的"法海你不懂爱"》，凤凰网，2013 年 1 月 18 日。

② 《互联网公司迷信大全》，https://baijiahao.baidu.com/s? id = 1618518244173546870&wfr = spider&for = pc。

适应时代与社会发展的趋势，在该领域出现以互联网、高科技为表征的新形态，主要体现出以下几个特征。

数据化。"芥子纳须弥"，这句佛教用语在存储数据化方面可谓得到真切体现。佛教经典数量巨大，寺院专设藏经楼保存佛教文本。但是，通过数字化的存储方式，可以设立虚拟藏经楼，在方寸之间存储不同版本的佛教经典，实现收藏空间上的巨大压缩。佛教经典的数据化，不仅表现在存储方面节约大量空间、保存的便利性，而且更为重要的功能是提高佛教文化资源利用的效率。互联网实现的信息互通性，可将各地的佛教经典视为巨大的数据库，各界可通过网络获得所需的各种佛教数据资源。

多样性。多样性首先表现为载体的多样性，如佛教文化的载体表现形式既有传统的文本、塑像、雕刻等，也有以信息化时代的视频、音频等形式存在。其次，在内容的多样性方面，有佛教经典、人物传记、新闻报道、修学研习等。再次，实践方面的多样性，如虚拟道场、网络课堂等。最后，沟通方面的多样性，线上沟通、线下互动、单向传递、双向交流等。随着信息化的发展，数据化方式的多样性也将更为丰富。

互动性。佛教文化的互联网传播增强了互动性。传统媒介如书籍、电视等，属于单向式传播，传播者与受众的交流存在滞后性。信息化传播的双向式交流，实现了两者之间的同时在场，促进了两者的沟通。网络化传播所具有的即时性特征，促使互动更为顺畅。当然，这种互动性依赖于科学技术的支持。随着网络覆盖范围的扩大，虚拟空间所容纳的范围越来越大，地域之间的界限逐渐被打破。具有影响力的佛教文化传播者，可以在特定时间内，在虚拟空间与受众同时在线，指导信众的修行，回答信众的问题，弥合了两者之间的距离。而在微信、博客、网站等虚拟空间中发表的文章，也为信众以及游客提供了修行指南。

平等性。随着科技的快速发展，信息化已深入社会的各个层面，不论是工作还是生活，不论是在都市或是乡村，社会生活中的人都会发现自己被信息化所包围。个人在持续接收信息的同时，也持续生产信息。互联网、移动终端、平台等成为个人生产、接收信息的工具，微信、微博、抖音等提供了平等展示自我的平台。在佛教文化传播中，传播者与信众可以平等地在虚拟空间互动，传播者的讲授与受众的表达机会均等。通过现场互动，或者网络留言，受众可以顺畅表达自我的需求，传播者能更有针对性地传播信息。信息提供的平等性促进了传播的有效性。

互补性。信息化为佛教文化的传播提供了便利的条件。发达地区网络的覆盖面广，信息利用率高，受众群体多，对网络的依赖性强。但是，对于偏远地区，或者年龄偏大，或者习惯于传统纸质阅读等的受众而言，传统的传播媒介依然发挥着重要作用。因此，在佛教文化传播中，互联网与传统的传播方式两者的互补性填补了传播过程中可能出现的不平衡空档，能够更好地服务于需求多样化的受众。

整合性。信息化时代，佛教文化的传播尝试利用各种网络平台，如综合网站的佛教论坛、佛教网站、微信、微博等。从传播主体方面，可以分为以僧人为主和以居士为主两种传播主体。从传播形式方面，不同的平台各有其传播的侧重。佛教网站体现出综合性，微信传播则即时性、互动性更强，微博中博主发表或转载文章的专业性、个体性明显。从传播内容方面，也是各有特色，不同宗派的寺院网站，以传播本宗派的修行理念和实践为主。论坛传播内容多种多样，有宣传修行的论坛，如佛教地藏论坛、净土论坛等，也有专题论坛，如放生论坛、慈善论坛、助念论坛等。在表现形态上，佛教文化的传播则呈现板块状。但是，实际上这些板块整合在一个更大的网络平台上，受众可以根据自我的需要，自主切换，选择更适合的求知途径。

专业性。佛教专业网站对佛教文化的传播起到了重要作用，在某种意义上也对预防、抵制邪教发挥了积极作用。这些专业的佛教文化网站为受众提供了全面系统的佛教知识。如柏林禅寺夏令营的学员将自己参加活动的过程以及心理感受写出来，从初学者的视角解读佛教文化，分享在柏林禅寺的网站上，以供他人参考。相比于其他网站而言，佛教文化网站体现出专业性、系统性、全面性的特征，也成为佛教信息化传播的主要途径，为社会公众了解佛教文化，进一步修学实践佛教文化提供了重要的平台。

3. 佛教文化传播信息化引发的争论

现代传媒产业的快速发展，对佛教文化的传播产生了新的影响。它像一把双刃剑，一方面为佛教文化的多样化、多渠道传播提供了可能、放大了空间；另一方面，新的互联互通技术也带来了各种负面信息的人为入侵，在很大程度上模糊了宗教的神圣性。当然，科学合理正确地运用现代传媒技术必定会为当代佛教弘法利生提供一个重要平台。

互联网对佛教文化传播的作用。互联网技术的发展对佛教文化的广泛传播起到了重要的平台支持作用。这些专业网站的开通改变了传统佛教文化传播的格局，也因此出现了新的传播业态和传播形式，传播内容也更有针对性。自 1995 年我国开通国际互联网业务后，"中国佛教资讯网""中国佛教协会""佛教在线"等各类佛教网站纷纷建立。截至目前，全国的佛教类网站已超过 2000 多家，其中包括国家体制内的公益性网站、寺院设立的网站和个人成立的网站等。因此，网络宗教使得佛教的传播得到前所未有的大发展。①

当然，互联网对佛教文化的影响不仅仅是积极方面，在促进佛教文化传播的同时，也存在负面的影响。第一，海量信息会导致受众选择困难。受众面临的不再是信息的匮乏，而是面对大量的、复杂的、不断涌现的信息如何选择、接收和处理的难题。对于具有一定宗教文化知识、深入了解宗教历史与教义的人而言，其能够准确判断，明辨是非，而对于大多数人而言，还需提高辨别能力。第二，信仰信息多样化引起的受众信仰"游移"。在传统社会，人们的信息来源有限，家人、朋友、书籍、电视等是信息的主要来源渠道，易形成信仰的稳定性。而信息来源的多渠道会为信众改宗、改派提供更多的机会。第三，过度消费、个人主义、物质主义等对传统文化的冲击。大量的网络信息内容宣扬物质主义、消费社会、低俗文化等，对社会主义核心价值观，传统文化的温良恭俭让、仁义礼智信，佛教文化的慈悲喜舍等价值观造成一定的影响。

---

① 陈伟涛：《简析互联网对佛教传播的影响》，《学理论》2012 年第 23 期。

中国佛教协会网

二 田野观察：上海玉佛寺网站及其发现

20 世纪后期随着信息化的发展、互联网的普及，一些宗教团体开始建立宗教网站，通过网络平台宣传宗教文化，吸引各方信众，影响社会文化。进而，宗教文化的网络传播发展迅速，从宗教组织到社会团体，从团队到个人，从单向交流到多向交流，从传统宗教到新兴宗教，从地区到全球，从单一到多元化工具的运用，无一不显示出科技与信仰的结合。

为了解玉佛寺的互联网传播实践，笔者前期研究、梳理了有关玉佛寺互联网发展的相关文献。在"网络社区行"的基础上于 2016 年 3 月下旬来到上海玉佛寺，走访了样本点，以参与观察、随机访问的方式获取、分析信息。玉佛寺地处上海市区，寺内烧香、拜佛、参观游览的人员较多，人群中既有中国人，也有不同肤色的外国人。临近清明节，寺院贴出了举办七天清明水陆法会的时间表。此时，已有不少信众来寺院烧纸，玉佛寺设有烧香专区。寺院内呈现繁忙、和谐的景象。觉群楼前的横幅上书"探索和谐宗教理论，建设和谐寺观教堂"，玉佛寺寺务处主办的玉佛法苑正在举行第27届宪法宣传周活动。玉佛寺的素斋向来远近闻名，现在又增设了禅咖啡。大殿内觉群慈爱功德会的义工们正在宣传日行一善、慈悲布施、培植福德、奉献社会的慈善理念及活动。玉佛寺都市佛教特色明显。

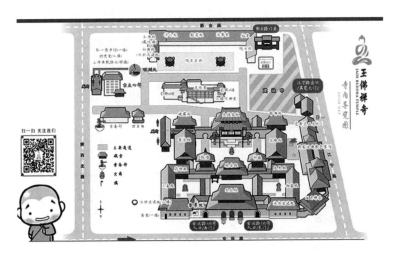

玉佛禅寺导览图

玉佛寺

玉佛寺出口处

（一）玉佛寺概况与"智慧寺院"建设

玉佛寺位于普陀区安远路 170 号，因寺内主要供奉玉佛而得名。寺内有清代玉佛供信众游客瞻仰、礼拜。玉佛禅寺地处市区，寺院发展规模受到一定限制。新中国成立后，市政府曾多次拨款进行修缮。全寺以中轴线上的天王殿、大雄宝殿、般若丈室三进殿堂为主，两边配以廊庑、观音殿、铜佛殿、禅堂、卧佛堂等，构成一个结构和谐、风格古朴的仿宋宫殿式建筑群。寺中玉佛制作的玉质之优、开相之佳堪称全国玉佛之最。玉佛禅寺建寺时间虽不太长，但寺藏文物颇为丰富。收藏的文物有北魏时期的青铜佛像、敦煌石窟内的唐人写经、明代的枣木观音及明代僧人用金粉书写的《妙法莲华经》、乾隆版《大藏经》等。[①] 1983 年 4 月，玉佛寺由国务院批准为汉族地区佛教重点寺院。1994 年，玉佛寺由上海市人民政府公布为市级建筑保护单位。[②] 寺庙办公分三个部门，分别是玉佛禅寺新媒体中心、觉群文教基金会、觉群文化传播中心。2014 年，上海玉佛禅寺专设新媒体中心，始用互联网推广佛教文化。在具体运用互联网方面主要做的工作包括以下几方面。

"互联网＋玉佛寺"智慧寺院。上海玉佛寺作为沪上名刹，较早就进行了一系列便民利民的"互联网＋"尝试，打造适应时代要求与满足市民需求的智慧寺院。现在只要关注玉佛寺的公众号，即可实现微信预约、扫码入寺、在线捐献功德等，给到访者留出更多时间敬香、礼佛、参访。除此之外，人们还可以在手机上预约禅修等热门活动，以及在线预订登记放生、开光、祈福等各类法务活动。智慧寺院的尝试，让上香礼佛变得更为方便，也让佛教文化的传播突破空间的局限，将丰富的佛教文化更多元地展现给信众。

"短期出家"。为了使社会公众有更多的佛教文化体验，玉佛禅寺在

---

① 《玉佛寺简介》，玉佛寺网站。
② 《繁华的市区闹市中的一片净土上海玉佛寺》，凤凰网，http：//fo.ifeng.com/。

"玉佛问禅"入寺禅修活动的基础上，又推出了短期出家体验。这是寺院"互联网＋"智慧寺院的全新尝试。①

玉佛禅寺短期出家安排

　　玉佛禅寺的短期出家活动，为市民通过体验方式近距离了解佛教仪式、戒律、教理、教义，理解出家僧众的修学、生活提供了便捷的途径。这是玉佛禅寺为适应当地信众不断提高的佛教文化需求，在前期佛教文化网络传播的基础上做出进一步的有益探索。

　　香花钱认捐。为免去市民游客等待排队购票之劳，寺院利用网络技术开发了预约参访日期、扫码入寺礼佛活动。② 借助手机应用功能的普遍性，购买门票已无须到窗口排队，在手机页面上购买并支付，即可完成购票。玉佛禅寺香花券为玉佛寺门票，每张 20 元，电子香花券全款捐赠上海觉群文教基金会，用于基金会的慈善公益事业。

　　在线礼佛。礼佛属于信众、游客重要的佛事活动。玉佛寺为推广礼佛功德，结合大众的需要，开通了网上布施项目。这个板块的主要功能是方便信众、游客布施。捐功德在信众的观念中是广种福田、行善积德、消灾免难等的重要途径。传统的捐功德需要到寺院，而线上操作简单方便，随时随地可

---

① 胡宝秀：《玉佛寺推收费版"短期出家"》，《东方早报》2015 年 10 月 13 日。

② 《点点客案例：玉佛寺的互联网＋新尝试》，和讯网科技频道，http：//tech. hexun. co.

手机购买门票

实现捐赠。

　　禅心夜境。为了扩大玉佛寺的社会影响，更广泛地传播佛教文化，玉佛寺根据大都市工作生活特点，安排了在下班时间更方便开展的修学活动。

　　通过手机平台可预约参加下班后的寺院活动，以方便上班群体。预约者可以根据自己的爱好、时间灵活选择参与寺院提供的活动项目。同时，这也方便寺院的管理，根据市民游客的实际参与情况，寺院可调整活动板块内容、规模及形式等。

　　"慈善·感恩·团圆——2015 玉佛中秋之夜"。玉佛寺利用多种形式的科技资源传播佛教文化。在 2015 玉佛中秋之夜晚会上，寺院与互联网公司实现合作，运用信息化手段管理活动现场，积累寺院运用互联网技术开展大型活动的经验，也为互联网公司了解寺院的管理需求提供了机会。这样的跨界合作创新了二者合作共赢的互动模式。

　　在信息化时代，随着科技的发展，新媒体的影响力愈加明显、普遍、广泛而深远。佛教团体也顺应社会发展潮流，积极将新媒体、互联网运用到佛教文化的传播中，进入弘扬佛教文化的新时代。

网上布施项目

网络直播"与大和尚聊天"。玉佛寺地处上海,引领风气之先。他们敏锐地发现信息化、互联网在现代社会发展中的积极作用,率先开始利用互联网优势,建立佛教网站,开通微博、微信,通过多元化网络平

禅心夜境介绍

上海玉佛禅寺方丈觉醒大和尚，一直秉承佛陀弘法利生之弘愿，予众人种种亲近佛法的方便，启动禅心夜境公益项目，市民、游客可通过线上预约，体验祈福洒净、拜钟祈福、参禅静心、抄经供灯等公益活动。

愿您在忙碌之余，红尘暂歇；在这城市繁华中，找到内心的宁静；在庄严的道场中，感受佛教文化的力量。

手机预约寺院活动

台传播佛教文化。玉佛禅寺方丈觉醒大和尚的网络直播颇具新意。在网络频道直播中，觉醒大和尚与主持人骆新对话聊天，和网友直接交流，无论是生活上碰到的挫折、工作上的压力还是情感遭遇等问题，大和尚都可在网络上解答。为吸引网友的参与，网络直播平台还提供奖品，参与报名看直播还能赢得大和尚墨宝、春联、台历、手机壳、香花券等近千份奖品。

"十大新闻"票选。在玉佛寺"十大新闻"票选活动中，"利用网络弘法"高票当选。2016 年，随着觉醒大和尚个人微信公众号"般若丈室"的开启，玉佛禅寺新媒体弘法矩阵逐渐完善。借助互联网弘法利生，玉佛禅寺尝试佛教文化的跨界传播，期待给公众带来更新的体验。

微信推送招募志愿者。2015 年 4 月 27 日，玉佛禅寺微信推送招募志愿者。这是寺院首次运用新媒体招募，被称为接地气的做法。新媒体招募引起了年轻群体的共鸣，数百名年轻人参与应聘活动。

微信招募志愿者

利用新媒体传播佛教文化是现代宗教文化传播的大趋势，招募新媒体志愿者，既缓解了工作人员不足的问题，又可吸引年轻群体的参与。该活动搭建起佛教寺院与社会的桥梁，将佛教文化通过互联网平台传播给社会，让更多的人认识、了解佛教文化，促进社会和谐发展。

学术研讨。每年的"觉群文化周"，上海玉佛寺都会选定一个与社会人生息息相关的主题作为研讨会的主要内容，提升寺院佛教研究的水平，推动佛教文化的发展与创新，为服务社会、利益大众提供了有益的借鉴。①

---

① 常正：《当代宗教媒体的定位与责任研讨会在上海玉佛寺隆重举行》，《法音》2010 年第 12 期。

学术研讨

沪上宗教界首家文教基金会。2017 年 2 月 18 日，上海宗教界首个文教基金会——上海觉群文教基金会成立。上海觉群文教基金会由玉佛禅寺发起，注册资金 300 万元，经市民族和宗教委及市社团局批准并挂牌。基金会的宗旨是为实现"觉悟群生，奉献社会，和谐世界，大愿同行"美好愿景，为构建社会主义和谐社会做出新贡献。①

（二）信息化平台的组织与定位

1. 玉佛寺网站

玉佛禅寺网站始建于 2002 年，是上海地区甚至国内建设比较早的宗教类网站。随着互联网技术的迅猛发展，发达国家的宗教组织开始建立宗教网站传播宗教。通过互联网平台传播宗教，突破了空间、时间的界限，改变了

---

① 《沪上宗教界首家文教基金会成立》，http：//www. shpt. gov. cn/shpt/ptnj2016 – zongjiao/20170808/247959. html。

人与人之间的交流与沟通方式，迅速成为传教的新型载体。同时，互联网传播方式节约了宗教组织大量的人力资源，足不出户便可传播相关宗教知识，深刻地改变了传播者与受众的关系。玉佛寺准确判断互联网传播的发展趋势，意识到网络化传播将是佛教文化传播的必经之路，"虚空道场"将是佛教传播者与信仰者互动的新空间。玉佛禅寺从建立佛教网站起便开始了网络弘法之路，并随着科技的发展不断增加新的传播载体。

（1）理念与定位

玉佛寺网站建设的初衷是"觉悟群生，服务社会"。其基本理念是，"以佛法觉悟群生，教育培养人才，学修提高素质，服务树立形象，文化提升品位，慈善回报社会"。

玉佛寺第 27 届宪法宣传周

网络传播的基本理念与现实传播并无不同，可以说，是现实场景在网络社会的投影。同时，网络传播约束性弱，不可控因素较多。针对这一特点，他们努力以基本理念为准则，统领现实与网络佛教文化传播的健康发展方向。

（2）基本原则

玉佛寺在国家法律与政策许可的范围内，运用互联网新媒体推广佛教文化。关于互联网佛教文化的传播，需要注意的问题包括：首先，法治化管理。互联网不是法外之地，互联网的运行与发展需要遵循国家法律、法规、管理制度等。互联网作为新生事物具有创新性特征，而相关法律制定的滞后性会造成一定时间内的管理缺失。因此，对网络宗教更需要具有敏锐性，做好治理工作。其次，协会监管。佛教文化的传播内容具有专业性特征，传播内容是否符合佛教义理，传播主体的行为是否符合佛教戒律，传播形式是否符合相关宗教的规定，这些都需要专业人员的评断，需要以协会的形式共同管理。最后，信息公开。信息公开一方面是寺院机构、制度、人员、活动等公开，利于查询，利于外界的参与；另一方面是寺院财务状况的公开，基金会财务状况的公开，利于公众监督。随着科技的进步，信息化越发深入社会大众的生活工作，佛教文化的传播也将顺应时代的发展，合理、积极、有效地利用信息化成果。

（3）互联网推广的形式

上海玉佛禅寺利用网络平台推广佛教文化的主要形式包括官方网站、微博、微信，以及腾讯视频的上海玉佛禅寺频道、喜马拉雅 FM 上海玉佛禅寺专辑等。

玉佛禅寺官方网站。官网利用网络搜索引擎即可找到，方便快捷。官方网站界面清晰、栏目齐全、内容丰富、更新及时，是玉佛寺网络传播的主要平台。主要栏目包括"走进寺院""玉佛资讯""微课堂""玉佛问禅""政策法规"几个板块。其中，"走进寺院"主要是对玉佛禅寺的总体介绍，提供关于方丈觉醒法师、寺院历史、觉群文化及参访指南的信息。"玉佛资讯"包括新闻资讯、法会资讯、寺院活动等。"微课堂"提供法会预定以及捐赠布施等功能。"玉佛问禅"主要面对市民、游客的修学需求，提供的项目主要有禅修、抄经、梵呗修学等。官网提供中文和英文两种语言的界面，体现玉佛禅寺国际化传播的特色。

玉佛禅寺微博。玉佛禅寺于 2011 年开始发布微博，通过简短文字、图片、

玉佛禅寺官方网站

视频等方式在微博平台推送各种有关佛教文化的消息，以及寺院活动、生活常识解读、饮食介绍、书法讲解、音乐欣赏等。微博作为社交平台，具有互动性、即时性、易行性、快速性等特征。玉佛禅寺有官方微博，寺内法师也有个人微博。个人微博的互动性较强，网友通过平台与博主交流，推广佛教文化。

玉佛禅寺微博

玉佛禅寺微信公众号。微信公众号是自媒体传播的重要工具，具有及时性、便捷性、传播性强等特征，受众群体数量巨大，是目前最受重视的推广平台。玉佛寺也创建了寺院公众号，如玉佛禅寺公众号、觉群文教基金会公众号，以及觉醒法师个人公众号，开展佛教文化的传播。玉佛禅寺公众号，每天都会推送原创的佛教文化信息，并欢迎大众转发分享。公众号设置了"走进寺院""学佛""广种福田"三个栏目。整体栏目的功能区分明显，"走进寺院"栏目，为大众了解玉佛禅寺提供信息。"学佛"栏目，推进专业性佛教知识的普及。"广种福田"栏目，包括放生、印经、供斋、法会等佛事活动。每日推送的文章内容丰富，既有佛教文化、寺院活动，也有日常生活知识，有效促进佛教文化的社会传播。

腾讯视频玉佛禅寺频道。腾讯视频以互联网为平台，通过在线视频的方式提供各种视频资源供用户观看。玉佛禅寺频道提供介绍玉佛禅寺的视频，现有 700 多个视频，播放量已达 600 多万次。频道具有直播功能，在特定时间，主讲人、主持人进入直播间，网民经过注册可进入虚拟主播间，与主讲人在线视频互动，在线提问、解答等。模拟现实生活中的人际交流与沟通，在虚拟直播间，人际沟通似乎比现实中更加平等、自由。

玉佛禅寺频道

喜马拉雅 FM 上海玉佛禅寺专辑。不同于腾讯视频，喜马拉雅 FM 是以音频的方式分享各种资源的网络电台，现用户已近 5 亿。玉佛禅寺现有

8 个专辑,有佛教经典讲解,如《佛遗教经》解析,《金刚经》解析及觉醒大和尚解《心经》等,还有玉佛禅寺中英文介绍。"问师父"栏目,有生活上遇到什么烦心事就去问师父,师父教你"打水陆"等专辑。喜马拉雅 FM 也开设了直播间,以音频的方式交流对话。个人也可将自己录制的音频资源共享于平台上。喜马拉雅 FM 体现了网络化交流沟通的互动性、主动性、平等性等。

玉佛禅寺专辑

2. 玉佛寺信息化发展的特征与趋势

在信息化传播方面,玉佛寺积极利用各种新媒体、新平台,既有独立性网站、微博、微信公众号,也有视频、音频频道,还有图片、文字、视频、音频、中文、英文各种形式,全方位、多维度地展示、推广佛教文化。借助互联网,实现资源裂变式传播、信息快速扩散。互联网已成为佛教文化传承、传播的重要平台。

(1)特征

融合性。传播的核心是人与人之间的交流与沟通,从早期的面对面交流到书信、书籍、电视、电话等,再到智能手机、电脑等以信息化平台为交流媒介,其不断延伸了人际互动沟通的可能性。不同的传播媒介同时存在于社会交往中，实现功能互补。在此意义上，推动传播者、受众综合利用不同媒介进行沟通，对传播实践进行重新塑造和结构化整合。玉佛寺佛教文化信息化传播正是补齐了传统传播形式的短板，在融合中回应了时代对传统宗教文化传播上的挑战。

主动性。主动性首先表现在传播者对数字化媒介和信息化传播的积极接受、主动利用方面。玉佛寺在虚拟互联网平台率先建立虚空道场，借助新的传播载体，传播佛教文化，扩大寺院的影响力，吸引潜在的受众。其次，传播者与受众在信息化传播的实践中，皆具主动性，尤其是受众，在互联网提供的平台上，自主选择所需的信息。同时可随时输送信息，从受众转为传播者。最后，虚拟场景更有利于主体自主决定是否进入或退出沟通交流过程，决定沟通的方式以及获取的内容。玉佛寺从其版面设计、内容报送、语言运用等方面潜移默化地影响着学众。

互动性。互联网科技的发展，促进传播形式的不断创新，同时塑造了新的人际互动方式，形成新的社会文化。新媒体具有即时性特征，使信息无处不在、无时不在，随时将传播者与接受者连接起来，为互动提供前提。新媒体具有直观性特征，如音频、视频使双方处于同一语境，为及时互动提供了平台。新媒体具有包容性特征，如直播间理论上可容纳的人数无上限，提供参与统一话题讨论的空间，使传播与行动的统一性成为可能，将互动整合进日常生活。玉佛寺在新媒体方面的运用可谓与时俱进。

连接性。数字化媒介和网络化传播，将信息、传播者、受众跨越时间空间的界限，连接在同一场域之中。这种连接性是动态的、发散的、连续的过程。受众在接收信息的同时，也在生产信息，转发信息，成为次级信息源，并以多级传播的形式持续传递。玉佛寺的实践为佛教文化传播中线上与线下、现实空间与虚拟空间的沟通提供了可供参考的经验。

（2）趋势与影响

上海玉佛禅寺借用互联网平台积极探索传播佛教文化的经验，为进一步实现佛教文化传播中的媒体融合提供可供参考的思路。

信息化对现代社会影响深远，随着科技的发展，将更加深入地参与人类生活中。宗教文化与信息化的结合尚处于开始阶段，利用无处不在的网络虚空道场，不论何人都可以在任意地点、任意时间享受现代科技带来的便利，找到、看到、听到所需要的信息。通过接收到的信息，受众接触、接受和形成对宗教文化的认知，并通过网络参与到信仰体系的建构与再建构过程中。因此，运用互联网是佛教文化传播新的趋势。

在多样化的数字媒介中，手机与个体的联结最为紧密。随着智能手机的更新换代、网络基础设施建设的推进，多元传播模式被整合到智能手机这一载体之中，并随之整合于个人的日常生活。人们通过智能手机实现随时随地进入宗教文化学习的状态，模糊了现实与虚拟的界限，延伸了宗教文化获取的场域，并通过智能手机更多地了解信息、阅读文章、观看视频、收听音频节目和参与各种讨论等。因此，在佛教文化的传播方面，注重手机用户的阅读习惯，将优质丰富的资源、多样化的表达形式嵌入平台之中，会起到更佳的传播效果。

一方面，数字化媒介的应用操作呈现更加简单化、便捷化的趋势。但另一方面，互联网平台的建立、运行、维护等工作专业性越来越强，呈现两极分化的现象。因此，佛教文化的传播与互联网专业公司或专业人才的合作成为新媒体传播的关键。由于专业人才的缺乏，有的宗教团体对新媒体运作方式、传播方式不太了解，新媒体传播工作尚未展开，错失传播良机。有的宗教活动场所虽已开展新媒体的传播运用，但是由于专业知识不足，在传播方面存在不及时、不全面、不充分等问题。媒介只是载体，内容才是核心。佛教文化的互联网传播，需要佛教专业知识与新媒体传播专业知识的综合。在全民上网时代，对传播人才，尤其是宗教文化网络传播提出了更高的要求。

2014年，我国提出建立网络强国。中国的互联网文化作为国家软实力，与全球互联网相连，在全球互联网平台传播中国经验、中国文化、中国故事。佛教文化作为中国传统文化的重要组成部分，承担全球传播责任。同时，网络传播的开放性、无界性、即时性、隐蔽性等特征，也引发了诸多不可预知的复杂状况。如在互联网传播现象中，出现以网络为平台的新兴宗教，网络传教、建立网上组织、发起活动等，甚至有极端组织通过网络发布消息、混淆视听等，给社会和谐、安全带来了诸多挑战。因此，互联网宗教文化传播既是机遇更是挑战，加强网络宗教治理势在必行。

（三）信息化中宗教文化元素的"游移"

借用互联网传播佛教文化，是佛教团体对现代社会传播技术发展趋势的准确判断，以多元化数字媒介为载体，以互联网为平台，将传承千年的佛教文化通过新的传播形式展示、流传于社会，让更多的人能够更加便捷地接触佛法，学习佛教文化。互联网传播不仅对于社会大众，对于出家僧众同样具有重要意义，他们能够通过互联网获得更多的资源，开阔眼界，深入修学。对此，我们需要看到，新媒体传播的内容仍然是佛教教理，佛教文化的神圣性并无改变，佛教团体在社会性维度的积极探索，扩大了佛教文化的社会影响力。

1. 打破封闭空间，线上线下互动

社会媒体化和媒体社会化是当代社会发展的基本特点之一。社会成员之间产生的信息及其信息网络已经成为社会活动的脉络。社会媒体正在成为不同人群沟通的最新方式，改变着传统信息传播渠道，也改变着人们的行为方式乃至社会结构。[①]

从 2009 年开始，每年"腊八"上海玉佛禅寺都会在山门前向大众施粥，为新的一年祈福。这也慢慢变成了很多上海人的习惯。腊八当天，去玉佛寺领一碗粥，喝的就是个吉利。更有很多老一辈人，说要让全家人喝到庙里的腊八粥才算过了腊八节。现在，喝腊八粥已不用排队，通过网上"捐资认购 行善积德"即可。农历丙申猴年腊八施粥活动不但延续了该活动而且有了新的领粥方法，还可以行善积德。牵手腊八外卖平台"饿了么"，玉佛禅寺同上海觉群文教基金会、"新民邻声"共同发

---

① 丁元竹：《重视互联网给社会结构带来的影响》，《社会治理》2017 年第 9 期。

起了"共建图书室，赠您腊八粥"活动。图书属精神食粮，腊八当天开展的活动意味深长。

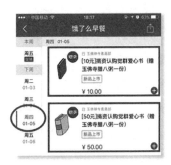

"共建图书室，赠您腊八粥"活动

相关款项将由"饿了么早餐"团队汇集后全数转交上海觉群文教基金会，专门用于爱心图书室建设。而奉献爱心的人士将在腊八当天得到玉佛禅寺赠送的一碗腊八粥。只需在规定时间内到自选的"饿了么早餐"配送点领取即可。认捐一本书、喝一碗玉佛寺的腊八粥让这个腊八节过得更有意义。[①]

互联网无疑已成为建构、维持宗教认同和进行宗教实践活动的重要工具。

2. 搭建新技术平台，传播优秀传统文化

全球化助推了宗教文化的跨国流动，互联网则促成自宗教改革以来媒体与宗教的第二次具有重大意义的结合。[②] 互联网大大提升宗教文化的影响力，使其具备了现代全球性媒体中网络疆域的覆盖能力。宗教网络疆域为宗教文化的传播创造了灵活与多样的空间。[③]

---

① 玉佛寺腊八节，www.sohu.com/a/123204953_161403。
② 徐以骅：《国际视野、当代关怀》，徐以骅等主编《宗教与美国社会——当代传教运动》（第六辑），时事出版社，2009，第12页。
③ 亚当·波萨马伊、布莱恩·特纳：《网络空间里的权威与流动性宗教：宗教传播的新疆域》，《国际社会科学杂志》（中文版）2015年第2期。

佛教文化在隋唐时代已完成中国化。从此之后,儒释道三教成为中国传统文化的重要组成部分,滋养着中国人的精神世界,指导中国人的现实生活,形成中国人的风俗习惯,维护中华民族的和谐统一。进入新时代,传承中华优秀传统文化,将中华文明传播到世界各地,为世界和平繁荣做出贡献,是国人的应尽之责。对于佛教文化来讲,利用新媒体,不断利用新技术创新传播方式,将优秀传统文化与现代传播媒介相结合,将佛教文化通过新的表现形式呈现于社会大众和全世界的面前,是需要不断探索的课题。上海玉佛禅寺在新媒体传播方面,与时俱进,不断探索尝试新的传播形式、手段、渠道,对维护佛教的神圣性,适应社会发展,更好地服务社会大众发挥了积极作用。

三　小结与思考

这一部分也可以称为信息技术背景下宗教文化传播之考察。这里并不是强调"技术决定论",包括互联网在内的各类技术只是载体,但其不仅仅是载体。它为宗教文化的传播提供了更加丰富多元的平台。然而,关键性的要素还是佛教文化本身。信息全球化、互联网日新月异,宗教文化依靠新技术拓展了宗教文化传播的途径、方式,甚至包括内容。当然,也必须看到,宗教文化信息化的过程既扩大了正向信息有效、针对性的传播,也带来了一些负面信息的非法传递,还引申出网络宗教这一敏感和充满风险的新现象。

伊利亚德指出,对神圣空间的宗教体验使"建构世界"成为可能。它在宇宙的各个层次之间开拓了联系的通道,从而使一种存在方式到另一种存在方式的本体论的转换成为可能。正是这样一种在世俗空间多样性中的突破,在对超越凡俗境界联系的确立过程中创立了宇宙的中心。① 同时,它还激活了信仰活动的个体化趋势,使社会个体、一些群体在较为封闭的空间内

---

① 〔罗马尼亚〕米尔恰·伊利亚德:《神圣与世俗》,王建光译,华夏出版社,2002,第30页。

分享相关信息。① 这些都对宗教领域的社会治理提出了新挑战。

　　传统宗教传播的网络技术化实践从表象上看，体现的是由技术、工具到思维的过程。如果向深层探讨，可以概括为宗教文化传播的策略、导向和趋势，以及文化价值、精神价值等。宗教文化传播是同技术应用密切联系的。纵观已经发生、正在发生和将来可能发生的这一类型的"游移现象"，互联网对社会各领域、各行业的影响，表明一场宗教传播生态格局的转化、更新，甚至是变革正在发生。其动力在于互联网以海量、及时、泛在的信息流或数据流，带动宗教文化生产要素流、产品流、人员流的加速流动。大数据、智能化能够很自然地将宗教文化传播带入新的空间中。需要追问的是，传统宗教文化如何有效利用新技术以适应社会主义社会、发挥其在社会核心价值观建设中的积极作用并为公众需求服务，如何在为社会提供精神食粮的同时完成自己的使命、适应新的发展，如何增强敏感性和国家意识，自觉抵制外来势力的渗透，等等。这些都是在互联网条件下传统宗教"游移"发展中需要思考和回答的问题。

---

① 亚当·波萨马伊、布莱恩·特纳：《网络空间里的权威与流动性宗教：宗教传播的新疆域》，《国际社会科学杂志》（中文版）2015 年第 2 期。

典型案例四：西安"对外交流"
——传统宗教"游移现象"类型之宗教与世界

进入全球化时代，作为一种文化资源——宗教文化的全球化已经逐渐发展成一种文化战略，宗教文化的传播方式及其功能也随之进入新的全球化时代。不同国家宗教文化在应对全球化竞争、国家发展及对外关系中发挥重要的作用。纵观历史，宗教在古丝绸之路的发展中促进了文明互鉴、经济社会的繁荣。当代佛教文化在融入我国人文外交、增加外交实践的灵活性、助推"一带一路"建设、参与构建人类命运共同体等方面也发挥了重要的作用。

习近平总书记指出，做好新形势下的宗教工作，必须坚持党的宗教工作基本方针，积极引导宗教与社会主义社会相适应，弘扬中华文化，努力把宗教教义同中华文化相融合，为实现中华民族伟大复兴的中国梦贡献力量。宗教文化传播的外交化、民间化、国际化、全球化是当前传统宗教"游移现象"在传播理念、传播空间和传播功能上的一种新的形态。从我国面临的国际秩序新的格局与挑战看，发挥佛教文化在国家外交中的作用显然需要得到加强。宗教文化在全球化时代扮演着重要的角色，能够影响国家与国家、国家与世界的关系。因此，在当前国际形势纷繁复杂的情况下，更应该重视佛教文化在外交领域所起的作用。随着全球经济的发展和世界格局的重新布局，建构并确立中国的大国地位、大国形象，也要深刻总结历史上"一带一路"文明互鉴的经验，传承不同文明和平、互惠交往的智慧，将中国文化自信、中国故事、中国经验透过中国话语有效地传递出去，对构建和谐世界、推进人类文明共同体建设产生积极影响。历史上，玄奘、法显、鉴真等中国文化传承者以自己的行动书写和践行了佛教文化外交的历史与责任。佛教文化不仅在过去对世界文明的交流互鉴发挥了重大作用，现在及将来会继续为我国的对外交流与文化传播做出更大贡献。

在本部分，选择西安作为重要的样本城市，不仅因为这里是中华文明的重要发祥地,是丝绸之路的起点,有丰富的佛教文化资源,更因为佛教文化在长安完成中国化,从历史到现实,佛教文化外交实践在国内外已产生重要的影响,积累了丰富的经验。在学理上,更是想透过传统宗教在新的全球化背景下向外交领域延伸的描述和分析,认识传统宗教"游移现象"的不同取向和形态,为阐释多元的传统宗教"游移现象"提供更多的理论与经验支持。

一 传统宗教文化传播的国际趋势:全球化与传统宗教文化实践

传统宗教文化在中国社会的参与度逐渐提升,从"经济发展""社会和谐"到"文化繁荣""宗教外交",它经历了从促进国内经济、社会、文化发展到参与国际文化交流、文明互鉴的拓展过程。在全球化背景下,人们越来越明确地意识到,宗教文明是人类文明的有机组成部分。目前,中国宗教界已与超过 80 个国家的宗教组织建立了友好关系。① 为了适应新的世界格局变迁和"一带一路"倡议,树立良好的大国形象,造福世界人民,我国宗教领域的国际交流与合作正在国家战略的布局下有步骤地广泛开展。正是包括传统宗教文化在内的中国文化的深厚根基孕育了中华文明在世界文明中的重要地位,也正是包括佛教在内的中国传统宗教的魅力和智慧使得宗教文化在国际外交事务中已经发挥重要的作用并继续扮演重要的角色。

(一)背景:全球化与宗教文化全球化的理论视角

全球化既是一种理论学说,也是一项实践,是一种全球互构的新型关系和结构。同时,它还是一种文化生产与利用的形态。全球化作为一个国家战略又时常表现为全球话语的生产、制造和关系定位。宗教作为一种文化、一

---

① 国务院新闻办公室:《中国保障宗教信仰自由的政策和实践》(白皮书),人民出版社,2018。

种价值载体，在全球文化交流或竞争中，在全球秩序建构中，从历史到现实都扮演了重要的角色、发挥着重要的影响。

1. 全球化的学科解释

全球化可能不是一个特别充满学术感的概念。但是，在当下的学术界几乎没有人忽视它，不去关注它。同样，在小到人们的日常生活，大到国际关系、世界格局建构等议题中也离不开它的存在。尽管有人怀疑全球化真的是人类社会发展所需要的，也有人抱怨全球化带来的一些不良后果。但是，全球化就是一个既成的事实，它在对世界贸易、国际关系等产生影响的同时，也影响社会的发展、人们的生活。在新一轮全球化发展中，人们对全球化多了些建设性的反思和新的要求与期待。

国际政治学者大多从世界范围和国家之间的关系来看待全球化。有观点指出，全球化指的是世界压缩的现实状态，它意味着人们对世界一体化认知的加强，包括事实的连接和观念的形成，本质上已经形成了不可分割、相互依赖的世界格局和一体化的意识。也有观点强调，全球化超越了地理的边界，在世界某处进行的活动，可能会对遥远地区的人们产生重要影响。这种跨区域的互联性，形成了一个持续扩张的网络，并随着国际互动的"强化"和发展，超越了社会和国家，国际关系日益走向正规化。亨廷顿则将全球化定义为，互联——商品、货币、科技、信息、人、思想和文化实践流动的加强，超越了政治和文化壁垒；这些互相依赖的活动范围超越了疆域，汇聚融合。全球化包括了世界一体化的意识形态和身份认同；强调全球化的能动性和发展进程，反对仅仅将全球化视为一种向外的或者固化的结构。[①] 这些观点对认识和判断宗教文化在全球化进程中的定位起到了重要作用。正是观念、意识、思想等文化力量的影响力，为制造、挑战和发展全球化及其变迁提供了资源，也为作为手段和途径的宗教文化在外交事务中的应用创造了机

[①] 罗兰·罗伯逊：《为全球化定位：全球化作为中心概念》，载梁展《全球化话语》，上海三联书店，2002；〔英〕戴维·赫尔德等：《全球大变革：全球化时代的政治、经济与文化》，杨雪冬等译，社会科学文献出版社，2001；〔美〕塞缪尔·亨廷顿：《我们是谁》，程克雄译，新华出版社，2005。

会和可能。宗教文化在其中以其具有的超越性和实用性起到润物细无声的沟通作用。尽管说，这种作用可能带来积极或消极的影响。但是，中国传统文化的积极作用在历史和现实中已经被证明是不可忽视的，宗教外交正是在利用和放大这一资源的正能量。

社会学的视角则更倾向于从多元结构上去认知。卢克·马特尔提出，全球化需要"包含来自全球的投入"，它是"相互依存而不仅仅是相互联结"。"既包含精英更要涵盖大众"，还需要具有"全球意识"。人们不能只是在全球范围内活动，而是要真正具有世界一体化的意识。[①] 吉登斯认为，全球化是政治、经济、文化和社会因素综合作用的结果。他还站在全球社会学的角度提出了面对全球化需要新的全球治理形式。[②] 新时代世界的连接性、多元性、互构性对过往的治理模式提出了挑战，经济和军事的应对方式越来越显得无力，不具有持续性，而文化的力量却日益凸显。社会学的观点为从多元视角观察全球化拓展了新的领域，它不仅仅考虑关系，还关注结构和过程，关注全球化的条件、手段和途径，更关注人和社会因此而发生的改变。宗教文化在全球化过程中如何利用观念、意识要素自觉参与其中，这是一个很重要的议题。宗教文化是一种意识形态，在宗教文化的国际传播中发挥我国传统宗教在亚洲、在全球的影响力，为国家全球战略服务，使中国与全球的连接不仅仅是经济的、政治的，还包括文化，是文明的交流与互鉴。

社会文化人类学者对"全球化"基于不同的立场有各种不同的定义。他们在普遍承认全球化现实的同时，更是从反思人类多样性上阐释现代化。部分学者认为，全球化使各种文化及其能动主体的流动达到了空前的规模和深度。从某种意义上说，"本土化"和传统的复兴是"全球化"的重要内容。在"全球化"背景下，世界上各个国家或各个地区的不同文化构成了一个相互冲撞、交流和互动的全球多维网络的图景。在这个全球网络中，每

---

① 〔英〕卢克·马特尔：《社会学视角下的全球化》，宋妍译，辽宁人民出版社，2014。

② 〔英〕安东尼·吉登斯：《社会学》，李康译，北京大学出版社，2009。

一种文化不再固定于一个地理位置上，而是在网络中做着不规则、不均衡以及不等速的运动。文化在空间上是流动的，在时间上不仅仅是被继承的，更是被创造的。① 在这里，他们从深层的视角解释在流动的全球化进程中文化的博弈、对立和冲突，而努力寻求和谐、共生与发展。其认为，全球化不但达成了全球的压缩、整合与一致性，更是引发了"本土化"的浪潮和本土传统文化的复兴以及"逆全球化"。关于全球化的利用与反思在文化学者内部的争论与对立可能是最为激烈的，甚至在某种意义上说，质疑和反对全球化的声音也最为强烈、最为敏感。全球化和"发展"都引发过一轮又一轮的讨论。在这些争论与质疑中，本土化概念、观念的崛起最为引人瞩目。它与将要讨论的宗教外交、传统宗教的对外传播有密切的联系。民族的就是世界的、中国宗教文化的软实力等都与这些讨论有关，而这些又都影响了传统宗教文化的对外交流实践。

2. **全球化与文化自觉**

在全球化高度发展的时代，不同民族与国家都将面对来自不同维度的挑战，这些挑战既包括经济、政治、军事，也包括文化、意识形态等。要应对这些挑战，文化的作用不可忽视。为此，费孝通先生吸纳中国传统文化精华，通过对经验的理性思维和对世界格局的观察，提出了"各美其美，美人之美，美美与共，天下大同"的理想图景。"只有当不同族群、民族、国家以及各种不同文明，达到了某些新的共识，世界才可能出现一个相对安定祥和的局面，这是全球化进程中不可回避的一个挑战。"为此，费老提出重新认识中国文化，强调心的建设，并通过"文化自觉"融入世界的判断和设想。② 这一思考不仅为学术界的文化研究树立了在全球视野中开展思考的标杆，也为日后国家文化战略的选择和开展人文外交、宗教外交，实施新的文化交流策略提供了可供参考的行动思路。

进入 21 世纪以来，中国的国际地位不断提升。在开展大国外交的过程

---

① 翁乃群：《全球化背景下的文化研究及其思考》，《社会学研究》1999 年第 6 期。
② 方李莉、朱苏力、费宗惠：《费孝通与中国文化自觉》，《文学报》2014 年 3 月 6 日。

中，我国对外文化战略变得更加清晰，文化软实力的意识开始觉醒，自觉运用文化处理外交事务的能力也逐渐加强。党的十八大以来，更是将文化自信与道路自信、制度自信、理论自信联系起来，共同构建当代中国发展的自信。在实践中，努力将文化自信折射到新时代全球战略的外交实践中，包括外交领域的实践中。要在实践中体现文化自信，当然需要文化自觉、文化交流和文化互鉴。文化自信不仅仅是一种理念、一种态度，更是一项实践。实践已经证明，文化自信离不开中华优秀传统文化的源头滋养。中华文化异彩纷呈、兼收并蓄、历久弥新，在对中华五千多年悠久文化进行扬弃的基础上，中华优秀传统文化萃取了其中内含的精华部分。从一定意义上看，中华人文精神在远古时期已具雏形，厚德载物、和而不同、以人为本、以文化人等都是中华人文精神的象征。并且随着时间的推移而不断深化其内涵，精神层面上把中国人的文化之根扎了下来，巩固全体中国人所共享的精神田园。由是观之，中华传统文化得以焕发新生，其中优秀成分将为文化自信在国人内心扎根提供充足养分。① 这一观点对推进人文外交、宗教外交的启发在于，外交实践离不开中华优秀传统文化的滋养，对中华优秀文化传统的认知、认同，并不仅仅是作为中国对外交往中的软实力发挥作用，也是强化各国和平、平等交往的重要文化动力。作为中国传统文化重要组成部分的佛教文化也因此成为不可忽视的力量。

3. 宗教学研究中的全球化观点

在宗教学研究中，全球化议题不仅仅局限于特征、类型、对社会发展的影响等，还不断延伸并引发了关于宗教全球对话及使命的讨论。全球化是世界各国宗教必须面对的现实。在这个层面上，全球化的意义在于建构一个超越地理疆域、国家疆域、文化板块疆域的联系。宗教是一种信仰，是一种哲学思想，同时还是一个文化、伦理价值的社会实践体系。因此，全球化时代的宗教既出现了多元化趋势，也存在抗拒全球化的作用力，产生回归传统的现象。这就是全球化对宗教的发展可能产生的影响。可以说在全球化的冲击下，宗教的

---

① 项久雨：《新发展理念与文化自信》，《中国社会科学》2018 年第 6 期。

信仰价值取向出现分层，在很多地区甚至出现了宗教的冲突现象。[①]

改革开放 40 多年来，国际政治中的宗教因素、全球治理中的宗教角色等都受到中外学者的广泛关注。在全球文化交流中，宗教文化的功能作用更是受到研究者的热议。国外一些学者基于西方立场和文化优越思维，著书立说，深度思考基督教的全球使命，提出了一系列理论和策略。与此同时，中国学者也积极参与宗教普遍性议题的探讨，或是透过历史启示，或是结合中国现实开展研究。对当前宗教外交研究的视野也在不断拓展。有学者认为，在我国外交领域宗教文化的作用也在凸显，中国的宗教文化和宗教外交已经开始融入新生的世界格局和全球化文化战略进程中，它必将为"人类命运共同体"话语建构注入新元素、奠定新基础、发挥新作用。[②]

罗伯逊指出，在我们所生活的时代，不"从全球视角思考"已变得不可能。社会学家越是将全球化当作一个明确的话题，也越会关注全球——人类的处境之意义的问题。全球化理论思考的是关于人类或全球社会所面临的问题，是与人类共同命运相关的宗教主题。全球化的变革意味着社会秩序的根本变化，因此导致了身份危机和意义问题，这也促进了宗教话题的探讨。[③] 全球化的人类社会是一个扩大的多元融合社会，与中国多元社会有着相似的需求和挑战。因此，中国本土宗教这种不重建制、多元包容、求同存异、与社会融为一体的信仰模式经过改良，可能正是有效化解全球文明冲突，使人类得以和合共生的优秀信仰模式。[④]

（二）阐释：全球化中的国家人文外交与宗教文化

随着全球化尤其是国家利益格局调整过程的展开，包含宗教文化元素的人文外交在中国对外关系和对外战略中具有越来越重要的地位。其中，宗教

---

① 郑筱筠：《全球化时代宗教与民族的热点问题研究》，首届宗教与民族高端论坛——"全球化时代宗教与民族的热点问题"。

② 邱永辉：《人类命运共同体的话语建构与宗教文化》，《中央社会主义学院学报》2018 年第3 期。

③ 李向平等：《当代美国宗教社会学理论研究》，中西书局，2015，第 358 页。

④ 安伦：《正确认识中国本土宗教文化对世界和平的价值》，《中国民族报》2016 年 4 月 19 日。

文化成为人文外交实践中促进与国外民众沟通和对话、塑造国家形象、增强国家软实力和国际话语权的重要方式。

1. "人文外交"的内涵

人文外交在一般意义上是指包括运用宗教文化资源在内的一切人文资源而进行的外交活动。如果从规范的定义看，人文外交主要是指主权国家以维护本国利益及实现对外文化战略目标为目的，在对外文化政策指导下，借助文化手段进行的外交活动。① 说得更明确些，是从国家外交大局出发，拓展对外文化交流。因此，人文外交是公共外交的渠道和手段之一。早在 21 世纪初，外交部部长杨洁篪首次提出"人文外交"概念，将文化、对话、交汇作为核心理念，指出大力推进人文外交，加深人与人之间、民众与民众之间、民族与民族之间的相互沟通和友好情谊，对增进国家与国家之间的信任与合作、促进世界的和平与繁荣，比以往任何时候都重要。② 由此可见，人文外交是公共外交在人文领域的展开和延伸，它比文化外交涵盖的范围更广，包括宗教、民族、思想、文化、教育等社会领域的跨国交流，体现为国家的参与、外交逻辑和人文逻辑的交汇。③

人文外交是一种凸显"人的价值"的对外文化交流的具体方式，它具有鲜明的中国特色。④ 国家性、民族性、人文性、灵动性和战略性是人文外交区别于其他交流形式的重要特征。它以"文化为源"，推广中国优秀传统文化，主张中国优秀传统文化在与世界不同文明的积极交往中共同发展。这里当然也就包括了作为优秀传统文化组成部分的传统宗教资源在外交事务中的利用。

2. "人文外交"与中国宗教文化

习近平总书记强调，中国将坚持"四个自信"。对中国文化的自信理应包括对构成中国优秀传统文化元素的宗教文化的自信，对本土化的佛教文化

---

① 李智：《文化外交：一种传播学的解读》，北京大学出版社，2005，第 25 页。
② 杨洁篪：《专题报告：奥运后的国际形势与外交工作》，人民网，2008 年 10 月 20 日。
③ 赵可金：《人文外交：全球化时代的新外交形态》，《外交评论》（外交学院学报）2011 年第 6 期。
④ 叶青：《浅析中国特色人文外交》，《国际展望》2010 年第 1 期。

的自信。因为它们是中华文化的一部分。人文外交就是以中华文化中的宗教文化为资源，传播中国智慧、发出中国声音，① 继承和深化与世界各国的交往层次，构建人类命运共同体，使人文外交更加有声有色、深入人心。

宗教文化是中外文化交流的重要载体与精神纽带。从历史上看，玄奘西行与鉴真东渡至今被人传诵，并成为中印、中日关系强大的文化纽带。近年来，利用宗教资源开展的人文外交有了较快发展，出现了"世界佛教论坛"以及国际性宗教文化节等各种宗教文化对外交流活动和制度性交流平台。中国的宗教领袖和宗教团体也纷纷参与一系列重大国际宗教活动，对中国宗教在国际社会和海外华裔社区中展示良好形象产生了积极效果。

"文明因交流而多彩，文明因互鉴而丰富。文明交流互鉴，是推动人类文明进步和世界和平发展的重要动力。""文明互鉴"是人文外交的核心理念，"文明互鉴"话语的提出，体现了中国的东方思维、平和气质和大国风范，也表现出中国人民的文化自信、理论自信和实践自信。"文明互鉴"话语的实践，在国际事务中围绕"平等""友谊""交流""合作""和平""发展"等主题，向全世界展现了中国性情，传递了中国声音，讲述了中国故事，建构了中国形象，以接纳而非拒绝、连接而非割裂、开放而非封闭、共生共赢而非冲突对抗的理念、心态和实践演绎了"文明互鉴"的中国"剧本"。

作为体现"文明互鉴"话语实践的"一带一路"倡议，旨在借用古代"丝绸之路"的历史文化符号，构建集利益共同体、命运共同体和责任共同体于一体的新型"人类共同体"。在这一话语实践中，文化认同是关键，而丰富的宗教文化资源显然可以发挥更积极的作用。推进"一带一路"建设，文化领域的交流合作是不可或缺的。在此方面，古丝绸之路的佛教传播与交流提供了宝贵的历史经验。这既凸显了佛教在"文明互鉴"中的历史意义和地位，也提出了佛教在当下"一带一路"建设中的角色与作用。

3. 宗教文化参与外交实践的价值

2014 年 3 月 27 日，习近平总书记在联合国教科文组织总部发表的演讲

---

① 何亚非：《宗教是中国公共外交的重要资源》，《公共外交季刊》2015 年第 1 期。

中，论述了佛教中国化的历程与意义，指出："佛教产生于古代印度，但传入中国后，经过长期演化，佛教同中国儒家文化和道家文化融合发展，最终形成了具有中国特色的佛教文化，给中国人的宗教信仰、哲学观念、文学艺术、礼仪习俗等留下了深刻影响。中国唐代玄奘大师西行取经，历尽磨难，体现的是中国人学习域外文化的坚韧精神。"① 这里，对玄奘历史地位的评价和战略定位的表达非同寻常。外交联系也需要宗教文化的支持，宗教文化可以成为连接不同国家的文化纽带。多年的外交实践也已证明，佛教文化正在适应现代社会的发展，并通过多种形式推动对外交流与合作。

有研究成果表明，宗教文化和宗教组织在国际关系中可以扮演更为重要的角色。以信仰为基础的组织作为国际冲突中的调解人虽然并不具备类似大国和全球性国际组织所具有的"硬实力"，但是，在中立性、信息传递、沟通协调等方面具备大国和世俗组织所不具备的优势。更为重要的是，由于它们在参与调解时没有或少有利益动机，而宗教本身又赋予它们某种道德优势，所以在未来的冲突管理过程中它们有可能发挥越来越大的作用。② 从实践意义上说，要发挥宗教在外交事务中的积极作用，不应把宗教文化视为外来"渗透""演变"的异己力量，而应从文化战略上看到绝大多数国家的宗教文化是和谐的。这样，就可以充分发挥宗教文化在中国对外发展战略中的积极作用。③

（三）实践：宗教/人文外交活动与评价

作为全球化时代兴起的一种新外交形态，宗教/人文外交遵循着自身特有的运作规律。从内涵上说，它是一种文化取向的双向交流过程；从目标上说，则具有知名度、认同度的不同层次追求；从战略上说，更是一种针对性极强的外交活动。宗教/人文外交理念与具体的外交实践结合形成了不同的类型和特点。

---

① 《习近平在联合国教科文组织总部的演讲》，新华网，2014 年 3 月 27 日。
② 徐以骅等：《宗教与当代国际关系》，上海人民出版社，2015，第 305 页。
③ 卓新平等：《对话宗教与中国对外战略及公共外交》，《世界宗教文化》2012 年第 4 期。

1. 佛教文化的对外交流实践

近年来，佛教文化的对外交流实践形式多样，有国内外佛教界人士的互访、参观、学习等活动，也有国外佛教组织到内地巡礼圣迹、参访祖庭。两岸佛教交流频繁，陕西法门寺佛指舍利巡礼台湾；北京灵光寺佛牙舍利缅甸供奉展出；少林寺探索海外建立寺院；建立区域性佛教组织，加强不同国家佛教团体之间的交流合作，如中日韩佛教交流会、世界佛教论坛，设置议题，分设论坛，共同探讨佛教文化的现代发展；加强共建"一带一路"国家的宗教文化互动交流活动等。通过交流，增加了解，增进友谊，增强联系，共同构建人类命运共同体。

2002 年 3 月 30 日，大陆佛教界佛指舍利迎归团一行
前往佛光山参观访问

2. 少林寺的民间外交

在佛教文化对外交流中，少林寺的探索经验值得关注。目前，"少林文化，人类共享"的理念已赢得国际主流社会的广泛响应。少林寺在美国、德国、英国、俄罗斯等 20 多个国家开设少林文化中心。欧洲第一家少林文化机构——德国少林寺于 2001 年在柏林成立。2010 年 9 月，"少林欧洲联合会"在维也纳宣布成立;2011 年 5 月,"少林北美联合会"在洛杉矶成立。2012～2014 年,少林寺在欧洲和北美地区先后举办三次少林文化节,来自欧洲和北美地区的 100 多个代表团、1800 余名"赶考者",参加少林功夫大会。2004 年元月,美国加利福尼亚州众议院一致通过决议并以法律的形式确立每年的 3 月 21 日为"嵩山少林寺日"。2014 年 3 月 21 日,美国加州"嵩山少林寺日"确立 10 周年,时任美国总统奥巴马在贺词中说:"少林文化能为我们提供心灵空间,也有助于我们培养强烈的社会责任心。"2013 年,少林寺被习近平总书记誉为"享誉世界的少林寺"。这一定位,凸显了少林寺僧团弘法利生所做出的努力和成就,是践行中国文化"走出去"战略的重要成果。①

嵩山少林寺在对外交流方面,首先是找到自己的优势。少林寺因一部《少林寺》电影走红国内外,少林武术家喻户晓,"武术"成为少林寺的象征符号。因此,借用电影传播树立的形象,"少林武术"成为少林寺对外交流的主要手段。其次,佛教义理深奥,对外交流需要语言转换,面对不同国家需要借用不同语言。因此,在对外传播中存在语言沟通的问题。禅宗不立文字,直指人心,更难体悟。少林寺以武术为载体,通过形象生动的肢体语言,突破文字言语障碍,得以顺利传播。最后,少林寺将佛教精神蕴藏于武术之中,通过武术弘扬中国优秀传统文化,促进对外交流沟通,得到了世界各国的认可。

3. "中国佛教协会对外交流图片展"

佛教文化可以说是一个向全世界展现中国宗教政策和宗教实践的重要舞台,其意义在于从正面向不同国家传播党和国家的宗教政策和实践成就。2018 年,中国佛教协会在北京灵光寺举办佛诞节活动,设置了"中国佛教协会对外交流图片展"和"'一带一路'佛教文化图片展"。展会以图片形式展示了佛教在对外友好交流中的贡献。通过一系列丰富的图片,反映了佛教在人类文明发展进程中扮演的重要角色。佛教不仅是促进人类文明交流互鉴的重要载体,更是凝聚不同国家、地区民心的信仰纽带,构建"人类命

---

① 《嵩山少林寺:民间对外交流的文化符号》,中国佛教协会网站。

加拿大少林寺文化中心在温哥华揭幕

运共同体"的重要力量源泉。① 对外交流图片展是佛教团体对外交流活动的阶段性总结，展示各个时期，佛教文化对外交流的重点内容及丰硕成果，延续历史上与周边其他国家的友好往来，展示我国佛教文化的现代发展，承载了新时代佛教文化对外传播交流互鉴的使命。

4.《玄奘》特种邮票首发仪式及《大唐玄奘》电影公映

2016 年 9 月 4 日，中华脊梁·玄奘精神与集邮文化活动在北京举行。玄奘架起沟通两大文明的桥梁，为中华文化的源远流长注入了新鲜蓬勃的活力，被喻为"中华民族的脊梁"。《玄奘》特种邮票的发行、电影《大唐玄奘》的上映即是大众对玄奘精神的认同、对玄奘大师的深切缅怀、对世界和平的期待、对无私奉献精神的宣扬赞叹。玄奘精神中的和平与奉献代表和体现了人类精神的共同追求。

5. 刘湘子——梵呗狮吼音乐会

开展人文外交有着多元的方式方法。在佛教外交实践中，佛教音乐也起到了重要的交融作用。如经过中美两国多家文化、教育机构密切合作，刘湘子"祈福和平梵音狮吼音乐会"在纽约林肯艺术中心上演。演出之中，展

---

① 李星海：《对外交流成果丰 一带一路再开拓——中国佛教协会 2018 年佛诞节图片展在北京灵光寺举行》，《法音》2018 年第 6 期。

中国佛教协会对外交流图片展

邓慧国总经理为大慈恩寺捐赠了《玄奘》邮票大版张

示的作品有《绿度母》《金刚萨埵》《皈依》《心经》等。据介绍，他创新
了唱法，将修学中的一种发音方式引入佛教音乐中，加入了个人对佛教梵呗
的体悟，对传统佛教梵呗的表演进行了改进，融入了现代光影因素，更具表

现力。在美国的表演中，还尝试加入了西方乐器，增强了中西音乐的交流，获得了观众的好评。① 佛教梵呗，曲调优美，意蕴深长，是佛教文化传播的重要形式。在现代视听文化的传播中，佛教音乐也广受大众喜爱，如互联网上《心经》下载量一直高居前列。音乐无国界，音乐常常能引起大众的共鸣。它体现出对美好的追求，对美的欣赏不分国界、民族、性别等，具有普遍性和共通性特征。

刘湘子梵呗音乐会－西安站

6. 世界佛教论坛

举办国际论坛也是开展佛教外交的组成部分。2006 年 4 月 13 日至 18 日，首届世界佛教论坛由中华宗教文化交流协会与中国佛教协会联合主办，在中国浙江——杭州·舟山举办，共有 37 个国家和地区的佛教界、学术界、企业界、文艺界、政界等代表 1000 余人参与论坛。② 世界佛教论坛旨在搭建佛教界与各方的交流、沟通、对话、合作平台，推动佛教文化的对外传

---

① 《东方"狮子吼"刘湘子携梵呗音乐走向世界》，http：//ent. xinmin. cn。
② 《首届世界佛教论坛于 2006 年 4 月 13 日在浙江隆重举行》，凤凰佛教综合，2015 年 10 月 23 日。

播。继第一届世界佛教论坛后,又连续举行了四届世界佛教论坛。第五届世界佛教论坛于 2018 年在福建莆田举办。每届论坛都设有一个主题,从"和谐世界,从心开始",到"交流互鉴,中道圆融",既体现佛教文化的传播宗旨,又关注世界和平发展、社会和谐进步。

第五届世界佛教论坛

7. 世界佛教徒联谊会

以"佛教与公益慈善"为主题的第 27 届世界佛教徒联谊会大会于 2014 年 10 月 16 日至 18 日在中国陕西省宝鸡市举行。这是"世佛联"大会首次在中国大陆举办,也是中国佛教与"世佛联"友好交往的里程碑。来自世界各地的高僧大德、宗门领袖、佛教居士近千人云集宝鸡。"世佛联"作为联络各国佛教组织的重要平台,在促进不同文明对话、增进各国人民友谊、维护世界和平等方面发挥了重要的作用。[1] 世界佛教徒联谊会是国际性佛教组织,团结世界各国的佛教徒共同促进佛教文化的发展。首次在中国大陆举办大会,也反映出国内佛教组织在佛教徒联谊会中的重要地位以及中国佛教组织在推进对外合作交流中的影响。

---

① 《第 27 届世佛联大会圆满闭幕发表〈宝鸡宣言〉》,佛教在线,2014 年 10 月 18 日。

第 27 届世界佛教徒联谊会大会

二 典型案例：西安佛教/人文外交实践

"在走向世界的过程中，佛教通常采取了渐进而和平的方式，具有现代社会所提倡的对话与包容的形式特征。"佛教文化作为一种社会意识形态、一种宗教信仰，在其传播过程中，最大特征就是具有和平性、平等性和融合性。佛教现代化的原则，也正是基于其特性，在传播过程中既契合佛法的根本真理，又符合当今时代之机宜。在这样一个全球化时代，宗教文化外交实践更需要刻意将这种精神发扬出来。

（一）"人文外交"与西安宗教文化资源

陕西是佛教、道教、基督教、天主教、伊斯兰教、民间信仰等宗教资源的汇集之地，许多著名的宗教祖庭保存较好。国务院公布的全国重点文物中涉及的宗教场所，陕西数量众多，以宗教文化资源为主的风景名胜数量也较多。其中，西安宗教文化遗存占有重要比例，内容极其丰富。它所蕴含的社会价值、经济价值、文化价值和外交价值也是巨大的。可以说，西安所具有的如此有分量的宗教文化遗存，不仅在我国各个省区市中是非常罕见，甚至是独一无二的，而且在世界宗教文化史上占有重要的地位。因此，在推进人文外交的过程中，充分利用这些优势并积极保护、有效利用、合理开发，对推动我国对外交流合作具有十分重要的意义。

1. 西安重要宗教文化资源结构及其特点

宗教文化资源是西安一大宝贵财富。可谓人无我有，人有我长，既是优势文化资源，更具有鲜明的特征。其表现在古老、门类齐全、一脉相承，没有中断、遗存甚多，具有不可替代性，在世界宗教发展历史中，曾经有过非常重要的影响。西安市有道教、佛教、天主教、基督教、伊斯兰教及民间信仰等多种宗教。西安的宗教文化主要有如下特点。

西安是主要宗教文化在中国的首传地区或起源地区，在国内外具有重要的地位。佛教是世界三大宗教之一，是中国传统宗教儒释道的重要组成部分。陕西关中地区是汉传佛教孕育发展的摇篮，翻译、传播佛教的核心地带。在这里佛教完成了佛教中国化的历程。[①] 佛教的八大祖庭中有六个祖庭在关中地区。道教的楼观台相传是老子讲授《道德经》之地，之后楼观台也成为道教的主要活动中心。全真教创立于关中地区，至今仍产生重要的社会影响。西安碑林现存《唐大秦景教流行中国碑》记载了唐代基督教聂斯托利派来华传教的史实。伊斯兰教也于唐代传入中国，活跃在华夏大地。

西安宗教文化底蕴丰富而深厚，宗教著名人物更是层出不穷。陕西关中地区是佛经汉译的重镇，中国的翻译事业是从这里开始的。佛经汉译可称为最重要的国际文化交流活动。以长安为主，隋唐时代涌现出很多优秀的翻译大家，其译著和事迹深深地影响着后人。[②] 全真派道教的创始人王重阳出身、修道、成道于陕西关中，随后全真派在各地广泛传播。胡登洲的经堂教育在伊斯兰的教育中也是影响深远。

---

① 中国汉传佛教陕西祖庭调研组：《陕西·中国汉传佛教祖庭研究》，陕西人民出版社，2006。
② 中国汉传佛家陕西祖庭调研组：《陕西·中国汉传佛教祖庭研究》，陕西人民出版社，2006。

40年代，西安碑林中的《景教碑》

现存于西安碑林的大秦景教流行中国碑

宗教文化资源多元、立体。佛教、道教著名寺观包括：佛教，西安大慈恩寺、大兴善寺、卧龙寺、广仁寺、兴教寺、香积寺、净业寺、鄠邑区草堂寺等；道教，西安八仙宫、周至县楼观台；伊斯兰教，化觉巷清真寺、有保存记载郑和下西洋出发盛况碑文的西安大学习巷清真寺。周至县景教寺出土的"大秦景教流行中国碑"记载了基督教于唐代首次传入中国的历史，现该碑存于西安碑林博物馆，景教寺已成为许多基督教信仰者心中圣地。

丰富的佛教、道教、伊斯兰教、天主教、基督教等多种宗教文化资源，它们在"丝绸之路"的历史上扮演着"文化使者"的角色，促进了相关地区、地域，甚至全球的文化交流、经济往来与社会交往。从现实影响上看，体现文明荟萃的多元宗教文化资源对增进人类文化繁荣、国家之间的人文交往具有重要的意义和影响。

（1）佛教：六大祖庭、法门寺

西安在全国乃至世界的宗教文化中占有重要地位。其中，以佛教文化为例，西安是印度佛教在中国内地的最早传播地，是佛教中国化开始并快速推进发展的前沿。鸠摩罗什在长安创立第一个国立译经场，大兴善寺、大慈恩寺、大荐福寺等是唐代长安三大译经场的所在地。佛经翻译中半数以上出自长安。这些经典大部分留存至今，既是佛教化度众生的"法宝"，也是前人留给我们的一份丰厚无比的文化遗产。西安是中国佛教各学派与宗派创立、发展和活动最集中、最活跃的地方。隋唐时期形成的三阶教、三论宗、华严宗、唯识宗、净土宗、密宗、律宗都创立于长安。这里集结着庞大的"僧宝"群，他们在消化印度佛教的基础上，与儒道学说融会贯通，最后将佛教改造成为中国化的佛教。西安有着众多历史价值很高的寺、塔等佛教建筑。最著名的应算各个宗派的祖庭和相关寺院，如白塔寺、草堂寺、至相寺、华严寺、大慈恩、兴教寺、大兴善寺、青龙寺、大荐福寺等。有保全完好的"法宝"大藏经孤本和贝叶经。玄奘三藏塔所在兴教寺至今保留着据说是印度传来的部分贝叶经，数量虽少，价值却大。大藏经"积砂藏"宋代孤本，原藏于西安卧龙寺。长安弘法的高僧不乏其人，这些东来西去的僧人，对古代丝绸之路的开辟、中西文化的交流有着功不可没的贡献。外籍僧人所学涉及中国佛教的各个宗派，他们曾居住习法的寺院有大兴善寺、大慈恩寺、大荐福寺、大禅定寺、西明寺、弘福寺、仙游寺等。这些寺院，都是值得中、韩、日人民永远纪念的地方，更是韩、日两国僧俗向往并希望巡礼、瞻仰的圣地。[1] 此外，法门寺具有特殊的神圣性，在海内外影响广泛。

（2）道教：楼观台、重阳宫、金仙观等

楼观台，老子说经台，被称为道教发源地。重阳宫，全真道的发源地，全真教提倡三教融合，求同存异，吸收了儒教、佛教的一些内容，将理论的深度高度向前推进了一步。在戒律、宫观制度方面，推动道教的发展进入了一个新的时期。

户县重阳宫、西安八仙庵，及榆林佳县白云观、三原城隍庙等都是陕西省著名的道观。金仙观是道教全真派道观之一，韩国道教祖庭，位于西安市长安区终南山子午镇西侧的子午峪内。西安金仙观的风格与中国其他的道观

① 王亚荣：《长安佛教史论》，宗教文化出版社，2005。

华严宗祖庭华严寺

大不相同。随着中韩文化交流的开展，越来越多的韩国道教界人士到金仙观遗址"寻根问祖"，与中国的道教界人士进行交流。金仙观成为中韩两国道教人士在西安活动的主要场所。

金仙观

（3）民间信仰：华胥陵

在五大教之外的民间信仰更是值得关注。民间信仰影响之大表现在庙会数量和参与人数远超其他宗教。周至户县索娘娘庙会、户县城隍庙会、骊山老母庙会、凤翔灵山庙会等，庙会规模非常之大，参与人数动辄数万人。其中，华胥庙会以其祭祀华夏始祖华胥而地位特殊。华胥陵位于华胥镇孟岩村，在蓝田境内西北位置，即白鹿原东侧下。从西安出发到蓝田的三分之二处，距离蓝田县城约十公里。华胥陵北依骊山、南望灞河，是一个高20余米、周长约200米的黄土平台上凸起的一个不起眼的土丘。但是，其文化意义非凡，相传华胥是上古时代伏羲和女娲之母。

华胥陵（2015年）

华胥陵（2019年）

陵区所在地孟岩村为南北走向，一条大路贯通村落。陵墓位于路东，也就是村子的东边。陵区坐东面西，为一广场，面积约有三亩。从布局看，广场兼有麦场、戏场功能。西南侧入口处为一三开门大牌坊，通体朱红。正中书"华胥陵"三擘窠大字，两边对联曰："九域仰英风，龙邦共祭始祖母"；"三皇荣故里，长教青史颂华胥"。

牌坊下的南侧有文物保护碑。华胥陵为陕西省第五批文物保护单位，2008年9月16日由陕西省人民政府公布。碑的背面镌刻有《陕西省人民政府关于公布第五批陕西省文物保护单位的通知》，其中有曰：

> 华胥陵，时代不详，蓝田县华胥镇孟岩村，南至孟岩村环村路三十米，北至孟岩村环村路九十米，东至孟岩村六组村民孟庆国宅院西墙，西至孟娲路西段，南北宽六十米，东西长一百三十米。

另外，似乎整体的保护区还有"各外延一百米"的字样。按照规定，凡属文物保护单位，都有明确划定的"保护范围"。在这个"范围"内不允许有其他建筑设施，更不允许有新的建设行为。

广场东南边，坐东面西有一通石碑，从布局看，应该是神主的位置了，上仅书"华胥陵"三字，为石兴邦所书。再向东，即在石碑背后广场之外有一土堆，即陵墓所在。土堆为不规则凸起，直径十多米，高不过三米余。东面是漫坡，紧接巷道村路，路东即村民房屋。西面为断崖，断崖下有堵塞痕迹，显然曾经是用于居住的窑洞遗迹。土堆顶上荆棘丛生，为迎春花，枝条摇曳，黄花灿然。

广场内立有《华胥陵碑记》，全文如下：

中华民族伟大母亲华胥氏，为伏羲、女娲之母，炎黄二帝之直系先祖，盖三皇之上，五帝之先，人极之始。

华胥氏源自上古，落居骊山南麓，足徙黄河流域，建古华胥国于蓝田华胥，卜葬孟岩。后世子孙深感华胥氏恩泽，遂修义母陵、庙于此。每岁龙头节，远近男女老幼，皆刲羊击豕，伐鼓啸旗，祭祀无间，为世人崇仰。

然华胥氏功德荒远矣，朝更岁迭，宗庙倾圮，墓毁碑残。幸欣逢当今盛世，守陵儿女仰其抚国庇民之德，倡议修葺，所望先祖圣德，佑及中华，促建和谐。肇祀丙戌，恭祭四载，海内外华裔竞相奔走，复冢呼声与日俱增。己丑恭祭，八方贤达同发虔心，协赞复冢大事，启动复碑宏图。是年碑楼围墙飞起，筑就万古不易之基，陵貌聿新，一时如画卷新展。如此众善骈集，守陵儿女嘱以记之，是为记。

华胥镇人民政府，2010 年 3 月 17 日龙头节刻石立碑

"肇祀丙戌，恭祭四载"，是为 2006 年开始祭祀。四年之后，至 2009 年，达成"复冢大事，启动复碑宏图"的共识，并于当年完成基本建设，"碑楼围墙飞起，筑就万古不易之基，陵貌聿新，一时如画卷新展。"

在广场北部，新建有一尊女娲塑像。塑像当然为女性，上半身是人身，下半身为鱼形，基本为裸体，袒胸露乳，腰部束以藤叶，为斜跃起举石补天

状，颇有风采。塑像为棕红色石块雕造，连底座通高大约 6 米。正中底座上镶嵌一方石碑，为《女娲圣像碑记》，全文如下：

华胥于骊山南，灞水畔，因境内有华胥氏陵而得名。史证，人类始祖华胥氏生伏羲、女娲，伏羲、女娲生少典，少典生炎黄二帝，此乃人类繁衍之先祖，历八千三百余载，文明肇启有自来矣。

辛卯秋冬，国运昌隆，蓝邑华胥政府共成盛举，遵史文载，彰显底蕴，于华胥陵侧立女娲圣像，始事公元二零一一年十一月十一日，二零一一年十一月二十八日告竣。期上追乎古人，以振人文而维风化也。

督建：雷新刚，郑伟，肖小鹏，周选盟，席新林，穆红昌，冯会安，张毅诺。

并述其意，镌石为志。

华胥镇人民政府

公元二零一一年十一月二十八日

华胥陵碑记

华胥陵

《史记》载，华胥氏生伏羲、女娲，伏羲、女娲生少典，少典生炎黄二帝。以此，华胥氏为中华民族的始祖母，是华夏之根、民族之母。西安周边传承以"华胥陵"为基础的中国传统祭祀文化，如黄帝、炎帝以及女娲、女登等祭祀活动。华胥上古文化是中华民族文化的重要根源。从华胥到华夏，从华夏到中华，形成了一脉相承的中华民族文化。近年来，全球华人在华胥陵举行祭祀华胥氏大典，来自海内外的数千名代表及周边村民逾万人参加隆重的祭祀盛典，来自民间的力量推动着对这一非物质文化遗产的保护、利用与开发。

广场还立有前几次祭祀大典的石碑，正面是祭文，背面是当时各界代表的名字。

如 2011 年 3 月 6 日祭祀大典，《辛卯年恭祭华胥氏陵文》碑：

> ……唐宗宋祖，臻治于强，逸仙润芝，鼎新立邦，小平泽民，改革图强，六十余载，自强不息，民族兴旺，经济增长，共克时艰，万民向党……

落款的立碑者是"蓝田华胥镇人民政府"。

背面是参祭人，包括"中国高层决策协会"、"世界华人联合会总会香港分会"、房地产商、书画界人士，蓝田县人大常委会主任、县委副书记县长、县政协主席，华胥镇书记镇长，"以及县委、县人大、县政府、县政协四大班子领导，县级各部门、各乡镇主要领导和中华民族的优秀儿女、社会名流……代表及守陵儿女代表共计一万余人"。即所谓的"参祭人"共一万余人。显然，这次活动为蓝田县政府推动并主办。

2013 年 3 月 13 日祭祀大典，即"癸巳年全球华人恭祭华胥氏大典"，碑文中有曰：

> 全球华裔，万余袍泽，聚首骊山之阳，灞水河畔，仅以芳花清醴雅乐正声，恭祭于华夏始祖母华胥氏陵前。曰：
> "瓜瓞三祖，炎、黄、蚩尤。创制文谟，百物明彰，道治九垓，抚度四方，聪明睿智，光极遐荒，一统九州，雄立东方，千秋万代，惟宗是仰，泽被后世，日月同光。"

赖有先行逸仙，砥柱润芝，独迈前贤，唤起民众，推翻三山。今日神州，国泰民安，改革开放，创开纪元。邓论宏策，顺天应时，三个代表，科学发展，情系苍生，百姓欢颜。十八大会，继往开来……

己亥年华胥庙会

2. 西安宗教文化资源在"人文外交"实践中的价值

西安拥有众多得天独厚的宗教文化资源，如何充分、有效地利用、开发这些宝贵的历史文化资源，着力推广新的文化发展"亮点"，尤其是认识到传统文化中蕴含人类文明的精神财富，将其与社会主义核心价值观相结合，与现代社会的精神需求相结合，引导社会的价值观、伦理观等，推出富于时代特色的文化产品，满足民众的精神需求，以及培育成为凝聚全球华人精神和对外文化交流的新高地，仍是需要深入研究的议题。

（二）西安宗教文化资源在推进人文外交中的运用

创新实践理念、传承宗教文化资源、发挥宗教文化价值，使宗教文化资源成为推动人文外交的重要力量。在这方面，西安已经开展了不少探索和实践。近年来，西安充分认识到其与共建"一带一路"国家外交关系的广阔前景，发挥宗教本身及宗教文化在"一带一路"建设中的积极作用，抓住机遇，顺势而为，积极开展宗教文化研究，弘扬宗教优秀传统文化，切实为经济社会发展、为大国外交做贡献。

1. 成功申遗——"丝绸之路"项目

西安是丝绸之路最早的东方起点。丝绸之路申遗成功，是世界上第一个以联合申报的形式成功列入《世界遗产名录》的项目，也是我国第一个跨国联合申报世界遗产的项目。① 其申报成功绝不仅仅具有单一的意义，更是将以佛教文化传播为主线的丝绸之路扩展为国家战略、文化战略、国际战略和全球战略，拓宽、做实、深化实践构建人类命运共同体的地理和心理的文化空间。

汉长安城未央宫遗址。未央宫作为西汉都城最重要的宫殿，是汉王朝的权力中心，是汉长安城的核心组成部分、丝绸之路鼎盛时期起点都城。始建于公元前200年。汉长安城未央宫遗址是丝绸之路最早的东方起点，也是丝绸之路的重要象征。

唐长安城大明宫遗址。唐长安城大明宫遗址位于今西安市北部的龙首原上，地处唐长安城东北、南倚唐长安城北墙而建。始建于唐太宗贞观八年（634），高宗龙朔二年（662）重建，次年建成。唐长安城大明宫遗址是7～10世纪丝绸之路东方起点宫城遗址，是丝绸之路鼎盛时期东方起点城市唐长安城的代表性遗存。

大雁塔。大雁塔位于西安市雁塔区，即唐长安城遗址南部，又称大慈恩寺塔，始建于652年（唐代），701年重建。经历代维修，现存塔为1604年（明代）修复。大雁塔是7～8世纪为保存玄奘法师由天竺经丝绸之路带回长安的经卷、佛像而建。玄奘大师曾在大慈恩寺译传经教，大慈恩寺是唐代著名的"长安三大译场"之一，为佛教的中外文化交流奠定了基础。

小雁塔。小雁塔位于西安市雁塔区，始建于707年（唐代），又称大荐福寺塔。小雁塔初为15级密檐砖塔，后经多次地震损坏，又多次整修，现存13级，高43.38米。小雁塔为保存义净带回的佛教经像而建。大荐福寺与大慈恩寺、大兴善寺同称为"长安三大译场"。义净大师、实叉难陀、法藏等在此译经。

① 《艰辛申遗路》，《旅游时代》2014年第10期。

兴教寺玄奘法师及其弟子舍利墓塔。兴教寺塔位于西安市长安区杜曲镇兴教寺内，地处少陵原畔。兴教寺西跨院名"慈恩塔院"，院内有玄奘和弟子窥基、圆测墓塔，3座塔呈"品"字形排列。兴教寺塔是唐代高僧玄奘法师及其弟子窥基、新罗弟子圆测的舍利墓塔。兴教寺塔佐证了玄奘师徒共同翻译阐释佛经以及在东亚地区弘扬佛教的历史。

兴教寺　　　　　　　　　　兴教寺玄奘塔

2. 莫迪访问西安大慈恩寺、大兴善寺

西安古称长安，是丝绸之路的东方起点，是大唐与西域各国文明交往的重要城市。大慈恩寺是佛教唯识宗祖庭，也是佛教文化的代表性寺院。2015年5月14日，印度总理莫迪首次访华即抵达西安，并在这里与中国国家主席习近平登上大雁塔。西安是古丝绸之路的起点，陕西是中国国家主席习近平的家乡。2014年9月习近平访问印度时，莫迪邀请习近平到他的家乡古吉拉特邦访问。当时习近平就邀请莫迪到他的家乡西安看看。西安也是当年玄奘藏经译经的地方，见证了中印两国的历史渊源。有舆论指出，中国国家主席在北京之外的城市会见外国首脑并陪同行程，这种规格的外交安排并不多见。两国领导人的"家乡外交"，为中印两国友好交往增添了

新的内容。① 莫迪在西安参访佛教寺院的第一站是大兴善寺，大兴善寺建于隋开皇二年，象征着中国佛教的发展步入了隋唐鼎盛时期。大兴善寺是"长安三大译场"之一，以印度高僧波颇为译主。大兴善寺译经不仅是汉译佛经，还将汉文经典译为梵文，以此促进中印文明的相互交流。唐开元时期，金刚智、善无畏和不空三大士来华，在大兴善寺传授印度密教，成立了佛教密宗，大兴善寺为唐密祖庭。大兴善寺被视为中印文化和平友好交流的见证。莫迪首站选择西安大兴善寺具有特殊意义，成为延续源远流长的中印友好关系的象征。

3. 昂山素季访问西安

陕西西安的佛教在全球，尤其是东南亚各国的影响和地位是不容忽视的。不仅仅对于一般的旅游者，对信仰者更具有重要的价值意义。也正因如此，一些国家重要领导人、国际友人多会来到这里拜访。2016 年 8 月，缅甸国务资政昂山素季专程前来瞻仰法门寺佛指舍利。她表示，愿意继续推动中缅佛教界的友好交流。② 可见，佛教在增强文化认同、加深国家交往、促进人民友谊方面的桥梁和纽带功能。中缅佛教界友好往来，对两国的交往起到了积极的助推作用。

4. 马克龙访问西安

2018 年 1 月 8 日，法国总统马克龙访华，首站选择了西安。西安是华夏文明的摇篮，也是古丝绸之路的起点以及"一带一路"的重要节点。2014 年 3 月，习近平主席访问法国的首站选在里昂，正是古丝绸之路的终点。两国元首的两个"落脚点"，形成了呼应。据《欧洲时报》报道，爱丽舍宫总统办公室表示，此次选择西安作为首访城市，表明了马克龙总统希望传递出欧洲和中国将在"一带一路"建设的框架内加强合作的信号。在访问西安的演讲中，马克龙回顾了中法两大文明交流互鉴的悠久历史，高度评价"一带一路"合作倡议，展望中法关系未来发展的广阔前景，并表示中

---

① 《习近平陪莫迪登大雁塔　听取玄奘游历事迹》，http：//www.360doc.co。

② 《从兵马俑到佛指舍利：昂山素季圆梦古城西安》，人民网，http：//art.people.co。

法两国有可能在多领域展开合作。①

5. 中国（西安）佛教文化博览会

为进一步深入挖掘佛教文化精髓，继承和弘扬我国优秀传统文化，促进我国经济文化的发展，"第六届中国·西安佛教文化博览会暨第四届中国·西安禅茶文化博览会"于 2019 年 7 月 18~21 日在西安曲江国际会展中心召开。据了解，西安佛博会自 2014 年至今，已成功举办了五届，得到广大僧众及居士的普遍认可和高度评价，成为西北乃至西部的知名展会。前五届佛教文化博览会由陕西省佛教协会、西安绿地笔克国际会展中心联合举办。博览会以"传承 创新 弘扬"为主题，有国内外多家知名厂商参加。展会现场设置有精品佛事用品展区、佛教工艺品展区、禅茶素食及佛教文化展区，活动将"禅修""体验"主题贯穿全程，比如，禅意生活体验区、佛珠设计大赛、素食制作体验、高僧大德讲座，以及免费教学古琴、茶道、香道等活动。② 除此之外，展会也有庞大的展示厅，为金顶寺、丰德寺、华严寺、兴教寺、青龙寺、大慈恩寺、大兴善寺、清凉寺、卧龙寺、法门寺、广仁寺、净业寺、香积寺、草堂寺等 29 所寺院提供展示其历史及文化传播的平台。举办佛教文化博览会，不仅展示千年佛教圣地魅力，也为佛教文化的繁荣创造良好的机遇，使佛教文化不断发展，成为提升宗教文化影响力、增强文化软实力、构建社会主义和谐社会的重要力量。

6. 陕西宗教交流系列活动

近年来，陕西借助"一带一路"建设平台，支持宗教界在平等友好的原则下，开展"走出去"与"请进来"的宗教文化交流互鉴活动，如组织举办"玄奘之路"大型文化科考活动，加强中印两国交流；向尼泊尔中华寺赠送玄奘铜像，促进汉传佛教文化在尼传播；法门寺佛指舍利被迎请至泰国、韩国、我国台湾和香港地区供奉瞻礼，受到当地信众广泛赞誉；成功举

---

① 《马克龙访华先到西安而非北京 透露重要信号》，http://news.sina.com.cn/c/nd/2018 - 01 - 08/doc - ifyqkarr7985741.shtml。

② 《2016 西安佛博会圆满举办》，西安佛博会，http://www.zgfjexpo.com/cnt_ 141.html。

中国西安佛教文化博览会

办汉传佛教祖庭文化国际学术研讨会、第 27 届世界佛教徒联谊会大会，扩大了中国佛教的国际影响力和中华文化的感召力。① 举办西安市汉传佛教"祖庭住持讲祖庭"系列活动，扩大佛教祖庭的社会影响力，促进中外佛教文化友好交流。这些为建设具有历史文化特色的国际化大都市、构建品质新西安做出积极贡献。

西安市佛教祖庭住持讲祖庭活动

---

① 程伟、蓝希峰：《陕西引导宗教界促进和谐社会建设 积极服务发展大局》，《宗教周刊》2018 年 8 月 14 日。

7. "梵音东渡——日本醍醐寺国宝展"

经过两年的共同努力和精心筹备，中日双方在陕西历史博物馆隆重举办由陕西省文物局主办，日本真言宗醍醐派总本山醍醐寺、日本独立行政法人国立文化财机构、陕西历史博物馆、上海博物馆承办的大型国际文物艺术展览"梵音东渡——日本醍醐寺国宝展"。中日嘉宾 200 余人出席了展览开幕式。此次展览汇聚了来自日本醍醐寺的 60 件造像、绘画、法器、工艺器皿等。

日本真言宗醍醐派总本山醍醐寺第 103 代座主仲田顺和长老致辞。西安市大兴善寺方丈、青龙寺住持宽旭和尚为开幕式致辞。陕西历史博物馆党委书记强跃指出，文物是人类智慧的结晶，是历史文明的载体，也是构筑和沟通人民心灵的桥梁。以此中日双方倾力共同打造这个展览，展出的佛教造像以及文物资料，大多经历了千百年的佛教经法洗礼沐浴，它们不仅仅是醍醐寺的珍藏品，更是人类的精神文化财富。

中日两国文化交流的历史源远流长，而深入追溯两国文化交流的核心是佛教交流。早在 1210 年前，西安青龙寺惠果阿阇梨向日本入唐求法僧侣空海传授密法，并传给空海大量佛教典籍及艺术文化等。空海大师不负师之嘱托，回国后秉承恩师遗训，开创日本真言宗，而其法脉也绵延不断传承至今。此次真言宗醍醐派总本山醍醐寺珍宝来陕西展出，一方面是为了促进中日两国文化交流，另一方面则是日本真言宗弟子为表达对当年青龙寺惠果和尚传法空海的感激之情。日本真言宗弟子虽跨越千年，依然将惠果和尚传法空海的师恩铭记于心，并用心、用行动进行回馈，其情义让人不得不为之动容。感受佛教的慈悲与智慧，并用慈悲和智慧浇灌心灵。

日本真言宗醍醐派总本山醍醐寺第 103 代座主仲田顺和长老表示，1200多年前，空海大师入唐求法回国创建真言宗，大师带回日本的不仅有佛教经典，还有众多佛教艺术。醍醐寺传承和保护至今的就是空海大师入唐所学密教经典与艺术。每一位醍醐寺的座主都肩负着"不能从寺里流失一张纸"的使命，有责任继承并传承这种佛教文化精神，守护古代文物的同时，不断增加新的精美艺术品。希望能借此展览回报中国，让更多民众了解密法东传的史实，更好地促进两国人民之间的友谊。①

南五台圣寿寺观音塔、印光大师舍利塔旁日本落叶松（为日本前首相田中角荣捐赠）

8. 青龙寺惠果·空海纪念馆

青龙寺位于西安乐游原上，建于隋盛于唐，为密宗祖庭。空海，日本真言宗创始人。唐德宗年间，空海随遣唐使团来唐，拜惠果为师，在长安青龙寺学习密法，承接传法阿阇梨位。唐宪宗元和元年，空海返回日本传法，带回大量密宗经像法器等唐朝物品。其中，惠果的传法物等最为珍贵，一些法器至今仍在日本保存，是日本国家级"文化财"。日本京都东寺仿长安青龙寺所建，空海所带回的经像法器珍藏于此，京都东寺也是日本弘扬密法的根本道场。20世纪70年代，经考古发现青龙寺遗址，引起日本真言宗信徒和空海家乡人的极大关注，日本首相曾根康弘多次与我国联系，希望重建青龙寺，经双方多次协商共同努力，青龙寺得以恢复重建。青龙寺是西安第一座

---

① 《"梵音东渡——日本醍醐寺国宝展"在陕西省历史博物馆隆重开幕》，http://www.sohu.com/a/108223178_170661。

再现历史环境的复原建筑。青龙寺内修建了空海纪念碑、惠果·空海纪念馆，纪念以真言宗为代表的佛教交流因缘。真言宗从印度经中国传入日本，在日本人民的心中扎下了根，对日本文化和国民精神起了重大作用，加深了中日友谊，使中日结成了密切的友好关系。[1]

青龙寺空海纪念碑

惠果、空海雕像前的日本游客

（三）宗教/人文外交发展的趋势与影响

人文外交也是海内外民间组织开展友好外交活动的主要途径，是各种非政府组织、社会团体、社会组织在遵守国家法律、国家外交规定的前提下进行的对外交流活动，是国家正式外交之外的有益补充。人文外交具有国家正式外交之外的交往优势，更注重文化的、情感的交流，能够超越国家之间、民族之间的政治利益、经济利益，易于达成一致意见，形成友好关系。从历史发展的角度，人文外交自古存在，是各国人民友好往来的见证。从现代社会发展的角度，交通、通信、经济等快速发展，各国民众、组织之间交往意愿强烈，交往的广度、深度和频率都较以往大幅增加。因此，突破思维定式，拓宽外交思路，鼓励国家外交之外的人文外交，推动民间外交资源的形成与流动，拓展外交活动的多层次、全方位结构，对增强国家软实力、增进与各国的友好交往意义重大。

---

① 中国汉传佛教陕西祖庭调研组：《陕西中国汉传佛教祖庭研究》，陕西人民出版社，2006。

1. 未来趋势

细化：从人文外交到宗教外交。近年来，宗教领域呈现前所未有的开放态势，宗教外交的格局初步形成。在政策的推动和支持下，以宗教文化为纽带的外交活动更加频繁。如世界佛教论坛，其宗旨是为世界佛教徒搭建交流、合作、对话的高层次平台，为中华佛教界提供大有作为的舞台，为佛教交流提供良好的契机。① 目前，已顺利举办了五届世界佛教论坛。该论坛积极探索佛教与世界的联系，具有较大的世界影响。宗教团体利用不同形式与国外民众、宗教组织进行不同维度的沟通和交流。透过一系列活动为中外宗教文化的交流提供了多元化的途径，搭建了沟通交流的平台，为打造多维的立体外交体系提供保障。

深化：从文化软实力到宗教文化软实力。近代以来，面对世界的巨大变化，面对落后被动挨打的局面，国人进行了痛苦的反思，可谓仁者见仁智者见智，意见基本分为全盘西化的西化论、坚守传统文化的本位论，以及介于两者之间的选择。随着改革开放不断深入，在对国际局势、国内形势准确判断的基础上，国家制定了符合国情的发展规划。在党和政府的正确领导和全国人民的共同努力下，中国现已成为世界第二大经济体，与此同时提出了文化自信。从质疑怀疑到文化自信，提高我国文化软实力，促进不同文明对话，将华夏文明传播到世界舞台，为世界的和谐发展贡献中华智慧。这是中国文化自信的体现，是中国人文精神的觉醒。此时，更要挖掘中国优秀传统文化资源，对中国传统文化的重要组成儒释道蕴含的智慧进行深刻解读，并运用于现代外交实践中，提升宗教文化软实力。

活化：从传统文化资源到当下宗教文化资源。随着中国整体国力增强，中国的国际影响越来越大，同时，承担的国际责任也越来越大。中国道路引起世界的瞩目，中国的发展经验也引起国际关注。中国何以能够快速崛起，真正的原因是什么，中国的崛起会给世界带来什么。一些国家开始猜测中国会走向霸权，并因此限制中国的发展。中国提出的文化自信，向世界各国展示中国文化

---

① 李栋材：《我国国家外交应有效利用宗教资源》，《中国民族报》2015 年 2 月 17 日。

的本质，树立和平发展、和谐共处的理念，让世界各国人民看到，中国的发展将会给世界带来和平和繁荣。这种理念根源于中国数千年的传统，从历史经验看，这也是中国一直遵循的发展道路。中国向世界传输的不仅仅是物质层面的、随处可见的"中国制造"，而是中国文化，人类智慧的结晶，与全人类共享。在中国传统文化中，儒教的己所不欲勿施于人、仁者爱人，道教的清净无为，佛教的慈悲喜舍等宗教文化代表着人类的智慧，影响了数千年来中国人的价值、道德、伦理理念及其实践。和平、友爱、互惠等，也是现代社会的价值理念。随着中国的发展，华夏文明将为世界文明发展做出更大的贡献。

2. 影响

（1）本土宗教文化资源优势推进人文外交

在全球化深入发展、宗教文化与世俗化复杂交织的格局下，世界多国在整体外交中程度不同地融入宗教文化因素。各国在整体外交中借鉴宗教文化话语、整合宗教文化理念、借助宗教文化渊源、起用精通宗教事务人才、创建吸纳宗教文化因素的新型外交机制，并与国内外宗教组织合作，从而巩固国家战略安全、构建话语权、形塑软实力、进行和平构建和冲突解决。非国家行为体则从多层面不同程度进入主权国家治理空间，主权国家亦通过整体外交多层面达成外交目标。援引宗教文化因素的外交实践体现出这两种力量博弈而产生的动态平衡。

世界范围内，国家政教关系多样，有政教分离国家，也有政教合一国家，还有政教关系处于变动中的国家。外交体系中，设置宗教文化外交有利于推动对外交流合作。现代社会，宗教在欧洲呈现世俗化倾向。但是，据统计，在美国、南半球等其他地区、国家，宗教仍存在扩张现象，宗教组织、话语、行动等在公共领域具有一定的影响力。因此，在外交体系中考虑宗教文化因素，也是整合外交资源的客观需要。在经济全球化、治理全球化的推动下，宗教文化的全球化也处于快速发展中。宗教文化的对外推广自古有之，在全球化的趋势中，宗教文化与全球经济、政治、治理、文化等领域的关系更加紧密，影响更加复杂。在宗教文化因素的影响下，外交行为的复杂性、敏感性、广泛性增强，需要在外交体系中引入宗教文化因素，深入了解他国宗教文化的历史与现状，积极协助外交行为，增进相互了解，尊重彼此信仰。中国是多民族、多宗教国家，儒释道和民间信仰共存于中华大地数千年，是华夏文明的重要组成部分，共同促进华夏文明的成熟发展。在国家治理中，对多元宗教的和谐相处具有丰富的经验。儒释道三教关系，自唐代起，就有"佛教治心、道教治身、儒教治世"的侧重。唐太宗李世民曾说过，"竹分丛而合响，草异色而同芳。"正是这种开放、和平的心态，造就了盛唐文化，也对中华文化产生深远影响。"求同存异""和而不同"等观念，对多宗教的和谐发展、和平共处具有积极作用。因此，中国多元宗教和谐共处、相互促进的发展经验对推动世界宗教的和平与发展具有重要的借鉴意义。

（2）"一带一路"宗教文化参与构造对外开放纽带

"一带一路"既是地理概念、经济概念，更是历史概念、文化概念。"一带一路"的提出具有深厚的历史责任感、文化脉络感和世界大局感。2013 年 9 月和 10 月，国家主席习近平在访问哈萨克斯坦和印度尼西亚时分别提出了建设"丝绸之路经济带"和"21 世纪海上丝绸之路"的战略构想，并在党的十八届三中全会中进一步明确。在 2014 年 11 月召开的 APEC 峰会期间，中国政府发起建设的亚洲基础设施投资银行和丝路基金促使"一带一路"在亚洲各国逐渐达成共识。"一带一路"建设的再度兴起是国家进一步扩大对外开放的全新倡议，也是构筑新时期国家战略安全体系的重要内容。"一带一路"建设并不仅仅是传统意义上的通道建设，而是旨在通过政策沟通、道路联通、贸易畅通、货币流通、民心相通的"互通互联"，构建起一个紧密联系、活跃共生的大经济区。一方面将实现与国内相关区域经济发展战略的对接，为沿线省份和地区带来新的发展机遇，缩小区域差距，推动区域经济协调发展；另一方面将促进亚太经济圈与欧洲经济圈的沟通，将亚欧大陆打造成潜力巨大的经济发展走廊。① "一带一路"是中国政

---

① 任宗哲、石英、白宽犁主编《丝绸之路经济带发展报告（2014）》，社会科学文献出版社，2014。

治经济走向世界的平台,通过"一带一路"友好往来传统,促进中国同共建"一带一路"国家的共同发展,合作共赢,构建共同体。

长安是古丝绸之路的起点。古丝绸之路的往来,不仅是沿线国家物质方面的互通、财富的流通增长,更是不同文明的沟通、对话、交流、互鉴的过程。沿线各国在这条通道上互通有无,文明互鉴。因此,其也被称为文明交往之路、和平交往之路。在这里,中外文化交流活跃,外来文化与中国文化共同形成开放的文化氛围,繁荣各个国家的经济,增加彼此的认知,丰富各个国家民族的精神生活,提升了整体文明程度,改变了区域面貌。古丝绸之路的发展为现代社会不同文明的互动提供了良好的基础和新的发展思路。

在借鉴古丝绸之路历史经验的同时,要关注共建"一带一路"国家在现代社会发展中面临的危机与困难。在践行"一带一路"建设的背景下,"宗教因素"还成为战略评估的重要指标之一。宗教文化既存在着积极的元素,也会蕴含着安全风险、人文风险等。对此,必须保持必要的敏感,以应对可能出现的风险及其带来的挑战。① 复杂的外交环境,既是挑战更是机遇,在推进人文外交进程中需要以科学理性的态度、开放包容的心态、责任担当的精神面对文明的交流互鉴,以完备的形势研判、圆融的文化智慧、坚定的战略定力迎接更大的挑战。

三 小结与思考

宗教/人文外交是回应全球化而提出的外交新策略。全球化是一个多含义多层次的概念,当然也涉及文化的全球化。对文化全球化存在着一种争议,比如主流和边缘、强势和弱势,以及前景忧郁与希望光明等。其中最值得关注的就是文明冲突论与文明互鉴论。前者强调的是权力、对立,暴露出的是霸凌思维,有与没有的对立观念,后者则强调互补、共建,弘扬的是和

---

① 马丽蓉:《"一带一路"与亚非战略合作中的"宗教因素"》,《西亚非洲》2015年第4期。

谐、共同体理念，美美与共的共享热情。宗教文化在全球化进程中自然也会扮演重要的角色。以中国传统文化为代表的传统宗教在参与国际化进程、国家之间互动关系建构中始终发挥的是积极健康的正功能，为世界和平、平等交往、互利共赢提供价值基础和实践基础。

宗教/人文外交本质上是一个国际空间内的不同国家从文化、经济、政治等领域进行交往活动的全面表述。要想正确判断传统宗教在外交上的活跃状态，就要看到，宗教文化在其中的作用，它提供的并不是一个简简单单的文化元素，而是现代文明与传统文化的交涉、现代社会与传统文化的合体、现代国家与传统文化的互构。其重要使命也不仅仅是一般意义上的文化交流，而是透过与传统宗教的聚合力量，在国家与国家间发展出更深层次的往来，达成文化理解并实现心灵的互通。宗教外交也构成了传统文化在自身发展中、国家关系中体现的现代价值与促进交往的机遇。

将传统宗教与现代外交的叙事贯穿于一个全球化系统的个案分析，这种视角并不多见。宗教社会学研究并不是要紧跟以往研究，而是要拓展新的视角，在社会、经济视角之外还要将这一视角延伸到全球视角、现代视角，延伸到中国的外交视角上，进一步阐释和开发宗教文化的全球意义。由此看来，对佛教文化全球使命的研究其实还是很不足的。在这里借助人文外交的议题带出佛教文化参与国家外交的实践，既是在分析传统宗教"游移现象"的类型，也是在申明佛教文化的一种世界使命、全球使命。

纵观涉及不同类型、不同层面的宗教/人文外交个案，如果将这类外交活动置于全球多种背景中去考察，还可以发现，佛教文化参与外交事务，有些是作为宗教文化本身出现的活动，有的是文化战略上予以实施的，有的是透过宗教信仰活动带动外交，有的则是通过宗教文化传播弘扬中国传统文化。总之，都是中国人追求世界和平、共同构筑人类命运共同体的实践。

宗教文化的传播，尤其是在外交活动中的出现，与国际形势、世界格局的变迁有关。对这类"游移现象"的研究关键还在于以什么为参照标准，是站在传统宗教的立场，还是站在国家立场。正确的态度是，需要持守宗教文化如何适应社会、为国家利益服务的立场。当然，作为宗教/人文外交的表达形式，宗教文化也不能忽视其嵌入外交活动的复杂性，它也是意识形态属性的反映。在外交实践中需要特别警惕，国外利用宗教文化的渗透行为。

宗教文化与外交领域的关系绝不是一种被动的回应，要深刻认识其对外交政策、国家战略的重要作用和影响。部分学者已经注意到传统宗教的这种影响力，认为需要注意加强这方面的工作，以开放、交融定位其在国家事务中的价值。在传播中国传统宗教时，更确切地说，在传播中国文化并以文化理念和目标重构国家间关系、国际新秩序的过程中，要正确处理"手段说""机会说""价值说"，明确中国文化在当今世界中的地位。于是，佛教外交实践也承担了以中国优秀传统文化"化世界"的使命。

典型案例五："人间佛教"

——传统宗教"游移现象"类型之佛教与现代

宗教文化及其实践是人类社会特有的文化现象,① 是人类文化的宝贵财富,它对人类文明产生了广泛而深远的影响,对人类未来的发展仍将产生影响。基于这样的背景,可以说,当前发生的佛教文化与社会现代化的互动实践无疑是值得关注的重要现象。围绕这一主题,一些学者赞同佛教的现代化,他们将"人间佛教"在中国近代以来的发展作为例证,并指出,这一过程体现出佛教文化所具有顺应时代特征的性格,而且在面对现代化挑战和冲击的同时,对社会的现代化做出了积极的响应,更进一步地从人类文明共同体的高度引导现代化发展方向。正是佛教文化的圆融力和实践力,使得佛教文化能够成为建构现代社会的精神和动力来源之一。

佛教文化中智慧和道德的内涵不仅是传统宗教文化的核心要素,也是当今时代现代性的核心要素。以此来考察佛教的人间关怀,将会得到新的启示。对佛教的现代化也有其他的观点,认为现代化导致宗教文化的过度世俗化,甚至是娱乐化倾向出现,现代市场经济引发了宗教文化的变形,消费主义倾向污染了宗教文化神圣的殿堂等。同时,有观点提出宗教文化并非反对市场经济与现代化,但应注意它们之间的互动关系走向,从而营造出具有市场经济生命力的和谐社会精神。

现代化需要宗教文化的改革,而宗教文化需要完成自身的现代化。随着现代化的发生发展,社会文化的各个方面都随之发生变化。现代化渗透到社会的政治、文化、思想各个领域。传统宗教在现代化进程中的社会适应性和生命力,就在于能否满足社会的需求。在当前现代化强势发展的背景下,佛教文化实践如何同社会发展相适应,如何为现代社会中的人们提供精神资粮和发展动力,成为佛教文化与现代化互动实践中不可回避的议题。

---

① 刘伟:《浅析"宗教"》,《世界宗教文化》2011 年第 4 期。

"人间佛教"思想及其在社会中的弘扬,体现的正是传统宗教文化调整其发展策略,以新的姿态进入现代社会的典型。这一现象在一定程度上反映了传统宗教文化与现代社会的某种结合。这种传统宗教的社会"游移现象",也是佛教文化扩大自身社会影响力的过程。本部分将以理论分析和田野考察为基础,大致描述在佛教文化传播中其与现代化互动实践的相关案例后,重点对净土宗祖庭"庐山东林寺"在现代社会发展中的佛教文化传播实践展开描述和讨论,并对该类型宗教文化实践活动功能做出基于"游移"立场的基本判断。

一 传统宗教文化的现代呈现:现代化与传统宗教文化实践

从现代化的视角探讨传统宗教文化的现代叙事是宗教社会学研究中需要关注的议题。这一取向触及的是传统宗教发展研究中的一个关键问题:传统宗教文化在社会转型背景下是如何生存和发展的?结合社会现代化理论研究与社会发展主题,反观传统宗教文化与社会互动的一系列实践,深感这一问题具有相当大的研究与拓展空间。随着调查与研究的深入,笔者发现这一探讨可以对认识传统宗教文化的现代适应有极大的帮助,从而加深对传统宗教"游移现象"发生发展的理解。

(一)背景:宗教文化现代化的多学科解读

就现代化理论的本质来说,它既是一个理论视角,围绕着它产生了一系列假设、命题,甚至是知识体系;其实,它也是一种实践方法,在现代化的"路标"下,人们和整个世界都在试图探究自身的发展,完成各自的社会目标和任务。现代化是人们在不同领域、地方和全球实践过程中被不断建构的。传统宗教为了适应社会变迁和自身的发展,当然也参与到了这一结构化进程中。

1. 现代化的社会学认识

不同的现代化理论流派对现代化有不同的界定，但多数学者更倾向于将之视为人类社会正在经历的一次巨大、全面而深刻的社会变革。关于现代化的确切含义目前国内外学术界尚无一致看法，大致可以从以下三个层面来理解。第一个层面，现代化实质上就是工业化，是经济落后国家通过技术革新，在经济和技术上赶超世界先进水平的历史过程。第二个层面，现代化是自科学革命以来，由于政治制度和社会结构的变动而引起的人类社会整体急剧变动过程的总称。第三个层面，现代化片面强调工业化和制度现代化是不够的，还必须从心理、思想和行为方式上实现由传统人到现代人的转变，使之具有现代人格和现代品质。也就是说，现代化不只是经济发展和政治发展，更重要的是文化发展和精神发展。① 现代化理论并不是一个单一的理论形态，它在经济、政治、社会、教育等多个领域有不同的表述。一般认为，现代化是一个引起经济、社会、政治、文化等方面深刻变革的发展过程。随着对现代化认识的不断深入，它可以包含不同的内容，从社会学的视角则更加关注人类社会活动、社会关系和社会结构的变迁。在这个过程中，已经带来并将持续带来人类思想和行为的转变、社会结构的重塑和观念的转化。它同"发展"密切相关。20 世纪 80 年代，现代化理论遭遇后现代主义的挑战，开启了现代性/后现代性的论辩。后现代观点强调异质性、多元，提供的是一个阐明"差异性"的理论框架，这与全球化现象之出现是有关联的。全球化激发了一种反应，即重新去发现特殊性、地方性与差异性，从而产生对现代性本身之限制的反省。建构"另类现代性"实际上也就是建构不同于西方现代文明的另一种现代文明秩序。对中国人来说，就是建构中国现代的文明秩序。② 不断丰富、发展中的现代化理论，对重新认识传统宗教在现代化进程中的处境和作用起到了理论反思与实践指导的作用。

---

① 李火林、徐海晋：《关于现代化的几个理论和实践问题》，《中共浙江省委党校学报》2000 年第 4 期。

② 金耀基：《现代性论辩与中国社会学之定位》，《北京大学学报》（哲学社会科学版）1998 年第 6 期。

在经典宗教社会学理论中围绕宗教的社会功能，马克思认为宗教具有意识形态的意义，它为统治阶层提供了正当化依据；涂尔干则提出宗教信念与价值观在促进社会整合、社会秩序方面的重要作用；韦伯强调宗教在社会变迁中所起的作用。尽管他们关注的问题不同、价值取向不同，但是，均认为传统宗教在现代社会中会逐渐衰退，甚至被消灭。这些经典的分析视角，对自觉发现和正确认识传统宗教的现代社会功能有很强的指导意义。

2. 宗教学中的现代化理论

与现代化研究的发展相呼应，20 世纪 50 年代世俗化理论被正式提出。该理论认为现代性必然带来宗教的式微，并成为这一时期的主导理论。之后，这种基于欧洲经验的推论，因其无法解释美国宗教的兴盛，以及随后世界大部分地方的宗教复兴现象而受到广泛质疑。罗德尼·斯达克、芬克等根据美国的情境提出宗教经济学的理性选择理论，认为开放性宗教市场中宗教竞争度的提高，会带来强大的"宗教经济"以及强劲的宗教活力。格瑞斯·戴维提出欧洲世俗化中存在的"信仰但不归属""代理性宗教"等现象，反映和揭示了信仰与实践间的复杂关系。卡萨诺瓦从政教分化、信仰和实践走向衰落及宗教边缘化三个方面对世俗化理论进行批判和重构。彼得·伯格认为，宗教是体现多样现代性与本土差异性的重要维度。[①] 宗教在现代社会的复杂性引起学者们对宗教与现代性、文化等关系的深入反思。这些西方的宗教世俗化理论尽管对分析转型期传统宗教的现代意义并不太适用，但是，其中涉及的"复兴""代理""市场"，尤其是对宗教现代化走向的判断，对本研究仍然带来一些启发。

现代化同地方化、本土化间存在较强的张力。欧大年指出，中国信仰实践是"神圣"与"世俗"掺杂并融合于日常生活的。中国宗教研究要自下而上，重视宗教信仰与老百姓的日常生活、社会生活的关系，在此基础上，才能更好地进一步研究儒释道等教派性宗教传统。魏乐博认为，中国大陆和中国台湾两地的宗教发展朝向国家主导的世俗化、宗教化、理性化和躯体

---

① 〔美〕彼得·伯格等：《宗教美国，世俗欧洲？》，曹义昆译，商务印书馆，2015。

化。杨庆堃根据中国宗教的特质区分了制度性宗教和弥漫性宗教，指出弥漫性宗教渗透到中国社会的各个领域、不同层面和众多方面，是中国传统社会结构、文化体系的维护性因素。而制度性宗教则对中国社会的整体影响相当微弱。李宜园认为，中国传统宗教是普化的而非制度化的宗教，宗教与社会生活与制度紧密融合。汲喆提出世俗化从组织、话语和实践等多个方面形塑宗教，却成为宗教自我建构的工具。也有学者从民间宗教信仰视角开展研究，认为中国民间信仰复兴是以过去的实践适应新的经济和政治变革而发展的。这些观点都在强调宗教文化与社会的相互联系和互动作用，其中，无法回避的核心议题依然是适应。适应文化脉络、适应社会发展、适应公众需要，这些是传统宗教现代性表达的关键。

宗教学中的现代化理论可以称得上是一个重要学派。在众多的观点中，贝拉认为，需要考虑国家发展之间的差异对宗教与现代化关系的影响。现代观念如何与传统的宗教观念相整合。[①] 这里提出了一个重要的问题就是宗教与现代化之间的关系需要如何处理，是融合还是对立？这一提问也刺激了在研究视野中自觉发现、梳理和提炼本土的经验，增强中国故事的有效呈现、学术价值和世界意义。

对宗教的现代价值持有乐观态度的哈贝马斯认为，需要重新思考宗教在现代社会中的作用，宗教在伦理道德方面依然散发着传统文化的魅力。[②]这一观点不仅强化了传统宗教的历史和现实作用，更是打开了宗教文化认知的视野，它不再仅仅局限于抽象、共时性中思考，而是在人的生活状态中，在历时、在全球视角下去重新认识传统宗教，尤其是它的现代实践价值。

3. 佛教文化实践中的现代化议题

佛教文化经历和完成了中国化并成为中国传统文化重要组成部分，同样面临现代化的问题。在现代化进程中，适应社会的发展，创新传播形式。[③]

---

① 〔美〕贝拉：《德川宗教：现代日本的文化渊源》，王晓山、戴茸译，生活·读书·新知三联书店，2003。
② 贺翠香：《论哈贝马斯后世俗社会的宗教观》，《学术交流》2017年第9期。
③ 宗树人等主编《中国人的宗教生活》，吴正选译，香港大学出版社，2014。

传统宗教在现代社会生活中扮演了重要的角色，它在不同层面维护着社区的秩序，适应着社会、影响着社会。同时，也受到社会的影响。

（1）佛教与现代社会适应

对于佛教如何适应中国的现代化要求而进行革新，近代中国精英进行了深入的探讨。他们提出这样一些重要见解：现代中国需要宗教，而佛教可以成为一种选项；弘扬佛教符合近代中国的社会和政治需要，有利于挽救"世道人心"，可以弥补中国传统学术缺少形而上学的不足；认为佛教使人脱离现实生活和人生伦理，这是一般中国人的误解；佛教的教理教义与儒家思想不相矛盾，可以相互调和，信仰佛教应该从竭尽社会义务和遵守儒家伦理开始；在中国弘扬佛教，使本来属于出世的佛教深入人间社会，给国家、社会和人生带来利益。[①] 这些观点对认识佛教的文化特征，加深对"人间佛教"的理解，阐释佛教在现代化过程中可能扮演的重要角色和佛教自身的发展定位起到了重要作用。

（2）佛教现代化中的"人间佛教"

佛教作为传统文化的重要组成部分，如何从传统走向现代、与现代社会相适应？如何保持其强大的生命力使之成为现代生活中不可或缺的精神资源？这是当今佛教必须面对和处理的极具挑战性的问题。只有处理好传统与现代之间的关系，才能保持佛教的主体精神在走向现代化的过程中不受浸染。[②] 宗教现代化的根本属性是长期性，具体而言，中国宗教要达成对当代中国的国家认同、民族认同、核心价值文化认同。赵朴初的"人间佛教"思想集中体现了佛教的当代中国认同，它将"人间佛教"的核心内容置于社会主义文化语境中重新涵化，表达了中国佛教对社会主义核心价值的接契，对社会主义政治制度、现代化建设事业的认同。进而倡导中国佛教自利利他、庄严国土、利乐有情，服从服务国家民族最高整体利益，服务当代中国的经济发展、文化繁荣、社会和谐、民族团结、祖国统一、

---

① 魏光奇、柴田文洋：《探寻文化出路：近代中国精英人士看佛教》，《社会科学论坛》2018年第 4 期。

② 成建华：《人间佛教：中国佛教的机遇与挑战》，《世界宗教研究》2016 年第 5 期。

中外友好交往。赵朴初的"人间佛教"思想可为当代中国宗教现代化提供有益借鉴。[①]"人间佛教"是关于人本的佛教,是以提升人的道德品质、尊重人性和生命价值、净化心灵以及实现人间净土为目的的人文宗教。

(3)传统宗教的现代功能

现代化浪潮从西方扩展到全世界,世界各国的发展都深受其影响。政治、经济、文化以及社会等与前现代社会相比,都发生了深刻的变化。具体而言,物质层面从匮乏到丰富,制度层面崇尚理性与科学,社会文化层面呈现个体化、多元化、差异化的趋势。现代社会大众拥有更多的自主权、选择权。但是,现代化的发展,也带来了不可回避的问题,人与人之间的关系、人与自然的关系、人与社会的关系、国家之间的关系,都需要更高层面的价值、道德来指引。

在现代化的背景下,物质的丰富虽然解决了人类的生存困扰,但无法使人们得到心灵的满足。尤其是工业社会对物质无止境的追求,不断激发人的欲望,甚至出现了不断冲击社会底线、道德滑坡等社会现象。由此造成的生态环境恶化、自然灾害频繁、伦理道德沦丧、社会分化加剧等,侵蚀着社会和谐的基础。这样的后果需要全球共同承担。科学与理性终究无法完整回答人生的意义与目的这样的终极问题。传统宗教数千年来,作为超越日常生活、旨在探讨人生终极意义和宗旨的文化,提供满足大众的精神层面需求的知识与途径,将长期存在于人类社会,并通过宗教文化经典中的道德规范、伦理要求协调现代社会中工具理性与道德理性的关系,维护社会秩序与世界和谐。

(二)实践:佛教文化与现代化的互动形态

现代化是一项实践。在现代化语境中,人们的实践活动难免或一定会体现出现代化的要求、取向与痕迹。佛教文化在社会现代化的大趋势中,同社会的互动呈现怎样的形态?这些形态的背后又表现出了哪些"游移"的趋

---

① 李晓龙:《论赵朴初"人间佛教"思想的"中国化"向度》,《世界宗教研究》2017年第3期。

向？以及哪些是积极的，哪些是消极的？对佛教文化现代实践中主要活动的基本面描述是需要做的重要工作，也是进行深入研究的必要铺垫。

1. 慈善救助

慈善是佛教文化的核心议题之一，也是指导和影响其社会实践的重要动力，从古至今都是佛教与社会互动的重要途径。近年来，北京市佛教协会践行"人间佛教"思想，积极开展扶贫济困、赈灾救灾、助医助学、助残养老等公益慈善活动，以践行信仰、服务社会。一是开展了"大爱无际"——首都佛教界与医疗志愿者义诊慈善山西行、承德行活动，累计受益人数 5000 余人，捐赠药品价值 20 万元。二是开展"听心声·内蒙行"杭锦旗儿童先天性心脏病免费筛查活动，对 14016 名儿童和在校生进行先天性心脏病筛查，查出疑似患儿 79 名，其中 36 人已手术康复出院，累计捐助 158 万元。三是捐助北京市少数民族乡村贫困户 200 户。四是设立"泽润公益图书院"，提供 3 万余册图书免费阅读等慈善活动。五是开展"悲智行愿——青少年慈善关爱行动"，向北京青少年发展基金会捐款 50 万元，用于帮扶北京地区家庭经济困难的青少年。[①]

南京鸡鸣寺开设的"菩提轩心理咨询中心"是国内首家由寺院创办的心理咨询服务机构。它在"人间佛教"思想指导下，创造出了一种既符合佛教教理又贴近和关怀现实人生的成功实践，也开拓出了一条全新的佛教慈善实践之路。他们按照《鸡鸣寺菩提轩心理咨询中心管理守则》的规定，开展免费心理咨询及心理疏导等活动。中心开办以来，取得了显著的成效，化解了来访者在工作、生活等方面的心理压力和障碍，挽救了仇世和厌生者的心灵乃至生命，在社会上产生了一定的影响。在做此类咨询的同时，建议来访者与医院治疗同步，遵医嘱用药，否则将不予接待，以免耽误病情。[②]将佛教慈善精神与特色服务结合，对社会中需要相关帮扶的人确实有实际作用。

---

① 北京市宗教局：《北京市佛教协会积极开展公益慈善活动》，人民政协网，2017 年 6 月 9 日。

② 《莲华："人间佛教"思想的有效践行》，第五届世界佛教论坛：佛教与公益慈善分论坛。

苏州弘化社义诊

2. 生活禅修

近年来，禅修一词在国内被广泛使用，几乎成为一种时尚。于是，各种禅，尤其是"生活禅"更是被社会上不少人所认同，尽管形式各异、层次参差，但拥有较大的市场和社会拓展空间。如云居山禅修班按照传统的禅法和传统禅堂里的规矩开展服务。云居山禅修班于 2010 年开办，头三年是每年一届，后面是每年两届，在五一和十一期间。原来禅修班只开男居士班，后来女居士也提出要求。这样，上半年在山上，是男居士班；下半年在庆云寺，是女居士班。只有 2017 年 5 月的禅修班是在山下举办的。可以说，云居山禅修班的要求越来越高，运作也越来越规范了。第一届开班时，只有15 个人参加。之后慢慢递增，50 人、100 人，直到后来的 150 人至 200 人。现在超过 100 人原则上就不接纳了。此种禅修向人们展现了一种高度纯正的佛教文化原生态，不仅是中国佛教界的珍贵遗产，也是当今世界文化的宝贵财富。① 禅修成为现代生活中人们减轻压力、调整身心的新取向。

3. 健康义诊

医疗往往是宗教与社会连接的有效途径。佛教团体的义诊活动也被世人

---

① 云起时：《绍隆佛种是家务——漫谈云居山禅修营（摘自〈丛林〉杂志首期〈云起时〉)》，https://www.douban.com/note/626754895。

传为佳话。2014 年 7 月 15 日（农历六月十九）正值观世音菩萨成道之日，由厦门湖里区佛教协会、天竺岩寺慈善基金联合厦门市中医康复保健学会、厦门华医馆共同举办的"爱心义诊"活动在仙岳山天竺岩寺举办。爱心义诊活动特邀数十位厦门市知名医学专家前来为广大市民义诊。①

2017 年 11 月 12 日，上海国庆寺举办了第五次大型慈善义诊，邀请华东医院、仁济医院、华山医院等名医为唐镇 500 余名百姓义务诊疗，赢得了唐镇及周边群众的大力赞扬。上海国庆寺已将大型慈善义诊活动作为寺院的品牌，进行常态化、机制化管理，为地区的公益慈善事业做出了积极努力。②

广州光孝寺"中医慈善诊所"
为弱势群体提供免费医疗服务

南普陀组织义诊活动

4. 祈福消灾法会

离苦得乐是宗教的核心价值，救灾祈福是宗教实践的重要内容。社会的现代化并不意味着灾害的消减，相反，风险社会的来临更加深了人们对灾害的恐惧和担忧。佛教团体通过举办法会，为受灾群众祈福，祈愿灾难早息，众生过上安定、和平的日子。2013 年 4 月 20 日，四川省雅安市芦山县发生7.0 级地震。上海玉佛禅寺举行了"为四川雅安芦山县地震灾区祈福消灾法

---

① 《天竺岩寺"爱心义诊"喜迎观世音菩萨成道之日》，中国佛协官网，2014 年 7 月 15 日。
② 《浦东新区国庆寺举办第五次佛教慈善义诊活动》，上海市民族和宗教事务委员会，http://www.shanghai.gov.cn/nw2/nw2314/nw2315/nw15343/u21aw1269390.html。

会"，人们共同为罹难群众超度，为受灾群众祈福。诵经法会结束后，还为灾区受难群众进行捐赠。① 2019 年 1 月 12 日，在中国传统节日腊八节，释迦牟尼佛成道纪念日即将到来之际，普陀山佛教协会在南海观音禅林举行消灾祈福法会。②

苏州报国寺祈福法会

寂静道场

5. 灵山现象

运用市场工具进行文化传播是传统宗教现代化中面对的时代挑战。无锡灵山为国家 5A 级旅游景区，地处无锡马山，北倚灵山南面太湖，是以佛教文化为主题的园区。近年来，因兴建灵山梵宫、主办世界佛教论坛而为世人瞩目。2009 年 3 月 28 日，以"和谐世界，众缘和合"为主题的第二届世界佛教论坛在无锡灵山开幕。论坛由中国佛教协会、国际佛光会、香港佛教联合会、中华宗教文化交流协会主办，来自世界 46 个国家和地区的 1700 余名高僧大德、著名佛教学者、政要和社会各界人士出席本次论坛。2012 年 5 月 30 日，"世界佛教论坛永久会址"正式揭牌亮相，灵山五期工程暨世界佛教论坛永久会址配套工程同日奠基开工。

---

① 《上海玉佛禅寺为四川雅安芦山地震受灾群众举行祈福消灾法会》，上海玉佛寺网站。
② 《普陀山佛教协会举行迎腊八消灾祈福法会》，菩萨在线，2019 年 1 月 13 日。

世界佛教论坛

6. "洛阳大背头弥勒佛像"

在市场化的背景下，利用宗教文化"打擦边球""蹭热度"的现象近年来也时有发生。河南洛阳偃师龙华欢乐园因建立了一座貌似留着"大背头"的"弥勒佛"引来网络热议和对此现象的批评。为此，乐园官方网站声明，指出该像为企业创始人的人物肖像。之后，在民众的舆论中，园方在官方网站上发表致歉声明，并对塑像进行了修整。① 这一现象之所以能发生，反映了社会中的一部分人对宗教文化的认知偏差以及宗教文化的被娱乐倾向，也反映了相关部门管理不严的问题。

河南洛阳偃师龙华欢乐园的"弥勒像"

---

① 孔庆坚、谢宏：《基于地域性的公共艺术规划研究》，《美与时代》（城市）2015 年第 4 期。

7. 共修（学佛小组）

宗教传播方式的管理一直是一个十分重要且敏感的议题。基于不同的原因，目前，公开或隐蔽的宗教学习群体开始活跃起来。近年来，由居士们自发组成的学佛小组、学佛社团，数量大大增加。它把处在游离状态下的学佛人召集起来共同学习，学习环境和学习质量均得到了提高。为迎接第五届世界佛教论坛的召开，广化寺教化部于 2017 年 11 月成立英语学佛小组，语言技能和佛法学修相结合的学习方式受到了越来越多爱好英语的青年佛子们的欢迎。[①] 在现今的城市居士佛教实践中，新的聚会形态开始萌芽。居士团体中的信众会通过参加学佛小组进行教义的讨论交流，共同诵经、打坐。聚会场所也开始多样化，学佛小组的地点选择有着极大的灵活性，活动可以在居士家中进行，也可以在写字楼中举办。[②] 传播形态出现灵活、随机、多样化的趋势。

8. 现代音乐

佛教音乐在本土化进程中一直占有着重要的位置。尤其是现代化背景下，在融入了现代音乐元素、风格的基础上获得了更大的市场，其影响力也在不断扩大。《神州和乐》是中国佛教史上的首部交响乐，采用五乐章合唱交响乐形式。[③] 其演出获得了较高的社会反响。

在《第四批国家级非物质文化遗产代表性项目名录》和《国家级非物质文化遗产代表性项目名录扩展项目名录》中，[④] 江苏省镇江金山寺水陆法会仪式音乐作为江苏省申报项目入选第四批国家级非遗。水陆法会是最隆重的一种佛教经忏法事，源于镇江金山寺，距今有 1400 多年的历史。金山寺水陆法会仪式音乐，融合了南北朝以后各朝代的音乐成分，除具有宗教价值外，还凝聚了净化心灵、行善积德、向往天下太平的美好愿望，以及在音

---

① 《福建广化寺成立英语学佛小组提升语言技能和佛法学修》，微信公众号：莆田南山广化寺，2018 年 1 月 27 日。
② 卢云峰、和园：《善巧方便：当代佛教团体在中国城市的发展》，《学海》2014 年第 2 期。
③ 张训谋：《妥善处理宗教文化开发之度》，佛教频道，http://fo.ifeng.com。
④ 《国务院关于公布第四批国家级非物质文化遗产代表性项目名录的通知》，《辽宁省人民政府公报》2015 年 1 月 8 日。

《神州和乐》交响乐　　　　　　国家非物质文化遗产：佛教音乐

乐、绘画、语言、仪式等艺术上的价值。①

　　佛教音乐和佛教舞蹈是在佛教经文以至清规戒律基础上复演开来的。它是赏心悦目、利益众生、传播法音的手段。②

二　典型案例："人间佛教"与东林寺实践

　　近代以来，中国传统文化面临着现代转型。太虚大师作为当时佛教界的领袖，在学理、制度和经济三个方面提出了佛教的现代化路向。其中，尤以"人生佛教"理论影响久远。"人生佛教"理论构成了探索佛教现代适应的坚定的理论基石，它揭示出建设现代佛教必须在契理契机的原则基础上开拓出传统佛教的新型理论形态，以建成人间净土为旨归，广泛摄受僧俗二众，践行大乘菩萨行的精神。"人生佛教"使传统佛教逐渐具备了各类现代形态，这是一个传统和现代相互交融的过程。③ 改革开放之后，佛教文化在适应现代社会发展和人民需求方面进行了更多的实践探索。东林寺在这方面做了诸多开创性的工作，促进佛教文化的现代传播，使佛教文化更深入、广泛地走向社会。

---

① 《江苏省金山寺水陆法会仪式音乐入选第 4 批国家级非遗》，佛教在线，2014 年 12 月 6 日。
② 悟演法师：《福建宝林禅寺——首创举办独特的佛教音乐夏令营》，http://blog.sina.com。
③ 李虎群：《中国佛教现代转型的探索——以太虚大师人生佛教思想为核心》，《吉林师范大学学报》（人文社会科学版）2018 年第 4 期。

（一）"人间佛教"的主要思想

"人间佛教"或"人生佛教"思想开启了中国佛教适应时代走向现代转型的创新实践。洪金莲在总结太虚大师佛教复兴改革运动的经验启示时提到：在环境方面，佛教需要与政局保持畅通的管道，佛法的教化不离于世间法，在现实环境上，宗教无法自闭于政治、社会之外；佛教尤其需要充分应用现有的社会资源、人才资源及科技资源等，发挥佛法与社会群众的互动关系。在经济方面，佛教事业宜有自主的、创造性的经济资源的支持和永久性开发，以固保教育事业、弘法事业的贯彻与持续发展。在教界方面，僧俗四众必须团结合作。佛教事业需要全体佛教徒的投入和共同参与，全体佛教徒的共识才是佛教成功的捷径。尤其僧众教育的培养，佛教统一学程的制定，以及佛教学术领域的共同开发等，需要教育界的团结与合作。现代化企业形态的组织模式，值得教界去开发经营。①

印顺法师倡导的"人间佛教"理论继承了太虚"人生佛教"，其理论形态上的意义更为成熟和完善，具有三个显著特点：强调佛教适应社会的重要性；开发佛教最宝贵的精神资源；把尊重人的思维方式和价值取向贯穿始终，②彰显出"人间佛教"思想的精髓。这也是"人间佛教"思想能在全社会发扬光大的利益所在。

星云法师提出，"人间佛教"主要是倡导生活的佛教，以促进人际和谐，带来社会的公平，让所有人都能幸福安乐地生活为目标。③他的"人间佛教"实践凸显了佛教关心人、关心社会、关心世界和宗教的社会性、融入性，以及需要现代化的价值和意义。

赵朴初在改革开放初期提出了许多著名的论断，如"佛教是文化""人间佛教"等。赵朴老的"人间佛教"思想，彰显了"人间佛教"的神圣性

---

① 洪金莲：《太虚大师佛教现代化之研究》，东初出版社，1995，第 348～349 页。
② 欧阳镇：《当代印顺学思想研究述评》，《法音》2009 年第 2 期。
③ 李祥熙：《儒学普及应借鉴台湾人间佛教的作法和经验》，《山西社会主义学院学报》2013年第 2 期。

（超越性）、人间性、历史性、时代性四个特点。他强调"人间佛教"的内涵是菩萨行，涵摄五戒十善的人天乘法，体现了"人间佛教"的神圣性；将"人间佛教"与中国佛教三大优良传统融合起来，关注到"人间佛教"的人间性与历史性；强调要加强佛教自身建设，保证"人间佛教"在人间的超越性，佛教教育即是"人间佛教"的神圣性运动；深刻地揭示"佛教与社会主义社会相适应"是"人间佛教"时代性的必然要求。① 赵朴老提出的"人间佛教"，是佛教文化社会性的具体表现，是佛教文化适应现代社会、适应社会主义建设的契机行为。数十年间，"人间佛教"的思路与实践在国内的普及，对佛教文化的社会适应起到了积极的作用，

当然，关于"人间佛教"实践的基本形态和特征有不同的评论。有观点提出对此需要保持敏感的担忧，认为将"人间佛教"等同于慈善公益事业，将禅修简化为心灵抚慰，将"人间佛教"视作"诗化人生"，② "心灵鸡汤"式的俗化现象更是大大矮化了"人间佛教"的面貌、精神追求和现代使命。

教界、学界在继承和发扬太虚"人生佛教"思想的同时，进一步提出了"人间佛教"理论并付诸实践，从而形成了丰富的"人间佛教"思想与实践体系，适应社会发展的需要，扩大了佛教文化的社会影响力，使更多的社会大众能够通过多种途径了解佛教、认识佛教，促进了佛教文化与社会的联系。

佛教与社会现代化适应具有时代意义。"人间佛教"理念与实践体现了神圣性与社会性的结合。佛教的传播是其社会性的要求，寺院举办的各种宗教活动、讲经活动、慈善活动等，即是将佛教的价值理念浸透于社会服务、社会生活中，达到化世导俗的目的，从而体现佛教的神圣性与社会性本质。社会性通过人们对命运、死亡、灾难的不确定性，对终极意义的思考强化神圣性，神圣性也通过人们的参与，探究维护着社会性。同理，社会信仰理念

---

① 圣凯：《人间佛教与中国佛教现代化》，《太虚大师思想国际学术研讨会论文集》，2017。
② 传印：《人间佛教的"生活禅模式"》，《中国民族报》2016 年 4 月 26 日。

及其实践巩固神圣性的社会基础，而神圣性的传播，又拓宽着社会性的空间。从传统宗教"游移现象"的角度，"人间佛教"是神圣性与社会性的统一，神圣性扎根于日常生活，滋养于人际关系，运行于社会环境之中，这一过程，潜移默化，移风易俗。"人间佛教"实践一方面需要调适传统与现代的关系，另一方面需要平衡神圣性与社会性的关系。

《中国佛教协会章程》（1987 年）中明确规定，提倡"人间佛教"积极进取的思想，发扬佛教优良传统。① 2015 年重新修订的《中国佛教协会章程·总则》第三条规定：本会的宗旨是，……践行"人间佛教"思想，庄严国土，利乐有情，为促进经济社会发展发挥积极作用，为维护宗教和睦、民族团结、社会和谐、祖国统一、世界和平做贡献，为实现"两个一百年"奋斗目标和中华民族伟大复兴的中国梦贡献力量。这一定位，从政策层面倡导"人间佛教"，为"人间佛教"在社会中的实践奠定了坚实的基础。在保障佛教文化传播的同时，既考虑神圣性也包含——社会性。

（二）东林寺的当代实践

东林寺在推动佛教文化现代化中，尤其在传播净土文化，实践救灾、教育等方面成效显著。基于这样的原因，笔者选择它作为调研样本点，并多次去东林寺实地调研，参与寺院活动，观察寺院弘法。近些年，从外在环境而言，东林寺的建筑规模逐渐扩大，生活修学的物质环境明显改善；从内部管理看，更加规范化、程序化、系统化；从信众人数看，修学及参观人数显著增加；从活动内容看，更加丰富多样，适应各类群体；从传播方式看，充分利用信息化途径，扩大社会影响。

1. 净土祖庭东林寺

东林寺祖庭位于庐山，建成于东晋太元十一年（386 年），慧远大师在此创立莲社，被后世尊为净土宗初祖。1959 年国务院周总理视察东林寺后，做出"东林乃佛教圣地，影响极大，应视为文物保护之"的重要指示。现

---

① 《21 世纪两岸社会与佛教的发展》，http://www.mzb.com.cn。

东林寺分为祖庭与净土苑。东林寺前任方丈果一上人自新中国成立，尤其从改革开放以来，驻锡东林寺。2003年9月，大安法师受传印大和尚嘱托，出任东林寺代方丈，全面主持东林寺各项工作。如今东林寺全寺建筑总面积为一万八千余平方米。在这里流传着历史典故虎溪三笑，至今东林寺内还有"三笑堂"和蹲伏在虎溪桥畔的石虎；当年慧远大师为建寺感得天神相助的出木池及神运殿；因慧远大师称赞而得名的"聪明泉"；供奉有慧远大师墓塔的远公塔院；相传为慧远大师亲手所植的"六朝松"，已有1600多年的历史。①

东林寺

远公堂

东林寺净土苑景区位于江西省九江市星子县温泉镇隘口村，占地三千余亩。净土苑以48米阿弥陀佛接引铜像为核心的建筑群沿着中轴线布置，以唐代建筑风格为依据，采用中国古代圣山建筑群的经典建筑空间组织形式，将中轴线的主要建筑依序展开，建筑空间开合有致、起伏跌宕，沿中轴线由

① 《东林简介》，http：//www. donglin. org/zhuting/dl/2011/1130/6651. html。

缓而陡、逐渐上升。佛像坐落在半山之中，以表达最终回归西方净土。大佛
景区分为山门前区、释迦殿景区、三圣殿景区、观佛阁景区、飞虹桥景区、
拜佛台景区和佛座景区七个景区。①

东林寺净土苑

东林寺祖庭道场庄严，修行精进，管理规范。前来参学的人员络绎不
断，均需先到客堂登记，客堂师父、义工会简明介绍寺院情况、具体管理要
求等。有专门到此闭关念佛的居士，也有专程到此做义工的信众等，客堂都
会根据不同需求做出妥善安排。据悉，近年来慕名前来参观、修学的人员不
断增长，原有的基础设施已不能满足要求，祖庭根据需要调整居士的修学、
生活设施。在原有区域内，规划建设了一批新的殿堂、楼房，并且在温泉镇
隘口村新建了东林寺净土苑。东林大佛即在东林寺净土苑。按照发展规划，
东林寺祖庭和东林寺净土苑还在建设之中。

2. 推进佛教大众化的主要实践

东林寺为了适应现代社会的发展和人们的需求，近年来进行了一系列创
新佛教文化传播理念及实践的探索。东林寺现有净土班、沙弥班、净土进修

---

① 《东林简介》，http://www.donglin.org/zhuting/dl/2011/1130/6651.html。

班、夏令营、企业家念佛禅修班等教学项目，以及佛七、闭关、昼夜念佛等修行活动。东林寺净土苑是集信仰、弘法、修行、教育、安养、慈善、佛教交流为一体的多功能佛教场所，是一个新的佛教传播模式，对净土宗和中国佛教的发展都具有深远的意义。

建露天大佛。1993 年东林寺前任方丈果一上人发愿启建东林大佛。2007 年 5 月 24 日，庐山东林大佛工程开工洒净法会举行，数千名四众弟子参加。东林大佛的整体造型，吸收了龙门石窟卢舍那大佛、敦煌大佛、日本镰仓大佛、古印度及盛唐时期佛像的优点，力图达到宗教精神与雕塑艺术的最高水平。大佛通高 48 米，底座为 48 瓣莲台，表现阿弥陀佛为救度众生所发的四十八大愿。其目的在于，东林大佛住世长久，将摄持无数的人回归净土，离苦得乐。[1] 2019 年 5 月 27 日，中国佛学院一行到东林寺净土苑朝礼大佛。一行人员三步一叩，虔礼弥陀。佛门中参学之风古来盛行，僧人们通过云游参访各山耆宿、高僧大德，用以增进自身道业。时至今日，参学的意义除自身求道外，还成为各个道场之间相互交流和学习的一种方式。[2] 2018 年 6 月 23 日上午 8 时，东林祖庭第二十五届 "彼岸行·体验之旅" 的 300 多位学员，来到了东林寺净土苑参礼大佛，从净土苑大雄宝殿背面，三步一拜拜到大佛台，需一步一步走完近三百个台阶。[3]

办网站。2010 年 3 月东林寺净土宗研究学会为更及时全面地向信众和社会提供来自净土宗祖庭的甘露法雨，促进寺院与各界的交流与合作，本着利益众生、慈悲济世的佛教理念，会同东林寺常住及各弘法堂口和职能部门推出全新版网站上线。网站从架构到视觉设计、从网页代码到数据存储、从用户体验到运营维护管理等均得到了一个质的跨越。新版网站立足于信众和访客的需求，围绕东林寺常住与各弘法职能部门的工作展开了全面立体的信

---

① 东林寺大佛，http：//www. donglin. org/dafo/#。
② 《净土苑文化宣传部中国佛学院师生参访东林寺净土苑》，http：//www. donglin. org/index. html，2019 年 5 月 29 日。
③ 东林寺净土苑文化传播部：《十劫呼唤游子归 三百游子拜大佛》，http：//www. donglin. org/index. html，2018 年 6 月 25 日。

东林大佛   东林大佛工程简介

息呈现。增加了图片、视频、下载、在线法宝索请等信息发布模块。东林寺会随着祖庭的弘法利生事业的发展，更进一步完善和优化网站的方方面面，进一步开发新的应用服务大家。① 为扩大弘法范围，东林寺还开办网络学习班，不同于实地学习方式，网络班与普通班相比，在年龄、文化程度、运用网络等方面提出了具体的入学条件，对网络学员要求更高。

东林寺博客、微信公众号。东林寺开设的博客包括，大安法师的新浪中文微博、英文微博，东林寺慈善护生会博客，东林寺闭关博客等。大安法师的新浪博客迄今为止共有 701 篇文章，其中修学导航、净土百问类文章所占比例最高，分别为 23% 和 16%。东林寺开设的微信公众号，包括"大安法师讲净土"微信公众号，内容主要为大安法师的开示；"江西庐山东林寺"公众号，内容主要为寺院动态和实修信息；"庐山东林寺福田"公众号，主要内容为寺院建设、法宝印刷、慈善护生、弘法教育等捐助项目。

"东林法音"听经台。庐山东林寺净土文化研究学会组织电脑技术人员自建了"东林法音"听经台，并将大安法师历时十多年讲法的音频和视频传到该平台，信众可以通过手机或电脑收听或收看。听经台的栏目分为初机入门、印祖文钞、佛经讲解、祖师论著、大德著述和微视频等栏目。

赈灾救难。庐山东林寺慈善护生会负责各项赈灾救难活动。如 2017 年 6 月 24 日及 7 月 1 日，江西普降暴雨，很多地区遭遇洪灾。庐山东林寺慈

---

① 江西省庐山东林净土文化基金会，http://www.donglin.org/index.html，2010 年 8 月 1 日。

微信公众号

善护生会随即赶赴受灾地区发放救灾物资。深受当地灾民和当地政府的好评。[①] 东林寺与上海罗莱家纺慈善护生会共同为云南地震灾区，为贵州偏远山区、江西贫困地区的几所学校送去棉被。[②]

慈善护生。东林寺慈善护生会于 2005 年成立。秉持大乘佛教慈悲济世精神，主动回报社会，奉献社会。以出世的心积极倡导尊重生命、奉献爱心、救济贫困、帮助弱小，努力践行戒杀放生、生态保护、素食推广、环境和谐等活动。经过近 10 年的风雨历程，慈善护生会慈心行善、护佑生灵的足迹已遍布全国，赢得了社会的广泛赞誉。2018 年 5 月 7 日，东林寺慈善护生会在东大门广场举行了一场庄严的放生法会。此次放生物命有观音鸟、斑鸠鸟等共计 10000 余只，价值 9 万余元。[③] 放生活动具有特殊的

---

① 《东林寺慈护会奔赴铜鼓洪涝灾区赈灾》，http://www.dlcihu.com/，2017 年 7 月 14 日。
② 《慈护会与上海罗莱家纺贫困山区送温暖》，http://www.dlcihu.com/，2016 年 10 月 20 日。
③ 东林寺慈善护生会：《逾万只观音鸟、斑鸠鸟放归山林》，http://www.dlcihu.com，2018 年 5 月 9 日。

东林大佛募捐部　　　　　　　　　　扶贫救助

宗教意义，促使社会放生活动增加，但不科学的方式也会引发诸如生态、安全及利益链等问题。东林寺面对此类问题，也曾一度做出了暂停接收放生款项的决定。

东林慈善指示牌　　　　　　　　　　东林寺放生活动

祈福法会。东林慈善倡导世间善行，行小善以积大德。2019 年 4 月 3 日 15 时 30 分，净土苑首座昌法法师率领阖寺僧众于大雄宝殿举行"超荐四川凉山州木里县 3·30 火灾罹难者"法会。送别英雄——净土苑常住僧众至诚荐亡，愿祈经声佛号指引烈士英灵往生极乐。借此祈愿世界和平、国泰民安、风调雨顺、灾厉不起、人民安居乐业。① 2019 年 1 月 13 日，时值农

---

① 净土苑文化宣传部：《净土苑举办超荐四川凉山木里 3·30 火灾罹难者法会》，http：//www. donglin. org/dafo/zuixindongtai/2019/0404/12080. html，2019 年 4 月 4 日。

历腊月初八,为纪念释迦牟尼佛成道,东林寺净土苑在大雄宝殿举行了祝圣和普佛法会,并在山门广场入口处进行了施粥活动。东林寺净土苑以此功德,祈愿世界和平、国泰民安、风调雨顺、消灾免难;回向法界一切众生,业障消除,福慧圆满,同登极乐,共成佛道。①

慎终追远 念佛提示

体验夏令营。为普及佛教文化,东林寺自20世纪90年代,在国内率先举办了夏令营活动,旨在弘扬佛教悲智精神,提升道德,启迪心灵,提升青年精神文化素质,增强文化自信;同时,促进社会和谐,为中华道德重构和民族发展输入正能量。2005年东林寺举办首届东林净土文化夏令营,目的为弘扬中华民族优良传统文化,增进对净土文化的了解,推广社会良好道德风尚,提高参与人的文化修养,使其更好地奉献人生、服务社会,促进社会的和谐与进步。2019年"第十六届彼岸行夏令营"提出的活动主题为"福慧人生"。活动以佛教净土宗理念为指导,直面当代青年所关心的人生问题,解除其成长中的种种困惑与苦痛,促进身心健康,圆成人生梦想。②

组建志愿者团队。伴随现代社会的发展,志愿者概念也进入佛教文化实践中。基于东林寺每年都要组织开展众多的宗教文化与社会活动,他们开始组建志愿者团队,开展相关服务。根据东林寺网站介绍,东林寺净宗学会将

---

① 净土苑文化宣传部:《东林寺净土苑丨佛陀成道日,祝圣施粥时》,http://www.donglin.org/dafo/zuixindongtai/2019/0114/11988.html,2019年1月14日。

② 东林寺弘法教育部:《第十六届彼岸行夏令营报名公告》,http://www.donglin.org/news/gonggao/2019/0602/12134.html,2019年6月3日。

夏令营

参访民众

在各地组建"学佛弘法志愿者小组"。① 这种组织方式在近年来也比较常见。究其原因，其一，前来东林寺的人员比较多，路途遥远者频繁往来，多不方便，就近学习可以提高效率。其二，组织学习能够提高管理效率、学习效果，并有利于在当地传播。其三，减轻东林寺祖庭及净土苑的接待压力。在东林寺内也活跃着大批的志愿者提供服务。他们在实践过程中，既服务于他人，也从中理解志愿者精神，净化自己的身心，更好地服务大众、适应社会。

志愿者培训

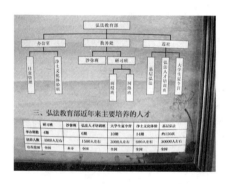

培训班

经行和闭关。为向公众更好地传播佛教净土文化，也为信众提供修行的平台，东林寺推出的24小时经行和百万佛号闭关活动。这些修行实践为公众和信众提供了接触佛教、深入了解佛教、潜心修行的机会。2019 年 5 月

---

① 《东林寺净宗学会中善法师等来沪考察弘法工作》，上海联络处，http://blog.sina.com。

12 日至 13 日，四众弟子齐集庐山东林寺祖庭，参加 2019 年度第一次 24 小时经行法会。经东林寺常住研究决定，自 2019 年始，昼夜经行法会只在每年的 5 月和 10 月举行。参加此次经行法会的佛子，大部分来自江西附近省市，他们既有父母子女要照料，又要忙于工作，能够抽出时间来参加经行念佛，并不容易。因此，分外珍惜这一精进修行的殊胜机缘。一位 40 岁左右的女居士告诉我们，她几乎每个月都来参加经行法会，因为只要一两天的时间，时间较短，参加完可以赶回去，既不耽误上班，也不用太牵挂家里人。虽然每次总是来也匆匆，去也匆匆，但是乐此不疲。她还说，比起生活的琐碎艰难，能够参加昼夜经行念佛，实在太轻松、太幸福了。大众法喜充满，信心倍增，感叹往生极乐更有把握了，并决定回去后，以家庭为道场，随分随力去念佛。① 2019 年 7 月 11 日，是庐山东林寺 7 月上旬十天百万佛号闭关圆满出关的日子。监香法师说，闭关环境是让修行者的六根与六尘隔开，远离外界环境的干扰，从而制心一处，专志念佛。但也不要执着于闭关这种形式。境缘无好丑，好丑在于心。当你关闭六根，收摄身心，让心安住在名号上，当下就是在闭关。大家回去以后，要把念佛融入于生活。每天的定课是修行，在红尘对境历练更是修行。②

临终助念。近年来，修学净土法门者日趋增多，临终助念渐成风气。东林寺助念团亦于 2005 年应运而生。至 2016 年，记录在册之请求助念人数为 500 余人。因死生一事甚堪忧虑故，各地居士、助念团体亦期盼学习东林祖庭莲宗助念之法，以备利自利他之用。以是因缘，为满足广大助念居士的祈求，东林寺助念团亦从开展临终助念服务转而以弘法培训为主，为前来求法之四众弟子施以莲宗助念指导，校正偏颇见解，启立正知正见，成为东林祖庭弘法利生之牖户。③

---

① 东林寺文宣部：《庐山东林寺 2019 年 5 月昼夜经行法会圆满》，http：//www.donglin.org/fw/zhouyenianfo/2019/0514/12119.html，2019 年 5 月 14 日。
② 《庐山东林寺 2019 年 7 月上旬"百万佛号闭关"圆满》，http：//www.donglin.org/fw/biguannianfo/2019/0713/12163.html，2019 年 7 月 17 日。
③ 《东林寺助念团成立十周年》，庐山东林寺网，2016 年 8 月 20 日。

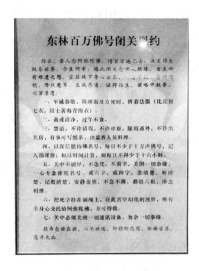

东林寺百万佛号闭关规约

经行规约

东林寺助念

办期刊、成立印制部。作为净土宗祖庭的东林寺担当起传播净土文化的责任。《净土》杂志是庐山东林寺净土宗文化研究学会的会刊。现有东林法音、经典导读、净土论坛、念佛感应、修学园地、莲友心声、往生纪实、大德芳综、净土答疑等二十个栏目。《慈护》杂志由东林寺慈善护生会主办，内容主要包括慈心善行、护生、放生、素食、环保、因果故事、人与自然等。2015 年出版了反堕胎专辑，从佛教伦理学的观点讨论堕胎之过患等。"鄱阳湖护生节"专刊，呼吁用生态文明和法律意识培养人们的饮食文化等。

《净土》杂志

2016 年出版了关于工业化养殖的真相专刊，指出工业化养殖，创造了历史上最大的苦难，呼吁素食文化。东林寺的印经处成立于 2005 年，2016 年更名为印制部。其主要职能是：印赠佛经（以净土宗经典为主）、中国净土宗祖师著作、传印长老和大安法师著作及讲记、《净土》杂志、因果故事、戒律，以及部分儒家典籍。印制部目前印制的各类经书已达四十余种，书籍均经宗教和新闻出版部门审批并颁发内部资料准印证件。2016 年，增加制作播经机、视频机、光盘、佛像等法宝的职能。所有法宝均免费赠送结缘，流通海内外。①

友好交流。宗教团体在继承历史传统中，还扮演了连接国与国交往的重要角色。东林寺在这方面也做出了自己的努力。2013 年 11 月 14 日上午，日本净土宗第 200 次访华团朝礼了净土宗祖庭庐山东林寺。在东林寺大雄宝殿举行了"中日佛教界祈祷世界和平法会"，由中方与日方四众弟子分别做法事活动。中方法事由传印长老、纯一大和尚和大安大和尚共同主法。中日双方借此法会祈祷世界和平、社会和谐，加强中日佛教交流，促进中日友

---

①　东林印经处，http://www.donglin.org/donglinyinjingchu/gongqingyuzhuyin/20100726/5070.html.

2013 年中日佛教界祈祷世界和平大会

大安大和尚接见尼泊尔尼中经贸协会阿努伯主席一行

好。法会结束后，中日四众弟子在大雄宝殿前合影留念。① 应联合国蒙特梭利教育总会、旧金山万佛圣城、硅谷闻思修居士林、新加坡居士林邀请，东林寺代住持上大下安法师于 2010 年 2 月 26 日至 3 月 16 日在美国、新加坡两地进行为期 20 天的活动。大安法师在致辞中希望来自不同文化背景、不同种族的老师和同学们，能够把自己本民族的优秀文化传统贡献出来，用全

---

① 东林寺文宣部：《中日佛教界祈祷世界和平法会在东林寺举行》，2013 年 11 月 16 日。

新的教育理念重铸我们世界的和平。大安法师在峰会上作了《人性与世界和平的困境》主题讲演。①

（三）推进的实践类型及其主要特征

作为与社会现代化相互呼应与影响的 "人间佛教"，为中国社会和佛教界，甚至是宗教界带来了至关重要的两个结果，一是大大推动了宗教的现代化，丰富了佛教文化社会传播的实践类型。二是将宗教文化的神圣性与社会性进一步整合，增强了佛教文化的大众化、普及化。这一实践，直接或间接地回答了另一个问题，神圣性与社会性、传统性与现代性、信仰资源与社会资源其实是不需要分开的，也不能分开的。

1. 信仰性实践

"真正的布施，没有大善知识指导，只是人间的善行，不能成为佛教里的究竟慈善。佛陀教化人心的本怀，是解决根本的苦难，以佛法净化人心的贪嗔痴三毒；唯有如此，才能真正杜绝世间不断发生的天灾人祸。"② 在佛教布施理念的引导下，传播内容以 "法布施" 为根本。"人间佛教" 实践包括法会、传戒受戒、禅修、佛七、夏令营、放生等与宗教性质密切相关的实践。

2. 慈善性实践

慈善一直以来就是佛教与社会互动的重要途径，助学、济困、养老、临终关怀等传统佛教慈善形式继续发挥作用。"人间佛教" 的慈善，以弘法为主，认为救济人心才是最大的慈善，而不是只有物质、金钱的提供。所以，真正的慈善，其内容、精神意义是很深的。"人间佛教" 更注重慈善活动的内涵，从观念层面到具体活动深入推进，注重精神层面的提升。

3. 公益性实践

人与自然环境和谐相处，是现代环保的重要理念。佛教文化不仅仅关注

---

① 《大安法师美国、新加坡弘法行》，东林寺网站，2010 年 3 月 16 日。
② 《"人间佛教" 佛陀本怀》，《星云大师全集 25》，佛光山宗务委员会印行，第 361 页。

外界的自然环境，更进一步提出了心灵环保的概念，并率先付诸实施。心灵环保提出关注自己的身语意，去除内心的贪嗔痴，保持与他人的和谐关系，促进社会和谐，维护世界和平。"心灵环保、生活环保、生态环保、社会环保。""人间佛教"回应社会对绿色发展的追求，延续佛教生态理念，推进全息环保活动。

4. 教育性实践

在教育方面，办佛学院、佛教文化研究机构、讲座、居士林等。在学术研究方面，召开各种会议，如"人间佛教"研讨会、国际僧伽会议、世界佛教论坛，以及两岸佛教和文化论坛等。在出版方面，成立出版部门、办期刊、出版论著、建立专业网站等。在人才培养方面，通过兴办学校、组织培训，培育佛教人才，促进宗教文化传播的长期性与稳定性。

5. 商业型实践

在现代社会中，宗教文化的发展在一定程度上有赖于经济的支撑。正是信众的捐赠成为寺院基础设施建设、僧侣生活、日常维护、宗教活动，以及人才培养、弘法活动等的重要资金来源。可说是把十方的钱财有效"利用"，发挥十方信施的"价值"。

东林寺实践的主要特征体现在以下几个方面。

不变性：宗教文化传播目的的坚守。佛教文化的目的是度化众生，帮助众生觉悟。有研究认为，"人间佛教"特点鲜明，其目标群体是社会大众，强调佛教文化与社会生活相连接，使大众通过学习佛法，实践佛教文化，得到人间的幸福快乐。"人间佛教"的提法契合佛教文化的传播目标群体。但同时也有研究者指出，"众生无边誓愿渡"，佛教文化的众生包括六道众生，人只是其中之一，"人间佛教"不应有局限性，而是需要更进一步拓宽范围。

适应性：宗教传播理念的深化。赵朴初指出，"人间佛教"是从使佛教与社会主义社会相适应相协调的角度提出的。[1] 相适应相协调是佛教文化神

---

① 赵朴初：《关于佛教与社会主义精神文明建设的关系》，载赵朴初《赵朴初文集（下卷）》，华文出版社，2007，第 757 页。

圣性与社会性的具体体现，佛教文化的传播需要了解现代社会的特征。现代社会提倡科学、理性，强调自我完善，自由、平等等。在佛教文化的传播中，需要深化传播理念，创新传播形式，突出重点内容，达到良好的效果。

内生性：宗教传播思路的创新。"人间佛教"的产生源于内忧外患的时代性特征和佛教自身存亡的内在压力。"人间佛教"最初的关切点在于佛教的生存空间，现代性是"人间佛教"应运而生的直接原因。[①] 在互联网传播遍布全球的背景下，时间空间的局限已被突破，多元文化的交流碰撞日益频繁，新兴宗教不断涌现。佛教文化面临的传播压力呼唤内生动力。

多元性：宗教传播动力的显现。宗教的传播要应现代社会之"机"。非契真理，失佛学之体；非协时机，失佛学之用。真理，佛陀所究竟圆满觉知之宇宙万有真相；时机，一方域、一时代、一生类、一民族各别之心习或思想文化。[②] "人间佛教"思想与中国佛教的现代化密切关联。要与社会发展相适应，要满足民众精神之需求。人间需要佛教，才能实践佛陀的本怀。如果舍离现实社会和人们的生活，佛教就会被边缘化、被舍弃。"人间佛教"是在五欲六尘中，以佛法净化、升华大家的生活和人格。[③] 社会、群体的多元性和差异性，促使佛教文化传播的多样化，更适应复杂的现代社会需要。

现代性：宗教文化的社会适应。佛教的神圣性和社会性也是相辅相成的，在现代化的进程中需要通过不同的机缘与方式予以协调。现在佛教寺院遇到的问题，尤其是各地在发展地方经济中，佛教寺院被作为旅游景点大力"开发"；一些寺院为了自己的建设，也对招商引资产生了一定兴趣。眼下遇到的这些问题和矛盾，是无法回避的。只有坚守信仰的神圣性，才能使终极性追求的方向不至迷惑，也只有充分发挥寺院的社会功能，才能"普度众生"，表现出佛教的神圣性。所以两者的关系应该是统一的、圆融的。站在世俗社会的角度来看，二者也是有机的统一体。"现代化"是佛教的宗教

---

① 成建华：《人间佛教：中国佛教的机遇与挑战》，《世界宗教研究》2016 年第 5 期。
② 太虚：《人生佛学的说明》，载《太虚大师全书》（第 3 卷），宗教文化出版社，2005。
③ 《"人间佛教"佛陀本怀》，《星云大师全集 25》，佛光山宗务委员会印行，第 387 页。

性的要求，而"化现代"则是佛教的社会性的要求。①

发展性：宗教文化传播策略的取向。"人间佛教"的实践以人为主，重视人的幸福、人的平安、人的超越、人的完成。宗教文化是被动地接受现代化的冲击而导致世俗化化、市场化，还是在力量博弈中自觉地调适自身，抓住不同的发展机会，在保持原有价值体系的同时，完成宗教文化现代化的探索，这是传统宗教"游移现象"现代化过程中需要面对的议题。

"人间佛教"思想及其实践体现了宗教文化对个人、群体、社会的互动及其适应与影响过程。"人间佛教"实践也为认识和丰富宗教文化传播中的传统宗教"游移"视角提供了机会。在传统宗教"游移"视角下观察"人间佛教"实践，可否会引发这样一些思考："由内及外"，由佛教文化向社会多领域延伸，由信众向社会一般人群扩展，教化人间；"由表及里"，同一般群体结善缘，由听闻接触到引导其深入，直至达闻思修，由不究竟到究竟，由实用需求的满足到精神价值的追求；"由点及面"，教理的讲授、阐释与讨论，扩大吸引力影响力，增强与传统文化、民间信仰、儒释道的关联，逐步深化弘扬；"由此及彼"，显现作为中国传统文化之一佛教文化的魅力与作用，涉及不同人群，多领域跨疆界走出去，弘扬佛法，弘扬中华文明。对此，传统宗教"游移现象"视角的描述力与解释力仍有待进一步认识。

三　小结与思考

宗教在现代社会中的发展，其动力来自外来的社会环境和自身的现代化要求，即与社会进步相适应。就我国来说，就是与社会主义社会相适应，与新时代社会发展的需求相适应。宗教文化的现代化，并不是教义教规、精神价值的改变，而是其传播思路、方式、途径等变化，是对人的关注更加细微、

---

① 王亚荣：《在社会服务中增强神圣性与社会性》，2007 年中国佛教公众形象主题论坛：和谐社会与道风建设。

契机契理,是宗教的现代化实践能对社会的现代化发展起到更积极的作用。

这里提出传统宗教"现代化"实践的观点,目的在于思考宗教文化的现代化路径和传播形式的发展空间。"人间佛教"思想实践,不仅要适应社会环境,更要在适应现代社会的过程中,表达精神品位的超越性、具体行为的能动性和社会效益的普遍性。佛教的人间化、现代化是手段,服务人间、服务现代才是宗旨。社会的佛教,就是要积极地"介入社会、参与社会",通过"现代化"实践实现"化现代""化人间"的初衷。

"人民有信仰,民族有希望,国家有力量"。进入新时代,为了适应现代化,要弘扬传统宗教的正能量,发挥传统宗教的正功能,关注并推动传统宗教文化在民族和谐、社会团结、国际合作、世界共存中发挥重要的作用。开发宗教的社会性潜力,让宗教以与时俱进的姿态进入现代社会,为人类提供战胜风险的智慧与勇气。对此,作为中国优秀传统文化的佛教文化需要起到更多更大的作用。[①]

"人间佛教"思想开启了中国佛教适应时代、走向现代化的创新。它反映出的一个特点就是,佛教传播方式无论怎样变化和发展都必须随顺时代。[②] 在现代化进程中,作为社会实践来说,更强调佛教适应社会的重要性,阐发佛教宝贵的精神资源,体现"以人为本"的原则。凸显佛教关心人、关心社会、关心世界和宗教的社会性、融入性,以及需要现代化的价值和意义。

改革开放以来,中国社会在经济、政治、科技、文化等方面快速发展,呈现崭新面貌,佛教如何适应新的社会变化而与时俱进,是十分迫切的问题。在围绕佛教现代化问题的探讨中,所涉及的内容包括佛教在现代社会应该具有什么样的功能,对内和对外应该从事哪些社会活动,如何塑造自身形象,进行哪些方面的改革,怎样实现佛教的现代适应,如何应对出现的新问题。在这种理论联系实际的讨论过程中,学者们已经注意到当代佛教在教

---

① 卓新平:《关于宗教与文化战略关系的思考》,《中国民族报》2016 年 3 月 1 日。
② 杨曾文:《"人间佛教"与中国佛教现代化》,太虚法师思想国际学术研讨会,2017。

育、制度、生活等方面存在的困境。因此，对中国佛教现代化转型问题的大讨论，有利于中国佛教未来的健康发展。另外，学术界持续关注、讨论、研究的重要问题还有儒释道关系、佛教与其他宗教对话、佛教与对外交流、佛教与经济发展、佛教与旅游、佛教与"一带一路"等。①

宗教面对现代化的挑战，必须客观回应世俗化、社会化等议题。那么，有没有什么策略和方式可以更好地处理这些基本问题？不断被提到的"适应性"取向起到了至关重要的作用。它其实更强调，积极调整宗教文化在信仰、社会、文化中的关系。无论是从事慈善公益事业、心灵抚慰和疏导、赈灾救灾，或是体现人本关怀的人生指导都需要更加契机契理，不偏离佛教的精神，不要因现代社会的某种混杂性需求干预、影响了宗教的本质和社会意义与价值。

---

① 魏道儒：《改革开放四十年来的佛教研究》，《中国宗教》2018 年第 9 期。

典型案例六：少林寺商标注册与上市

——传统宗教"游移现象"类型之佛教与法治

在当前发生的众多传统宗教"游移现象"中，法治化成为宗教文化与社会良性互动、适应社会发展、增强宗教文化正功能的实践保障，也是宗教社会学研究中值得关注的重要议题。面对传统宗教"游移现象"的多元发展趋势，相关研究者的重要任务之一就是探讨我国宗教法治化进程的经验，就如何依法对涉及宗教利益、社会公共利益和国家利益的宗教事务及其宗教传播展开深入研究，并为完善宗教管理法治化进程、完善宗教领域的社会治理提供理念、策略及其可操作的方案。在此基础上，用法治思维和法治方式、相关法律规范宗教文化实践的方向。[①] 一言以蔽之，应探索在法治化建设的大前提下，用法律调节涉及宗教的各种社会关系，保证传统宗教文化积极传播，实现正向"游移"，促进良性运转机制的形成。要保护宗教活动场所和广大信教群众合法权益，处理宗教文化与社会化、市场化、世俗化、国际化，以及国法和教规的关系，就要用更加明晰、准确、周到的法规来规范相关行为和活动，透过法治化将宗教文化实践提到一个新的高度。

传统宗教"游移现象"的多元性、多样性决定了"游移"方式的复杂性、过程的差异性与结果的不确定性。2018年2月1日起实施的《宗教事务条例》，有效面对新时代宗教文化发展中出现的新现象、新特点、新趋势，以及新苗头、新问题、新挑战，在回应当今宗教文化的国家定位、社会需要、如何对待宗教文化，以及需要以怎样的态度和实践方式实现宗教治理等方面都做出了战略性抉择和细致的规定，为当下中国宗教文化的正向传播与建设发展明确了方向、规范了作为、提供了保障。

"少林寺现象"作为近年来热议的话语之一，以其佛教文化同市场相结

---

① 冯玉军、周泽夏：《改革开放四十年宗教工作法治化回顾》，《中央社会主义学院学报》2018年第3期。

合的新颖方式吸引了学术界和教内外的广泛关注，其发生的一系列大小事件都形成了重要的社会关注话题，比如对注册、上市、门票等都具有宗教文化发展的引领倾向。同时，也体现了传统宗教"游移现象"的新趋向、新特征。为此，选择少林寺作为认识宗教文化法治化的典型案例，透过其重要事件节点的图景描述，理解佛教文化传播中需要法治化的支持。甚至可以这样说，正是少林寺实践为完善国家宗教领域法治建设和宗教文化良性发展提供了解决敏感性问题的机会，创造了条件。

在本部分，将围绕社会治理、宗教领域的法治化等议题，在分类描述佛教文化传播中法治化相关的案例后，重点对"少林寺实践与法治化"展开讨论，从而做出法治化推进、保障、规范传统宗教"游移现象"的基本结论。

一　宗教文化的治理实践：法治化与宗教文化实践

法治化为宗教文化的良性发展与传播无疑发挥了积极作用。当现代化的浪潮不断冲击着全社会各领域的时候，人们对道德的需求、价值的思考，以及社会公平正义的敏感性也在不断增长。而法治化恰恰能为这些提供有效的保障。宗教文化的健康发展也需要法律的支持。而如何实现这样的支持，从哪些方面、层面切入，完善宗教领域的社会治理体系，提升宗教领域的社会治理能力既是理念的核心，也是实践的关键。

（一）背景：社会治理相关理论与宗教法治化

实现宗教文化传播与实践的良性发展，笼统地说有两种力量可以起到重要的作用。一个是宗教团体内部的自身建设，另一个就是作为外部因素的法治建设。就外部因素而言，社会治理的取向、社会控制的策略、法治化的程度等就成为关键性要素。而这些又都离不开相关理论思考和政策选择作为基础。

1. 社会治理相关理论

社会治理的内涵。"治理"是一个社会科学的术语，党的十八届三中全会将"推进国家治理体系和治理能力现代化"作为全面深化改革的总目标后，它便成为热门的政治话语。对其含义存在不同的解读。有人认为它是西方的政治概念，有人则认为它在我国古代早已有之。其实，治理就其字面意义而言，就是"治国理政"。作为人类社会的一种基本政治活动，它存在于古今中外的每一个国家和每一种文明中。然而，作为政治学的重要概念则是当代的产物。治理不同于统治，它指的是政府组织和（或）民间组织在一个既定范围内运用公共权威管理社会政治事务，维护社会公共秩序，满足公众需要。治理意味着对社会事务的多元合作共治，是国家与社会关系的最佳状态。[①] 由社会管理到社会治理再到治理体系和治理能力现代化这一重大的理念更新与实践创新，是保证现实中国持续发展的需要，更是中国社会治理模式稳健转型、与开放的经济社会生活样态相适应、完善体制机制创新格局的新进程。在这个过程中，有三个重要机制起到了重要作用，那就是倒逼、预期引领和转危为机的相互配合、彼此支持。中国社会治理转型的过程，亦是党和政府不断提升自身能力的过程。也正因如此，中国才得以在变幻莫测的国内外形势下、在经济发展带来的种种社会挑战中，依然能够保持发展与稳定的积极态势。[②] 宗教领域的社会治理也是社会治理体系中重要的组成部分，甚至是具有一定敏感性、需要特别关注的领域。在这个领域中，信息化、市场化、全球化等给宗教文化的传播既带来难得的机遇也使其面临严峻的挑战。同时，对宗教领域的社会治理提出了新的任务和要求。

40 年来，我国社会治理发生了深刻变化，包括治理理念从"管控"到"治理"，治理主体从"一元"到"多元"，治理面向从"问题"到"需求"，治理领域从"单域"到"全域"，治理方式从"粗放"到"精细"，治理手段从"单一"到"复合"，治理载体从"单位"到"社区"，治理制

---

① 俞可平：《中国的治理改革（1978～2018）》，《武汉大学学报》（哲学社会科学版）2018 年第 3 期。

② 李友梅：《当代中国社会治理转型的经验逻辑》，《中国社会科学》2018 年第 11 期。

度从"分割"到"融合",治理目标从"模糊"到"清晰",治理地位从"依附"到"自主",治理主体从"有限"到"共享"。[1] 社会治理实现了从制度导向到行动导向的转变,也意味着社会治理从规则依赖向寻求道德支持的转型。[2] 社会治理理念更新带来的重要任务之一就是健全法治环境,包括为宗教文化的健康发展提供保障。总之,社会治理理念、策略、领域与手法的丰富性为宗教领域的社会治理提供了重要参照。

社会控制理论。社会控制是社会学较为传统的理论关怀面向,也是一种早期治理意识的反映。其类别分为实力的控制和暗示的控制、有组织的或正式的控制、无组织的或非正式的控制,以及有意的社会控制和无意的社会控制。其中,无意的控制,如时尚、风俗、谣言、舆论等,有意的控制,如法律、道德、宗教、教育。[3] 在这里需要特别说明的是,社会控制就其内涵来说,绝不仅仅是对"不好"现象的限制,还包括对"好的"事物和现象的良性控制。在宗教文化发展中相关法律、政策、规定的出台和推进法治化进程等都是为了实现正向、积极、良性的引导与治理。

社会控制的目标是透过多种渠道和方式,减少社会发展带来的震荡与冲突,维护社会持续、稳定、协调的发展。[4] 社会控制可以通过多种方式实施,如风俗习惯、社会舆论等社会文化,形成社会性压力,以及制度性力量引导社会个体、群体的遵循,将外在的价值观念、行为规范内化于个人,维护社会的正常运行。宗教领域的社会治理也是为了保障各方权利,促进宗教与社会主义社会相适应,并在法治轨道上健康发展。

法与宗教的观点。宗教因法律而具有社会性,法律因宗教而获得神圣性。[5] 伯尔曼认为,法律和宗教固然不同,但又密切关联。没有宗教的法

---

① 陈鹏:《中国社会治理 40 年:回顾与前瞻》,《北京师范大学学报》(社会科学版) 2018 年第 6 期。

② 张康之:《论社会治理模式的转变:从制度到行动》,《探索》2019 年第 3 期。

③ 孙本文:《社会控制的性质及手段》,《社会学刊》1931 年第二卷第二期。

④ 鲍宗豪、李振:《社会控制模式:理论与现实的选择》,《上海行政学院学报》2000 年第 4 期。

⑤ 〔美〕伯尔曼:《法律与宗教》,梁治平译,商务印书馆,2014,代译序。

律，会退化为机械的法条主义，没有法律的宗教，会丧失其社会有效性。[①]
著名法学家 H. 梅因指出，在人类社会发展的早期，任何具有法律特征的文
字制度都和宗教文化关系密切，进而指出了法律制度与宗教间的纠缠关
系。[②] 这一理论视角关注的是宗教与法律的共生关系。维梯（John Witte）
则进一步指出，宗教与法律之间的辩证性互动赋予了双方以活力与力量。宗
教活动只有在法律许可的范围内才可能受到保障，反之，就要受到控制，而
法律对合法性宗教实践实施有效保护的支持，是维护宗教权益的基础。这个
观点在明确指出宗教与法律互动性的同时，强调了法律的功能，即对合法性
宗教及其实践的保护与支持。传统宗教"游移现象"需要有法律作为保障
和监管，以维护宗教的利益不受到侵害，也为促进宗教与社会主义相适应的
健康发展提供了法律支持。

2.《宗教事务条例》与宗教法治化

宗教法治化是指充分运用法律处理宗教问题、推进宗教文化的正态发
展，引导宗教与社会主义社会相适应。我国依法管理宗教事务肇端于改革
开放之初。1982 年的《关于我国社会主义时期宗教问题的基本观点和基本
政策》（即"中央 19 号文件"），同年颁布的《中华人民共和国宪法》以
国家根本大法的形式规定了宗教信仰自由；1991 年，中共中央下发《关于
进一步做好宗教工作若干问题的通知》（即"中央 6 号文件"），明确要求
"依法对宗教事务进行管理"，全国范围内的宗教法治工作逐步开展起来。
2004 年，国务院颁布《宗教事务条例》，这是第一部以综合性行政法规的
形式制定的条例，为依法管理宗教事务提供了依据。改革开放 40 多年来
的发展，我国宗教事务实现了从政策主导向依法管理的转变，初步形成了
有关宗教事务管理的法规规章体系。与此同时，国家宗教管理机关和各
省、自治区、直辖市宗教事务管理方面的地方性法规、政府规章也陆续出
台，宗教立法初具规模。

---

① 〔美〕伯尔曼：《法律与宗教》，梁治平译，商务印书馆，2014，第 5 页。
② 姜生：《论宗教伦理向类法律形态的演变》，《世界宗教研究》1997 年第 1 期。

随着中国特色社会主义进入新时代，中国宗教法治工作也进入新时代。宗教工作经历了从政策主导向法治化的转变，更加规范化与细致化。宗教信仰自由与宗教治理之间的平衡乃是宗教工作法治化的重要目标，坚持情理法的结合、实体法与程序法的结合、国家安全稳定与人民幸福的结合，迎接宗教工作法治化的新时代。①

新修订的《宗教事务条例》是贯彻习近平主席重要讲话精神和全国宗教会议精神的重要举措，是中国特色社会主义宗教理论的制度凝结，对推动我国宗教工作意义重大。新条例的精神实质主要体现在以下几方面：第一，新条例更加重视从全局、战略和政治高度做好宗教工作，例如从全局角度对宗教工作予以定位，将保障信仰自由、维护宗教和睦与社会和谐、规范宗教事务管理、提高法治化水平作为立法基本宗旨；从战略角度对宗教工作进行谋划，对涉及宗教工作的重大问题进行了规范；从政治角度对政教关系、信教不信教群众关系等重大关系做出了规定。第二，新条例更加强调从尊重、遵循规律角度做好宗教工作，具体而言，新条例充分观照我国宗教的共性与个性；充分兼顾规则适用的刚性和弹性特征；针对宗教社会作用的正负面特征，有针对性地制定相应的规则，最大限度发挥其积极作用，抑制其消极作用。第三，新条例更加突出贯彻群众路线、回应群众关切，做好宗教工作，例如，新条例保障公民信教和不信教的权利更加周到细致；要求政府提供公共服务更加及时主动；对侵害人民利益的行为惩治更加明确严厉。第四，新条例更加注重运用实践原则、因势利"导"做好宗教工作，具体表现在：新条例与时俱进，直面新问题、新情况、新趋势；综合施政，通过多渠道、多主体、多方式治理宗教问题；重在落实，强调抓细、抓小、抓深。第五，新条例更加善于运用法治方式、法治思维做好宗教工作，其具体表现为：新条例各类规则更严谨明确且更具有可操作性；各类程序更规范、更周密、更严格；更强调权、责、利的匹配。②

---

① 冯玉军：《2018 年中国宗教法治高端论坛举行》，2018 年宗教法治高端论坛。
② 蒲长春：《新修订〈宗教事务条例〉的精神实质》，2018 年宗教法治高端论坛。

（二）宗教法治化的核心议题

宗教工作立法。宗教工作的立法，是随着对宗教文化的认识不断深化、对宗教文化的发展现状的正确研判而不断成熟的。这一过程反映在我国关于宗教文化的一系列法律法规政策的颁布、修订和废除方面，体现了法律、宗教、社会关系的动态平衡，法律对宗教的引导、制约与保护，宗教文化在遵守法律基础上的运行与传播，及时根据实际情况调整相关法律，引导宗教文化与社会主义社会相适应。1982 年，中共中央印发《关于我国社会主义时期宗教问题的基本观点和基本政策》标志着我国宗教事务管理开启了法治化序幕。2017 年，公布了新修订的《宗教事务条例》，它是我国宗教事务进入全面法治时代的重要里程碑。另一部相关重要法律文本《民法总则》，将宗教团体和宗教活动场所纳入法人制度范畴，构建了解决宗教组织从事民事行为和依法保护宗教财产的基础性制度，必将对宗教事务产生重大影响。[①]

宗教文化之间的关系。自古中国就有儒、道、佛和本土原生宗教的相互融合，还有世界大多数主要宗教的融入。其结果是发展演化出多元通和、和而不同、和合共生的包容性信仰模式和理念。历史反复证明，这种信仰模式不仅能有效化解多元社会的矛盾冲突，而且可以为多元社会的和谐、稳定、和平提供精神和价值基础。[②] 同时具有模糊性、庞杂性等特征，影响不同宗教及其信仰方式、不同信仰行动者的行为方式，以及不同宗教的发展程度等。在现代社会的发展中，注重正确处理社会中不同宗教之间的关系，以法治观念、法治思维和法治体系处理不同宗教的互适、互动关系，建构以法治化原则为特征的中国宗教关系。

宗教信仰自由。宗教信仰自由是中国共产党和中国政府长期坚持的一项

[①] 冯玉军、周泽夏：《改革开放四十年宗教工作法治化回顾》，《中央社会主义学院学报》2018 年第 3 期。

[②] 安伦：《正确认识中国本土宗教文化对世界和平的价值》，《中国民族报》2016 年 4 月 19 日。

基本政策。依法保障公民的宗教信仰自由，是维护人民合法利益、尊重和保障人权的重要体现。[1] 它对正确处理宗教领域各种矛盾和问题、促进社会和谐、维护国家安全、保障宗教信仰自由起到了重要作用。[2] 进入新时代，在宗教工作法治化的进程中，要正确处理好保护与发展、控制与治理的关系，依法落实党的宗教政策，引导宗教的发展与社会主义社会相适应，为中华民族伟大复兴的中国梦的实现贡献力量。

宗教与市场。宗教文化与市场的关系是全社会一直高度关注且存在一定争议的问题。相关管理部门高度重视发展中出现的问题。2017 年《关于进一步治理佛教道教商业化问题的若干意见》，为治理佛教道教商业化问题提供了具体有效的政策法规依据。[3] 净化了宗教文化发展空间，真正起到了用法律来指导、引导、限制、打击的功能。宗教文化与现代市场经济产生联系的原因较多，其中，有关宗教团体、宗教活动场所属性，财产的所有权、管理权等相关法律法规的不健全，是造成商业资本进入宗教文化领域，利用宗教文化牟利，将宗教文化工具化的原因之一。新修订后的《民法总则》《宗教事务条例》的实施，为新时代宗教活动场所的经济活动划定了界限，能够更有效依法治理此类现象，对推进宗教活动场所建设的法治化进程具有重要意义。

宗教与互联网。近些年，随着互联网进入社会的各个领域，宗教也不例外地融入互联网当中。传统的线下宗教活动，迅速地演变成如今的线下与线上紧密结合的新形态。也就是说，互联网将从很大程度上改变传统宗教的传播方式。这既为宗教活动提供了千载难逢的机遇，也带来了巨大的挑战。[4] 2018 年 9 月 10 日，国家宗教事务局在中国政府法制网发布的一则征求意见稿引起各界的注意，《互联网宗教信息服务管理办法（征求意见稿）》，这是

---

[1] 张建文：《在法治轨道上保障宗教信仰自由》，《中国宗教》2018 年第 4 期。

[2] 张建文：《在法治轨道上保障宗教信仰自由》，《中国宗教》2018 年第 4 期。

[3] 圣凯：《不要拆了那方净土 强拆兴教寺的错误阐述及解决出路》，《中国宗教》2013 年第 5 期。

[4] 何建明：《怎样有效监管互联网宗教信仰活动》，《中国民族报》2017 年 12 月 19 日。

我国首次制定互联网宗教信息服务相关规定。[1] 信息化扩大了宗教文化传播的新渠道、新空间、新策略、新手法，这当然对宗教文化的发展起到了积极作用。与此同时，也带来了新的挑战，更需要以完善法治化进程为保障，落实以引导为主的宗教工作政策。

宗教与新时代。进入新时代，为了进一步完善对宗教领域的社会治理，掌握原则，明确定位，系统管理，严格落实，在新修订的《宗教事务条例》第三条中增加了"保护合法、制止非法、遏制极端、抵御渗透、打击犯罪"，这是我国宗教工作需要遵循的重要原则；第四条中增加了"任何组织或者个人不得宣扬、支持、资助宗教极端主义，不得利用宗教破坏民族团结、分裂国家和进行恐怖活动"条款。[2] 这是充分考虑了国内外宗教发展面临的现实环境和严峻挑战而增加的新内容，对促进宗教活动的健康传播与发展起到了重要的作用。一系列补充都是适应新形势、面向新未来的重大举措。在世界格局发生重大变化、国际形势风云变幻的大背景下，境内外敌对势力企图利用宗教达到扰乱社会、扰乱国家战略实施的目的。为此，推进宗教领域的社会治理、完善法治化建设，这些法律条例的出台，为宗教领域的社会治理提供了法律依据。

（三）实践：法治化与宗教文化的互动

习近平主席指出："要提高宗教工作法治化水平，用法律规范政府管理宗教事务的行为，用法律调节涉及宗教的各种社会关系。要保护广大信教群众合法权益，深入开展法治宣传教育，教育引导广大信教群众正确认识和处理国法和教规的关系，提高法治观念。"经过改革开放 40 多年来的大力发展，我国宗教事务管理实现了从政策主导向依法管理的转变。一系列具体实践对丰富法治化领域、拓建法治化途径、完善法治化手段和推进法治化进程

---

[1]　李尚清：《试论习近平对统一战线思想的创新》，《福建省社会主义学院学报》2018 年第 6 期。

[2]　张建文、高完成：《新修订〈宗教事务条例〉出台的背景、意义及亮点》，《中国宗教》2017 年第 11 期。

起到了重要作用。

1. 出台及贯彻《宗教事务条例》

贯彻、执行宗教治理相关条例是推进宗教领域法治化的重要步骤。2017年9月9日，全国性宗教团体联席会议召开。参会的宗教界人士普遍认为，新修订《宗教事务条例》充分体现了以习近平同志为核心的党中央关于宗教工作理论与实践的新思想、新观点和新要求，为进一步提高宗教工作法治化水平奠定了基础。① 2018年6月11日，由中国佛教协会举办的学习贯彻新修订《宗教事务条例》和《关于进一步治理佛教道教商业化问题的若干意见》精神座谈会在江苏省苏州市举行，会议旨在推动全国佛教界深入学习贯彻新修订《宗教事务条例》，自觉抵制商业化不良影响，坚持佛教中国化方向，促进佛教事业健康发展。②

2. 治理过度商业化

宗教文化被资本利用的商业化问题是社会上反映较为强烈的焦点之一。近年来，一些宗教活动场所被承包、被上市等都是过度商业化的反映。为了促进宗教的健康传承发展，营造良好的社会风气，在《关于处理涉及佛教寺庙、道教宫观管理有关问题的意见》（以下简称《意见》）中针对一些地方受经济利益驱动，以"宗教搭台、经济唱戏"的形式出现的寺院被承包、违章修建等不正常现象予以了明确限制，提出对被利用、炒作，甚至是恶性商业化等现象必须坚决予以制止，并从党纪政纪的高度对相关行为提出了严格要求。③ 一些部门过度介入宗教活动场所的管理，尤其是为了经济利益干扰宗教活动场所活动，也是造成寺观被"商业化"的原因之一。此项《意见》的出台，要求相关部门遵守党纪政纪的规定，约束自身行为。2018年，中佛协配合党和政府坚决治理佛教领域商业化问题，作为教风建设的重要内

---

① 《五大宗教领袖齐聚醇亲王府　就新修订〈宗教事务条例〉集体发声》，http://www.sohu.com/a/191247104_668077。
② 圣凯：《不要拆了那方净土　强拆兴教寺的错误阐述及解决出路》，《中国宗教》2013年第5期。
③ 魏德东：《让传统宗教"净"起来》，《中国民族报》2012年10月30日。

容，各地寺院纷纷配合当地政府工作，查封和取缔了一些私建、滥建的非法活动点和违规修建的宗教建筑物等。

3. 调节产权纠纷

随着宗教文化的健康发展，宗教团体内部管理更加成熟、规范。与此同时，一些历史遗留问题也开始显现。其中，有关寺院、庙观产权问题成为主要矛盾。为此，也引发过一些现实纠纷，这也为解决此类问题提出了要求。福建泉州市龙山寺由于长期被村民组织直接管理，体制不顺、管理混乱，还带来一些利益纠纷。为此，相关职能部门经过努力，完成了该寺从村民管理向僧人管理的平稳转变。确实维护了宗教团体的利益，对促进其健康发展起到了保障作用。① 产权纠纷情况较为复杂，存在历史遗留与现实问题、村民与僧人、村庄与寺院等多重关系，宗教部门处理此类问题的难度较大，一般需要协调多部门共同厘清问题、调研分析、协调关系、处理纠纷等，更需以法律为基础，以事实为依据，听取各方意见建议，合情合法合理处理，避免造成矛盾冲突。从"文件法治"到真正落实实施，还需要个人的法治意识、社会的法治氛围、司法的公信力、相关部门的法治观念等方面的培育与成熟。

4. 完善寺院和宗教活动场所管理

完善寺院和宗教活动场所的管理是推进法治化的重点工作，也是重要的治理环节。近年来，江苏一些地方出现了私设聚会点和私设佛堂的现象。对此，宗教管理部门不是简单化地清除，而是深入调研分析这些私设聚会点和私设小庙出现的客观原因。对于一些因交通条件、生活条件所引致的私设聚会点采取了有效措施，为其解决认可和合法登记问题；对一些私设佛堂也划清政策界限，只要是在亲缘或血缘关系内的活动都允许。② 宗教管理部门在依法对宗教事务进行管理的同时，正视信众的信仰需求具有地方性、复杂性、变动性等特征。随着社会的发展，会出现新情况、新问题，表现为国

---

① 《国宗局曝光借佛敛财十大案　五台山财神庙被查》，国家宗教事务局，2014 年 4 月 25 日。

② 张华：《协调国法与教规关系：从国际经验到江苏做法》，《中国民族报》2015 年 8 月 18日。

法、教规、现象之间出现不相协调的状况。对此，江苏省宗教管理部门根据实际状况，增加管理弹性，灵活处理，维护了国家法律，满足了信众需求，体现了实事求是依法治理宗教事务的精神。

5. 打击假冒伪劣

宗教领域中出现的假冒伪劣现象也是困扰宗教团体、信众和社会公众的一大问题。针对利用宗教活动场所从事非法活动的行为，需要采取严厉措施依法予以惩治。2013 年，媒体曝光了五台山景区内非宗教场所非法开展宗教活动诈骗游客的问题。相关部门对此进行依法查处，取缔、清理假僧尼、黑导游等。① 针对"假僧人"乱象，司法部门依法处理。比如，九华山风景区法院审理了景区首例假冒僧人诈骗案，并进行了宣判。2017 年 7 月 17日，浙江省金华市中级人民法院对毕某假冒僧人诈骗一案做出刑事裁定。根据裁定书内容，该案被告人毕某以非法占有为目的，采用虚构事实、隐藏真相的方法，骗取他人财物，数额巨大，其行为已构成诈骗罪。因此，维持关于判处毕某有期徒刑五年零六个月，追缴、退赔违法所得并返还给受害人的判决。②

6. 治理戏谑事件

为了尊重宗教文化，维护宗教权益，针对宗教文化被戏谑的行为和现象也开展了有效地治理工作。2012 年北京两男子的"北京和尚兄弟"事件一时间成为网络热点。后二人在北京法源寺拍照被僧众认出并报警，二人被拘留。他们的不当言行及其传播，造成公众对宗教的误解、导致佛教名誉受损，更是扰乱了网络秩序和社会秩序。③ 在虚拟空间，有人利用网络信息碎片化、即时性、娱乐性的特征，为吸引目光，增加点击率，利用人的猎奇心理，通过外形、言语、行为等制造话题，有的行为突破边界，触犯法律，因此，也受到了法律制裁。

---

① 《国宗局曝光借佛敛财十大案　五台山财神庙被查》，国家宗教事务局，2014 年 4 月 25 日。
② 《九华山近日审判首例假冒僧人诈骗案》，凤凰安徽，2017 年 1 月 21 日。
③ 《法源寺众僧围堵"和尚兄弟"》，《新京报》2012 年 4 月 9 日。

7. 维护合法权益

推进法治化进程的目的在于维护合法宗教的利益。针对一些宗教活动场所权益受损事件，不仅在事后而且在事前、事中就需要积极介入和干预。2013 年，围绕国家级宗教活动场所陕西"兴教寺申遗"引发了一场波及全国，甚至国际的社会舆情事件。兴教寺、中国佛教协会，以及佛教界知名法师纷纷发表观点，在这些话语中，反映出对"申遗""拆迁"问题的理解及其诉求。如佛教寺院不得进行商业运作，将玄奘的历史遗迹拆除造成对宗教文化、信仰模式和广大信众的伤害；要保证寺塔一体，不能更改兴教寺宗教活动场所的属性；严格防止把兴教寺发展成旅游文化景区等。在兴教寺事件中，本是申遗小范围内的分歧，通过网络媒体与纸质媒体的传播，迅速扩大范围，越出边界，成为公共议题，引起国内外关注。最终，兴教寺保持原貌，申遗成功，目标达成，"兴教寺申遗舆情事件"消解。

8. 公开认定制度

针对各类假冒，尤其是假冒出家人造成的不良社会后果，国家宗教事务局颁布了部门规章 3 号令、4 号令，已八年有余，实行了全国宗教教职人员和主要教职人员资格认定备案制，并上网公示。这是新时代宗教中国化、法治化的创举，获得国内外一致好评，体现了党和国家尊重宗教信仰自由，依法保护和管理合法宗教。需要指出的是，比如省级佛协依法取缔某些违法违纪"僧人"的教职证，但某些地方却仍容留和保护其活动。即使是僧人资格认定，也有认真对待与不认真对待等诸多差异。应该针对问题解决问题，不能认定备案后，离开原寺院又去非法场所活动。如此乱象，不利于有效管理。上述现实问题，也不应回避。①

9. 惩治谣言诬告

谣言及网络谣言不仅引发负面情绪、影响力大，而且是诋毁宗教文化名誉的敏感性问题，需要予以高度重视。在 2019 年全国两会上，第十三届全

---

① 《全国人大代表静波法师：依法严肃处理宗教领域诬告行为》，凤凰网佛教，2019 年 3 月 7 日。

国人大代表、中国佛教协会副会长、黑龙江省佛教协会会长静波法师提出了《对现实佛教存在的问题的几点建议》并指出，一些别有用心的人把"诬告陷害"与"依法举报"混为一谈，诬告地方佛教协会负责人和报复地方正直领导的乱象屡见不鲜，建议"有关部门对涉及宗教领域的诬告行为，无论是团体还是个人，无论主体来自教内还是教外，都应依法严肃处理"。比如，针对网上出现的"招聘和尚尼姑"等虚假信息，中国佛教协会表明立场，此举涉嫌触犯相关法律法规。① 宗教界及相关部门开始拿起法律武器维护佛教团体的尊严。

10. 严厉抵制和打击邪教

坚决打击邪教是宗教界和全社会的基本共识。为了抵制国外各种势力的渗透，打击不同类型的邪教组织，宗教界和全社会在宗教法治化进程中开展了一系列积极行动。2017 年 12 月 14 日，全国性宗教团体发出了《关于宗教界积极参与反邪教工作的倡议书》，倡议全国宗教界同人以正信正行净化社会环境，以实际行动担当社会责任，充分发挥宗教界在防范和抵制邪教中正本清源、扶正祛邪的积极作用，为有效遏制邪教发展蔓延、实现国家长治久安贡献力量，保证了佛教的纯洁性。

二　典型案例：少林寺商标注册、公司与门票之争

从宗教活动场所的角度探讨宗教法治化问题是一个很好的切入点。有关少林寺的议论，表面上看是宗教团体与市场之间的关系问题，实质上是市场经济背景下，寺院发展与各方权益的确定及利益分配的法治化问题。少林寺的发展是商业化，还是在现行法规之下对宗教文化发展的探索？为了进一步了解宗教与法治化的关系，笔者在初步确定了以少林寺为样本后，展开实地调查。乘坐班车从登封市区前往少林寺，看到汽车座椅上就印着"郑大体院少林寺拳法学校，学最正宗的少林功夫；送来一个孩子，还您一个人才"的广告词。沿路分

---

① 《"又双叒叕"招聘和尚了？》，浙江在线，http://py.zjol.com.cn。

布着各种武术学校，确实有武术之乡的氛围。来到少林寺，正对面的石牌坊上书"天下第一名刹""禅宗祖庭""武林圣地"，这是少林寺的历史也是现今的定位。少林寺景区入口处设有少林寺武术馆。顺路西行，依次来到久负盛名的少林寺、塔林、祖师庵、达摩洞等地，这些历史遗存展现着少林寺深厚的历史积淀。在这里还有少林文化体验营，体验以禅、武、医、艺为代表的少林文化。

少林景区　　　　　　　　　　　　　禅宗祖庭少林寺

（一）少林寺的历史与现实

1. 少林寺的沿革

禅宗祖庭嵩山少林寺位于河南省登封市嵩山五乳峰下。始建于北魏太和十九年（495），北魏孝文帝孝昌三年（527），达摩驻锡少林寺，首倡禅宗，被称为"禅宗初祖"，少林寺被称为"禅宗祖庭"，后历经风霜。改革开放后，少林寺迎来了发展的春天，寺院得以恢复重建。1982年《少林寺》电影上映，震动中外影坛，振奋了中国人民的精神，也让这座藏于深山的千年古刹名扬天下，如潮游客万里仰慕而来，少林寺也走向复苏。少林寺顺应发展大潮，将开放交流的传统以及"和而不同、各美其美、美人之美、美美与共"的理念不断发扬光大，使自身成为中国文化在世界上的一张名片。目前，少林寺在世界五大洲众多国家和城市设有少林文化中心，提供少林功夫和少林生活方式的教学，包括养生、医学、禅修，以及中国文化的体验和修习，学员绝大多数来自所在的城市社群，每一个少林文化中心都是跨宗教、跨种族、跨文化的多元和谐大家庭。①

嵩山少林寺

少林文化是印度佛教文化和中国传统文化相结合的产物，是少林僧团在特定的历史环境和宗教土壤条件下创造的以禅宗文化为核心，以禅修、功夫、禅医、佛教艺术为表现形式，集多元文化于一体的独特文化现象，是中华民族传统文化中的瑰宝。少林文化具有四个显著特征：民族性、宗教性、原创性、共享性。少林文化源远流长、博大精深，是世界宗教史上的一大奇特现象，它的产生、发展过程是佛教文化与中国传统文化、世界文化相互融合的过程，体现了中国传统文化"世界大同""和为贵"的思想。②

少林寺的发展模式是佛教寺院现代发展与传播的积极探索。它是佛教文化社会性适应的具体体现，是佛教文化推进法治化进程的重要象征，是中国佛教文化对外传播的典型代表。

2. 少林寺的发展阶段

20 世纪 80 年代初，电影《少林寺》的放映，引起海内外的关注，少林功夫成为少林寺的象征。嵩山少林寺吸引了大量的海内外信众及游客。自

---

① 延保：《"宗教文化走出去·少林寺"系列之七　少林文化　与时俱进　饶益世界》，《中国宗教》2018 年第 9 期。
② 释永信：《"少林文化"走出去的实践与思考》，《中国宗教》2014 年第 10 期。

少林禅、武、医

此，少林寺主动或被动地卷入现代经济体系中，并探索了一条独特的发展之路。同时，少林寺也开启了全球传播的新模式。

少林寺的探索可以称得上是起起伏伏，一直处于舆论争议的旋涡之中。如果从少林寺同商业市场的联系上看，从1988年1月首次公开对外表演开始，少林寺就走上了"功夫经济"的发展道路。[1] 与之相伴，也走上了法律维权之路。少林寺的实践在某种意义上也体现了宗教法治化的进程。

少林寺的发展过程，同社会主义市场经济的发展过程相似，从初始的独立发展，到多方合作，再到适度合作发展，是不断实践探索、曲折前进、逐渐成熟的过程。少林寺以少林功夫为切入点逐步深化，以传承禅宗文化为核心，渐次通过多种载体传统禅宗文化，如传统医药、素食、舞台表演、武术教育、出版、禅香、禅堂等，并随着新媒介的发展，融合多种媒介形式传播

---

① 李向平：《少林文化及其当代价值笔谈——中国人的另一种信仰危机——"少林寺现象"引发的宗教社会学问题》，《河南社会科学》2007年第3期。

塔沟武校   景区宣传

少林文化，如期刊、书籍、网站、微博、微信、淘宝等。同时，借助现代市场经济工具，注册商标，公司化运作，通过运用市场规则、法律法规协调关系，处理问题。从初期的摸着石头过河到顶层设计，体现了少林寺发展思路的渐进性、整体性和系统性。少林寺逐步形成融合传统与现代、国内与海外、佛教与社会、功夫与佛教、线上与线下、有形与无形、单一与多元、局部与整体的实践发展模式，将少林文化推广到全球。

3. 少林寺发展的理念

少林寺的发展始终是围绕如何弘扬少林文化、如何将弘扬少林文化的理念落实到实践中去，以及如何更广泛地传播中国优秀传统文化等方面展开的。在这里，可引释永信的谈话作为映证：

> 恢复传统，延续传承，拓展空间。在当时的大环境中，传统宗教已被边缘化、文物化，远离了社会生活，沿袭传统开坛讲经说法、聚众布道的方式寻求发展显得有些力不从心，甚至以慈善事业方式寻求发展也会遇到一系列政策法规的壁垒。摆在少林寺眼前最大的传统优势，既可走向社会又能感召人心的，只能是少林功夫。……我们一直保持着少林寺的传统宗教生活和传统的修行模式，为保护少林文化传承的完整性和真实性而努力。30年来，少林寺秉承慈悲、理解、忍辱与包容的佛教精神，积极回应现实，让宗教文化传承更多地展现出当代人类价值，借此使得宗教活动、环境和机制，持续得到改善。少林寺将继续通过开展

国际间的文化交流等活动，向世界各地民众弘传少林文化、佛教文化、
中华文化。①

少林寺武术馆及表演时间

通过市场化运作促进"少林文化的传播，让更多人了解中国传统文
化。"的确，少林寺是一个文化符号，它体现的是一种精神层面的追求，一
种信仰表达的方式。为此，只有通过实践或者说以适应广大公众需求的、可
接受的市场机制为手段，才能更好地表达和传播少林文化，理解其精神内
涵，把中国的历史文化带到世界各地，同时接收世界各地的爱好者到中国参
访。在这个过程中都蕴含着市场的力量。市场具有多面性，通过市场传播优
秀传统文化也是不可或缺的。问题的关键不在于是否进入市场，而在于市场
属性，以及是否有一个法治化的机制予以监督和保障。

（二）"少林寺事件"与推进宗教法治化进程

对于佛教寺院申请国际注册商标的过程与意义，少林寺因其现实的经验
而更具有发言权。很多让中国人引以为傲的文化瑰宝，一度都经历了世界性
的抢注，其中"少林寺"就是一个显著的例子。少林寺商标注册事件也是

---

①　永信：《少林文化走出去的理念与实践》，《法音》2014 年第 11 期。

少林禅修中心　　　　　　　　　　　　少林禅耕农场

维护宗教文化尊严、推进佛教法治化的见证。

1. 商标注册

《少林寺》电影上演后，众多的企业开始将自己的商品贴上了"少林"标签。国外也开始抢注商标。面对"少林"商标被滥用，少林寺决定依据法律，注册商标，保护少林寺的品牌。《中华人民共和国商标法》自 1983 年 3 月 1 日起施行，是借鉴西方发达国家先进商标法治理念与经验完成的一部法律。西方发达国家如法国、英国、美国在 19 世纪末就制定实施了《商标法》，保护知识产权，促进经济发展，是现代工业文明的产物。我国《商标法》是适应改革开放而制定的法律。电影《少林寺》的上映时间是 1982 年。也就是说，当《少林寺》在海内外引起轰动效应后，商家企业就开始抓住商机用"少林"作为商标时，《商标法》在国内还并未开始实施，商标注册处于"无法可依"的状态。这也直接导致了"少林"商标使用的无序、混乱和随意。但是，《商标法》在发达国家早已实施，海外抢注多个类别的"少林"商标，则是在熟知本国《商标法》的前提下，利用少林寺未曾注册商标而进行抢注的法律行为。

随着我国《商标法》的实施，在有法可依的情况下，面对少林品牌被恶意抢注、盗用，少林寺开始通过法律途径解决争议。1994 年少林寺起诉河南某食品厂"少林牌"火腿肠，开创了中国宗教界打名誉官司的先河。①

---

① 《少林品牌被恶意抢注　少林寺打响商标保卫战》。

最终，以少林寺胜诉结案。涉案企业停止使用"少林"品牌，并向少林寺道歉。当时，抢注、盗用少林品牌涉及上百家企业，分布在不同行业，包括食品、医药、酒业等。汉传佛教自梁武帝以来，一直实行素食文化，其意为慈悲、清净。被少林寺选择起诉的企业，商品为火腿肠，明显违背了佛教文化的要求，容易引起外界对少林寺以至于佛教的误解。因此，少林寺选择这个企业作为依法行使诉讼权利的开始。

面对商标使用混乱的状况，少林寺意识到了自身在商业化中遭遇的危机。少林寺作为千年古寺、禅宗祖庭，所具有的独特文化意义，有可能在商业化中被利用、侵占，成为谋取利益的工具。这不仅是少林寺的损失，也是中国文化乃至世界文化的损失。只有熟悉现代市场经济的运作方式、合理运用现代法律，才能有效保护少林寺。面对少林品牌危机，少林寺为保护少林文化，开始了与现代社会管理体系相互合作的进程。少林寺在国家工商行政管理总局商标局注册商标，并经过多方努力，清理前期少林商标乱象，确定了少林寺对"少林""少林寺"商标的专有权，通过法律途径维护少林寺权益。在国内，少林寺利用法律，成功收回了少林寺的商标权；在国际上，少林寺在多个国家注册了商标，保护少林寺的知识产权，维护少林寺名誉。

对于国外发现的 117 项"少林"或"少林寺"商标，少林寺积极寻求解决方案。在德国，商人埃逸那·戴勒曾在欧盟 15 国注册了 11 个类别的"少林"商标，其范围涉及武术教学、武术表演以及服装、文化体育用品等。通过谈判，小戴勒无偿转让在德国的"少林"商标权，而少林寺授权戴勒家族在德国成立少林文化中心，并派两名少林寺武僧长期留守执教。这是目前少林寺在国外唯一授权成立的少林文化中心，也是最成功的一次以"和平"方式夺回"少林"商标的案例。[1]

1998 年 6 月，少林寺注册成立河南少林寺事业发展有限公司，依据中国当时的法律法规，有计划地开展少林寺知识产权保护系列行动。[2]

---

[1] 陈一鸣：《释永信：保护"少林"商标权》，《人民日报》2002 年 3 月 16 日。

[2] 少林寺网站。

2. 成立公司

少林商标屡遭抢注和使用，是少林寺后来运作公司的直接驱动力。"不成立公司，就无法注册商标。"少林寺因维权的需要而成立了公司，也因公司的成立维护了相应的权利。1997 年 8 月，少林寺成立河南少林实业发展有限公司。这是千百年来中国佛教界的第一家公司。① 少林寺成立公司最初的目的是注册和保护商标。依据当时的法律，具备法人资格才可申请注册商标。而当时的宗教活动场所并不具备法人资格，需要通过成立公司，进行商标的注册、保护和使用，实现对少林寺无形资产的管理和保护。因为有了商标权，少林寺在国内、整个欧盟乃至世界上得到了正名。少林寺所采取的商标保护战略，为依法依规全面保护少林寺文化打下了坚实的基础。② 少林寺的法治思维及其实践是一步一步地走出来的。它由维护文化利益的商业操作入手，到以传播少林文化为导向的实践，再到传播中国文化、打造世界名片的战略落实，不但记录了自身的发展，更为推进宗教领域的法治化起到了铺石修路的作用。

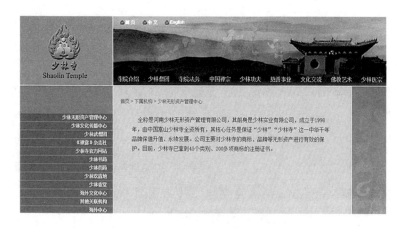

少林无形资产管理中心

---

① 陈彦炜：《释永信 少林与登封的恩怨江湖》，《南方人物周刊》2010 年第 2 期。
② 裴勇：《"少林寺被上市"事件的法律评析及相关政策性问题探讨》，《佛学研究》2012 年第 1 期。

在法治体系的保障下,少林寺成立少林实业发展有限公司以后,又相继成立了无形资产管理公司、少林药局、禅医医药有限公司、少林香堂,以及武僧团培训基地教育集团等。此外,还在美国、俄国、德国等地设立分寺、武馆、联谊会等。有人把少林功夫的"普及"比作麦当劳的连锁经营。有报道说,少林寺已在世界各地建立了数十家分支机构。① 可以说,少林寺之所以能走出国门,正是靠法律的保障才使得少林寺获得了空间上的发展,也正是为了更好地发展,不断要求完善法治以提供更强的保障。

少林药局

少林欢喜地

少林寺通过法律途径解决商标问题,成立公司,注册商标,海外办寺,树立形象,传承文化,成为当代中国佛教发展的一个典型案例,为弘扬优秀传统文化开辟了新的思路和经验。少林寺发展模式的形成既有偶然性,也有必然性。通过一部电影扬名海内外,在现代商品经济中,属于难得的机会,迅速提高了少林寺的知名度。然而,随之而来引发了商标滥用冒用,造成了少林寺的生存危机。为处理纠纷,少林寺诉诸法律,成立公司,从而开启了一条现代市场经济下传播传统文化的新路。可以说,少林寺通过商标事件,转危机为机遇。对此,社会各界多有疑问,寺院本为清净之地,市场则是利益之争,两者如何协调? 少林寺的商标维权之路,其实也回答了此类问题,即通过现代社会的法律,解决发展中出现的问题,协调各方关系,促进社会

---

① 《文化传承是要用心来传承的》,《中国人大》2012 年第 11 期。

和谐、经济繁荣，树立国家形象，增强文化自觉。

3. 财产权属提案

要做到确实保护宗教团体、宗教活动场所的权益，其中产权至关重要。少林寺早在 2014 年提案中就围绕"明确宗教财产权属促进宗教健康发展"提出建议，大致涉及以下六个方面的内容。

宗教财产权属混乱。20 世纪 50 年代以来，各种宗教政策性文件和法规规章中对宗教财产的主体有过各种表述，如"社会所有""社会公有""国家所有""中国教会所有""信教群众集体所有""宗教团体所有""宗教协会所有"等。但宗教财产权属关系不明确，宗教财产纠纷频繁发生。

宗教财产权属法律。《民法通则》第 77 条是关于宗教财产立法规定，但该条款对宗教财产所有权等问题没有规定，[①] 存在明显缺陷。《宗教事务条例》"宗教财产"一章，虽然对宗教财产做了专门规定，但未对宗教财产权属做出规定，致使宗教团体、宗教活动场所的财产处分权实际上归国家所有，归当地政府所有，收益被分割、侵占。

法人地位。宗教财产权属不清的另一个重要原因是宗教活动场所没有明确的法人地位。我国《民法通则》中所列举的四类法人中没有"宗教法人"，宗教团体可以登记为社会团体，从而获得社会团体法人资格，而宗教活动场所只是"拟似法人"，虽然是事实上的民事法律主体，但因不具备独立的法人资格，对自身财产的拥有及保护资格被严重削弱。

宗教财产权属。宗教财产的属性是宗教，应专用于与宗教信仰相关的活动，故宗教财产主要应归属于各寺观教堂，归属于宗教法人所有，登记在寺观教堂名下。也有研究者指出，需要强调的是，宗教财产还包括寺院千百年历史积淀形成的文化遗产，寺院称谓的专用权，以及当代僧众原创的知识产权。

财产权法律规章。宗教财产本质上是一种民事权利，故首先应在民事法

---

① 康玉娟：《中国宗教财产权归属问题研究》，《湖北经济学院学报》（人文社会科学版）2014年第 5 期。

上得到确认和规定。要依据我国法律体系和民法原理，对宗教产权归属应予以适当重构，根据实际情况确定为国家所有权或宗教法人所有权，主要是宗教法人所有权。不能妨碍宗教财产使用的目的和宗教信仰自由政策。

少林寺所提出的问题现已在《民法总则》《宗教事务条例》等法律层面得到回应。确立宗教团体、宗教活动场所的法人性质，宗教活动场所财产归属等，为问题的解决以及今后寺院管理、寺院财产的归属与管理等提供了法律依据。

 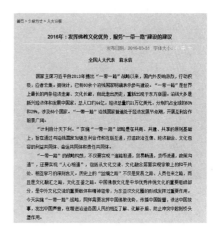

释永信人大提案

4. 景区门票

在五一黄金周快到之时，全国旅游风景区门票"涨声"一片，不仅涨幅惊人，涨价原因也如出一辙。据《北京娱乐信报》报道，河南嵩山少林风景区门票从 40 元涨到 100 元引起强烈反响，其中嵩山风景区最重要的单位——少林寺更是强烈反对。少林寺方丈释永信表示，"少林寺不能无辜背上'大财主'的恶名。"[①] 寺院所在的景区出售门票时，要对信徒完全免费，对一般游客降低门票，方便游客们都能参观。当然，很多寺庙是文化遗产，考虑到保护和维护，需要一定的管理费用，收取一定的门票也可以

---

① 《祖先遗产成了"占山为王"利益集团的"摇钱树"》，《领导决策信息》2005 年第 16 期。

理解。降低门票价格,方便更多人分享老祖宗留下的文化遗产,这也是一件好事。[1]

关于少林寺门票,释永信在记者采访,以及全国人大提案中,均提到要求取消门票。宗教活动场所收取门票有其历史背景,当时经费不足、经济落后,收取的门票可用于维持寺院运行、文物保护等工作。但是,随着社会的发展、经济的繁荣和对文化的重视,国家投入专项资金用于文化保护及修复等工作,不需要通过门票增加收入,门票已经成为佛教文化传播的障碍,阻碍了信众的信仰行为、游客对佛教文化的认识,以及对传统文化的弘扬。因此,多有寺院就此问题提出建议,提议取消寺院门票。

少林寺与景区的门票之争

网络售票

有文章指出,当地政府及合作企业未能按照协议,将景区门票收入按一定比例分给少林寺,引起少林寺的不满。嵩山少林景区范围较大,景区实行"一票制",少林寺在景区之内,也是景区的核心,进少林寺必须买景区门票。少林寺是佛教禅宗祖庭,在教内外享有盛誉,信众到此多为从事宗教活动,属于宗教行为。现与游客的娱乐观光行为视为相同,都需购买门票。当地政府、企业、寺院的合作,属于市场行为,应签订合同,明确所有权、收益权和管理权等,在法律的框架内合作发展,互惠共赢。

---

[1] 《释永信BBC回答少林寺门票贵 一直在呼吁对信徒免费》,中新网,http://finance.chinanews.com/life/2014/10-17/6689858.shtml。

5. 释永信被举报舆情事件

关于释永信被举报经济等相关问题的调查结果显示，调查组负责人在接受专访时说，本着实事求是、依法依规原则，调查组围绕举报内容认真梳理线索，对涉及内容深入核实，查清了所涉及的相关问题。就网络举报的七个方面内容，调查组负责人逐一回应了调查核实情况。结果表明七个方面内容网络举报均不实。①

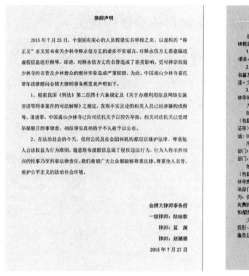

律师声明　　　　　　　　　　　少林寺关于网络谣言的声明

"少林寺文化是一种精神信仰，是生活方式，通过实践才能认识少林寺，理解其精神内涵。"少林寺地处中原，是在中原文化的基础上建立起来的，是中原文化乃至中国文化的缩影、杰出代表。随着中国的发展，中国文化在各个领域都受到全世界的关注和尊重，少林寺是率先被接受、被认同的。② 正是宗教的法治化进程推进和保障着传统宗教文化不断发展。

少林寺的公司式传播方式，颠覆了人们对传统佛教文化的印象，认为佛教文化与世俗社会需要保持一定距离，是古老的、传统的、与世无争的等。

① 《网络举报释永信七大问题均查清　少林寺正按照要求进行整改》，人民网，2017年2月4日。

② 《释永信："八卦"少林寺是对佛教和传统文化的不尊重》，《郑州晚报》2014年3月14日。

少林寺的发展模式常常引起社会的好奇和质疑。探索之路不同寻常，发展之中必然存在各种各样的问题，经济纠纷，利益之争，有关少林寺的传言、谣言不断，尤其在网络社会中，互联网上的消息极速扩散，真假难辨。调查组的结果，及时止息了网络谣言。面对不断涌现的各种谣言，少林寺网站也发表声明，属戒律寺规的问题，教内处理，公开结果；属法律问题，提交法律处理。积极理性地面对和处理各种问题，正是宗教文化法治化保障的体现。

（三）少林寺实践对完善宗教法治化的价值和意义

少林寺实践在一定程度上理顺了佛教和政府、佛教和寺庙、寺庙和经济、寺庙和名人高僧大德之间的关系。目前，一些部门介入佛教，尤其是佛教经济司空见惯。这个问题不理顺，其他许多问题也难以解决。相关部门发展经济，改善人民生活，增加社会福祉，这是其职责所在。但传统上，佛教主要关心人的身心安顿，尤其是安顿心灵。但若佛教过多甚至被动地参与到世俗之中，特别是过多参与到地方经济发展中，则一寺一庙都很可能影响整个佛教的声誉。佛教界需要强化教界自身制度的建设，国家也需进一步强化宗教法律制度的建设。只有在制度和法律的框架下，才能有效解决教内的个案问题，以及个案给整体带来的不良影响。①

苏州报国寺社会主义核心价值观、爱国爱教宣传栏

---

① 《王志成：少林寺风波值得佛教界深思》，《环球时报》2015 年 8 月 5 日。

　　引导通过法律途径解决争议。在社会治理中要求把解决社会矛盾纳入法治化轨道，非诉讼方式和诉讼方式是处理矛盾纠纷的主要途径。少林寺面对大量的商标侵权问题，通过诉讼方式解决了矛盾，保障了自身权益，走出了一条法制维权的道路，为宗教活动场所的矛盾纠纷解决提供了法治思路。社会主义市场经济是法治经济，依法保障社会主义市场经济的有序运行是法治化的必然要求。宗教活动场所是社会结构的组成要素，其社会行为、经济行为要遵循社会规则、市场经济规则，应树立法治观念，运用法治思维，遵守法律规则。少林寺在国内通过法律解决纠纷，在国际社会，同样需要通过法律保障少林寺的合法利益，促进少林文化的推广和传播。

　　促进文化品牌的传播。弘扬中国传统优秀文化是新时代的重要任务，体现了中华民族的文化自觉与文化自信。文化是民族累积的精神财富，是国家繁荣昌盛的源泉。国家的发展不仅是经济的增长、物质的丰富，更深层的是幸福感、安全感、获得感等来自精神层面的满足、价值层面的认同。中国优秀传统文化是中华民族宝贵的精神财富，是国家的文化软实力。少林寺在传承、推广、传播少林文化方面不断探索实践，如注册商标、成立公司等行为，还有在少林寺举办短期体验班、培训班等教育活动，以及海外注册"少林"品牌，建分寺、武馆、舞台表演等对外宣传交流，等等，尤其以"少林功夫"的形式，通过武术动作表达中国传统文化，突破语言障碍，在海外广泛传播。少林寺积极以"少林功夫"申报人类非物质文化遗产，期望在更广阔的平台推广中国文化。

　　推动宗教新法规的出台。少林寺多次在"两会"提案，呼吁健全相关法律，从法律层面解决现实问题。提案中所提出的问题，是佛教文化在现代社会中传承、推广、传播遇到的困境，需要依照法律解决矛盾纠纷，对促进相关法律的修正具有积极意义。法律的制定、修正需要与社会的发展相适应，一时一地适用的法律在其他时间地点未必适用，尤其是在社会转型期，新情况、新问题层出不穷，涉及民事、行政、刑事纠纷事件复杂繁多，法律的制定、修正、废止并举，不断适应社会的发展变化，维护绝大多数人的利益。我国提出建立社会主义法治国家，不断建立健全社会主义法治体系，确立法律的权威性、连续性、稳定性，在社会生活的各个方面做到有法可依。从少林寺依法维权的过程，也能看到法律制定、修正、实施的过程，在法律维护公平正义、保护合法利益的同时，也培育了教内外的法律观念、法律意识、法律行为及法律习惯等。

明晰宗教法人身份。在依法维护宗教团体知识产权的过程中，获得法人身份同样具有基础性的作用。在市场经济发展的背景下，1997 年，少林寺成立了河南少林寺实业有限公司。通过商标来实现保护少林寺品牌的目的，在当时只有成立一家商业公司，才能专门从事这项工作。今天，更多宗教活动场所可以通过登记成为非营利法人，就可以做到未雨绸缪，提前注册和保护自己的各类知识产权。

保护宗教法人合法权益。修订后的《民法总则》《宗教事务条例》等，确立了宗教团体、宗教活动场所属的不同类型的法人资格，对宗教团体、宗教活动场所从事社会活动、宗教活动等提供了法律依据。对宗教活动场所财产权属的规定，维护了宗教团体、宗教活动场所的合法利益。从法律层面厘清权责关系，解决宗教活动场所存在的财产归属不明、易引发贪污腐败和破坏佛教文化的声誉等问题。法人资格、财产归属、管理、监督的确立也遏制广受社会质疑的寺院、佛教文化被"商业化"的现象。除了以实务为主的财产权利，不少宗教组织的知识产权也会受到侵犯。对此，宗教团体需要了解法律知识，运用法律手段，聘请法律专业人士，通过法治途径，积极维护自己的权利。法律的制定、修正、完善是法治化的基础，而法律的实施体系、监督体系，是法律权威性的重要保障。

鼓励宗教文化参与社会治理。宗教文化和法律的功能有其相似之处，其相同点都是通过"惩恶扬善"威慑和引导人们的行为轨迹。① 宗教团体作为社会组织，参与社会活动，体现社会性，需要遵守国家法律，也就是遵守世间法。同时，作为宗教团体，又有其特殊性、具体性，体现神圣性、超越性，需要遵守宗教的戒律，即出世法。宗教团体要求成员不仅遵守戒律，也

---

① 马治国：《佛教与现代法律的关系》，《西安交通大学学报》（社会科学版）2010 年第 2 期。

要遵守国家法律，更进一步，引导信众学习遵守戒律、法律，内化规则，约束行为。戒律、法律相互促进，有益于社会成员维护社会的有序运行、稳定发展，培育遵纪守法的理念、行为，有助于社会关系的和谐。从这方面看，宗教文化能够促进、保障我国法治化的建设和有效运行。

佛教文化实践与法治文化建设的互动。佛教文化影响了中国传统法律制度，对传统社会的行政法律和刑事法律的影响尤为深远。如佛教的因果观对传统司法制度产生了深刻影响。中国传统社会是一个伦理社会，司法中特别强调道德的感化作用。佛教的善恶因果报应论在教人为善、预防社会犯罪、维护文化传统及现实政治和社会稳定方面发挥了重要功能，报恩论对于整个社会婚姻家庭法律制度起到很好的维护作用。[①] 在现代社会发展中，我国不断完善、修正的法律体系保护佛教文化的推广、传播，维护佛教团体的合法权益。从立法、司法层面促进佛教文化的发展。佛教团体的法律诉求、法律提案，也在不断促进相关法律的制定、修订及实施。两者良性互动有益于化解矛盾纠纷，处理协调社会关系，共同推进社会治理法治化。

三　小结与思考

在不断提升国家治理体系和治理能力现代化的语境下，法治化无疑是重要的话语实践活动。与之相伴，宗教领域的社会治理也是重要和值得关注的领域。中央民族工作会议提出要用法律来保障民族团结，运用法治思维和法治方式加强对民族宗教事务的管理。的确，这是当前和今后一个时期必须做好的一道必答题。

宗教文化传播过程中需要法治化的保障。这是因为，社会的现代性总是伴随风险。宗教现象同其他社会现象一样，都会存在积极和消极的两个方面。宗教文化在其运作过程中也会带来风险，前一时期出现的过度商业化乱象、宗教权利受到侵害、宗教文化遭遇调侃、宗教资源被侵占等负面事件都

---

① 赵哲伟：《佛教文化与传统法律制度刍议》，《东南文化》2004 年第 6 期。

在说明和反映这种风险的存在。于是，治理风险就成为重要的任务。要实现好的治理，其中一点，就需要不断推进宗教领域的法治化进程，切实保障宗教团体、信仰者个人和全社会的利益。

为了有效回应宗教发展中出现的一些问题，回应社会上的需求，针对传统宗教"游移现象"中出现的一些乱象，政府出台了一系列法规、制度要求，显示了制度建设对促进宗教文化健康发展及传播过程的积极治理取向。如规定宗教活动场所必须在宗教事务管理部门登记，方可从事宗教活动，依法规范佛教道教活动场所管理的举措等，保护了教界合法权益，方便社会公众识别，有效地制止了违规开展宗教活动和假冒教职人员欺诈信众、借教敛财等，维护和促进了正常的宗教秩序、正法的弘扬和宗教领域的其他文化与经济活动的开展。

互联网不是法外之地。网络的发展带来了网络宗教的快速发展。近年来，互联网逐渐成为宗教传播的重要渠道。前一阶段，网上涉及宗教文化传播的各种不规范现象和违法活动也呈增多态势，尤其是宗教极端思想通过互联网传播，给国家安全、社会稳定和公民人身安全带来严重威胁。[1] 法治化进程推进了互联网宗教信息服务必须纳入依法管理，强化了相关宗教法律制度的完善，保障了网络宗教文化的清新传播环境。

传统宗教"游移现象"既是宗教文化发展历史坐标中的常态，更是当前宗教文化发展中的常态。为提高宗教文化领域的社会治理品质，就要充分看清传统宗教"游移现象"的社会影响，贯彻落实宗教会议精神，在"导"上想得深、看得透、把得准，做到"导"之有方、"导"之有力、"导"之有效。掌握宗教工作主动权，实现对宗教事务的良性治理。为此，正视当前传统宗教"游移现象"这一事实，在提高国家"软实力"的同时，关注宗教文化发展的过度市场化"游移"可能带来的风险，更要敏感地意识到不规则的宗教文化"游移"给社会可能带来的更大的不确定性，并将它放置

---

① 《在法治轨道上推进宗教工作——国务院法制办负责人就〈宗教事务条例〉修订答记者问》，http://www.gov.cn/zhengce/2017-09/07/content_5223346.htm。

在宗教文化领域社会治理的重要议题和实践策略中去思考。同时，要警惕境外敌对势力利用网络宗教进行的渗透活动，严守"两维护""两明确""两规范"，透过法治化维护公民宗教信仰自由和宗教界合法权益，维护国家安全和社会稳定。

第五部分
传统宗教"游移现象"的功能与机制

　　在对传统宗教"游移现象"的主要类型进行了较为细致的分析之后，可以发现，传统宗教"游移现象"伴随着市场化、信息化、现代化、社会化、全球化及法治化等"六化"的作用，其传播理念、组织制度等发生了部分的变化。整体而言，其大部分实践已经得到了社会的承认，发挥了积极的作用。同时，出现了一些苗头性、倾向性问题。重要的是，在这个过程中孕育、催生、形成、完善了一些相关法规，并成为衡量和治理宗教文化同文化、政治、经济、社会互动不可缺失的标准。传统宗教"游移现象"尽管还没有成为一种理论与实践话语，但是从其在不同社会领域发生、发展的形态来看，已经构成了宗教文化传播、社会资源利用，以及为社会治理所关注的并非个案的、较为普遍发生的宗教与社会互动及其传播形态。"宗教"与"社会"以及强调两者互动关系的思想，正是基于上述的互动类型与结果的研判而发展来的，表达的是对传统宗教"游移现象"不同功能的认识。

　　传统宗教"游移现象"是宗教文化在当前的发展特征和表现心态，是对纷繁复杂的宗教文化现象从经验事实上分类归纳而得出的判断。从全球的宗教发展现象看来，宗教文化在现代生活中并不像早先的预言那样趋于衰落，而是以种种具体的、灵活的，甚至可以说是创新的形式，自觉或不自觉地融入人们的现代生活、社会文化和国家治理体系中。传统宗教"游移现象"即是对宗教文化在现代社会中具体转变的描述、归类、分析和解释。

传统宗教文化"游移现象"无疑受到现代社会特征的深刻影响。但是，也必须注意到，由建制宗教和民间宗教信仰共同构成的传统宗教文化作为中国传统文化的重要组成部分，数千年来一直影响着民众的思维方式、行为风俗、群体生活、社会生活，以及国家治理，其内在的价值体系所具有的稳定性和辐射力，促使其在现代社会中仍能够持续地发挥作用。这也是需要予以重视的。

　　传统宗教"游移现象"概念的建立、宗教与社会互动关系触及社会的方方面面。这些较为密切的往来和相互联系既是一个社会进程，也是一个宗教文化的传播过程，更是宗教现代化的有益探索，它同宗教文化的社会坐标与定位不可分割。所谓在坐标、定位上的"游移"其实就是一次次宗教文化基于文化自觉、文化自信在传播内容、方式、范围，以及影响上的变化与评价，是对适应发展的描述与解释。而这一切，又都是需要透过传统宗教"游移现象"的社会功能及其运作机制来想象、梳理和归纳的。那么，如何去完成这样一项任务？扎根理论的理念和方法具有特殊的价值。它要求我们沿着典型案例分析的路径继续走下去，逐步接触到本议题的关键，宗教文化与社会在互动中不可分割的联系就在于其显性和潜在的社会功能，就在于有一套逻辑机理和作用机制在发挥作用。发现了它，就为认识宗教与社会主义社会相适应寻找到了更加清晰的实践坐标。

一　传统宗教"游移现象"功能与机制的分析路径

　　对于复杂的传统宗教"游移现象"较难运用以往习以为常的单一定量或定性研究的方法得出完整、精准的结论。面对这些不易分类整理的传统宗教"游移现象"，尤其是对其原因和深层结构、功能与机制等方面的认知和分析，显然需要明确研判理念和研究的方法，从而另辟蹊径回答问题。实证主义倾向的问卷调查、大数据分析大概是符合通常规范的。但田野考察的经历已经告诉我们，用这样的方式要想获得"游移"功能与机制的真实结果，可能是片面、不深刻的。因为，这样的方法很难将宗教文化与社会的关系变量予以清楚地说明，更不要说测量了。大量的具体描述性分析其实也很难完成。因为过程往往是复杂、变化不定的。要想真正将事件发生的一个个点记录下来，即便是努力保证事件过程的连续性记录，也很难阐释其中的平衡要素。于是，选择了扎根分析的研究路径作为研判传统宗教"游移现象"功能与机制的工具方法。这样，既可以跳出对概念、指标的明晰界定，又可以不局限于具体事件，在不同的类型之上思考，归纳总结其共性。这是围绕传统宗教"游移现象"话语而展开的发现功能与机制的探索性尝试。

（一）扎根理论分析的策略选择

对于复杂的传统宗教"游移现象"较难运用以往定量或定性研究的方法得出看似标准的结论。于是，"透视""潜水""对话""扎根"四种想象进入研究的思考中。为了深入探讨传统宗教"游移现象"，其一是要对这类现象发生发展的实践表征及其呈现文本进行全面扫描，尽量获取更多的相关资料，以完成对这一现象的整体观照。其二是穿越表象深入实践和文本内部，透过话语分析完成对这一现象深层要素的提炼与考察。如果说以上两点是基于研究方法的思考，其三则是对基于本土发生的传统宗教"游移现象"原因和深层结构开展深入的探索，找寻中外理论对话的空间。其四是在归纳、梳理相关传统宗教"游移现象"典型事件和文本的基础上，采用扎根理论分析方法，对收集到的不同类型传统宗教"游移现象"资料，系统提炼"游移"实践的目的、目标、策略、手法等，之后，对参与这一实践的网络跟帖、言论、评论等"数据"进行再比较，发现它们之间的异同。在此过程中不断进行编码、比较、理论性采样以达到理论性饱和等。最终，不仅对传统宗教"游移现象"实践的直接原因进行抽象概念化，更为重要的是，观察、发现导致传统宗教"游移现象"的深层结构性因素，为实现相关实践话语的进一步理论概念化提供指引和依据，从而完成传统宗教"游移现象"的扎根分析。

如何完成对传统宗教"游移现象"的研究任务，扎根理论"因其侧重于对社会心理或结构过程的分析，故不受时间、地点或人物的限制"的研究方法走进了笔者视野。在研究中，首先通过"游移"事件行动者自己的表述，了解和反映为什么会采取相关的态度、行动、措施等及其投射结果。在这一阶段，将关注的重点放在行动者一方，试图能较为准确、全面地体现他们的所思所想和所作所为。

（二）扎根分析的过程

扎根理论研究方法论是由美国社会学家格拉泽和施特劳斯开创的。扎根理论方法是一般方法论，分析联结数据的收集，使用一套系统的应用性方法，从而形成一个关于某一实质领域的理论。研究成果是由一个理论阐述或一套整合的概念化假设而构成，它们和研究的实质领域有关。[①] 扎根理论的目的在于形成概念及其之间的相互关系，从而解释、说明并诠释所研究的实质领域中的行为变异，该行为通常围绕着研究对象对问题的处理。[②] 扎根理论研究方法论的要素包括阅读和使用文献；自然呈现，关注研究问题的形成，研究问题应当从研究参与者中产生；对现实存在的行为模式进行概念化；社会过程分析，即对抽象问题及其过程的研究；一切皆为数据；扎根理论不受时间、地点和人物的限制。扎根理论的研究程序大致分为以下几步：其一，开放性和选择性编码，通过对事件间、事件与概念的比较，发现更多的范畴、特征，逐步完成概念化。[③] 其二，不断比较，包括事件与事件、概念与事件、概念与概念，及外部比较。其三，理论性采样，根据发展的概念和形成的理论有目的地选择样本。其四，理论性饱和，这是停止采样的鉴定标准。其五，理论性编码，实质性编码间的自然呈现的结构。其六，写备忘

---

① 巴尼·G.格拉泽：《扎根理论研究概论：自然呈现与生硬促成》，费小冬译，美国社会学出版社，2009，第19页。
② 巴尼·G.格拉泽：《扎根理论研究概论：自然呈现与生硬促成》，费小冬译，美国社会学出版社，2009，第22页。
③ 费小冬：《扎根理论研究方法论：要素、研究程序和评判标准》，《公共行政评论》2008年第3期；贾旭东、谭新辉：《经典扎根理论及其精神对中国管理研究的现实价值》，《管理学报》2010年第5期。

录和手工整理备忘录。① 扎根理论研究过程循序渐进，是研究者通过运用各种资料获得对于现象的层层理解、抽象、归纳的过程。

在运用扎根理论对传统宗教"游移现象"的分析过程中，首先确定分析资料的来源主要是利用网络及田野调查文本。其次，在数百篇相关文章中，选取上百篇文章进行扎根理论分析，按照要求对文本资料进行开放性和选择性编码，通过现象与概念、概念与概念、概念与文献等之间不断比较，发现、归纳、提炼核心概念或更为重要的概念。最后，经过理论性采样、理论性饱和等过程，结合主体经验、田野观察访谈和其他研究成果达成理论的自然呈现。

研究从典型的传统宗教"游移现象"入手，发现传统宗教"游移现象"对经济、文化、社会等领域的影响，从文献资料开始编码，对初步选取的资料全部编码后，逐步形成一定数量的初级概念。此后，对这些概念进行分析、比较、归纳、提炼，由此形成了次一级的概念群，再扩大文献范围，进行概念与事件、概念与概念之间的二次，甚至三次比较，初步形成了"香火兴寺""门票经济""发展经济""商业化转型""优势转化""搭建平台""增强了解""吸引信众""信仰建设""参与社会""密切关系""社会认同"等基本概念，以及表层原因的呈现，即通过社会关怀、信仰建设、商业活动等策略和实践，强化宗教主体意识，建立信任关系，建构社会支持网络，获得话语权，提高宗教文化影响力，传播宗教文化，对社会产生影响等。接下来，通过理论性采样，在比较更多传统宗教"游移现象"的同时，开始有目的地找寻和发现更丰富的案例而形成深入的研究概念和初步理论框架。归类出宗教与市场、宗教与社会、宗教与信息、宗教与现代、宗教与世界及宗教与法治六大类案例，其类型涉及，经济资源上的占有与借用即宗教与市场关系的"游移"；社会生活与信仰的双向渗透与利用的"游移"；宗教与媒体相互作用产生的"游移"；价值观念上的模糊与变迁即宗教与文化

---

① 费小冬：《扎根理论研究方法论：要素、研究程序和评判标准》，《公共行政评论》2008年第3期。

关系的"游移";不同文明之间的交流互鉴即宗教与外交的"游移";社会治理上的法律与规则,即宗教与法治关系的"游移"。

以上六种类型共同构成了宗教文化与社会互动发展的基本面,统称为传统宗教"游移现象"。在六类案例中,经过扎根分析自然呈现了宗教与市场——互利式增长、宗教与社会——共享式超越、宗教与信息——融合式传播、宗教与现代——参与式弘法、宗教与世界——互鉴式交往、宗教与法治——引导式运行等核心概念。依照同样的研究逻辑,对六大类"游移现象"基于田野经验继续进行收集、整理、提炼和分析,直到形成理论性饱和。在此基础上,再进行理论性编码形成完整的概念和理论系统。此时,传统宗教"游移现象"的"适应性发展"这个概念自然呈现,即传统宗教"游移现象"所呈现宗教文化本自具有的神圣性与社会性的结构性关系。宗教的本质是二性,神圣性即内在的品质,超越性终极性追求;社会性即外在的表现,通过变动的、多样化的社会形式在世俗世界中实践宗教文化。佛教的社会性是通过寺院的社会功能来体现的,通过这些功能与社会发生关系。[①] 六大类"游移现象",是宗教文化的神圣性与社会性的表现形式,也是社会适应的过程与结果。

当然,在运用扎根理论的分析中,还存在一些局限。如所选用的案例以佛教为主,而且,这些资料大多出自网络文本。另外,一些有影响力的传统宗教"游移现象"可能未全部受到关注,部分素材的疏漏现象也会导致话语概念化时理论饱和的缺失,在一定程度上制约扎根分析的效果。这些都期待在今后的研究中进一步完善。

"游移现象"的实践体现在,不同形态的运作过程及其背后的差异性结构,涉及机制、逻辑、技术和影响因素等。还有就是实践构成要素,包括人员群体、组织、制度、事件,互动过程、惯习传统和意义世界等。宗教与市场关系上的"游移"衍生出资源占有性的大小,决定经济地位;宗教与社

---

① 王亚荣:《在服务社会中增强神圣性与社会性》,2007 年中国佛教公众形象主题论坛:和谐社会与道风建设。

会关系上的"游移"衍生出适应性的高低，决定社会地位；宗教与信息关系上的"游移"衍生出在信仰结构中的地位；宗教与世界关系上的"游移"衍生出不同文明的互鉴与冲突，决定国际地位；宗教与现代关系上的"游移"衍生出发展性的亲疏，决定文化地位；宗教与法治关系上的"游移"衍生出合法性的强弱，决定象征地位。"游移"和衍生都是现象的表征，其深层的动机和基础均来源于需求契合或社会适应。

那么，宗教文化在何种情况下与"六化"产生互动？宗教与市场存在更明确的价值利益导向。在极端情况下，宗教文化成为一种手段，将经济利益的获取作为重要的目标。宗教与社会的关系在于社会网络的确定与延续，其中，既有人与超越世界的关系，也有人与人的关系；宗教与现代的关系在于全球科学技术的发展给社会结构、世界格局带来的改变，以及宗教文化传播的机遇与挑战；宗教与世界的关系是在国家外交日益重要时，注重宗教文化对于国家战略的文化意义，可以借助获得相应资本，带来平等、互鉴、合作；宗教与信息的关系依赖于信息技术的普及程度、自身技术掌握程度和对扩大现代传播效能的认知与实践；宗教与法治的关系在于，在不断变化的社会现实中保护大多数人的利益，维护宗教的合法权益。传统宗教"游移现象"从实践上看是宗教文化的发展及其状态；从过程上看，是宗教与社会关系的互动与影响；从结果上看，是拓展了宗教活动新的空间与领域；从功能上看，是宗教对社会的适应及功能的延伸；从机理上看，是宗教的神圣性与社会性的运作与表达。

（三）扎根理论分析结果

1. 互利式增长：宗教与市场——厦门国际佛事用品展览会

宗教本身作为文化体系，主要是为社会提供有关终极意义和宗旨的信念等。但寺院作为具有社会组织形式的实体，需要承担寺院维持发展与各种社会实践活动的实施。在此意义上，寺院与经济发生着千丝万缕的联系。谢和耐在《中国5-10世纪的寺院经济》中，描述了当时的宗教行为对中国经济产生的综合影响。其中一个重要观点认为，佛教在中国是一种有组织的宗教和强大的经济势力。① 寺院的经济来源主要为土地。此外，还有工业作坊、经商、借贷以及信众的布施。一系列商业活动依据世俗界的相关法律程序实施，保障了寺院的大部分收入。② 在中国佛教中，宗教活动和商业活动是并列存在的。③ 佛教之所以具有强大的经济势力，与佛教的中国化密切相关。佛教从两汉时期传入中国，逐渐适应了中国社会各阶层的各种需要，团结了整个国家、贵族阶层及庶民。在大型的节日集会中各阶层混杂在一起，创造了一种集体情感和热情，实现了社会的统一性。④ 同样，太史文在《中国中世纪的鬼节》一书中指出，社会各阶层通过实物供养僧伽，同时僧人赐福世俗人的这样一种互换循环，使僧人生活融入社会。在盂兰盆会中，则展示出神圣与世俗的游移互动。

在现代社会中，寺院的土地财产急剧萎缩，经济来源以施舍捐赠和宗教性服务为主，经济实力下降。同样，商业活动的范围、规模及程度与谢和耐书中所提到的情景不可同日而语。前文中提到的厦门佛事用品展，集中展现了佛教对商业发展的积极作用。逐年扩大的规模及交易额，显示出佛教寺院及信众的需要，其中，既延续了寺院建筑、造像、法器、饮食、服饰、香烛、装饰品及艺术品等传统产业，也出现了新的智能化产品如寺院管理App，以及提供寺院整体规划设计的公司。可以说，种类繁多，推陈出新，应有尽有。这些大型企业或者个体商户，都是佛教活动的参与者和受益者。

这些企业生产销售的物品，不同于一般的商品，在这里我们看到与宗教文化有关的物品所具有的多重性质，即实用性、艺术性及神圣性，在属于宗教团体之前，突出实用性、艺术性特征，而一旦成为宗教物品，就因其使用空间用途的转变而具有了神圣性。寺院的市场购买行为是转化的关键，寺院需要通过市场采购方式获得寺院建设、维护、日常生活，以及法事仪式所需

---

① 〔法〕谢和耐：《中国5－10世纪的寺院经济》，耿昇译，上海古籍出版社，2004，第84页。
② 〔法〕谢和耐：《中国5－10世纪的寺院经济》，耿昇译，上海古籍出版社，2004，第241页。
③ 〔法〕谢和耐：《中国5－10世纪的寺院经济》，耿昇译，上海古籍出版社，2004，第367页。
④ 〔法〕谢和耐：《中国5－10世纪的寺院经济》，耿昇译，上海古籍出版社，2004，第285～289页。

的物品，与世俗社会建立不可切割的密切联系。展会为物品的实用性与神圣性转化提供了交易平台，发挥了重要作用。在此特定转换空间中，商家追求利润、寺院采购所需物品、当地政府增加财政收入、民众精神需要得到满足，实现多方共赢。佛事用品展会产生的巨大客流量与交易额，显示出自身强大的经济实力，成为厦门会展经济的主要支撑之一。此外，无锡灵山的文化旅游发展模式，也在众多的宗教文化旅游项目中脱颖而出，总结其经验，发现无锡灵山经营模式在景区所有权、使用权、收益权、分配权方面的探索起到了关键作用。在企业规划发展过程中，投资方、当地政府、专家学者的良好合作互动关系保障了景区的正规化发展。可以说，通过扎根分析，这种涉及宗教文化的市场经济行为是一种互利式增长的方式。

当然，宗教与经济并不仅仅是展会所体现出的正向积极的"游移"关系，在这一部分中还看到有过度商业化、放生产业链、功德箱经济、宗教场所上市、寺院门票、按需造神等涉及宗教文化广受争议的话题。这类现象其实是一个"游移"议题的正反两面向，在这两种面向之间，更有层出不穷的多样化的表现形式。"宗教搭台，经济唱戏"，精确勾勒出此类现象的核心问题，反映了一些部门关心当地财政收入、企业追求利润、寻求自身发展的倾向。2017年12个部门联合发文，提出《关于进一步治理佛教道教商业化问题的若干意见》，既是对此类现象的回应与纠正，更是在引导涉及宗教文化的商业活动要在法律的轨道上良性运行。

2. 共享式超越：宗教与社会——庙会

在宗教文化与社会的适应方面，延续数千年的庙会文化及其实践可以说是深具中国本土特色信仰崇拜活动的表现形式，它将儒释道宗教信仰的融合性、祖先神灵等崇拜的多元性、中华乡土文化的代表性有机整合，展现出中国传统"根文化"的社会价值和影响。庙会现象，是本土宗教文化社会化的典型表现，是中国信仰文化超越性与社会性一体两面互动的反映，体现了包容性、跨界性、多元性等中国特色的信仰实践特征。庙会实践，依托于人神关系，共享神话传说、超越仪式，贯穿于个体生命历程中。它连接着庞大的社会关系网络，传播着中华民族的风俗习惯，传递着国家民族的共同体意识。

当前，伴随弘扬传统文化、申遗、发展文化产业等趋势，庙会活动呈增长态势。各地庙会活动日趋活跃，仅陕西地区大大小小的庙会就数以千计，全国范围内更是数不胜数，既有区域性影响显赫的"城隍信仰"，也有庇护一方的"神灵"崇拜，既有官方组织的"祭祀大典"，也有引发舆论热议的民间造庙典型河北易县"奶奶庙"，等等。崇拜体系的建构满足了民众多样化信仰需求。因此，也不难理解为何庙会在民众中具有如此强大的生命力。

在此部分，可以从中提炼出"狂欢""热闹""信""宁可信其有，不可信其无""心诚则灵""有求必应""还愿""感恩报恩""组织""物资交流""人际交往""共同体""基层治理"等核心词，发现庙会涉及人与神的关系，更是人与人的关系。例如庙会期间，各地的庙委会在其中发挥着重要的组织作用，其中包括庙会资金筹集、组织班子、人员安排、程序设定、寻求村委会和相关部门支持、协调企业、邀请戏班和会社，以及现场调度、临时安排等事事俱到。透过庙会展现出宗教文化不仅仅在于人们熟知的一般意义上的经济市场功能、文化教化功能、社会秩序维系与强化功能，还包括道德规范建设、促进社会形态变迁、信仰空间衍生等功能，尤其是强化共同体感受和心理认同的功能等。

庙会是"庙"与"会"合为一体的产物。庙会实践是"庙"与"会"在社会运行中的一种整合，"庙"作为信仰空间场所，供奉神或神性物，举行仪式、沟通关系、满足信仰需求，彰显宗教文化的神圣性；"会"则体现了宗教文化的社会性，表现为信仰观念的大众化、规范化，信仰实践的组织性、制度性，以及信仰生活附加的商业化、娱乐化等。庙会是"庙"的神圣性与"会"的社会性一体两面呈现的过程与结果。从庙会实践的主体看，在某种意义上说，它是宗教文化与社会互动的典型表现形式，也是一种传统宗教"游移现象"。庙会的神圣性表现为对异己力量的崇拜，庙会的社会性在于规范秩序，神圣性与社会性的统合在于强化群体、社区、社会以及国家认同。通过庙会实践，可以发现宗教文化与社会相融合的特征：主体多元性，这里既包括被崇拜主体的多元，或单一或整合，也包括崇拜行为主体的差异与不同、活动组织者的多样性；价值分层性，如果从信仰价值上看，庙会参与者所追求的价值也是不同的，包括宗教、道德、社会、政治、文化、精神、物质等；结构复杂性，在传统庙会与现代庙会交织在一起的形态下，不同人群都会进入这一实践空间，表现在社会力量、市场力量、国家力量等的参与，当然，也不排除一些缺席情况的发生；形态多样性，庙会实践中既有成规范的仪式活动，也有探索性的活动仪式与功能类型；结果不确定性，尽管庙会的核心功能在于信仰、秩序的认同，但是，在特定时空状态下则可能带来正向或负向的不同社会影响。

庙会实践是宗教文化的表现形式之一，与民众生活密切相关。从外在表现形式看，庙会所呈现的信仰观念、信仰行为、信仰仪式、信仰组织等，有时并不规范，制度性也不强。但是，通过庙会所传达的对生命价值的追问、对善恶有报因果观的认同、对美好生活的向往、对人生价值肯定的生命观是不容忽视的。可以说，庙会是文明的载体，承载着平等、自由、和谐、孝敬等理念，传承文化命脉。同时，也深深地扎根、活跃于民众的日常生活中。"和而不同"，也是庙会的理念，民族文化并没有优劣之分，通过庙会体现的民众对终极价值的追求与全球其他民族的追求具有同样的意义。

从传统宗教"游移现象"看宗教文化的社会化，加之在前文提到的"佛化婚礼""佛系""佛教夏令营"等，通过这些典型的表现思考和理解宗教与社会、神圣性与社会性、传统性与现代性等论题；挖掘、利用宗教文化在维护社会秩序、满足道德解释与实用性需求、抵御渗透、促进乡村振兴和文化安全等功能；体现心理建设，提升安全感、幸福感和获得感。庙会实践是一个资源共享的平台，是神圣性与社会性相融的不二实践。

3. 融合式传播：宗教与信息——玉佛寺

面对信息化潮流，佛教团体进行了有益的探索。研究以上海玉佛寺为典型案例进行扎根分析，提炼出宗教网站、大众传播、双向交流、神圣空间、虚拟空间、"互联网＋"、智慧寺院、文本传播、实地修行、网络传播、时尚包装、线下连接、网络危机、虚拟宗教、网络宗教、法规滞后等关键词，结合更多资料，补充了安全隐患、新权威、网络疆域、规范、新形态、个体化、极端化等关键词。发现宗教文化的传播深受信息化的影响，出现了边界淡化、去中心化、不确定性增强及风险增大等特征。宗教团体或个人视信息化为挑战或是机遇，主动或被动地利用新媒体，融合传统媒体、拓宽传播途径，改进宗教传播方式，吸引公众目光，应对网络危机，引起社会关注，服务社会大众等。

互联网的全球性、跨文化性、互动性、放大性、隐蔽性，以及信息量大、难监管、传播速度快、低成本和低门槛等性质，使网络传播模式穿越了传统的时空限制，兼具人际传播的亲切和大众传播的广泛。这些优势恰好使互联网能够成为宗教文化在全球范围进一步扩展其影响的强大引擎。目前，世界各大宗教都已经广泛地意识到媒体，尤其是以互联网为代表的新媒体的巨大影响力。[①]

伴随宗教文化的信息化而出现的宗教舆情，是宗教文化传播信息化中需要关注的重点领域。宗教领域的社会舆情是宗教文化及其传播实践引发的社会舆论状态和情绪，也可称为宗教舆情。宗教文化是意识形态，也是日常生活。研究宗教领域的社会舆情既是宗教议题，也是宗教传播议题，更是一项社会议题。在宗教舆情事件中，如"兴教寺事件""张铁林坐床事件""朝阳区仁波切事件""法门寺事件""李一事件""法海事件"等，不同舆论建构的宗教舆情无疑发挥了助力、引导、助燃、刺激等不同作用，引导着事件的走向。宗教文化在新的全球环境下，形成跨越时空"边界"的新型"游移"形态。而围绕这些活动产生了一个个舆论场，为这些活动制造了错综复杂的舆论生态。

传播的信息化隐含着国家的文化战略，文化的差异性突出表现在传播的内容方面。美国政府很早就意识到，文化将在经济全球化、政治民主化和社会信息化进程中占有日益突出的地位、发挥越来越重要的作用。事实上，美国一直试图凭借自身强大的军事、经济实力和数字优势，通过各种信息化手段，从事文化输出、文化渗透、文化侵略或文化殖民等，不断加强在全球的

---

① 赵冰：《宗教的虚拟化传播与国家安全研究》，复旦大学博士学位论文，2011。

影响力，以实现文化霸权。① 这是需要高度警觉和防范的。

从传播信息化的物质基础方面，其的确显现出全球不平等的现状。互联网正在新的全球网络中联系世人。但是，通路却集中在富裕国家的人们之间。互联网的应用显示传播与沟通的技术整合趋势，也凸显了全球化之下的不均衡性。电子多媒体也把人们分化为"互动的"和"被互动的"，前者能参与主动创新，后者则被动接受信息。网络本身反映以及创造了不同的文化，对信息化流动方式的依赖造成了处在控制信息化流动位置的人的权力。② 在信息秩序里，核心是排除而不是剥削，而关于排除，它是与信息和通信流、与通信和信息的结构一起被定性的。信息秩序与信息失序是一场失序、再建秩序与再失序的无止境的辩证。③

信息技术对社会、政治、经济、文化等产生了重要的影响。同时，它们之间的相互作用，重塑着世界的场景。宗教团体在信息化的时代，延续传统的人际传播、大众传播，同时创新网络传播，如智能机器人的"观音菩萨"、佛子 App、中文网站、微信、微博、专栏等网络传播形式，成为传播结构中的重要因素，在信息的流动与扩散中，建立宗教传播信息秩序。

4. 参与式弘法：宗教与现代——"人间佛教"

"人能弘道，非道弘人。"宗教团体在现代化进程中，面对科学与理性的兴起、世俗化的冲击做出了种种回应，以适应现代社会的发展，延续宗教文化的使命。研究案例中，以佛教的改革——"人间佛教"为重点，探讨了佛教如何在组织、管理及社会层面应对危机与挑战，以谋求自身的生存与发展。通过分析，提炼出诸如现代弘法、救亡图存、适应时代、改革运动、化导世俗、佛教现代化、人间教化、契理契机、慈善、公益、教育、学术、商业等核心概念，并且总结了"人间佛教"理念与实践体现了神圣性与社会性的结合。佛教的传播是其社会性的要求，寺院举办的各种宗教活动、讲经活动，慈善活动等，即是将佛教的价值理念浸透于社会服务、社会生活

---

① 李智：《试论美国的文化外交：软权力的运用》，《太平洋学报》2004 年第 2 期。
② 〔美〕曼纽尔·卡斯特：《网络社会的崛起》，夏铸九等译，社会科学文献出版社，2009，序。
③ 〔英〕斯各特·拉什：《信息批判》，杨德睿译，北京大学出版社，2009，第 18 页。

中,达到化世导俗的目的,从而体现佛教的神圣性与社会性本质。社会信仰理念及其实践巩固神圣性的社会基础,而神圣性的指引,不断拓宽着社会性的空间。从传统宗教"游移现象"的角度看,"人间佛教"是神圣性与社会性的统一,神圣性扎根于日常生活,滋养于人际关系,运行于社会环境之中,社会性体现神圣性,表现出不同的社会功能潜移默化,润物无声。"人间佛教"实践一方面需要调适传统与现代的关系,另一方面需要平衡神圣性与社会性的关系。

参与式弘法,强调了宗教团体在现代社会中,一方面进行教内改革,适应社会;另一方面以多种形式积极参与到社会、政治、经济等方面,以及国家、社区、个体不同层面中,满足多方位的需求,发挥宗教文化的特有功能,从中也实现自身的现代转型。在参与式弘法的案例中,净慧法师提倡的"生活禅",主张将佛教义理融入日常生活,促使佛教与现代的社会思潮相适应,与现代人的生活方式相适应,方便现代人对佛法的理解与修行,影响广泛而深远。学术界力求宗教文化的客观性和科学性,对宗教的义理、经典、宗派、人物等方面从理论层面追根溯源,系统阐释,引导宗教与社会的适应。参与式弘法,体现宗教文化信仰与行为的特征对社会文化的理解,认为宗教并不是孤立的思想和行动的领域,宗教的作用和影响是与其他社会因素互动、共同作用的结果。因此,需要更注重时代特征及社会环境因素,以引导宗教与社会相适应。

5. 互鉴式交往:宗教与世界——人文外交

全球化是现代社会变迁中最令人瞩目的现象。推动全球化的重要因素包括信息及通信技术的快速发展、跨国公司的全球扩张、国际组织的合作,以及国际性治理机制的有效运作等。其中,文化的交流与竞争贯穿全过程。全球化在政治、经济、文化及社会的综合作用下,影响遍及世界各国,同时对政治、经济、文化及社会产生深刻复杂广泛的影响。从全球化发展中,提炼出了全球互赖、信息流、边界模糊、命运共同体、全球秩序、文明冲突、文化战略、文明互鉴、国际关系及逆全球化等基本概念。可以看到,全球化具有一定的层次性,从经济、制度到文化,层层深入。经济的全球化,物质、科技方面的全球化似乎更为快速，更容易被人们接受，如 iPhone 手机、奢侈品、汽车等全球同时发售，其设计、功能、艺术性等广受欢迎，消费者趋之若鹜，迅速占领全球市场。制度方面自"百年未有之大变局"以来，一直存在着模仿、学习、争论，全盘西化论、中国本位论，亦有中体西用、西体中用、中西互补论等，各种观点、思潮伴随着人们，尤其是思想界对传统与现代、西方文化与民族文化等关系的不断反思，直到提出文化自觉、文化自信。作为全球化的核心——文化方面，仍存在着重重障碍。在全球化进程中，多元文化之间既存在和平交往、文明互鉴，也存在挑战、竞争对立冲突。不同文化之间的尊重、平等、包容是交往的前提和基础。

　　亨廷顿认为在冷战后的世界，文化既是分裂的力量，又是统一的力量。深刻反映出文化的多重性。但是，亨廷顿着重强调文化差异所带来的危机，指出遍及世界大部分地区的宗教复兴正在加强这些文化差异。文化的共性和差异影响了国家的利益、对抗和联合。世界上最重要的国家绝大多数来自不同的文明，而最可能逐步升级为更大规模的战争的地区冲突是那些来自不同文明的集团和国家之间的冲突。政治和经济发展的主导模式因文明的不同而不同，国际议题中的关键争论问题就包含文明之间的差异。权力正在从长期以来占支配地位的西方向非西方的各文明转移，全球政治已变成多极的和多文明的。① 对于全球化进程中，在多元文化影响下，自我与他者文化之间界限的模糊也引起的国家认同问题，亨廷顿在《我们是谁》一书中，强调美国的盎格鲁－新教文化对美国国家认同的重要性，② 并根据一项调查结果指出，宗教信仰越深者，民族主义精神越强。③ 同时认为，21 世纪宗教对于国家和民族的特性的重要性增强，也意味着宗教与世界许多地方的冲突的联系增加了，这些问题往往有着经济的或政治的根源。因此，冲突一旦聚焦于宗

---

① 〔美〕塞缪尔·亨廷顿：《我们是谁——美国国家特性面临的挑战》，程克雄译，新华出版社，2005，第6~7页。

② 〔美〕塞缪尔·亨廷顿：《我们是谁——美国国家特性面临的挑战》，程克雄译，新华出版社，2005，第279页。

③ 〔美〕塞缪尔·亨廷顿：《我们是谁——美国国家特性面临的挑战》，程克雄译，新华出版社，2005，第304页。

教问题，就难以达成妥协。① 也就是说，信仰相同会增强认同和凝聚力，显示出宗教的整合功能，而信仰多元，冲突的可能性会增加。对其他宗教与文化的攻击与极端保守的自我赞扬之间的鸿沟并没有被教化的分析与讨论所填平。② 萨义德在分析文化与帝国主义关系时指出，宗教与文化所表现出来的整合与冲突，其根源在于美国对本国及他国不同文化所持有的中心与边缘、先进与落后、文明与野蛮等不平等理念及实践所致。面对这种国际形势，一方面必须确保宗教文化在我国的健康发展，使宗教文化作为社会文化的有机构成、内在因素，并发挥应有的作用；另一方面，则要推动具有中国特色的宗教文化主动、积极地"走出去"，发挥其文化本具的潜移默化、"四两拨千斤"的效用。宗教文化在中国对外发展战略中积极"走出去"，既能展示今天中国宗教文化全面发展的新姿，又会在国际舆论中为我们在"宗教信仰自由""人权"等方面所取得的进展、成就加分。这种举措对于中国政府和中国宗教界来说是一种"双赢"，而对于中国对外宣传和海外想真正了解中国的人士来说也是双重的收获。③

面对全球化问题而提出的全球治理，基于传统文化"和而不同""竹分丛而合响，草异色而同芳"的和平、包容、平等理念而建立的互鉴式交往模式实践，可为当今世界多元文化的互动、交流提供极大的智慧和丰富的经验。习近平总书记在哈萨克斯坦纳扎尔巴耶夫大学发表演讲时强调，"国之交在于民相亲"，认为古丝绸之路留给后人的宝贵启示就是"团结互信、平等互利、包容互鉴、合作共赢"。④ 佛教文化不仅能为对外交往提供重要平台和载体，向国际社会展现中国人民丰富多彩的精神世界，而且能为世界提

① 〔美〕塞缪尔·亨廷顿：《我们是谁——美国国家特性面临的挑战》，程克雄译，新华出版社，2005，第 297 页。
② 〔美〕塞缪尔·亨廷顿：《我们是谁——美国国家特性面临的挑战》，程克雄译，新华出版社，2005，第 466 页。
③ 卓新平：《中国宗教与文化战略》，社会科学文献出版社，2013，第 228 页。
④ 魏后凯：《公平　协调　共享　习近平区域发展战略思想支点与特征》，《人民论坛》2014年第 15 期。

供和平、平等、共赢、互鉴等思想基础和资源。①

 6. 引导式运行：宗教与法治——少林寺

 "传统宗教"的法治化，是指依据法律正确处理宗教事务，有效维护宗教的合法权益，引导宗教与社会主义社会相适应。信仰法律是一个过程，或者说是在一系列社会活动、经验、感受之中而达到的"皈依"，是在为了追求自我利益而遵循或诉诸法律的过程中自觉不自觉地被卷进去的。而且，即使人们"皈依"了法律，也并不意味着法律调适就可以结束了。如果由于社会发生了某种变化，一个本来适当的、好的法律变得违背或损害人们的利益，皈依者也会逐渐以行动"反叛"。从这个层面上看，信仰法律可以说不仅仅是信仰问题，而是一个演进的理性选择结果。② 以少林寺为典型案例，分析传统宗教"游移现象"中宗教与法治的关系具有特殊意义。少林寺的发展模式属于宗教团体在新的历史条件下创新性的探索，一系列实践引起社会高度关注。少林寺在发生各种纠纷问题时，诉诸法律，寻求解决之道。在此部分，提炼出的关键词包括企业化、商业化、少林寺景区、少林功夫、少林电影、注册商标、少林 CEO、海外传播、传戒法会、两会"提案"、宗教财产权属等。少林寺在自身生存危机及外界的侵权事件压力之下，依据法律，保护自身合法利益，并探索利用少林寺的声望，建立市场化发展模式，以少林寺的市场化应对外界的市场化，向海内外推广少林文化，取得了令人瞩目的成就，成为"中国名片"。同时，其发展模式也饱受非议。经历被侵权、上诉、市场化运作、纠纷、上诉的循环。少林寺的发展最令人瞩目的就是不断通过法律解决发展中的问题，用法律保障自身的权益。

 传统宗教"游移现象"中的引导式运行，以法律的适时修正为前提。对于法律与宗教之间的关系，各国有着不同的原则理念和规范程序。社会处于不断变化中，需要法律处理的具体事件是复杂的，一个在昔日是普遍有利的规则或在某些地区普遍有利的规则未必对今天或对另外一些地区的人们普

---

① 徐以骅：《中国宗教走出去的重要意义》，《中国宗教》2014 年第 10 期。
② 苏力：《制度是如何形成的》，北京大学出版社，2007，第 206 页。

遍有利。因此，即使是好的法律也总需要适时予以完善。任何法律只有在这种不断调整以适应人们需求的过程中，才能逐渐使人们接受它，逐渐形成遵循法律的习惯，以至于产生对总体法律的信仰。[1] 2018 年《中国保障宗教信仰自由的政策和实践》指出，随着中国特色社会主义法律体系的不断完善，我国宗教信仰自由权利保障的法治化水平不断提高。[2] 至今为止，我国已经形成由十几部法律和法规组成的法律体系，保障宗教信仰自由。当前，出现的宗教文化商业化、互联网宗教、产权归属，以及诬告等事件，都亟须在法律的层面上予以解决。在社会主义新时代提高宗教工作法治化水平，是正确处理宗教领域各种矛盾和问题的根本途径，以法治引导宗教运行，促进宗教与社会主义发展相适应。

二　传统宗教"游移现象"的社会功能

宗教文化与社会互动是一个涉及宗教传播与社会选择关系的重要议题。其关键点在于，宗教文化透过怎样的目的及其策略，运用和谐的方式增强其促进良性社会运行的作用。再一点就是，社会如何以更加开放的姿态对待传统宗教文化的正向传播，看到宗教文化在整合社会、协调社会关系中的资源和能力。宗教适应论在回应社会选择中具有重要的影响力。它站在社会的立场发声，更加关注宗教与社会互动的结果。得出的结论是，传统宗教"游移现象"的发生发展一定要同社会的发展相适应。再有就是能力论的观点，强调宗教文化能否在社会发展中起到积极的作用，取决于实践和治理者的能力。透过前边实证研究的大量结果，已经可以感受到，传统宗教"游移现象"不仅涉及政治、经济、社会、文化等不同领域，更是宗教文化的神圣性与社会性深嵌于社会运行中互动关系的反映。其社会功能的表现也更为多元复杂，既有显性隐性、直接间接、内部外部之分，也存在对不同领域的作

[1]　苏力：《制度是如何形成的》，北京大学出版社，2007，第206页。
[2]　国务院新闻办公室：《中国保障宗教信仰自由的政策和实践》（白皮书），人民出版社，2018。

用。但有一条主线就是它的社会性意义，也就是其在"游移"过程中不断形成、改变、发展和提升的社会适应功能。

（一）维护宗教文化社会网络的功能

传统宗教"游移现象"的前提是生产和拥有社会网络，并在社会互动中维持、扩大和织密社会网络，从而发挥建立、连接、维护和影响社会网络的功能。宗教文化之所以能向社会其他领域延伸并发挥不同的功用，同它在社会网络中的位置、与社会多领域建立的互动，以及同社会结构中各要素间的关系相关联。

传统宗教"游移现象"的发生发展总是处于社会网络空间的背景和情景中，需要与不同社会力量互动并获得它们的支持。如外来的宗教一经传入，即与中国悠久的文化传统相互影响，其结果是融合成为具有中国特色的宗教。佛教的传播过程正是典型的事例。当然，这是一个长期的过程。对于佛教来说，这个过程用了六七百年，到了隋唐时代才真正完成。也就是说，在隋唐时代，印度佛教完成了中国化的进程，融入中国传统文化，与儒、道一起构成了中国三大传统宗教。之后，这种以大乘为主流价值诉求的信仰、以汉语言文字为传播工具的"中国佛教"继续向东、向南传播，直接影响了周边的国家和地区。于是，佛教跨出南亚，传遍亚洲，成为第一个世界性宗教。归纳起来，长安之所以能在这一文化壮举中发挥关键性的作用，得益于天时、地利、人和三个方面的有利条件。所谓天时，就是文化交往互动互惠的自然规律。所谓地利，就是丝绸之路的起点和全国的文化中心。所谓人和，就是农耕文化与草原文化交汇地区所形成的宽松包容的文化土壤。① 这一过程反映出，中国文化之网具有强大的吸纳能力，外来宗教的传入往往会与之发生嵌入式互构现象，并逐步演化成为中国文化的一部分。

传统宗教"游移现象"能力是这一现象发生的中心要素，它指的是宗教文化要实现其社会传播所具有的一切资源等。20 世纪 90 年代以来，我国

---

① 王亚荣：《长安佛教史论》，宗教文化出版社，2005。

宗教界积极响应党和政府提出的宗教与社会主义社会相适应的号召,坚决拥护党和政府的领导,拥护社会主义制度,积极参加社会主义现代化建设,维护法律尊严、人民利益、民族团结,维护祖国统一,并且通过结合时代和社会现实生活诠释教义,改进传教弘法和文教活动,发展社会慈济事业,加强自身建设,为促进社会和谐和社会主义物质、文明建设做出了积极的贡献。① 这些都体现出中国佛教界适应社会主义社会的能力。

社会网络是这些能力发挥的基础和条件,它为"游移"的发生提供机会和渠道。"游移"能力还包括对社会宏观结构性政策法律因素的积极适应及合理合法的运用,如果没有它的引导,"游移"的方向就会偏离社会主义社会的发展目标。改革开放,开启了"中国历史上宗教政策的黄金时期"。这种看法近些年来日渐成为国内外专家学者的共识。陆续出台的宗教政策,给人留下深刻的印象:积极引导宗教与社会主义社会相适应,充分发挥宗教在构建社会主义和谐社会中的积极作用,充分发挥宗教界人士和信教群众在促进经济和社会发展中的积极作用,把宗教关系看作国家政治和社会生活中必须处理好的五大关系之一。由此可见,随着改革开放的逐渐深化和国家社会的不断进步,宗教政策也越来越开放、越来越积极。② 宗教文化在社会文化结构的位置除宏观结构外,还涉及中观层面的社区传统、社会认同,微观层面的日常生活资源占有等。宗教文化在"游移"中既承载着历史延传下来的社会网络,也在社会发展中维持、扩大着它,发挥显性的服务、教化、慈善等社会与经济功能,满足人际情感工具性价值,也反映着隐性的区域资源整合、结构流变和关系转换等功能。

(二)推动宗教文化社会资源循环与再循环的功能

传统宗教"游移现象"的基本内容和表现形态是宗教文化所具有的社

---

① 杨曾文:《遵循和融摄社会主义核心价值观是宗教坚持中国化方向的基本要求》,宗教文化和社会主义核心价值观研讨会,2017。
② 张志刚:《当代中国宗教关系研究刍议——基于国内外研讨现状的理论与政策探讨》,《北京大学学报》(哲学社会科学版)2011年第2期。

会资源的整合、使用、开发及再使用的循环结果。宗教文化的社会资源占有程度状况关乎其"游移"的广度和深度，以及社会辐射与影响。

宗教文化的"游移"过程，也丰富着其内在和外在的社会、文化、政治和经济资源。从"一带一路"与宗教的历史关系来看，延续两千年之久的古代丝绸之路充满了宗教传播和交流的生动史实。随着古代陆路及海上丝绸之路的开拓，外域宗教相继入华，而中国本土信仰亦得以外传。宗教在丝绸之路上的双向流动，带来了不同民族之间在信仰层面的相互交往，丰富了相关地域人们的精神生活，也为中外民众在社会经济生活等多层面的相遇营造出更融洽的气氛，提供了彼此深入了解的可能。宗教使"一带一路"的历史不只是社会经济史，而且是蕴意更深、涵盖更广的思想文化史。[1] 传统宗教"游移现象"的发生是其具有的社会资源与社会结构不断互动，调整和适应的实践过程。再如，在宗教文化与海峡两岸关系方面，学者们认为共同的信仰作为两岸关系的桥梁和纽带，有力地推动了两岸政治改善和经济的交流。两岸共同的信仰是中国传统文化的一部分，可以升华为文化认同，而文化认同是统一的重要基础。[2] 两岸宗教团体的密切交流，利于消除误解，增强互信，[3] 又强化着两岸统一的社会资源。

宗教文化需要以各种社会资源为依托，并透过互动过程动员、开发和整合社会资源。在传统宗教"游移现象"过程中，当然包括一些神圣性资源的"游移"。比如，东林寺 2018 年夏令营活动主题为"净土法门与智慧人生"，活动以佛教净土宗理念为指导，直面当代青年所关心的人生问题，解除其成长中的种种困惑与苦痛，促进身心健康，圆成人生梦想。[4] 但这里也强调那些能为社会接受，与社会发展相适应的社会性资源。例如 2019 年 2 月 14 日，由意大利华侨华人佛教总会普华寺主办，中华人民共和国国务院

---

① 卓新平：《"一带一路"上的宗教历史积淀与现实处境》，《中国宗教》2015 年第 6 期。
② 林国平：《闽台民间信仰与两岸关系的互动》，《江西师范大学学报》（哲学社会科学版）2003 年第 4 期。
③ 张家麟：《政教关系与两岸宗教交流——以两岸妈祖庙团体为焦点》，中国网，2002 年 7 月 26 日。
④ 《第十五届"彼岸行·夏令营"报名公告》，东林寺网站。

侨务办公室及中华人民共和国佛罗伦萨总领事馆大力支持的庆祝中华人民共和国成立 70 周年元宵灯会暨 2019 雪窦山海外弥勒文化节在意大利普拉托市普华寺开幕。此次活动是欧洲华人社团历史上尚无前例的一次大型活动，对增强广大侨胞民族凝聚力和文化认同感，推动中国特色社会主义文化与海外文化之间的交流、探索、发展，促进中华优秀传统文化在海外的传播，具有重要的意义。意大利华人华侨佛教总会黄静在致辞中表示，文明交流互鉴是推动人类文明进步和世界和平发展的重要动力。意大利托斯卡纳大区区长在致辞中追溯了中意两国友好合作的历史，表示早在古代丝绸之路时期，两国就有多方面的合作与交流，并表示要将这种精神加以延续。各方发言均表达了对中意人民相互协作、相互融合的美好祝愿。中国佛教五大名山弥勒道场雪窦山然相法师送上新春祈福。许多当地民众也前来参与，弥勒文化呈现广大的适应性与普适性，在海外生根发芽。[①]

究其根本来说，正是宗教文化的神圣性资源和社会性资源交织向社会的延伸促进宗教文化不断转变为适应时代变化的新的社会资源，而互动的过程，又使自身资源在交流互动中不断扩大和增长。一则来自东林寺网站的消息指出，2019 年 5 月 15 日，江西省委常委、统战部部长、江西省委统战部副部长、省民宗局局长等领导莅临庐山东林寺调研指导。东林寺方丈大安法师等热情迎接并于方丈室进行了座谈交流。九江市濂溪区委书记同大安法师谈到，非常认同东林寺在建设及弘法过程中为带动人气，带动周边商业、地产等做出的贡献，表达了区委对东林寺弘扬净土法门，突出净土文化特色建设的积极支持。大安法师谈到佛教文化博大精深，在现实社会中还同时承担儒、道文化的传承。之后，部长总结了儒释道三家的文化特点，提出要重视中国传统优秀文化的传承，佛教应勇于承担，并指出，国家强盛、社会和谐才会有佛教的发展，希望东林寺在维护政治稳定上做出贡献。大安法师表示，将不遗余力地坚持佛教爱国爱教的优良传统，自觉地维护社会和谐，祈

---

① 《史无前例！意大利普华寺上演"意"样元宵节》，https：//fo. ifeng. com/a/20190215/45310555_ 0. shtml。

愿国家繁荣昌盛。①

传统宗教"游移现象"是其社会资源积极表达的反映，也是已利用开发、正利用开发、将利用开发社会资源的结果。2019 年 5 月 26 日第二届庐山论坛——佛教与人类命运共同体建设学术研讨会在江西九江庐山召开。②来自海内外著名高校学者，佛教界高僧大德及企业界、文化界等社会各界善信 500 余人出席。此次会议对唤醒中华民族文化认同、凝聚民族文化力量、找回文化自信、推动中华文化世界性传播、促进人类命运共同体建设，具有极其重要的意义和作用。③ 尤其在强调文化自觉、文化自信和弘扬优秀传统文化的背景下，挖掘、凝聚、再造新时期宗教文化的社会资源，增强其社会支持、社会教化功能，也是促进其承担的新使命。

（三）促进宗教文化资源转化为社会资本的功能

传统宗教"游移现象"是宗教文化资源转化为社会资本的呈现方式和形态，宗教文化的社会资本价值是与社会发生互动的原因和结果。宗教文化对社会发展的积极因素和能力在"游移"中已有所体现。比如，宗教文化入世强调构建"善之公众"或"善世"，而非仅仅提供"公共之善"或做"善事"。这种道德教化的功能是宗教文化入世动力之一。

客观地说，要想使宗教文化资源变为相对稳定的交换和使用价值就需要将其变为社会资本，体现更持久的功能。汲喆提出，现代社会流动性增强，分化加剧，系统整合（不同系统之间）与社会整合（人与人之间）相互交错，却互不协调，使得个体在社会中不停流动，自我认同更趋于表面化、片面化。宗教团体对流动性做出了适当的反应。在柏林禅寺的例子中，净慧法师通过生活禅夏令营的方式吸引对佛教感兴趣的青年人。在夏令营中，仪式是自愿参加的、非制度化的，减少了教徒与非教徒在形式上的区分。另外，

---

① 《江西省统战部、省民宗局等相关领导莅临庐山东林寺调研指导》，祖庭新闻网站。
② 《第二届"庐山论坛——佛教与人类命运共同体"在江西庐山召开》，中国民族宗教网，http：//www.mzb.com.cn。
③ 《庐山论道：40 位专家纵论佛教与人类命运共同体建设》，东林寺网站。

宗教活动与娱乐活动的结合方式也模糊了圣俗的界限。① 同时，需要不断地透过宗教文化资源与社会的互动增值和扩大社会资本，增强社会对宗教文化的利用力，放大宗教文化社会资本的价值和功能。周越通过田野研究指出，当代社区宗教传统复苏的原因是传统价值观以及根深蒂固的基层组织联系，当地信仰经济及符号资源和地方政府的作用。② 传统宗教文化的复兴与发展关键在于其社会基础，这种基础又来源于与基层社会的密切连接。随着这一社会资源的聚集又会形成如帕特南所说的社会信任、互惠规范和参与网络。通过宗教文化的社会性活动结成新的社会关系，形成新的社会资本力量。即社会资源在此过程中积累、转化为社会资本，不断生产和再生产与宗教文化有关的关系与资源。

基于宗教文化的特性，其社会资本当然包括神圣性的内容，也包括社会性元素，历史和现实表现均已证明了这一点。佛教的公益慈善事业，就是宗教与我国社会主义社会相适应的最佳切入口。救急于燃眉，送炭于冰雪，既符合教理教义又符合国家道德规范。当代佛教慈善事业所涉及的领域极为广泛，基本可以涵盖人们生活的方方面面，这对维护社会和谐、促进社会稳定也起到了不容忽视的作用。同时，佛教慈善事业从传统慈善方式向现代慈善方式转变，其凝聚力也逐渐增强。这都使佛教可以更加有效地举办慈善活动，在践行佛陀教法③的同时为社会服务。

宗教文化社会资本功能的显现是宗教文化资源在社会中交换实践的结果。人际交往要有一个牢固的纽带才能保证交往的正常进行。精神需要是个体的高级需要，以精神为纽带的交往势必要比以利益为纽带的交往更加稳固和持久。基于共同信仰的人际交往更有黏结性，更容易超越血缘、地缘、业缘等世俗心理联结，也由于交往者主体情感更多的自愿投入而更具活力和持续性。宗教信

---

① 汲喆：《作为宗教实践的朝圣——在事实与隐喻之间》，北京大学人文社会科学研究院公众号，2016年12月21日。

② 康豹、李琼花等：《西方学界研究中国社区宗教传统的主要动态》，《文史哲》2009年第1期。

③ 妙江：《佛教慈悲观与当今佛教慈善事业的践履》，第五届世界佛教论坛分论坛：佛教与公益慈善，2018。

仰通过构建个体权威、增进人际信任和内化交往规范等途径强化社会资本，并通过宗教伦理传递、交往纽带维护和社会资本转移等机理实现社会关系重建。[①]

如果不具有社会认同、社会交换、社会运用和社会整合的能力，宗教文化就无法显现其社会资本的力量，实现当下的社会"游移"，也就很难呈现其社会功能和社会价值。可见，这些能力是增强和彰显社会资本的重要因素。如历史上来自印度的佛教寺院金融在南北朝时期兴起并迅速发展，成为中国金融发展史上最早的依靠社会资本放贷的金融"机构"，不仅拓展了中国金融业市场的边界，更极大地推动了中国金融业的进步。后者不仅向寺院金融学习其通过质押、抵押降低借贷风险的技术，还在传统的依靠血缘、皇家律法建立商业信用的基础上，向寺院金融学习其利用宗教信用纽带建立商业信用的新做法，结果大大提高了竞争优势，推动了宋元明清商品货币经济的大发展。可以说，不谈佛教，一部中国金融史就无从写起。[②]

传统宗教"游移现象"是宗教文化社会资本在社会实践中得到积累和增值的现象和过程。与现代化过程相伴的并不是宗教在社会生活中的不断衰退。现代化在某种意义上扩大了人对宗教的新需求，也提供了宗教入世服务的手段。[③] 这种积累和放大过程，既体现了宗教文化与社会的交换，也体现了宗教文化的社会市场与经济市场、社会资本与经济资本、文化资本的价值。宗教文化的传播需要有机会和渠道，正因如此，宗教文化的社会价值才能被称为社会资本要素，也因其社会资本的存在而发挥社会功能。

（四）激发和获取宗教文化社会效益的功能

传统宗教"游移现象"的动力和作用在于激发和获取社会效益的功能。它包括宗教文化通过自身的实践体现出来的社会效益，也包括社会结构中不同领域、人群对宗教文化价值的有效利用。中国各宗教在发展过程中历来有

---

① 林瑜胜：《社会资本、宗教信仰与社会关系——以曲阜市农村老年人宗教信仰调查为例》，《世界宗教研究》2018 年第 3 期。
② 周建波：《佛教寺院金融与中国金融业的发展》，《世界宗教研究》2018 年第 2 期。
③ 陈来：《宗教会通、社会伦理与现代儒佛关系》，《世界宗教研究》2011 年第 4 期。

与中国优秀传统文化相融合、与社会发展现实需求相适应的特点。中国宗教界坚持宗教中国化方向，践行社会主义核心价值观，弘扬中华民族优良传统，积极探索符合中国国情的宗教思想。宗教是人类文明的有机组成部分。保障宗教信仰自由，妥善处理宗教关系，使之与时代相适应，遏制宗教极端主义，是世界各国面临的共同课题。中国结合宗教发展变化和宗教工作实际，汲取国内外正反两方面的经验，走出了一条依法保障宗教信仰自由、促进宗教关系和谐、发挥宗教界积极作用的成功道路。[1] 这些都是传统宗教社会效益的体现和保障。

对于传统宗教"游移现象"的社会效益说得更确切些，它更多的是指社会运行中必不可少的有关文化价值方面的功能，即作为文化的宗教内涵及其实践的社会效益，集中体现在对人的生命意义的认知和指导。当然，对于科学和理性主义的思维，始终还会存在一些张力。因为在人生的意义和目的这样的根本问题上，它们未置一词，而这些问题却一直是宗教所关注的核心。[2] 其中暗含的也是对社会效益的肯定。

宗教文化的社会功能还体现在对社会风险发生的诠释、对世界样态的描述、对宇宙规律的论述等。宗教文化的社会价值之所以存在，在某种意义上是其社会"游移"的结果。这些设想，早年社会学家就曾给出一些基本论证和判断，如涂尔干等，他们只是未站在"游移"视角加以阐释罢了。同时，因宗教的"游移"在不同时期为上述功能的达成带来了更大的空间，扮演不同角色，发挥不同影响。正如前文提到的，宗教文化的作用并非带来经济效益，但是往往又为经济效益的达成所利用。可见，宗教文化的社会效益并不是与经济效益完全割裂的。

（五）发挥宗教文化社会服务的功能

宗教文化的活跃程度体现在它对社会的贡献，对社会成员的帮助，以及

---

[1] 国务院新闻办公室：《中国保障宗教信仰自由的政策和实践》（白皮书），人民出版社，2018。
[2] 〔英〕安东尼·吉登斯：《社会学》，李康译，北京大学出版社，2009，第435页。

多元社会服务功能的发挥上。宗教文化服务功能的向外延伸，可以视为一种继承中的"游移"。当代中国宗教面临中国化、现代化的问题，具体而言既要达成对当代中国的国家认同、民族认同、核心价值文化认同，也要实现其具体服务功能，通过关注个人利益需求的满足，回应宏观的国家利益需求。

宗教文化这些多元的恰适性社会服务是物质的，更是精神的，也可以是制度性的。面向可以是个体，也可以是群体、社区。有研究指出，寺院、祠堂、神坛散落于各处，表明宗教在中国社会强大的影响力，它们是一个社会现实的象征。^① 在一神教信仰中，人们所有精神或神秘的需要都向唯一真神祈祷。在中国人多神崇拜的传统中，人们为不同的目的而向不同的神明祈祷。大量的寺庙承担着维护社会关系的功能。^② 每个寺庙都代表着社会组织，甚至经常是整个社区集体的中心。寺院和宗教在人们的心目中一定是非常重要的象征，才能够让人们分担兴建时如此巨大的财政和人力资源方面的压力。^③ 正是这种社会服务的价值，使得宗教文化实践具有了广泛的社会功能和发展动力，演变为一种绵延不断、历久弥新的文化，一种社会运行常态。从历史到现实大多如此。纵览中国历史，社会向来长期保有多元化风貌。自古以来，中国宗教格局千头万绪，教派繁杂难辨。中国独有其文化组合方式，外来文化也自有其特点，但渐渐整合而成当代中国风貌。实际上，当代中国的宗教格局亦甚为开放，兼收并蓄，一方面固存旧有传统信仰，另一方面也迎来西方文化，不囿于洋人意识形态与中国传统大相径庭，与舶来品再组合，化夷于内。^④ 以此来服务众生、服务社会。

宗教传统蕴含知识体系传承的"功能"，尤见于地方风尚民间习俗。功能肌理分明，关系微妙。宗教文化在增强着自身服务社会的敏感性、能力和预见性，回应、衍生和激活社会的需求同时，在为社会提供多元服务，具体

---

① 杨庆堃：《中国社会中的宗教》，范丽珠等译，四川人民出版社，2016，第6页；朱亚坤：《莆田民间宗教"谢恩拜忏"仪式研究》，《世界宗教研究》2019年第3期。

② 金耀基、范丽珠：《研究中国宗教的社会学范式 杨庆堃眼中的中国社会宗教》，《社会》2007年第1期。

③ 杨庆堃：《中国社会中的宗教》，范丽珠等译，四川人民出版社，2016，第6~14页。

④ 宗树人：《中国宗教的社会组合体结构》，《河北学刊》2015年第6期。

表现在以下方面。

扩大社会服务空间和层次。宗教机构养老对解决信仰危机，给人提供精神支持，化解心中的烦恼和心结，协调家庭关系和社会关系有极大帮助。同时，对于老年人扩大交往、抚慰孤独寂寞的心灵也有特殊的意义。在终极关怀、临终护理方面发挥了积极作用。①

提升社会服务质量。救灾慈善是佛教的传统。在现代社会中，这一精神依然发挥着重要作用并付诸实践。比如，"汶川地震后，佛教界的救灾实践给人留下了深刻的印象。数以千计的中国宗教慈善组织都有社会反响较大的慈善活动。"②

协调和优化与社会发展相适应。继承和传递优秀传统文化的正能量。闽南地区的民营企业家进入民间宫庙管理后，把企业的商品包装理念运用到民间信仰中，把民间信仰包装为中华传统文化的一种表现形式，把民间宫庙打造为弘扬中华传统文化的阵地。他们对民间信仰进行重新诠释，消释其中的迷信色

**中国佛教界为汶川地震灾区
祈福追荐赈灾法会**

彩，添加符合时代需求的新内容。在民间信仰活动实践中，有意识地凸显民间信仰所具有的"传统文化"色彩。同时，企业家进入民间宫庙管理，使得他们能够聚集信徒们的力量一起从事慈善公益事业，并产生榜样效应，带动其他宫庙迅速跟上，从而使当前民间信仰公益化的发展趋势渐趋明朗。20 世纪 80 年代以后，在台湾信徒谒祖寻根等宗教联谊活动的刺激下，闽南民间信仰开始走出家门、国门，企业家进入民间宫庙管理后，与当地政府合作，共同促进对台、对侨交流，信仰区域化、国际化的发展趋势愈加明显。③

---

①　朱明：《宗教参与社会养老大有可为》，《中国民族报》2017 年 5 月 30 日。
②　郑筱筠：《"另类的尴尬"与"玻璃口袋"——当代宗教慈善公益的"中国式困境"》，《世界宗教文化》2012 年第 1 期。
③　范正义：《企业家与民间信仰的"标准化——以闽南地区为例》，《世界宗教研究》2016 年第 5 期。

（六）承担宗教文化社会关怀的功能

传统宗教"游移现象"的核心在于通过宗教文化的社会性，承担社会责任与使命。宗教文化是神圣性与社会性相互交织的产物，"游移现象"的发生也是在延伸这一本质。通常来说，宗教文化的社会性是通过寺院的社会功能体现的。中国佛教汉传、藏传和上座部三个系统寺院的社会功能基本一样。大略而言，从古至今，寺院在社会上兼有心理救治、教育、救济、学术、中外交流、文化艺术、经济循环等功能。也可以大概归纳为救济、文化、经济三大类。在时间与空间的发展轨迹上，特别是近现代以来，寺院的这些功能发生了很大的变化。现代社会的福利保障机制远比古代完善，社会救济的工作便主要由政府主持和承担。显然，由于政教分离的原则和土地财产急剧萎缩，与古代相比较，寺院的社会性功能在形式上有了整体性退缩，亦即寺院与社会的关系在范围和方法上有了重大改变。① 现代社会中，宗教文化可以大概归纳为教育、文化、经济和社会四大功能。

依据我国《宗教事务条例》规定，宗教文化的社会性实践以固定宗教活动场所为主，以临时活动场所为辅。同时，随着传播工具快速发展，宗教文化也通过其他社会场域如互联网发挥作用，通过多领域、多环节、多渠道、多工具发挥功能与社会发生关系。目前，《宗教事务条例》以及《互联网宗教信息服务管理办法（征求意见稿）》相继出台，② 对互联网宗教的社会责任承担提出了明确要求，对其与社会主义社会相适应起到了积极的引导作用。

传统的宗教信息传播与现代互联网宗教信息的传播内容均是有关宗教教义教规、宗教知识、宗教文化、宗教活动等的信息。③《互联网宗教信息服务管理办法（征求意见稿）》强调了互联网宗教信息传播要有利于社会和

---

① 王亚荣：《在服务社会中增强神圣性与社会性》，2007 中国佛教公众形象主题论坛。
② 艾曼·艾山江：《网络宗教与国家宗教事务管理》，中央民族大学硕士学位论文，2019。
③ 山东省民宗委：《新修订〈山东省宗教事务条例〉解读》，《中国宗教》2019 年第 8 期。

谐、时代进步、健康文明。① 宗教文化的社会性与神圣性传播的合力促成其使命的彰显，丰富社会关怀，激活社会组织的形态，传承优秀传统文化。伴随现代化，宗教文化的社会性指向越来越明确，在社会中的影响和地位也有所增强，一些公共性新议题不断出现，佛教文化还可为世界性议题的解决提供丰富的资源。两千年来，在中国社会流行的众多佛教崇拜对象中，弥勒信仰是反映中国精神、中国风貌和中国特点最多的一种文化形式。经过中国文化变革、筛选、丰富之后的弥勒文化，比古印度原有的弥勒信仰内容更丰富多彩，适应性更强大，世俗化程度更高，在中国真正达到家喻户晓、妇孺皆知的程度。中国化的弥勒信仰充分表现了中华民族宽容、和善、智慧、幽默、快乐的精神，反映了中国人对现实人生的衷心热爱，对美好未来的殷切期盼。在漫长的历史过程中，这些充满正能量的精神内容远远超出了宗教信仰领域，在社会上发挥着维护家庭和睦、融洽邻里关系的作用，发挥着调节个人心理，提高精神生活质量的作用。当前，国际形势正在发生深刻复杂的变化。在这种情况下，致力于构建人类命运共同体，弘扬弥勒文化中的优秀传统精神资源，是十分有价值的。弥勒文化具有十分广泛的国际适应性，能够成为中国对外文化交流的使者。弥勒的外在形象和内在精神，可以成为中国文化让全球共享的精神资源。②

从丰富日常生活、促进人际交流到净化人生、促进个人身心健康，从稳固社会秩序参与社会道德重建到构建全球新秩序开展文明对话等，宗教文化在社会中的作用更加活跃，社会责任体现也更加多样。

三 传统宗教"游移现象"发生的作用机制

正是传统宗教所处的社会网络、拥有的社会资源、可供交换的社会资本和为社会需要的社会服务能力，使得宗教在自身需求、目标、动机、资源和

---

① 《互联网宗教信息服务管理办法（征求意见稿）》。
② 魏道儒：《弥勒文化及其全球共享价值》，《世界宗教文化》2018 年第 6 期。

行为，外在的交换、制度、政策的环境中，透过现代化、信息化、市场化、社会化、全球化、法治化等"六化"实践，"游移现象"在社会不同领域发生发展，形成和衍生出立体多方位的实践行为，如不断延伸的多元关系，更加复杂的次生结构，强化或外化的延展功能，扩大中的资本占有，裂变增值的获取收益，更加适应的服务系统，并形成内外互动循环。这就是传统宗教"游移现象"结构化衍生的过程与结果。这个过程与结果在更深的层面上体现了宗教文化作为社会有机体的可塑性及其社会影响，以及相互作用共同发展的特点。对传统宗教"游移现象"的解释当然不能离开这样的认识逻辑。这也是一种社会建构起来的秩序，"游移现象"只是一种内在性的"外化"，尽管有时在共意性之外出现竞争性，在和谐主流中出现不和谐支流。但是，其运作机制却保证了稳定性始终占据主导，追求共生、和谐的驱动力一直存在，并发挥着作用。

研究传统宗教"游移现象"的理论意义在于正确认识宗教文化传播的本质，反思以往习以为常的理论阐释。透过对传统宗教"游移现象"不同案例实践话语呈现的表象与结构性原因的分析，获得了如下一些关键词，包括神圣性、超越性、神秘化、社会性、大众化、个人化、世俗化等，这些为从更深层面认识"游移现象"提供了基础。接下来，需要思考的议题就是传统宗教"游移现象"同宗教文化本质特征究竟存在怎样的关系，即传统宗教"游移现象"同宗教文化的社会性与神圣性实践之间的契合与联系如何。其实，宗教文化的神圣性和社会性正是通过宗教文化的传播实践得以呈现，而这些实践活动又在不断地强化或削弱着宗教文化的社会性与神圣性特质。

（一）相互关系之"纠缠—和合"机制：作为宗教文化本质的神圣性和社会性是传统宗教"游移现象"发生发展的基础

根据相关的研究，对于宗教文化本质的基本判断正是神圣性和社会性的统一。宗教文化的神圣性就是保持宗教文化的法脉承续、修行正果本色，体现精神性、超越性、终极性，实践和彰显宗教文化的价值观和宇宙观。宗教文化的社会性则是吸引信众、感恩报本，承担宗教文化善世利人的社会责任，在宗教文化社会化的过程中融入社会价值，适应社会存在，体现社会关怀，发挥社会功能，在服务社会中，传播宗教文化。宗教文化就其本质来说，一直具有神圣性和社会性兼容的特征，即内在品质与外在体现的合题。当这两者的关系从认识到实践都处于一种和谐状态时，宗教文化的发展就会呈现兴盛的局面。①

从全国范围看，目前中国大陆汉传佛教大约分为以下几个类型，一是以持戒严谨修行严格著称的寺院，主要有以福建太姆山平兴寺、福建莆田广化寺、山西五台山普寿寺等为代表的寺院。二是以培养佛教人才，坚持学院丛林化、丛林学院化著称的寺院，主要有以北京法源寺、厦门南普陀寺、苏州灵岩山寺、河北赵县柏林寺等为代表的寺院。三是以坐禅修行著称的寺院，主要有以江西云居山真如寺、陕西西安卧龙寺、青海北海禅院等为代表的寺院。四是以农禅并重"一日不作一日不食"著称的寺院，主要有以广东乳源大觉寺等为代表的寺院。五是以接待海内外佛教界人士、积极开展对外交流著称的寺院，主要有以北京广济寺、北京西山灵光寺、广州广孝寺、广东曲江南华寺、上海玉佛寺、上海龙华寺、南京灵谷寺、浙江天台山国清寺、西安大慈恩寺、江苏扬州大明寺等为代表的寺院。六是以专注讲经弘扬佛法著称的寺院，主要有以长春般若寺、广州大佛寺等为代表的寺院。第六类既有以弘扬少林禅和少林武术著称的河南嵩山少林寺，又有以依照《佛遗教经》等经律进行严格修行的辽宁海城大悲寺等为代表的寺院。② 各大寺院不同的运作特色却在相互联系，"合而不同"的社会形态中体现神圣性的意旨。

传统宗教"游移现象"的发生是宗教文化本质的体现，是宗教文化传播过程中在前文四个象限中的活动轨迹、语境、聚合状态及其结果。传统宗教"游移现象"是围绕神圣性或去神圣化、社会性或去社会化展开的。在

---

① 王亚荣：《在服务社会中增强神圣性与社会性》，2007 中国佛教公众形象主题论坛。

② 徐玉成：《佛教发展空间论：若要佛教兴 就得僧赞僧》，http://fo.ifeng.com/a/20151021/41493857_0.shtml。

这四个象限中，宗教文化与政治、经济、社会等领域发生不同的互动，包括政策的制定运用、资源的交换利用、问题的争论处理、教义的现代阐释等，体现出各自边界的扩张与收缩、融合与排斥、坚守与变通。在此过程中形成了互惠、竞争、联盟等关系，并影响宗教文化传播的走向。

（二）相互关系之"共意－放大"机制：传统宗教"游移现象"是在践行宗教文化神圣性与社会性的互恰与统一

宗教文化的传播是在弘扬宗教文化的同时实现其自身使命、社会价值和现代转型。为此，建造寺院、创立宗派、凝聚僧才既是为了自身的发展，也是为了宏化一方、利益众生，与社会发展相协调、适应。同样，三位一体的寺院文化、僧团文化、居士文化在一定意义上又是同信众文化、在地文化、社会文化相联系的。正是宗教文化的神圣性与社会性实践的统一，促成了佛教的中国化、大众化、本土化和现代化。

用智慧和慈悲改造人心体现了神圣性与社会性的和谐。宗教文化实践不是庸俗化和神秘化的表现，那样，恰恰是扭曲社会性与神圣性的不正常结果。两者的真正统一就体现在，"在生活中修行，在修行中生活"。[①] 这种圆融不二的理念超越了神圣与世俗对立的宗教学判断，并透过共意性呈现，放大了传统宗教的特征。

生活禅即是典型的案例，即将禅的精神、禅的智慧普遍地融入生活，在生活中实现禅的超越，体现禅的意境、禅的内涵、禅的风采。提倡生活禅的目的在于将佛教文化与中国文化相互熔铸以后产生的具有中国文化特色的禅宗精神，还其灵动活泼的天机。在人间的现实生活中运用禅的方法，解除现代人生活中存在的各种困惑、烦恼和心理障碍，使人们的精神生活更充实，物质生活更高雅，道德生活更圆满，感情生活更纯洁，人际关系更和谐，社会生活更祥和，从而趋向智慧的人生、圆满的

---

① 王雷泉：《从佛教网络到网络佛教 佛教面临机遇与挑战》，http：//fo. ifeng. com/a/20160609/41620869_ 0. shtml。

人生。① 这种沟通与连接既适应社会需要，也在影响着社会。

宗教文化的神圣性和社会性是相辅相成的。这种关联总是通过宗教文化实践得以体现的。当然，如果处理不好两者的关系则会带来宗教文化发展、社会发展的不和谐现象，会带来两者之间的不协调、不适应。现在佛教寺院遇到的一些问题，尤其是各地在发展地方经济中，一些寺院被作为旅游景点予以大力开发；而寺院为了自己的建设，也对招商引资产生了很大兴趣。只有坚守信仰的神圣性，才能使终极性追求的方向不至迷惑；也只有充分发挥寺院的社会功能，才能"普度众生"，表现出佛教的神圣性。所以两者的关系应该是统一的、圆融的。站在世俗社会的角度来看，二者是有机的统一体。"现代化"是佛教的宗教性要求，而"化现代"则是佛教的社会性要求。佛教必须"现代化"，否则便不能完成"化现代"的任务。②

应机施教是协调宗教文化神圣性与社会性的智慧表现。神圣性和社会性两者的圆融无碍是宗教文化实践的最高境界，是宗教文化传播的理想状态，更是检验宗教文化传播效果的重要标尺。佛教文化的价值诉求和社会责任，就在于在体现其社会性功能的过程中践行自己的神圣性使命。③ 之前描述的各类"游移"案例，许多都体现出这种共意性的努力。

如何在神圣化和世俗化之间取得平衡，"人间佛教化"是佛教化世导俗的目的。"佛教人间化"是佛教在人间传播的手段。应把握这两种进路的本末和体用关系，正确处理社会适应、社会关怀、社会批判三个层面的关系。佛教只有在不断的社会批判和自我批判中，才能坚持超越性和神圣性，为净化社会、提升人心做出应有的贡献。④

在宗教文化传播实践中，神圣性与社会性是一种互嵌、互赖、互构的关系。社会性需要有神圣性的支持，神圣性需要社会性去传播。它们之间的连

---

① 净慧法师：《生活禅开题》，http：//www. liaotuo. org/fjrw/hcrw/jhfs/75065. html。
② 王亚荣：《在服务社会中增强神圣性与社会性》，2007 中国佛教公众形象主题论坛。
③ 王亚荣：《在服务社会中增强神圣性与社会性》，2007 中国佛教公众形象主题论坛。
④ 王雷泉：《佛教的围墙困境及进入主流社会的路径》，《战略与管理》2015 年第 9 期。

接性共同构成了宗教传播的结构、发展的力量和本质的特征。正是社会信仰及其实践巩固了神圣性的社会基础，也正是神圣性的社会传播，确定了社会性的边界。为了保证传统宗教"游移现象"的良性发展，需要对神圣性与社会性之关系保持敏感。

（三）相互关系之"适应－调控"机制：协调宗教文化神圣性和社会性关系，保障宗教文化的良性发展

传统宗教"游移现象"的发生发展其目的大多在于实现宗教文化传播要求的神圣性与社会性的协调。当然，正如相关研究所证明的，传统宗教"游移现象"具有跨界性、互涉性、历时性、复杂性、多元性、扩张性、渗透性、流动性，以及结果的不确定性等特征。尤其是其不确定性对传统宗教"游移现象"的效能会带来损耗，使信息受到干扰。为了保障传统宗教"游移现象"的效能，其运作机制发挥了重要的作用。

为推进佛教寺院法治化工作进一步完善，提升佛教寺院的规范管理能力，增强僧团的弘法办道能力，健全佛教服务社会的制度性保障，杭州灵隐寺率先引入 ISO9001 质量管理体系标准，并获得中国质量认证中心的评审认证，正式成为国内首家通过 ISO9001：2015 质量管理体系认证的佛教寺院。灵隐寺 ISO9001 质量体系管理标准的落地，是全面落实《全国汉传佛教寺院管理办法》及新修订《宗教事务条例》等相关规定的有效延伸。光泉大和尚说，要从软件和硬件两方面提升寺院科学化管理水平。如何既高效、规范、科学地管理好寺院，又保障广大僧众切实的修学生活，做到有效加强寺院各项工作的组织管理，落实服务社会的僧团弘法使命，增强安全意识，保证寺院的正常秩序，不断适应社会发展的新要求，成为新时期寺院管理的一大课题。从灵隐寺的实际情况出发，在寺院管理、弘法利生、服务社会等方面引入现代化的管理思维和方法，正当其时。①

---

① 《连佛教寺院也成功通过 ISO 9001 质量管理体系认证了?》，http：//www.sohu.com/a/299211754_120028667。

　　引导宗教与社会主义社会相适应，体现社会核心价值，有利于社会和谐、时代进步，实现对传统宗教"游移现象"的社会治理，其关键是看能否形成一种促使宗教文化传播的运行机制。这种机制一旦形成，当教内或社会出现不和谐因素时，就能自觉地搜寻、发现不和谐的因素，并发挥调节、净化作用，有效地整合各种力量。① 在实践中，传统宗教"游移现象"的运行机制主要表现为以下方面。

　　通畅的交互协同机制。宗教文化是由其社会性和神圣性构成的。由于宗教文化传播所处的社会空间不尽相同，这种差异会造成传播形态的不平衡，出现相互间沟通与协调的障碍。如果两者的界限固化，就会强化它们之间的距离与差异，引起社会隔阂、摩擦甚至冲突。两者的互融性程度越高，意味着越能为宗教文化的传播提供更多的机会和信息；其边界结构越兼容，也就越具有弹性，不一致也就会减少。

　　如民间信仰培育的多元融合意识，为信仰的再组织提供了基础。主张"众教融合"的学者，往往持有一种"金字塔模式"的论调，以为不同宗教在基层信众之间难以沟通，各入各会，各信各教；唯精英人士因理性认识能力渐升，则最后在顶点相遇，融合在上层。其实，众教融合也可能存在另一种"梧桐树模式"：不同信仰就像同一棵梧桐树主干分出来的枝杈，多种信仰在底层的来源上也是相通的，或可以称为"众教源通"。不是"分散性宗教"学习"制度性宗教"，而是儒、道、佛三教借鉴和适应了民间形态的基本信仰。说起来，从儒教"祠祀"传统演变出来的"民间宗教"，才是现代宗教的"信仰之源"。宗教在社会，信仰在人心。从近三十年的情况看，民间祭祀已经复苏，中国人的宗教生活仍然"活着"。民间宗教富有生机，这才是中国人宗教精神之本。②

　　有效的需求供给机制。宗教文化供给不足也会引发宗教文化与社会间的问题。首先，从其社会性上看，合法宗教文化供给不足，会导致人们的信仰

---

① 雷转运：《和谐社会构建之非公有制企业社会责任》，《全国商情》（理论研究）2011 年第 1 期。
② 李天纲：《简论中国的宗教与宗教学》，《天津社会科学》2016 年第 1 期。

需求不能得到满足。信仰取向不容易确定,信仰实践不能有效回应。这样,极有可能造成假冒伪劣文化产品在社会中的盛行。其次,宗教文化供给不足还可能带来宗教文化的"快餐化""世俗化"倾向,助推了一批低水平的文化供给者的出现,干扰和影响宗教文化的神圣性。为此,有效为社会供给健康、正统的宗教文化资源,实现可及性与便利性,对满足宗教文化神圣性和社会性十分重要。

如改革开放后庙会的复兴,体现出民间社会对于信仰的需求。冀中南乡村有举办庙会的传统。新中国成立后,这一传统一度中断,但改革开放后得以复兴并有繁荣之势。[①] 庙会是乡村生活中的热闹事件,庙会的主办者也会尽力追求和营造热闹的效果。而热闹不仅是人们所欢迎的一种生活状态,还可以看作神灵灵验与否以及灵力大小的外在指标。因而举办庙会并营造热闹效果,不仅提供了一个让乡村居民体验热闹的机会,还可以确认、彰显甚至生产神灵的灵验。举办庙会所带来的神圣和世俗生活的双重回报可以部分地解释当地人对庙会的热情以及庙会传统的生命力。[②]

健全的制度保障机制。当前,时常会发生一些因宗教文化过度市场化、教产利益受到伤害而导致的宗教团体、宗教活动场所权益等问题,其矛盾原因就在于不能有效处理宗教文化的社会性与神圣性的关系。如果这些矛盾不能及时得到解决,就有可能激化矛盾,甚至转化成群体性冲突,使矛盾扩大为社会问题,甚至在国际上产生影响。为此,建立健全通畅的权益保护机制和有效的矛盾化解机制对整合神圣性与社会性资源的使用,达成两者的功能性目标至关重要。

宗教治理是多元要素积极互动的过程。宗教治理是国家治理体系中的一部分,宗教问题有其独特性和复杂性。但与此同时,宗教文化也是社会文化中的一部分。因此,在宗教治理过程中,不能过于强调它的特殊性。宗教治

---

① 华智亚:《热闹与乡村庙会传统的生命力——以冀中南地区为中心的考察》,《文化遗产》2012年第4期。

② 华智亚:《热闹与乡村庙会传统的生命力——以冀中南地区为中心的考察》,《文化遗产》2012年第4期。

理包含宗教内在的自我管理，宗教团体在其中发挥重要作用。宗教团体的治理有两个层面：一是宗教团体内部的治理，二是社会框架中宗教团体的治理。不同宗教团体有着不同的历史传统、管理取向，在实现"治理"的过程中，会遇到不同的挑战。因而，要探索出本土治理经验或教派治理模式，体现出我国的社会特色、文化特色和政治特色。[1]

及时的风险调控机制。传统宗教"游移现象"过程会带来一些不确定性，甚至是风险。为此，需要为相关的宗教文化实践提供有效的保障，对涉及神圣性和社会性的活动高度关注，在具体实践中要有策略性和逻辑性，在传播的议题设置上要更加圆融，在调控上要确定优先原则，对不同类型的宗教文化传播（比如跨境文化传播）提供相应的支持。宗教与中国对外战略、"一带一路"建设、周边安全的关系正日益密切。多元融合、共生发展的宗教理念将助力"一带一路"倡议的建设。[2]

宗教文化的神圣性与社会性是有机统一的，具有开放性的特征，故也存在转化"游移"的策略性与可能性。其一，"游移现象"有时表现出主动、自觉的实践，如寺院面对公众举办的禅修营、佛七、共修等活动，有时则处于消极、被动，如"兴教寺申遗事件""法门寺事件"等；其二，"游移现象"有些体现出回应眼前的需要、利益，有时则更强烈地表现出文化战略需求和利益，比如从生活禅到禅生活的运作，"一带一路"宗教文化研究等；其三，"游移现象"就其行动路径来说，还具有显性和隐性的不同，如少林寺的商业化路径，实为推广禅宗文化，而"仁波切"事件显示出借宗教文化之名的世俗利益取向；其四，"游移现象"还有大众和小众区分，如面对大众"心灵鸡汤"式的读物、活动，以及隐居、禅茶、禅乐等更为小众的体验；其五，"游移现象"还具有同心圆圆心和周边的差序格局上的区别，宗教文化的核心是价值，随着取向的变化会逐渐向外移动，表现出一定的个人化或世俗化倾向。但本质仍离不开神圣性与社会性本质。反之，就不

---

① 《着力推进我国宗教治理体系和治理能力现代化》，《中国民族报》2019 年 7 月 16 日。
② 《"一带一路"沿线宗教风险受关注，专家建议中方强调多元共生》，中国民族宗教网。

能称之为传统宗教"游移现象"。宗教文化的神圣性通过社会性呈现，社会性需要神圣性的指引。两者的关系还会受到发展理念目标规划、社会环境、实践动力、传播资源、传播能力、传播效果、机会渠道等方面的影响。对此，还需要进一步深入探讨。

总之，对传统宗教"游移现象"原因与深层结构的分析，其目的在于期待能够对宗教社会学，尤其是宗教文化传播理论有新的阐释，对宗教文化传播的运行机制有更合适的解释。这样看来，流行的宗教市场理论显然有进一步探讨的空间，其原因不仅仅在于它是西方文化思维的反映，更在于当前本土发生的传统宗教"游移现象"大量案例已经开始揭示出宗教文化传播及其本质的一些特征，对宗教文化的神圣性和社会性应当用更为包容的思维去观察和思考。

需要特别说明的是，这部分研究内容涉及较为复杂的社会事实和极为深厚的理论阐释。这也是研究者目前的收集和分析能力很难把握的。尤其是对机制的讨论，相当一部分视角放在宗教内部。其实，正如在前文中不断强调的，传统宗教"游移现象"的发生发展具有"主体兼性"作用，厘清内部机制、外部机制，及其两种机制的共同作用机制等。这些都是有待进一步深入探究的。

第六部分
传统宗教"游移现象"带来的
问题、风险与挑战

在之前的各部分中，重点对传统宗教"游移现象"进行了力所能及的探讨。其中，有一个理念一直贯穿宗教文化与社会的关系之中，它就是"适应"。为了实现这种"适应"可以看到，宗教文化为社会的良性发展发挥了建设性功能，在提升宗教文化影响力的同时，实践了宗教资源的正态转化，为社会服务、为国家战略服务。同时，社会通过激励宗教团体的社会参与、提供制度与法律的保障，为宗教文化的良性发展提供了有效性支持。如果期待这种"适应"性良性互动持续发展，还有一个不可忽视的工作就是在追求"适应"、放大积极效能的同时，不断地、自觉地保持敏感性，观察、预判传统宗教"游移现象"已经、正在和可能带来的某些负功能。的确，宗教文化与社会的关系是相互关联、相互渗透、交织形成的一种社会文化景观，既然是景观，就有美丽的景色和不太和谐的图像。

传统宗教"游移现象"是达成社会适应的过程，也存在一些破坏社会适应的结果。如果仅仅就破坏性来说，当下的市场化、网络化、后现代取向等已经引发和暴露了一些"游移"过程中宗教文化的被商品化、低俗化和无序化等苗头性和倾向性问题。需要意识到的是，宗教与风险的关系，受到政治、经济、社会等显性或隐性因素的影响，可能以不同形式引发、体现、成为各种矛盾冲突的爆发点。正是某些变量的作用产生了宗教敏感、宗教问题和宗教风险,甚至产生"蝴蝶效应"。这就要求我们前瞻性地充分认识宗教的"双刃剑"效应,对宗教"风险"持有敏锐性,以应对各种意料之内和意料之外的突发情况。

有研究围绕宗教领域的风险与挑战做了一项关键词汇总,其中提到了乱象纷杂、冲击、外来文化侵蚀、本土化缺失、宗教冲突、舆情失控、宗教事件扩大化、借宗教外壳传播反动言论、网络新媒体、监管等。尽管不能完全用这些词语来说明当前传统宗教"游移现象",宗教文化传播中带来的问题、风险与挑战,甚至对此也持有怀疑、不尽相同的立场。但是,无论如何不能低估在风险社会背景下,宗教文化也存在被裹挟、利用、歪曲的可能,这些都会给宗教与社会的关系带来不适应,带来"宗教风险"。为了更充分地认识已经出现和可能出现的"不和谐""不适应",在这一部分,将对传统宗教"游移现象"发生发展过程中已经显现出来的社会问题、潜在风险或脆弱性因素,以及从宗教与社会关系的视角看到的给社会治理带来的挑战展开讨论。

一 传统宗教"游移现象"引发的问题

在观察传统宗教"游移现象"发生发展的过程中,当然要以适应为坐标、和谐为定位,以客观的态度从积极与消极、正向与反向、和谐与张力去研判。但是,在现实中,的确也会见到一些伴随传统宗教的"游移",出现了或是被利用,或是被裹挟,或是被污名化而导致的宗教文化与社会发展不相适应的一系列问题。其中,包括发生了过度市场化、恶意污名化、变异功利化、扭曲娱乐化,甚至极端暴恐化等乱象。宗教问题事关大局。要不断拓展宗教与社会主义社会相适应的广度和深度,发挥宗教的积极作用,抑制宗教的消极作用。提高宗教工作法治化水平,依法处理宗教领域各种矛盾和问题。① 而要做好这

---

① 王作安:《引领宗教中国化进程行稳致远》,《中国宗教》2019 年第 5 期。

些，就需要对已经发生、正在发生和将要发生的宗教发展与传播过程中的问题保持敏锐，积极地研判。当前，传统宗教"游移现象"正为思考这些议题提供了难得的素材。

（一）"宗教搭台，经济唱戏"——宗教文化的被附庸化

佛教文化的被商业化是世俗社会对其影响的表现形态。在发展经济的大背景下，一些寺院从发展旅游到发展各项服务，从经忏佛事演变为明码标价的市场活动，被认为带有强烈的商业色彩。[①] 长此以往，佛教主体的神圣性将面临越来越淡化的危险。避免佛教的被商业化和被庸俗化是需要直面的首要问题。

宗教与经济的一些互动实践常被庸俗化为"宗教搭台，经济唱戏"。于是，利用与开发的尺度成为评判宗教文化资源是否合理运作的关键。有研究表明，"政教型佛教经济""弘化型佛教经济""灵验型佛教经济"三种运作模式构成了当代中国佛教经济活动的主要形态。[②] 宗教文化参与经济活动的多元性、多样性既反映了社会环境渐趋宽松，也说明了佛教寺庙"经营"上的多样、多元。正是这些实践结果影响着宗教神圣性与社会性的关系及其发展。当然，宗教文化也时常出现在经济浪潮中被裹挟的状况，制约了其神圣性与社会性实践效果。[③]

（二）"庙产兴商""承包经营"——宗教文化的被掠夺化

"庙产兴商"严重损害佛教的声誉，透支佛教未来的发展空间。个别地方把寺院与风景区打包"上市"，侵吞佛教无形资产。[④] 为获取经济利益，宗教活动场所被卷入利益链条的循环内，成为地方经济收入的重要来源，或

---

① 马多尚：《浅析全球化对藏文化的影响》，《西部发展评论》2012 年 6 月 30 日。
② 李向平：《当代佛教经济的"社会性"争议》，《佛学研究》2006 年第 1 期。
③ 民盟北京市委课题组、梁文永：《以法治思维和法治方式管理互联网宗教活动的思路与对策？——中国大陆互联网宗教活动的现状研究》，《统一战线理论研究（2015）》，2016 年。
④ 王雷泉：《中国佛教走出围墙困境及进入主流社会的路径》，《法音》2013 年第 1 期。

成为个人敛财的工具。于是，出现了投资兴建寺院、引入商业资金投资寺院、承包寺院、将寺院景区化并收取高额门票，以及借宗教文化之名上市经营，甚至假冒僧人、违规设置功德箱、非法从事佛教活动、卖高香、抽高签等现象。他们以弘扬传统文化为借口，实则为个人或集团谋取私利。

（三）"过度立体开发"——宗教文化的被商业化

宗教活动场所被"过度立体开发"的现象，近年来受到社会各界，尤其是宗教界、学术界的强烈批评。认为这一取向严重偏离了弘扬中国优秀传统文化的道路，不是保护、利用、开发优秀传统文化资源，而是毁坏、破坏、娱乐、游戏优秀传统文化。文化是国家民族的精神之源，在社会的发展中具有重要的、不可或缺的意义。随着经济社会的发展，在大众的物质文化需求得到满足的同时，精神文化方面的追求越来越迫切，这也体现了社会发展的规律。特别是现代社会竞争激烈、物质主义和消费主义充斥耳目、生态环境恶化、食品安全问题等，使社会大众开始反思现代社会发展的局限性、对人的精神生活的侵蚀性，认识到中国传统文化中伦理关系、人与自然的和谐相处、天人合一、清净、圆融等对个人、群体、社会的重要作用。因此，优秀传统文化的保护、利用与开发势在必行。但是，在此过程中，保护、利用常常被忽视，而开发尤其是过度开发是经常看到的现象。于是，宝贵的宗教文化资源，未经各方充分论证，没有整体规划、长远计划，急于招商引资、盲目开发，急功近利，竭泽而渔。文化资源未能得到很好的利用，大众既没有增长相关文化知识，也没有得到精神享受，反而被骗取钱财，引起矛盾纠纷，更有甚者还引发了社会部分群众对宗教文化的误解。

（四）扭曲的放生——宗教文化的被趋利化

放生是近年来兴起的一项民间活动，大多参与放生的人也是有信仰的。其实，对于放生行为来说，其是对动物的一种保护方式，体现了人们要与动物平等相处、不随意残害动物的善良本性。但是，一些别有用心的人将放生作为谋取利益的手段。他们无视国家生态保护相关规定，也无视放生动物是否能活下来，就随意、盲目地募集资金和招揽人员组织集体放生活动，导致放生的动物死亡比例相当高，且生态环境受到破坏，该行为受到社会的谴责，认为"这是在杀生而不是放生"。

从媒体报道的情况来看，一些人不仅是组织放生鱼类、小乌龟等，甚至还放生狐狸、浣熊、貂等。实际上，这些物种因为多数是人工养殖的，并不具备在生态河流和森林中生活的本领，或是因为河流和相关区域不适合，造成大量放生动物相继死亡。这些不良的"放生现象"引起生态链的破损，给生态环境健康发展造成了严重影响。

对于动物进行有效的保护，将解救下来的动物实施科学的放生，这并没有错。一方面，要看这些动物的来源是否可靠，是否属于健康的范围并符合放养标准；另一方面，放生组织者是否有相关的资质，放生后能否做到有效的跟踪管理，以保证动物放生后的存活率。如果只是从集市上购买养殖户出售的动物进行放生，仅仅是为了圆一些人的某种心愿就随意组织放生以从中获利，这样的放生活动是绝不被允许的。因为，放生组织者及其个人不属于相关的专业人士，并不知道放出去的动物能不能继续活下去，也不知道一些区域允不允许作为放生地，一些组织者的目的就是通过招募组织放生活动从中赚取利益。

人与自然和谐发展，是生态建设的基本要求。放生活动作为一种"善心""善念"，公众是支持的。但是，放生活动不能以破坏生态环境为代价，更不能变为一些人获取利益的商机。对随意、盲目放生行为应实施严惩。以法治形式引导民众科学放生、文明放生，才能从源头上避免外来物种入侵，从根本上降低生态灾害发生的可能。①

（五）"假活佛""假坐床"——宗教文化的被污名化

北京朝阳区"假活佛"、某明星"坐床"事件等，给宗教文化的传播带来了不良影响。一些人利用大众的信仰需要，以及宗教文化知识的缺乏，尤

---

① 林志干：《放生变"杀生"是谁的错？》，北京海淀文明网，2016 年 6 月 2 日。

其是好奇心理，通过各种手段行骗，将佛教文化迷信化、神秘化。针对此种现象，相关管理部门开通了网上查询系统，便于大众辨别真伪。但是，更应引起注意的是，行骗者不断变化新的方式，利用佛教文化谋取个人利益，损害宗教文化形象。

例如，2019 年 7 月 31 日，偃师市人民政府官网发布偃师市佛教协会的声明。声明称，鉴于某某涉违法犯罪，依据《偃师市佛教协会章程》规定，经理事会研究决定，免去某某偃师市佛教协会第四届理事会会长、常务理事职务。按照《汉传佛教寺院住持任职办法》规定，依程序免去其偃师市洪江寺住持职务。不过，原本定于 8 月 1 日上午的检举动员大会并未如期召开。当日凌晨 2 时许，偃师市公安局通报，因侦查工作需要，大会暂时取消。7 月 31 日，河南嵩山少林寺也在官网发出声明，称某某于 20 世纪 80 年代到少林寺出家，2003 年自行离寺，此后活动与少林寺无关。

（六）变味的"烧头香""高价经忏""烧高香"——宗教文化的被庸俗化

近年来，春节期间各大宗教活动场所大众抢烧头香、撞头钟的新闻不断，逐渐演化为拍卖头香、头钟等商业性行为。烧香、撞钟是一种信仰行为，代表着信众与超越世界的联结沟通方式。从古至今，信众通过此种方式表达信仰需求，祈求得到满足的一种方式。时间并不固定，除正式法会、逢年过节等固定时间、正式场合宗教活动场所会举行烧香、撞钟等仪式，在初一、十五，普通信众也会去寺院烧香祈福。

信仰行为具有一定的社会性。仪式中需要购买相关物品，这也催生了相关的产业，本属于正常的宗教经济行为。但是，有商家利用信众趋利避害的心理特点，虚假宣传烧高香、烧头香会获得更高利益，可消灾免难、增福延寿等，哄抬价格，诱导信众高消费，成为一种畸形的信仰消费。其他诸如此类的信仰消费，如抽签、功德箱、撞钟等，本是信众正常信仰行为、合理的信仰消费，但在利益的驱动下，被人为抬高价格，偏离信仰行为，被庸俗化、工具化、商品化。

　　信仰属于精神追求，相关的信仰行为需要通过社会形式表达，并产生一定的消费。精神产品的价格虽有合理区间，但也有其特殊性，较难以社会性产品定价，对商家而言也存在较大的利润空间。如"头香"从精神性产品看，代表了可能造福未来命运，尤其是一些有一定影响的宗教活动场所，变得很难定价，这也造成信仰高消费现象。这种现象在一定程度上消减了宗教的神圣性，也引起信众的不满。

（七）"心灵鸡汤"式的"修行"——宗教文化的被扭曲化

　　近些年，随着佛教文化尤其是禅宗在西方国家的兴起，禅修成为热门话题。一些创意领域行业会流行禅修、静坐冥想，如苹果手机的设计发明者乔布斯被视为具有非凡的能力，在乔布斯的传记中，就记载他的禅修活动，以及对产品设计的帮助，其他如约翰·列侬、大卫·林奇等都尝试过静坐冥想活动。现代社会出现了以禅修为名的各种各样的"禅"，如瑜伽禅、养生禅、潜能禅、管理禅等。禅，成为一种营销的概念。社会上迅速涌现的各种禅修培训班水平参差不齐，部分收费高昂。尽管不乏真正意义上的禅修，但"心灵鸡汤式"的禅修也不在少数，更有教授所谓成功学、大师授课等。

　　这种现象也反映了社会需求的趋势。快速的社会发展给人带来不适应、焦虑、不安、烦恼等心理层面的问题，人们开始寻求精神层面的快乐、安心、清净等。人们不再仅仅把"禅修"看作宗教人士、信众的宗教行为，或认为是消极、避世的行为，而视"禅修"为能够带来心理上的平静安宁、解决心灵问题的一种途径。但是，将各种调解心理的活动以"禅修"命名，则是对宗教文化的简单利用和肤浅理解，将宗教文化简单化，甚至扭曲化。

（八）"寻找修行圣地"——宗教文化的被时尚化

　　终南山自古就是修行圣地。如今终南山的名声依旧，不少信仰宗教的人士依然会选择来此潜修。但人们开始发现，随着时间的推移，来这里修行的人越来越多，据统计终南山上已有3000多修行人士隐居，而其中也不全是为信仰而修行的人，一些是逃避现实社会的人，还有就是另辟蹊径想要赚钱的人。他们聚集在终南山，让众人真假难分，也不知道谁是真的隐士。其中，一些"隐士"时日虽短，但马上成了"网红"，被城市人奉为精神偶像。从某一方面，也算是"终南捷径"的成功典范。这种高度的曝光是背离真正"隐士"精神的。换句话说，他们是借用"隐士"之名，拿到了"成名"之实。[①]

（九）新媒体"网络宗教"——宗教文化的被无序化

"网络宗教"的出现，在丰富宗教文化传播方式的同时，对宗教文化的社会治理也提出了新的要求。"网络宗教"具有隐蔽性、快速性、即时性等特点，易形成舆论场，引导事件的走向。在宗教舆情发展过程中，宗教团体与相关部门在某一"事件"发生时，出于利益考虑，往往会利用包括自媒体在内的一些公共媒体快速将议题"外显化"，形成舆论同构场或博弈场，从而引导更多相关群体参与话题或"事件"的讨论。

正是教"内""外"力量、新旧媒体的互动，使得相关事件不断发酵，成为全社会关注的热点话题。在此过程中，既有传统媒体（如电视、报纸）的参与，也有新媒体（如网络、微博、微信等）的运用。其中，传统媒体的作用主要体现在对"事件"的深度分析上，新媒体的作用则表现在传播内容丰富、传播手段多样、传播速度快、传播面积大、影响力强等方面。新媒体下出现的"网络宗教"形成了新的传播理念、传播形式、传播机制、传播效果、传播群体等，发声位置的不同可能带来信息的不一致，甚至失灵、失控等。这些都需要深入研究。

（十）境外势力渗透——宗教文化的被政治化

全球化背景下，境外宗教对我国的影响也呈现复杂化趋势。境外宗教组

---

① 《终南山租金猛涨，3000 修行"隐士"下山回家，终南山终于又清净了……》，http://www.360doc.com/content/19/0108/10/38883126_807401417.shtml。

织加大了对中国传教的力度。① 利用宗教从事各种非法活动。为此，在宗教领域更需要保持必要的政治敏锐性。宗教也是意识形态，宗教空间是一个不同势力相互争夺的阵地。为此，要坚定政治定力，维护国家利益，坚决抵制和打击试图干扰国家形象、有损国家民族宗教政策和形象、破坏国家发展的境外敌对势力的渗透。

二 传统宗教"游移现象"带来的风险

伴随传统宗教"游移现象"的发展，其背后还隐藏着这样那样的风险因素。这里使用社会学中"风险"的概念是与可能性、不确定性相联系的，也暗示着现代社会与传统社会的不同，故宗教文化的社会功能也许会发生改变。而这种改变就可能产生社会的不适应，即风险的发生。所以说，传统宗教"游移现象"中，宗教风险或说宗教文化传播过程中可能存在的风险，也是在现代社会治理状态下产生和面临的重要议题。人们生活在被称作风险社会的环境中。风险不全是来自自然的外在因素，而且来自社会构成的要素，当然包括文化，宗教文化也在其中。面对复杂的国际形势、敏感的周边环境、艰巨的改革任务和日新月异的网络环境等，都要求具备风险意识，既要高度警惕"黑天鹅"事件，也要防范"灰犀牛"事件；既要学会防范风险，也要学会应对和化解风险。② 讨论传统宗教"游移现象"中可能出现的风险，不是要消极地对待它们。因为，风险就其本质来说都是可以规避的，而是唤起研究者和全社会的注意，积极应对风险。

（一）传统宗教认识偏差造成的价值风险

改革开放以来，中国的综合实力显著提高，经济总量跃居世界第二，形成世界瞩目的中国模式。经济实力的增强，激发了民族自信心与文化自觉、

---

① 米广弘：《不可轻视境外宗教渗透》，《环球时报》2016年5月24日。

② 齐卫平、王可园：《坚定不移将改革开放进行到底——庆祝改革开放40周年》，《思想理论教育》2019年第1期。

文化自信意识。在与世界各国的友好交往、同世界多种文明交流互鉴过程中，中国提出中华文明同世界不同文明的对话，中华文明对世界文明的贡献、对世界和平发展的积极促进作用。

如何正确认识中国优秀传统文化，是弘扬中国传统优秀文化的前提和基础。中国传统文化源远流长，博大精深，是中华民族延续数千年繁荣发展的根本源泉。儒释道是中国传统优秀文化的重要组成部分。需要理性对待传统宗教中的道德、伦理、哲学等思想，深入挖掘传统宗教教化育人、影响社会风气、维持社会秩序等功能。反之，如果弱化以儒释道为主体的中国传统文化的价值，忽视发挥传统宗教的积极作用，就将阻碍优秀传统文化服务于中国的现代化建设，背离国家弘扬优秀传统文化的目标，影响中国民族伟大复兴的战略实施。中华民族的持续发展需要价值的引领，优秀传统文化与现代文明相互交流互鉴，将形成中华民族发展的软实力，为中国以及世界的发展提供价值指引。

（二）传统宗教文化被滥用的文化风险

近年来宗教文化的"被商业化"问题严重。资本进入宗教领域，将其看作"摇钱树"，发"信仰财"，如宗教文化景区高额门票、烧高香、拍卖头香、非法设置"功德箱"、承包寺院、商业化"放生"、被"上市"、非法开展宗教活动等，导致宗教文化被滥用，引起社会各界对宗教文化的异议。对此，相关管理部门发文提出整改要求，宗教团体也不断提出抗议。

不论是在传统社会还是现代社会，宗教团体的经济行为主要目的是"自养"，通过信众的捐助获得资源，维持寺院的日常运行及长远发展，并为社会大众提供精神层面的服务。在市场经济下，宗教活动场所通过某些市场经济行为，如旅游公司、旅游景区的广泛宣传，使更多的人能够亲临宗教活动场所，了解宗教文化知识，增加对传统文化的认识，得到社会的认同、社会的捐助。旅游公司、旅游景区通过组织宗教文化的旅游，获得企业利润。各方的合作如在合乎法律、教规、习俗等规范内，均可获利，同时有利于社会发展。但是，如只考虑自身利益，目的只为赚钱，不仅损害宗教文化、宗教团体的形象，也对社会的发展产生不利影响。

（三）民众需求回应不足带来的民生风险

宗教活动场所"被商业化"、呼吁取消门票、卖高香、高消费等从侧面反映出民众的信仰需要。物质生活和精神生活自古以来就是人类的基本需求，物质的富裕不能解决精神的匮乏问题。宗教提供关于终极价值和人生意义的理论及实践体系，以满足人们的精神追求。物质文化的追求导致的竞争、攀比、冲突等对人的精神造成了空前的压力。在多元化的现代文化包围下，反而导致人生目标意义的缺失，信仰的多元化引发信仰的危机。争名逐利、唯利是图等引发的人际关系矛盾纠纷等都促使人们重新寻找生活的坐标。

我国的民间信仰为公众提供了有关宗教文化的信念、价值、规范和仪式等。从民间信仰的表现形式庙会活动中，可以看到民众信仰需求的快速增长。庙会的参与人数数以万计，多以村民自发组织为主，庙会期间举行仪式、商贸集会、看戏娱乐、亲朋交往等，热闹非凡，标语、祈福等无不寄托人们祈求国泰民安、家庭幸福等美好的愿望。随着社会的进步，民众的信仰需将表现大众精神层面的更高追求。如何回应公众需求，对宗教文化的实践者管理者也将提出新的考验。

（四）私人化信仰方式带来的信仰风险

信仰方式的私人化，体现个人信仰强调主体性、主动性、选择性的发展趋势，表现为不公开表达自我的信仰取向，不公开参与宗教实践、仪式活动，不在公共场域传播宗教，私下传教等。私人化信仰参与宗教文化实践的方式，分为组织性及非组织性，非组织性信仰通常表现为个人通过相关宗教书籍、互联网了解宗教信息，宗教文化信息呈单向流动。私人化组织性信仰则是通过私人关系建立的信任网络从事某种宗教活动，形成信仰性人际网络，并在非公开场合相互交流，定期组织聚会。

组织性私人化信仰具有隐蔽性，其传播主体、传播内容、传播途径、传播网络、传播范围等不易监管。迷信、神秘体验、秘密教派等混杂其中，所造成的社会影响难以估量，成为社会治理的难题。宗教工作的群众工作性质如果无法把握，会给提高宗教工作法治化水平带来一定的困难。[①]

（五）互联网新媒体带来的传播风险

互联网的传播具有开放性、平等性、即时性等特征，理论上无限个端口可以随时连接网络，可以裂变式传播信息。宗教文化的互联网传播是宗教文化传播的新平台。它与传统传播方式相比，具有鲜明的特征，在促进传播的同时，增加了社会治理的难度。

宗教文化领域的互联网传播易引起宗教领域的社会舆情。研究发现，大多数涉及宗教舆情的传播过程，都体现了较强的计划性和议题设置。整体上看，相关舆论在传播过程中既有离散性的个人参与，更有正式组织、非正式组织发表评论、表达感受、诉求等。在组织性的传播中，因其组织内社会关系是基于信仰的个体之间的"强关系"，彼此认同感较强，信息可信度高、容易传播，影响力更大，传播速度更快，渗透力更强。

宗教舆情引发的一些话题，虽然有些在其初期并不重要，但其实这只是表象。舆情"事件"背后往往会引出涉及价值观、信仰、道德理念、社会行为准则、公共利益、法律、行政管理等更加广泛的议题。加之，宗教内部主要人物的权威性和引领性，所以，这些话题有时也有很强的社会影响和动员性，有些舆情会引发公众高度聚集、快速传播与扩散。因此，与一般社会舆情不同，研判宗教舆情必须重视对其文本的关注。

（六）非法宗教网站带来的网络风险

互联网已经深入人们生活的方方面面，可以说，互联网成为现代生活的

---

① 李向平：《中国当代宗教 40 年的变迁逻辑——宗教信仰方式的公私关系及其转换视角》，《福州大学学报》（哲学社会科学版）2018 年第 4 期。

重要工具。通过互联网传播宗教文化也已成为潮流。因此，各种形式的互联网宗教或称网络宗教越来越流行起来。互联网的特性以及宗教传播者的取向，也使得网络宗教形式在发展中出现了一些不确定性，甚至违反宗教本质和特性的问题，这将严重威胁正常的宗教信仰活动、社会稳定和互联网生态。

除了正规的宗教团体、宗教活动场所和宗教学术研究类的宗教性网站外，还存在着大量其他宗教文化传播形式。其一，个人通过微博、微信或者其他网络平台发布、传播有关宗教文化的信息，具有涉及范围广、内容差异大、形式多样化等特征，与个人的信仰宗派、认知水平相关，发布信息的时间、内容由个人确定，随意性较强。其二，综合性网站的宗教频道或者论坛，发布和讨论各种宗教文化信息，参与人员有信众也有非信众，会对某一议题或现象发表差异性较大的意见。其三，专业性宗教网站，主要内容为宣传本宗教或教派，专业性强，有针对性，注重理论与实践的宣传，线下活动配合。在不同形式的互联网宗教文化传播中，非法宗教网站或个人自媒体涉及宗教文化的活动有些可能会引起网络传播的风险。如传播主体的隐蔽性，冒充专业人员、信徒，传播内容的非法性，违反国家相关法律法规、教规教义等。利用互联网的开放性传播非法宗教或非法内容，会对社会稳定造成危害。

（七）宗教领域社会治理不完善带来的管理风险

早些年，出于种种原因，历史上的一些佛教寺院现在并不是登记注册的宗教活动场所，也不是由宗教团体或教职人员主持管理的。而有些登记的宗教活动场所，也不是由宗教团体、教职人员主持管理的。[1] 在这种情况下，非宗教活动场所从事宗教活动，实际上并不具备法人主体资格。个别寺院在管理方面缺乏管理的主体性、连续性、一致性，导致管理上的混乱，导致活动场所产生腐败行为。已登记的宗教活动场所，不由宗教团体管理，无法保证宗教团体的基本权利和其他涉及戒律和法律行为的边界，导致商

---

[1] 雨山：《剖析"功德箱经济"》，《中国民族报》2015年1月20日。

业性经营活动或者被承包、被商业化等行为。影响宗教团体的社会形象及发挥正向的社会影响力。

《民法总则》和《宗教事务条例》的修订，为治理宗教领域相关问题提供了法律依据。宗教团体和宗教活动场所法人地位的确定、宗教财产权的归属等宗教治理中的核心要素需要早日依法落实。法律的制定、修订为现实中被"商业化"、管理混乱等问题的解决提供了基础。但是，法律的实施还涉及具体环节、细节问题，仍需要进一步落实。

（八）极端教派滋生带来的社会风险

2014年山东招远"全能神"事件，"主神教""华藏宗门"等事件，极端教派对社会的不良影响逐渐显露，引起社会各界的关注。不论在国际社会还是国内社会，极端教派的活动都被认为进入活跃期。极端教派通过利用世界末日说、治病、伪科学等各种形式的虚假宣传对教徒进行精神控制，并将教徒组织化，令其服从教主的意志，对教徒进行人身控制，利用教徒骗取钱财，危害个人安危，损害社会秩序。

极端教派的传播，一方面利用互联网平台，设置网站或者利用综合性网站宣传极端教义，或者群发邮件，或者利用网络聊天工具，传播极端教派信息。另一方面利用线下组织，通过拉拢、哄骗等方式传教。极端教派通常采取线上线下相结合的方式扩大传播范围。利用互联网平台，传播有害信息，其宣传内容具有很强的欺骗性。渗透到都市乡村，欺骗不同年龄段、社会阶层的人群，使其不认同正常的社会价值观、道德、伦理，脱离正常社会规范。尤其是与其他因素混杂在一起，成为潜在不安定因素，极可能引发社会风险。

（九）国外势力渗透带来的非传统安全风险

互联网带来的非传统安全风险相较于传统风险，突出表现在突破时间、空间，全方位、多层次，模糊性、不确定性等方面。在正功能方面，互联网的传播提供了平等、和平、共享的平台，宗教团体可以通过互联网传播宗教文化,参与国内社会事务。宗教团体、宗教主管部门利用互联网向全国、全世界宣传中国的宗教政策、宗教法规、宗教发展状况,新时期中国宗教发展的历程、成果等。

但是,需要看到在发展过程中,还存在各种各样的问题,这些问题有些是世界范围内宗教文化发展存在的共同问题,有些是在中国社会发展中出现的特殊问题,是人民不断增长的精神需求的表现,是需要在发展中不断解决的问题。在互联网上,这些矛盾与问题展现在世界面前,成为某些别有用心的国家或组织指责、批评、干预的素材。

互联网的信息有正面信息也有负面信息,对宗教政策有正确解读也有错误理解,对宗教事件有客观评论也有主观说法,对宗教问题有事实论述也有蓄意歪曲,尤其是西方某些国家对中国宗教信仰自由状况的敌意与攻击等。网络上复杂的信息让全面、准确判断与控制安全风险增加了难度。

(十)宗教全球化带来的国家风险

随着互联网的发展,宗教组织和宗教网络形成新的力量,跨越传统的民族国家和地域文化界限,开始逐渐展现在世界政治舞台上,发挥越来越重要的作用。全球性互联网宗教对民族国家的文化形成了一定程度的冲击。如何管理、协调无所不在的互联网宗教成为社会治理的新课题。其中包括三个层面的问题,其一,宗教全球化对民族文化的影响,中国自古就是多元化文化的国家,不同文化多元一体,共同构成中华文化。近代以来,西方文化与中国传统文化的关系处于竞争之中,对中国文化发展有正面也有负面的影响,在宗教全球化的背景下,互动将更加明显。其二,宗教全球化对社会稳定的影响,有的宗教组织利用互联网传播违背社会道德、伦理、价值观念的教义,对社会思潮造成一定程度的混乱。其三,对国家安全的影响,主要指境外极端教派、恐怖组织利用宗教全球化,发动恐怖事件,造成安全问题。中国在国际事务中扮演着越来越重要的角色,中国的宗教问题与世界局势相联系,中国在宗教全球化进程中也将发挥重要作用,同时,将面对新的风险。

三 传统宗教"游移现象"给社会治理带来的挑战

日趋增多的传统宗教"游移现象"对认识和处理宗教文化与社会发展相适应提出了新的挑战。当前的传统宗教"游移现象"是在整个社会的现代性变迁这一大背景下开展的,说它带来的"挑战"也是针对社会现代性变迁与宗教文化发展可能带来的"风险"和未来前景而提出的。究竟如何把握社会现代性变迁与宗教文化传播的关系,需要从宗教文化实践结构、过程和结果的理路和视角来分析,而传统宗教"游移现象"恰恰为我们提供了这两股力量交织纽结而产生的现实结果。在强调宗教领域社会治理的背景下更需要认识这些挑战。这一议题涉及信仰需求的满足、传统文化的现代意义、科学与宗教的关系、新技术的创新与应用对宗教发展与传播的影响、国际文化竞争战略定位与实践,以及宗教的社会适应等。因此,与往昔相比,以传统文化为特征的宗教文化已具有了完全不同的时代意义。在社会发展与继承传统优秀文化的过程中,在文明互鉴背景下建立新的世界秩序和新的世界文化大潮中,要看到不同时空的价值观都被压挤在同一单元中的困扰及已经带来和可能带来的挑战。各种不同利益、权利、文化的相互交流、交锋,难免会出现碰撞、阵痛与不适应。要促进宗教文化的健康发展,促使中华文化成为真正自信的、强大的文化,以及中华文明走向全面复兴,预示风险和治理风险是必要的前提条件和重要的任务。

(一)宗教文化传播中服务性传播与投机性传播的矛盾,导致合法性危机的挑战

宗教文化的传播目的,是让社会大众从思想上接受宗教的教义,行为方面践行宗教教义的规定。其传播对象具有平等性特征,如佛教文化中有"普渡众生""众生无边誓愿度"等说法,从这方面讲不论贫富贵贱、男女老少,一视同仁。在传播范围方面,不论是城市还是乡村、国内还是国外,均可以是宗教文化的传播空间。在传播时间方面,不论春夏秋冬,寒冬酷暑

也都能讲经说法。在传播条件方面，不论是设施健全，还是简陋陈旧，同等对待。在宗教文化传播的历史进程中，宗教专业人士为服务众生远赴他乡、历尽艰辛的故事也广为流传。

然而，时下有一批"精英"，在积累了相当的经济资本后，开始抢占"信仰资本"，被称为"富人的宗教"，在社会上产生消极影响。① 部分"精英"也成为宗教团体的传播对象，而且他们短时间内就能够为宗教团体和宗教活动场所带来更多的资金、资源等，也能利用自身具有的社会地位，扩大宗教文化的社会影响。这里所说的投机性传播，主要是指将传播的对象局限在精英圈，过度关注小团体利益，忽视更多人的信仰需求，服务社会大众的意识淡薄，违背初衷，导致其存在合法性的危机。

（二）经济趋利性与宗教去利性之间的矛盾，导致宗教文化被经济体过度利用的挑战

"宗教搭台，经济唱戏"，寺院被承包、被上市等做法，将宗教文化视为商品大获其利的做法，受到教内、学界以及社会各界的批评。经济投资是以最小的成本获得最大的利益，即追求利益最大化，保护投资者的经济利益等，在法律许可的范围里寻找投资项目合法经营。《民法总则》和《宗教事务条例》修订之前，相关法律法规不健全，造成了宗教文化被资本绑架的乱象。随着相关法律、法规的出台，为保护宗教活动场所的利益提供了法律保障。但是，在具体的实施过程中，宗教活动场所"自养"经济行为与宗教的去利性之间仍然存在一定的张力。

宗教文化旅游的发展，为宗教活动场所提供了传播宗教文化和提高经济收入的机会。但与此同时，也可能造成一定的负面影响，如过于注重宗教活动场所物质层面建设，忽视精神内涵的宣传，游客只是娱乐性消费，没有精神层面的提升；宗教活动场所的多头管理，忽视宗教团体的主体性，宗教团体的利益无法得到保障等。

---

① 明贤法师：《忽视民众只度权贵的佛教没有未来》，中国民族宗教网，http://www.mzb.com.cn。

经济资源与信仰资源的互动，充满着利与义的博弈，需要厘清所有权、使用权、收益权、分配权的关系。如何利用市场优势，实现多方的合作互赢，从而既能满足宗教文化的传播、企业的盈利、公众的需求，又符合国家的法规政策，以及宗教的教义教理等，这些都能体现出宗教领域社会治理的智慧。

（三）宗教教义的时代继承与创新与被重新解读、篡改的矛盾，导致非法宗教发生的挑战

传统宗教"游移现象"可发生在正向的传播中，比如在救灾过程中的超度亡灵、不同节日的大型法会、宗教用品交易会、宗教网站的建立等，这种"游移"更符合中国人的信仰需求、精神需求，更能促进佛教的现代化和佛教在中国的积极传播。然而，传统宗教"游移现象"也会被一些人利用，制造不良的传播环境，使宗教文化被蓄意篡改歪曲。比如，个别新兴宗教，如"华藏宗门"等，甚至是"邪教"公然篡改正教的内容，在社会中以隐蔽的方式传播，带来极坏的社会影响，甚至构成对社会秩序和国家安全的威胁。

（四）宗教神圣性与世俗性间存在的张力，导致宗教发展中社会适应的挑战

传统宗教"游移现象"明显地存在宗教文化被各种力量借用的可能性。"游移现象"的结构以信念制度体系及其实践为核心议题，呈现在文化边界上的不同分支与形态、地缘关系中的本土化与在地化、传播方式的新媒体与旧媒体的利用与入侵、社会行为上的竞争与互惠、社会领域中的多元浸透和影响等。事实上，在许多情况下，宗教的作用也在增强，只是并不如社会现象表现得那么明显罢了。例如，法门寺事件的发酵，其话语结构是宗教寺院、文化产业、传统文化发展等，本质上还是宗教在起作用。这里面存在一个辩证的关系，宗教与社会的互嵌与互动，宗教团体实力的增长会加剧社会议题的发酵，而社会议题的发酵又会促进人们对宗教

议题的兴趣。认识传统宗教"游移现象",还需要看宗教与社会间相互适应关系。

（五）宗教文化价值与社会价值之间的差异，导致意识形态多元化的挑战

不同意识形态之间往往争夺激烈。随着宗教"游移现象"的发展,人们已经看到宗教文化越来越多地融入人们的日常生活,甚至是国家外交事务。一些宗教节日既成为人们消费活动的狂欢日,也成为人们追求价值的场所。同时,宗教文化成为传播文化软实力的国家战略和国家形象的"文化名片"。此外,一些国家、社群也在利用宗教加强意识形态争夺,甚至不惜挑起一场文化战争。更有一些极端势力利用宗教,妄图分裂国家,制造社会恐慌。对此,当然要持续保持高度警觉。要以自信的态度应对风险,用法治建设预防风险,用文化战略降低风险,用社会主义核心价值观建设抵御风险。

伴随着中国的经济繁荣和文化自信,中国在世界舞台的话语权逐渐增强,世界逐渐开始重新评价、认识中国传统、文化、宗教,以及道德伦理等。中国国内也开始反思唯经济论,思考过度的物质主义、消费主义、个人主义等所引发的社会问题。因此,应弘扬中国传统优秀文化,把宗教教义教规同中国传统优秀文化融合,引导各宗教的发展与中国社会发展现实需求相适应,发挥宗教文化的积极作用,努力化解社会矛盾。

（六）宗教文化现实传播与网络传播的不一致，导致信息传递损耗的挑战

互联网影响着当代社会的各个领域,宗教亦不例外。[1] 随着网络和新兴媒介形式的兴起,信息的传播方式发生了巨大改变。宗教的传播已不再依赖于面对面传播,不再局限于通过书籍、报刊、电视、广播等媒介传播,开始突破时间、空间的局限,实现更为自在的传播。

---

[1]　义广:《佛教中国化的历史经验与现代实践》,《中国民族报》2017 年 1 月 10 日。

传统宗教的传播主要依靠在固定传播空间、特定时间阶段，讲经说法，举行宗教仪式。宗教团体是传播的主体，是专业向非专业传播的过程，表现为相对静态、参与人数有限、易于管理的传播形式。互联网传播属于新型传播方式，虚拟空间的宗教文化传播相对于现实空间，注重突出视觉感受，打破了通过视觉、听觉等感知外界获取认知的界线。但信息化传播也带来一定问题。在宗教文化传播中，受众易缺少敬畏心，在某种程度上消解了宗教神圣性。新兴宗教，甚至极端教派等也利用互联网平台传播"宗教"，影响公众认知，改变社会舆论。宗教文化之间的网络战逐渐显现。传统宗教需要积极应对宗教文化传播新情况，加强互联网传播，弘扬优秀传统文化，增强传统宗教的社会影响力。

（七）宗教文化社会传播与对宗教功能认知的不一致，导致对宗教文化误读的挑战

宗教的社会功能表现为宗教的整合作用、教化功能，维护秩序、调解关系、设立标准等。有效利用宗教的正向社会功能，能够促进社会的发展。"人民有信仰，民族有希望，国家有力量。"弘扬宗教正能量，发挥宗教正功能，促使宗教在民族和谐、社会团结、国际合作、世界共存中发挥更加重要的作用。[1]

近年来，宗教文化与经济发展的关系，引起了社会的关注。上市风波、门票事件、拍卖头香、功德箱经济等，更是误导社会大众对宗教文化的认识、理解，将宗教文化与商品类同，认为其属于商业消费行为、高消费、欺骗性消费等，或者将宗教文化理解为迷信，与科学相对立。相反，宗教文化在净化心灵、道德引导、善恶评判、社会慈善等方面的功能被遮蔽，也较难发挥其他诸如整合、教化等功能。宗教与主流文化之间缺少深度沟通的平台，信教群体与非信教群体之间沟通交流存在一定程度的障碍，也导致宗教文化的正向功能不能充分发挥。

---

① 卓新平：《关于宗教与文化战略关系的思考》，《中国民族报》2016年3月1日。

（八）宗教全球化与中国化相互作用的异同，导致文明互鉴实践能力的挑战

在全球化的今天，随着信息技术的快速发展，不同文化处在大规模的相互碰撞中。因此，面对已经和将要出现的种种问题，小至争论、对立，大至冲突、战争，要意识到其实最根本的还是文化问题。而解决不同文化的相处问题，不仅要"各美其美"，更需要"美人之美"。为此，要把握本土文化的自主性或称"地方的全球化"，体现"文化自觉""文化自信"，还要建构"和而不同"的文化关系，正确判断文化发展的动力、途径和规律。从比较的视角分析文化，了解不同文化的特点，客观认识文化本质，对实现宗教中国化，应对宗教全球化意义重大。也只有这样，才能对现代社会出现的问题提出切实可行的解决思路，使国家内部的不同文化通过主流文化的发展带动多元文化的良性互动，使民族文化成为世界文化不可或缺的重要组成部分。

（九）宗教文化传播能力与社会要求不平衡的矛盾，导致宗教团体自身建设的挑战

佛教祖庭文化在当代的传播现状基本上是以大众化、传统化、普遍化的形式，千篇一律彼此雷同，导致佛教祖庭象征意义大于实际意义。传播方式或部分内容与现实社会脱节。传承与创新实践体系建设不足，表现为队伍建设、配套文教与实践建设不足等。其原因在于，祖庭文化弘扬与实践的理念古老化与世俗化，文化弘扬朝向实用性、功利性、快速性方向发展，部分僧众希望学习"热门"佛教文化与实践，寺院看重年龄与文凭。祖庭文化弘扬与实践设置的程式化，主要表现为鬼神化、来世化、哲理化、学术化；弘扬形式死板化、实践单一化，与时代内容和社会生活不符。①

---

① 释慧超：《祖庭文化在当代弘扬的现状与创新实践对策》，《汉传佛教祖庭文化国际学术研讨会文集》，宗教文化出版社，2016。

世界不同文明在同中国的交流发展中，也将与中国的传统文化形成互补格局，进而丰富中国文化和世界文化的内涵。中国文化作为一种深具潜力的、开放的精神资源，在不断地反思创新时，必将为当今中国文化"软实力"构建及文化战略提供有效资源，为中华民族的伟大复兴提供强大动力，也为世界不同文明的相处提供具有启发性的精神资源。

（十）宗教文化的历史性与宗教文化时代性的不一致，导致宗教文化实践的挑战

要关注宗教文化的历史性、时空性、建构性可能带来的挑战，也要关注宗教文化对话性、民间性、价值性、多元性、复杂性、重叠性的挑战。现代语境中，优秀传统文化及其实践活动从来就不是孤立存在，也不是缺少资源的。它是历史发展的产物，也是现实互动的结果。对此，一方面要从弘扬优秀传统文化、强化民族心理建设的视角思考传统文化的现代意义；另一方面也要从文化自觉的维度理解传统宗教与社会功能适应的关系，以及需求满足与社会引导的互治、互补性。

传统宗教"游移现象"在其运作过程中表现出了不同的修辞策略，较好地实现了传统文化的借用、地方文化的复兴、现代社会的适应，以及传播手法的创新等。随着新时代的来临，这样一个具有特殊意义的文化社会化内容，当然也需要与时俱进，传播优秀传统文化，发挥其促进民族文化认同、为社会建设和心理建设服务的社会功能。

社会秩序是社会学关注的核心议题之一。它是理解、揭示社会动态且有序、平衡发展的观察要素和分析单位。透过传统宗教"游移现象"的过程，可以从中追踪社会秩序凝聚或分化的影响因素，及社会秩序是如何建构并延续的。对信仰实践同社会秩序互动关系的研究，当然需要以鲜活的社会生活为观照，传统宗教"游移"实践正好为观察和阐释维护社会秩序的各种机制的形成形式和制度化过程提供了难得的素材。一个社会不可能没有冲突和无序现象，但一定需要把它控制在一定的范围之内，达致变化中的均衡、调整中的适应。为此，需要形成一种社会秩序，它对社会的稳定与治理活动的

选择起着决定性的作用。在某种意义上说，传统宗教的作用也就体现在这里。

传统宗教文化的发展有高潮，也有低潮，但从来没有中断。野火烧不尽，春风吹又生，这就是根的作用。论及传统宗教文化的性质，其自然属于中华文化的根文化，附载着中国人的生命观、世界观和宇宙观，当然，还有幸福观。带给人们的是有关信仰的深度思考。在不同"宗教游移"的时代背景下，传统宗教文化将如何组织新的话语体系，又如何去实践相关的建构活动，完成新的时代文化校正，从而真正体现坚定的宗教中国化，在实践中将法治、道德、宗教三者结合起来，参与社会，继承传统，时代创新。这些都是协调宗教关系、解决宗教问题、开展宗教工作，实现宗教与社会主义相适应良性发展需要关注的议题。

第七部分
传统宗教"游移现象"
"两种取向"的合题

在开展传统宗教"游移现象"研究的过程中，或多或少地存在名义上被分为"两种研究取向"的困扰，即现实研究的"政策取向"和理论研究的"学科取向"间的差异、治理实践者与学术研究者角色的分别。随着研究的深入，笔者更能感受到，对于传统宗教"游移现象"其实需要的是"第三种研究取向"，也就是"两种研究取向"的合题。"两种取向"本身就具有不二性，是一个铜板的两个面，它们所面对的是同一个社会现象。同时，它们的思考又具有互补性，各自运用既相同又存在差别的话语方式，依各自的视角探讨问题，正是不同的取向深化和丰富了研究的议题，而研究结果的整合不仅仅对加深传统宗教"游移现象"本身、宗教文化传播与发展的认知，而且对宗教社会学研究、宗教领域的社会治理实践都具有极高的价值。这既是两种取向的融合、融通，也是在推进两种取向不均衡局面的某种改变。

近年来，宗教社会学的研究者非常关心这样一些问题，在当前宗教发展的背景下，宗教文化的发展与传播正常吗？现在和未来传统宗教"游移"会朝向怎样的方向发展，这种趋势呈现哪些特征？以此为基础的宗教社会学研究、宗教领域的社会治理究竟需要怎样回应？原来，现实研究、政策研究和理论研究本身就是不该也不可能完全割裂开的。"新形势下，要坚持和发展中国特色社会主义宗教理论，贯彻党的宗教工作基本方针，分析我国宗教工作形势，研究宗教工作面临的新情况新问题。"① 可见，宗教议题既是理论议题，也是政策议题。在新时代不平衡、不充分的特征中，引导、建构和发展宗教与社会主义社会相适应的关系，促进宗教健康发展是重要的理论与现实任务。

在此，宗教社会学研究的"智库"思维为笔者打开了思路。在研究中，既要阐释宗教发展的理论议题，培育本土话语，以中国经验对话西方宗教社会学理论，也要关注宗教领域社会治理中具有战略性、全局性、预见性的问题，客观记述、科学研判宗教文化发展与传播趋势的历程，描绘新时代、全球化、技术革命背景下带来的各种机遇和挑战，以理论体系建构、政策方案提供，达致开启思路、繁荣理论、推进共识、指导实践的目的。故在本研究最后一部分，将研究的视野延伸到宗教社会政策、宗教领域的社会治理和宗教社会学理论建构与研究上。

如何建构相关的治理策略和理论框架？为了将这样的讨论落在实处，还要对今后宗教文化发展的趋势进行必要的探讨。在大力弘扬中华民族优秀传统文化的背景下，完成传统宗教"游移现象"政策话语与理论话语建构及其话语实践的重要参照系，是实现宗教社会学研究"两种取向合题"和研究者社会使命需要做和必须做的。

一　当前传统宗教"游移现象"的发展趋势

宗教从其出现以来经历了不同的文明发展阶段，它在与社会的互动中也出现过多种多样的形态。社会发展总是呈现一幅宏大、多姿的历史画卷，即便是作为社会文化组成部分的宗教文化，其内部也是多元文化元素相互交织、相互影响的。要对当前的宗教发展趋势做出准确的判断，一定会面对许多的困难。在本研究中，使用了传统宗教"游移现象"作为概念单位，透过较为

---

① 宋玉荣、古屿鑫：《2017 年国民宗教信仰调查报告》，《世界宗教研究》2019 年第 1 期。

具体的描述性研究和解释性研究得到的结果带给我们的启示是，要持动态、发展的态度认识宗教文化与社会的适应关系，用实事求是的精神面对宗教文化的发展。传统宗教"游移现象"是宗教文化社会化的过程，它透过不同的取向选择不同的路径、方式、节点等实现宗教文化与社会的互动，实现宗教文化与社会的适应与共赢。为此，阐释传统宗教"游移现象"其实对认识宗教文化的发展规律、判断宗教文化的发展趋势也具有借鉴作用。没有任何一项研究结果可以完全把控社会现象的发展，给出绝对的预测。所以，当下的研究只是根据前人的成果和实地的观察，描述宗教发展现状，预测未来发展变化的路径、取向，发现推动或破坏社会发展的因素及可能出现的趋势等。研究是思想产品的制造者，也是思想产品的传播者。期待本文的研究结论能为完善宗教领域的社会治理提供智力服务，能为宗教社会学理论研究提供知识支持。

（一）传统宗教"游移现象"的现代化

宗教文化是被动地接受现代化的冲击而导致世俗化、市场化，还是在力量博弈中自觉地调适自身，抓住不同的发展机会，在保持原有价值体系的同时，完成宗教文化现代化的探索，这是传统宗教"游移"过程中需要面对的议题。少林寺的"功夫"、灵山景区的"大佛与梵宫"、海南南山寺的"福寿文化"、青城山的"中国式养生基地"，以及湖南的"岳麓书院"、庐山的"白鹿洞书院"都是在这方面的建设性探索，而新兴居士林、共修小组等也是适应这一过程的体现。对于宗教文化和现代科技的关系，佛教界更是做出了正面、积极的回应。"现代化"是佛教的宗教性要求，"化现代"则是佛教的社会性要求。在现代化进程中，佛教文化的传播已经突破了空间上的地域局限，进入网络世界，透过佛学院、图书馆、出版社、电视台、新媒体、融媒体和医疗站/点等赢得社会的认同。

（二）传统宗教"游移现象"的大众化

传统宗教"游移现象"也可以说是宗教文化对个人、群体、社会产生影响的实践过程。宗教文化的"大众化"意指宗教文化走出宗教团体或

"内群体",与社会生活的贴近和融入,也是宗教文化介入社会生活和个体心灵的一种宗教文化"社会化"过程。比如,近年来盛行的佛学夏令营、禅修营等活动,河北省赵县柏林禅寺主办的"生活禅夏令营"、湖北黄梅禅文化夏令营、福建广化寺的福慧之旅、庐山禅茶会、终南山的佛子夏令营、南京栖霞寺的佛学营等就是具有较大影响的实践活动,而安抚孤老、希望工程、抗灾救助、环境保护、净化人心等社会慈善和民间互助等活动也都发挥了积极的作用,使宗教文化的社会服务功能得以广泛的体现。居士佛教的兴起也是佛教大众化重要的表现形式。在现代社会中,居士在护法、弘法、布施等方面发挥着越来越重要的作用。[1]

(三)传统宗教"游移现象"的市场化

传统宗教"游移"的过程也常常体现出市场运作的特点。纵观少林寺过去几十年的发展历程,它以佛教文化为纽带,形成了关联密集、规模庞大的佛教文化产业体系,促进了少林寺的发展。[2] 此外,雍和宫探索以宗教活动为核心的管理模式,整合"雍和宫庙务管理委员会"和"雍和宫管理处"体系,围绕宗教活动场所这一特质运作,在保持宗教文化品位、展现宗教场所神圣与庄严的同时,避免寺院过度商业开发,也是成功的案例。[3] 利用市场规律而不是被市场左右。因此,从严格意义上说其是宗教文化与市场的互动而不是所谓宗教文化的单向被"市场化"裹挟。

(四)传统宗教"游移现象"的国际化

传统宗教"游移"的过程越来越显现出国际化、全球化的趋势。宗教文化作为文明的载体,在新的世界格局建构中也将扮演越来越重要的角色。

---

[1] 《包胜勇:世俗化抑或大众化　宗教如何应对现代性》,http://www.fjnet.com/typly/plywzh/201106/t20110629_182124.htm。

[2] 刘爱利、涂琼华、刘敏、刘福承:《宗教型遗产地旅游商业化的演化过程及机制——以嵩山少林寺为例》,《地理研究》2015年第9期。

[3] 《魏德东:应对商业化　雍和宫模式值得总结》,http://www.hqwhw.com/news_info.asp?id=2313&smallid=56&bigid=22。

全球化的到来使文化"多元性"和人类"认同"形成了一个复杂的互动关系。在新的全球化实践进程中，宗教文化间的交流无疑已经起到并且可以起到更加重要的作用。① 实践已经证明，宗教文化在"文明互鉴""一带一路"中已经发挥了重要作用。相信，在今后的国际关系中作为我国传统文化重要组成部分的佛教文化会发挥更多更大的作用。

（五）传统宗教"游移现象"的信息化

依托信息技术的快速发展，传统宗教"游移现象"变得更加多元、复杂。信息化使传统宗教的社会化、全球化更为便捷，也孕育出了一批新兴宗教。复杂而多样的新宗教及其传播形态正在悄然形成。宗教的"虚拟"与互联网的"虚拟"相结合，构成了信息化的宗教或宗教的信息化。② 互联网宗教是我国宗教工作面临的新情况新问题，积极引导互联网宗教与社会主义社会相适应，需要推进互联网宗教工作，③ 加强互联网宗教建设。建立网络安全监测预警和信息通报制度，建立互联网宗教的综合治理体系、共建共治共享的互联网宗教治理格局。坚持总体国家安全观，从国家安全的高度重视互联网宗教。积极利用互联网引导宗教舆情，根据对互联网宗教舆情周期规律的把握，运用针对性的措施实现有效应对。④

（六）传统宗教"游移现象"的法治化

传统宗教"游移现象"的发生发展也在不断要求完善宗教领域的社会治理，全面贯彻党的宗教信仰自由政策，坚持党的宗教工作基本方针，落实中央关于宗教工作的决策部署，坚持保护合法、制止非法、遏制极端、抵御渗透、打击犯罪，⑤ 在法治轨道上推进宗教工作，依法管理宗教事务工作全

---

① 黄平：《宗教对话与人类命运共同体的建构》，《世界宗教文化》2018 年第 4 期。
② 金勋：《互联网时代世界宗教的新形态》，《中国宗教》2015 年第 4 期。
③ 王冬丽、蓝希峰：《2015 年国内宗教十大热点》，《中国民族报》2016 年 1 月 5 日。
④ 李华伟：《积极引导互联网宗教与社会主义社会相适应》，《世界宗教文化》2018 年第 4 期。
⑤ 何虎生、胡竞方：《论新时代中国特色社会主义宗教理论》，《世界宗教研究》2019 年第 1 期。

面有效推进。坚持以"导"的态度对待宗教、坚持我国宗教中国化方向、促进宗教关系和谐、维护宗教界合法权益。在树立守法意识和法治思维的基础上，积极引导宗教与社会主义社会相适应，保障公民的宗教信仰自由权利，维护国家安全和社会稳定，明确政府管理宗教事务的职责、宗教团体职能、宗教活动场所法人资格和宗教财产权属位，规范互联网宗教信息服务等。

二　"实践取向"：宗教领域社会治理的原则与策略

新时代为我国宗教的健康发展带来了新机遇、新空间和新动能。之前，围绕传统宗教"游移现象"研究已获得了不少启示。宗教研究不仅要有学术理论感、学科融合感，还需要具备政策意识和社会敏锐性，要有"智库"思维。当前，宗教领域的社会治理面临一系列挑战，只有具备战略思维，才能做出富有远见的研判，[①] 引领宗教与社会主义相适应的健康发展。宗教研究要凸显实践性。要回应宗教与社会关系中的热点、难点等一系列中观以至微观问题，给出解答并提供方案。正是有分量的研究成果，才能做到"导"之有方、"导"之有力、"导"之有效，牢牢掌握宗教工作主动权。[②] 真正服务社会发展，为维护公共利益出谋划策。

（一）实践原则与理念

全国宗教工作会议，特别是习近平总书记的重要讲话，提出了一系列新思想、新观点、新要求。完善对宗教"游移现象"的有效治理，就要准确把握坚持我国宗教中国化方向，用社会主义核心价值观引领我国宗教发展，充分发挥宗教界的积极性主动性。提高宗教工作法治化水平，提高依法依规开展宗教活动的自觉性和主动性。构建积极健康的宗教关系，努力实现宗教

---

① 梁振英：《发挥智库作用，推动"一带一路"高质量发展》，http://www.gmw.cn/xu。
② 张二平：《改革开放 40 年　宗教工作谱新篇》，《中国宗教》2018 年第 12 期。

内部、宗教之间、宗教与社会之间的和谐。坚持问题导向，抓住主要矛盾，着力研究解决当前宗教领域的突出问题，支持宗教团体加强自身建设和人才培养，坚决抵御境外利用宗教进行渗透，紧密结合各地实际，突出重点做好各宗教工作。

尊重宗教文化资源本身的价值。中华民族的伟大复兴需要以中华民族优秀的信仰文化复兴为基础。为此，对待宗教文化资源，要重在"保护"，慎重"利用"，不要轻易谈"开发"。否则，容易在思想上出现偏差，在行动中出现失误。比如，在调研中发现，建设开发破坏了一些资源。由于匆忙上马，论证不够，不仅在物质上，还带来了精神、信仰上的破坏。

（二）实践策略

在坚持"宗教信仰自由"政策、强化宗教资源保护的基础上，既要利用宗教文化中有利于发展经济、社会和谐的资源，又不能在实践中过度开发，对精神文明建设产生消极的作用。诸如滥建寺宇、高价祈福等都不应列为开发项目。要重视规划，全盘考虑，做出整体规划，再做出本地具体规划。既有远期目标，又有近期计划，要合理利用资源、优化环境、塑造形象。此外，还应该特别强调的是，在利用宗教文化资源时，要尽可能地保存或再现宗教文化所独具的特色和风貌。实现宗教文化资源的高品质、深层次的保护、利用及发展。

制定明确的适应社会发展要求的宗教文化发展目标设计。不应停留在物质层面，要上升到观念层面。促进宗教文化发展，维护中华民族大团结，凝聚命运共同体。规划适应现代化发展要求的宗教文化发展实务运用方式。建立适应全球化要求的宗教文化发展保障体系。以宗教文化的分享与交流凝聚共识，确实做到"服从服务于国家最高利益和中华民族整体利益""努力把宗教教义同中华文化相融合""坚持中国化方向"。①

---

① 辛世俊：《习近平对中国特色社会主义宗教理论的贡献》，《马克思主义宗教观研究》，2019。

1. 明确宗教中国化方向

强定位，深度挖掘包括佛教在内的优秀传统文化的精神实质，拓宽宗教文化研究与实践新思维，积极引导宗教与社会主义社会相适应。其中，坚持我国宗教中国化方向是重中之重。[①] 宗教的中国化，是宗教中国化，而不是中国宗教化。所以，中国是主体。历史上，佛教中国化的进程不仅伴随着文化的融合，也有血与泪的教训。但是，佛教伴随历史的发展，不断影响了中国人寻求心灵的宁静和属于自己的信仰。佛教是个世界性宗教，对中国佛教徒来说，他们首先是中国人，然后才是佛教徒。不少佛教文化其实就存在于人们的生活之中。宗教不仅仅是对于信教群众来说的，在中国，还要放在世俗社会来衡量，甚至要接受得起世俗的洗礼，与时俱进、开放包容地看待中国的变化，并符合中华优秀传统文化的阐释。"人文宗教"正是中国文化中的宗教信仰最根本的特色。[②]

2. 发扬宗教的担当精神

深思考，系统阐释宗教文化、民间文化和传统文化的关联及其内涵，开发宗教文化服务民族国家发展实践的更高境界。习近平主席指出，"要努力实现传统文化创造性转化、创新性发展，使之与现实文化相容相同，共同服务以文化人的时代任务。"[③] 中华文明不仅是中华民族多元文化相辅相成的结晶，也是与世界其他民族文化相融相摄的结果。多元多彩、平等包容、和谐仁爱、积极向上，彰显了中华文明的文化精神与时代风貌。这种文化的精神与特质，让我们在推进中华文明迈向世界的进程中，既不能妄自尊大，也不能妄自菲薄，做到真正的尊重和珍视，"了解各种文明的真谛"。为此，不能不勇敢地担当起促进中国优秀传统文化发展的责任。习近平主席在演讲中特别赞叹玄奘法师那种"坚韧精神"，它是一种为社会、为人类、为信仰

---

① 加润国：《改革开放推动中国不断开辟马克思主义宗教理论新境界》，《四川省社会主义学院学报》2019 年第 1 期。

② 楼宇烈：《中华文化的人文特质》，载李四龙主编《人文宗教研究》（总第十辑），宗教文化出版社，2018。

③ 习近平：《实现传统文化创造性转化　不能一股脑儿拿到今天照套照用》，新华网，2014 年 9 月 24 日。

的担当。①

3. 增强宗教文化软实力

强筋骨，持守保护、利用、开发，激发和活化本土文化软实力，开创宗教文化发展新时代格局。党的十九大报告将国家文化软实力提到重要位置。中国特色社会主义进入了新时代，为进一步提升国家文化软实力，② 打造凝聚中华文化元素和精神的文化品牌，就要进一步增强文化自信，提升传统文化的国际传播能力，为用好中国话语、讲好中国故事奠定和开辟了基础和空间。③ 文化软实力作为文化强国战略的重要内容，是凝心聚力的"黏合剂"，是提升综合国力的"顶梁柱"，是参与国际竞争的"法宝"。因此，进入新时代，在实现文化强国战略的进程中，提升国家文化软实力刻不容缓，构建以强基、铸魂、创新、开放为核心的国家文化软实力建设策略。④ 其中，优秀传统文化将扮演重要的角色。

4. 促进宗教文化积极对外传播

拓领域，延伸优秀传统文化同佛教文化发展与传播边界，建构弘扬优秀信仰文化实践的新空间。中华优秀传统文化是中华民族、世界文化的宝贵财富。在当今时代背景下，更好地推动中华优秀传统文化"走出去"，在文明交流互鉴中展示中华文化的魅力，需要从理念与内容、渠道与平台、市场与受众等多维度协同推进。⑤ 更新理念打造更多精品力作，讲好中国文化故事；善用新媒体与新平台扩大传播的覆盖面和影响力；扩大中华文化海外传播的覆盖面；贴近海外市场和受众，提高传播的针对性和实效性。传统文化的对外传播，从来都不是单向度、灌输的过程，而是双向、

---

① 刘元春：《中国佛教徒要有"为天地立心"的担当》，凤凰佛教，2016 年 9 月 19 日。
② 江凌、徐铭钦：《提升新时代中国文化软实力》，《中国社会科学报》2018 年 8 月 21 日。
③ 江凌、徐铭钦：《提升新时代中国文化软实力》，《中国社会科学报》2018 年 8 月 21 日。
④ 巴特尔：《治理佛教道教商业化　促进佛教道教健康发展》，中国民族宗教网，2018 年 7 月 26 日。
⑤ 郭庆光：《传播学教程》，中国人民大学出版社，2011，第 37 页。

互动的跨文化交流。① 佛教外交在过去已经发挥了重要作用,今后还将不断开拓,发挥更大的影响力。

5. 发挥宗教文化价值道德建设功能

聚神气,强化优秀传统文化同信仰信念信心建设的正向关系,传递爱传统、爱民族、爱国家的文化自信、文化自觉的良好社会心态。中国特色社会主义文化,源自中华民族五千多年文明历史所孕育的中华优秀传统文化,植根于中国特色社会主义伟大实践。② 文化自信是民族生存发展更基本、更深沉、更持久的力量。文化建设的根本目的是让人生活得更美好,让人与人之间、人与自然之间更加友好和谐地相处共生。文化议题成为社会各阶层普遍关注,深入探讨的热点问题。这不仅与我国当前经济发展、国际地位提高有关,还与社会发展中遇到的道德伦理困境、生态困境等息息相关。一个民族,只有当文化体现出比物质更强大的力量,才能造就更大的文明进步;一个国家,只有经济发展体现出文化的品格,才能进入更高的发展阶段。理解这一点,才能更好地提升文化自觉,增强文化自信,实现文化自强,从而实现文化强国的目标。为此,发挥宗教文化的积极功能不可或缺。

6. 坚持宗教工作法治化道路

抓治理,积极协调社会与宗教相适应的关系,依法把握宗教文化发展的健康走向。习近平主席强调,"要提高宗教工作法治化水平,用法律规范政府管理宗教事务的行为,用法律调节涉及宗教的各种社会关系。"③ 党的十八大以来,党的宗教工作和宗教理论有了全面的推进和发展。进一步强调宗教工作的重要意义并将宗教工作提升到全局性工作的层面;将宗教工作纳入法治轨道,加强宗教工作法治建设;旗帜鲜明地反对宗教极端思想;确保宗教组织领导权牢牢掌握在爱国爱教人士手中;发挥宗教的积极作用,助力实

---

① 孙明明:《跨文化传播视域下的大庆精神铁人精神外宣翻译研究》,《边疆经济与文化》2019 年第 3 期。
② 《习近平提出,坚定文化自信,推动社会主义文化繁荣兴盛》,新华网,2017 年 10 月 18 日。
③ 《习近平:全面提高新形势下宗教工作水平》,新华网,2016 年 4 月 23 日。

现国家宏观发展战略；在法治框架下规范宗教各项工作的有序开展。① 充分认识宗教工作的特殊重要性，强化法治思维，弘扬法治精神，依法管理宗教事务，积极引导宗教文化发展与社会主义发展相适应。

7. 构建完备清朗的宗教文化信息传播平台

求创新，有效利用大数据、新媒体在宗教文化传播中的新态势，构建展示优秀传统文化的立体平台。网络宗教的全球化特点是世界各国宗教必须面对的现实，也是互联网宗教今后发展的基础。② 随着互联网技术的发展，宗教以其特有的线上线下的传播途径和模式，逐渐打破了实体宗教发展几千年才形成的分布格局，对当代宗教的发展提出了挑战。互联网宗教是世界性现象，2017 年 10 月习近平总书记在十九大报告中明确提出，"要加强互联网内容建设，建立网络综合治理体系，营造清朗的网络空间"。2018 年 2 月 1 日起施行新的《宗教事务条例》也对互联网宗教管理提出了明确规定。③ 要加强新媒体时代我国优秀传统宗教文化的国际传播，建构优化的渠道和平台。随着个体主义的发展，从个体层面出发，研究草根国际传播模式，即从国家层面延伸到个体层面的国际传播策略。④

8. 提升宗教文化传播力、影响力

显功能，努力夯实传统文化宣传工作基础，丰富优秀传统文化传播的新手法、新作为。传播优秀传统文化要注重方式创新。传播方式的创新，让传统文化具有现代气息，焕发出新的生机与活力，也就更容易让公众接受和认同。传播优秀传统文化要注重切入方式，注重群众参与。互联网时代，人们获取信息的渠道多样，获取信息也更加便捷，文化传播必须有竞争意识。传播是传承的前提。优秀的中华传统文化只有在广泛的传播中，才能得到传承

---

① 周剑威、刘熔、蓝希峰：《依法治理宗教事务，提高宗教法治化水平》，《中国民族报》2018 年 12 月 4 日。
② 郑筱筠：《全方位开展互联网宗教研究》，《中国宗教》2016 年第 7 期。
③ 郑筱筠：《全方位开展互联网宗教研究》，《中国宗教》2016 年第 7 期。
④ 相德宝、张弛：《议题、变迁与网络：中国国际传播研究三十年知识图谱分析》，《现代传播》2018 年第 8 期。

和发展。挖掘文化内涵，创新传播方式，让优秀传统文化不断走进公众视野，让公众更多、更深入地了解和认识中华文化，是当前传承中华优秀文化该做的工作。习近平主席强调，宗教工作本质上是群众工作。积极引导宗教与社会主义社会相适应，引导宗教努力为促进经济发展、社会和谐、文化繁荣、民族团结、祖国统一服务，① 创新传播力也是关键。

9. 预防宗教文化传播中的风险

防风险，强化完善文化传播中的预警监测体系，为抵御文化侵蚀，提供信仰文化实践的保障。坚决遏制极端抵御渗透。要针对宗教渗透的政治颠覆性、宗教关联性、活动涉外性和新近出现的形式隐蔽性等特征，做到在社会空间和网络空间对可能发生的风险早预防、早发现、早干预，完善宗教涉外法律法规。② 高度重视防范和抵御宗教渗透。不仅要做好党建和思政工作，同时还要落实意识形态领域工作责任制，坚决把好抵御、防范宗教渗透防线。对有组织、有计划并长期在境内进行非法传教的，要坚决打击。注意防范和打击各类传教和渗透活动。③ 要从监测网络的构建、预警系统的构建、构建数据采集与处理系统等方面入手建立监测宗教领域的预警体系。同时，应重视事中调控、事后反馈机制，立体地防止传统风险与非传统风险，维护传统安全与非传统安全。

三　"理论取向"：传统宗教"游移现象"的学术思考

宗教文化已经深深地融入政治、经济、社会结构之中。如何在宗教社会学理论建构中以"文化自觉""文化自信"的勇气和能力反思西方理论，用中国经验建构中国学术话语，以中国话语增强话语权和国际学术影响力，这是宗教研究者需要面对的挑战。传统宗教"游移现象"为促进对社会现象

---

① 辛世俊：《习近平对中国特色社会主义宗教理论的贡献》，《马克思主义宗教观研究》，2019。

② 米广弘：《不可轻视境外宗教渗透》，《环球时报》2016 年 5 月 24 日。

③ 米广弘：《不可轻视境外宗教渗透》，《环球时报》2016 年 5 月 24 日。

理论思考的"细化""深化""活化"，描述和认识宗教话语如何转化成社会话语、社会话语转化为理论话语的探讨起到了有效的作用。基于当前传统宗教"游移现象"的分析，在梳理国内外社会学、宗教社会学、文化人类学、传播学成果的基础上，探讨基于本土经验的"游移理论"构想，思考进一步从理论层面阐释宗教文化的社会"游移现象"，并围绕宗教社会学研究议题开展有关民间宗教信仰的讨论。这些都是想通过社会现实图景探索从社会生活话语到学术逻辑再到理论话语结构的建构。贯穿与融入、开放与包容，宗教社会学的理论探索需要理论自觉和本土实践。

传统宗教"游移现象"是围绕宗教文化的神圣性和社会性在现代性时空背景下发生的信息化、社会化、市场化、全球化、法治化等倾向性实践活动的过程及其结果。实践主体为宗教。对于这一现象，基于社会学的视角，更需要从社会学的立场上展开对传统宗教"游移现象"实践的一种理论阐释。"游移"不是目的，而是方式、途径。"游移"只是现象，不是本质。"游移"不是偶然，而是因缘、因果。"游移"是历史，也是现实。对宗教与社会互动关系的认识用神圣性与社会性解释具有合理性。"神圣与世俗"的视角是从社会的角度理解宗教，神圣性与社会性是从宗教与社会互动的视角理解宗教与社会的适应关系。

传统宗教是中华优秀传统文化重要的组成部分，"游移现象"是传统宗教在社会运行中的表达和反映，它作为一类文化活动在社会中起到了一系列令人感兴趣的作用。也正因如此，许多研究者开展了有关宗教现象的历史学、人类学、民俗学等研究，并取得相应的收获。这些实证成果为传统宗教"游移现象"理论层面的思考提供了某种经验的证据。传统宗教"游移现象"实践不仅涉及政治、经济、社会、文化等不同领域，更是其深嵌于社会运行中神圣性与社会性互动关系的反映。在延续之前的研究基础上，笔者提出不太成熟的理论思考，以此，为今后的深入探讨提供线索。

1. 传统宗教"游移现象"的基础是拥有稳定的社会资源

传统宗教"游移现象"实践依赖于传统宗教"游移现象"文化的自身资源，尤其是转化了的社会资源。传统宗教"游移现象"实践的内容和表现形态反映了其社会资源的整合、使用、开发、再使用的结果。传统宗教"游移现象"实践中的社会资源占有状况关乎其发展的广度和深度，以及社会辐射和影响力。实践的过程是在使用，也是在丰富着自身内在和外在的社会、文化、政治和经济资源。实践的发生是其具有的社会资源与社会结构中多元社会资源不断互动、调整和适应的行动过程。为此，传统宗教"游移现象"实践需要以各种杂糅性社会资源为依托，并透过这一过程动员、开发和整合社会资源。传统宗教"游移现象"实践的社会资源当然包括一些神圣性资源，但这里更强调的是那些能为社会接受、与社会发展相适应的社会性资源。究其根本来说，正是传统宗教"游移现象"文化的神圣性资源和社会性资源交织向社会的延伸才使得传统宗教"游移现象"的文化资源转变为社会资源，而互动的过程，又使自身资源在交流中不断扩大和增长。传统宗教"游移现象"实践是其社会资源积极表达的反映。在强调文化自觉、文化自信和弘扬优秀传统文化的背景下，挖掘、凝聚、再造新时代传统宗教"游移现象"实践的社会资源，放大其社会支持、社会教化功能也是促进其创造性承担的新使命。

2. 传统宗教"游移现象"实践的存在是由其社会资本占有决定的

传统宗教"游移现象"实践是传统宗教"游移现象"文化资源转化为社会资本并付诸实践的结果。传统宗教"游移现象"的社会资本价值是与社会发生互动的原因和结果。传统宗教"游移现象"实践对社会发展的积极因素有些已经表现出来，有些还未能展现。客观地说，传统宗教"游移现象"如果只是作为内部的资源存在，并不一定能真实地为社会提供更多的能量，发挥更大的作用。要想使这一资源变为显现的成效并具有相对稳定的交换和使用价值，就需要将这些"资源"变为社会资本、社会价值，体现更持久的功能。同时，需要不断地透过传统宗教"游移现象"实践与社会的互动增值和扩大社会资本，增强社会对传统宗教"游移现象"的利用力，放大传统宗教"游移现象"的社会资本价值和功能。传统宗教"游移现象"实践的特性决定了其社会资本当然包括神圣性的内容，也包括社会性元素，延续数千年的庙会，其社会组织、社会网络、人际关系等已证明了这一点。传统宗教"游移现象"实践的社会资本是传统宗教"游移现象"文化资源在社会中交换的结果。可见,传统宗教"游移现象"如果不具有社会认同、社会交换、社会运用和社会整合的能力,就无法显现其社会资本的力量,也就很难至少是有限度地呈现其社会功能和社会价值。传统宗教"游移现象"实践也是其在社会活动中得到、积累和增加社会资本的现象和过程。这种积累和放大过程,既体现了传统宗教"游移现象"与社会的交换,也体现了传统宗教"游移现象"实践的社会市场、经济市场、社会资本、经济资本和文化资本的价值。

3. 传统宗教"游移现象"实践的支撑是拥有一定的社会网络

传统宗教"游移现象"实践一定发生在或大或小的社会网络中,并在由这一社会网络构成的社会互动中扩大和织密社会网络,从而发挥连接和影响社会网络的功能。传统宗教"游移现象"之所以能影响社会甚至延伸到其他领域并发挥或大或小的功用,同它积淀下来的文化传统、与社会不同阶层建立起的互动关系、在社会结构中的位置,及其各要素间的关系密切相关。传统宗教"游移现象"实践的发生发展总是处于社会网络空间的背景和情景中,需要与不同社会的结构性力量互动并获得它们的支持。当然,传统宗教"游移现象"实践的社会网络并不是固化的、不变动的,而是开放、流动的。传统宗教"游移现象"实践的起起伏伏也足以证明这一点。传统宗教"游移现象"实践社会网络的组织是传统宗教"游移现象"实践能力的体现,它指的是传统宗教"游移现象"实践实现其社会传播所具有的一切资源,包括物质技术资金、观念价值态度、组织制度等。它是传统宗教"游移现象"持续发展的中心要素。同时,传统宗教"游移现象"实践的社会网络则是这些能力积累、发挥、发展的基础和条件,它为传统宗教"游移现象"实践提供了权力、机会、信息和渠道。传统宗教"游移现象"实践能力当然包括对社会宏观结构性政策法律因素的积极适应及合理合法的运用。可以想见,如果缺乏结构性支持,传统宗教"游移现象"实践也就很难或者不可能发生。除宏观结构外,传统宗教"游移现象"实践还涉及社区传统、社区认同,以及人们的日常生活资源占有等,这也是社会网络的重要组成元素。传统宗教"游移现象"实践既承载着历史延传下来的社会网络，在社会发展进程中也在不断复制，发挥不同的社会功能。

4. 传统宗教"游移现象"实践的动力在于激发和获取社会效益

传统宗教"游移现象"实践需要社会产出，也就是通过自身的实践体现出来的社会效益，它也包括社会结构中不同领域、人群对传统宗教"游移现象"文化价值的认同、保护、利用和开发。传统宗教"游移现象"实践的社会效益指的是传统宗教"游移现象"实践在社会运行中必不可少的有关文化价值方面的功能，即作为文化的传统宗教"游移现象"内涵及其实践的社会效益，集中体现在对人的生命目标的认知、对社会风险发生的诠释、对世界样态的描述、对宇宙规律的说明等。如果从优势视角看待传统宗教"游移现象"实践，可以设想，如果缺少传统宗教"游移现象"实践中有关善恶因果文化的传播，人们对生活中某些知识的认识可能不会那样接地气，道德社会化也许不会那么鲜活，对传统乡土文化、社区秩序价值的把握也可能会付出更大的气力等。尽管在现实中看到的是传统宗教"游移现象"实践就像个"大市场"，其实，需要注意的是，它的确具有"市场经济"的功能，但更要看到其"社会经济"的作用。传统宗教"游移现象"实践其本意并不是经济效益的获得，而是社会效益的担当。当然，传统宗教"游移现象"实践往往会因经济效益的达成而被利用。可见，社会效益也不是与经济效益完全割裂的。

5. 传统宗教"游移现象"实践的目标是社会服务

传统宗教"游移现象"的活跃程度体现在它对社会的贡献，及其功能的发挥上。文化的服务功能既是一种历史的继承，也是一种当下的创新发展。在"游移现象"中多元的恰适性服务可以是物质的、精神的，也可以是组织的、制度的，其面向可以是个体，也可以是群体、社区和社会。正是这种社会服务的价值，使传统宗教"游移现象"实践具有了特别的社会功能和发展动力，成为一种绵延不断、历久弥新的文化，一种社会运行中的文化活动常态。传统宗教"游移现象"实践在为社会提供多元服务的同时，也在增强自身服务社会的敏感性、能力和预见性，回应、衍生和激活社会的需求，协调和优化与社会发展相适应，积累和扩大服务空间和层次，提升服务质量，继承和传递优秀传统文化的正能量。更进一步，传统宗教"游移现象"实践在某种意义上还承担着社会责任与使命。传统宗教"游移现象"是神圣性与社会性相互交织的产物。通常来说，传统宗教"游移现象"的社会性往往是通过现场活动的社会功能来体现的，但也通过其他社会场域空间发挥作用，尤其在现代社会更是通过多领域、多环节、多渠道、多工具及这些功能来与社会发生关系。其中，伴随着神圣性内容的传播，社会性与神圣性传播的合力促成其功能的彰显，继承文化的根。伴随现代化，传统宗教"游移现象"的社会性指向越来越明确，在社会中的影响和地位也更加增强，促使一些公共性新议题不断出现。从丰富日常生活促进人际交往，到净化人生促进个人身心健康，到稳固社会秩序参与社会道德建设，再到构建全球文明互鉴的对话体系等，传统宗教"游移现象"实践在社会中的作用更加活跃和生动，社会责任体现得也更加多样和坚实。

尽管在本部分之初提出的是"两种研究取向的合题"，但受到文字表达及书写呈现的限制，不得已的情况下，仍然在追求清晰的名义下，还是将研究与理论研究分别予以交代。其实，从事宗教议题研究的人都知道，政策应用研究与理论学科研究根本就是不可分割，也是不能分开的。正像面对传统宗教"游移现象"时，思考神圣性不能脱离对社会性的关注一样，它们是一体两面的关系，如果宗教文化没有神圣性与社会性的存在，也就不可能有宗教文化在超越世间的出世与回归世间的入世，精神追求的超凡境界与实用的现实实践等。前者，承载了无为的理想、智慧、情感与价值，后者，付诸了有为的开放、包容、接纳和实践。在研究中不断重申的六种类型正是体现了在其中不间断的往来，游移的相互连接、相通相符，"大游则大移，小游则小移，不游则不移"的过程。发现和表示传统宗教的"游移"实在是想凸显宗教文化社会适应的"转""转化"的能力，"游而不移"体现的就是契机契理的适应实践，适应社会发展的本怀。

再从游移的视角回到应用与理论研究关系的议题上。比如，在认识传统宗教"游移现象"中宗教与现代的关系时，对现代化的分析到底是政策面向,实际面向,还是理论面向的?正是对现代化认识视角的实证研究,学理探索和现实关怀,才有了研究者对这一学术概念和意识形态概念的不断深化,并指导政策思考与研究实践。典型案例及其类型分析也都体现了实践关怀和理论关怀。

传统宗教"游移现象"是指传统宗教的跨界传播、跨领域影响,是宗教文化与社会互动的具体表现形式。"游移现象"自古有之,体现了中国传统文化中人与人、人与社会、人与自然及人与超越世界的关系等,如"天人感应""敬天法祖""人际和谐""社会适应"等。当然,现代社会中的"游移现象"较之以往有着极大的不同,它更强调宗教文化与社会的关系,强调两者之间的适应—引导,强调发挥宗教文化积极的社会功能等。"游移现象"尽管因社会环境的不同表现出不同的取向,但其发生的本质一定是"游而不移"的,即其本具的神圣性与社会性关系、精神性与物质性特征。"千年未有之大变局"影响着"游移现象"发生发展的理念。

参考文献

吕大吉:《宗教学通论新编》,中国社会科学出版社,2017。

楼宇烈:《中国文化的根本精神》,中华书局,2018。

车钟鉴、张践:《中国宗教通史》,中国社会科学出版社,2007。

张志刚:《宗教中国化义理研究》,宗教文化出版社,2017。

卓新平主编《中国宗教学40年(1978-2018)》,中国社会科学出版社,2019。

卓新平:《关于中国宗教现状及其发展的一些思考》,载中国统一战线理论研究会民族宗教理论甘肃研究基地:《当代中国民族宗教问题研究(第5集)》,中国社会科学出版社,2009。

郭于华主编《仪式与社会变迁》,社会科学文献出版社,2000。

车钟鉴:《中国宗教文化的多元通和模式》,载车钟鉴主编《民族宗教学导论》,宗教文化出版社,2009。

高师宁:《新兴宗教初探》,中国社会科学出版社,2006。

李向平等:《当代美国宗教社会学理论研究》,中西书局,2015。

李向平:《信仰、革命与权力秩序:中国宗教社会学研究》,上海人民出版社,2006。

卢国龙主编《宗教在文化战略中的地位和作用》,中国社会科学出版社,2014。

宗树人等主编《中国人的宗教生活》,吴正选译,香港大学出版社,

2014。

岳永逸：《朝山》，北京大学出版社，2017。

吴飞：《人伦的"解体"：形质论传统中的家国焦虑》，生活·读书·新知三联书店，2017。

刘志军：《乡村都市化与宗教信仰变迁》，社会科学文献出版社，2007。

〔德〕马克斯·韦伯：《韦伯作品集》，康乐等译，广西师范大学出版社，2007。

〔法〕爱弥尔·涂尔干：《宗教生活的基本形式》，渠东、汲喆译，上海人民出版社，1999。

〔美〕罗德尼·斯达克等：《信仰的法则》，杨凤岗译，中国人民大学出版社，2004。

顾颉刚编著《妙峰山》，广州中山大学语言历史研究所，1928。

〔法〕葛兰言：《中国人的宗教信仰》，程门译，贵州人民出版社，2010。

〔美〕彼得·伯格等：《宗教美国，世俗欧洲?》，商务印书馆，2015。

〔美〕彼得·贝格尔：《神圣的帷幕》，高师宁译，上海人民出版社，1991。

杜德桥：《妙善传说——观音菩萨缘起考》，李文彬等译，巨流图书公司，1990。

〔美〕杨庆堃：《中国社会中的宗教》，范丽珠等译，上海人民出版社，2007。

〔美〕米尔恰·伊利亚德：《神圣的存在：比较宗教的范型》，晏可佳、姚蓓琴译，广西师范大学出版社，2008。

于君方：《观音——菩萨中国化的演变》，陈怀宇、姚崇新、林佩莹译，法鼓文化事业有限公司，2009。

〔美〕杜赞奇：《全球现代性的危机》，黄彦杰译，商务印书馆，2017。

〔日〕渡边欣雄：《汉族的民俗宗教：社会人类学研究》，周星译，天津人民出版社，1998。

〔美〕大卫·艾尔金斯：《超越宗教：在传统宗教之外构建个人精神生

活》，顾肃、杨晓明、王文娟译，上海人民出版社，2007。

〔美〕塞缪尔·亨廷顿：《文明的冲突与世界秩序的重建》，周琪等译，新华出版社，2010。

杨凤岗：《中国宗教的三色市场》，《中国人民大学学报》2006 年第 6 期。

李四龙：《民俗佛教的形成与特征》，《北京大学学报》（哲学社会科学版）1996 年第 4 期。

李四龙：《现代中国佛教的批判与反批判》，《佛学研究》1999 年刊。

范丽珠：《现代宗教是理性选择的吗　质疑宗教的理性选择研究范式》，《社会》2008 年第 6 期。

卢云峰：《超越基督宗教社会学——兼论宗教市场理论在华人社会的适用性问题》，《社会学研究》2008 年第 5 期。

Jose Casanova, *Public Religion in the Modern World*, Chicago: University of Chicago Press, 1994.

Adam Yuet Chau, Miraculous Response, *Doing Popular Religion in Contemporary China*, Stanford University Press, 2005.

Berling, Judith, *The Syncretic Religion of Lin Chao-en*, New York: Columbia University Press, 1980.

Overmyer, Daniel L. *Folk Buddhist Religion*: *Dissenting Sects in Late Traditional China*. Cambridge, Mass: Harvard University Press, 1976.

Wach, Joachim, *Sociology of Religion*. Chicago: The University of Chicago Press, 1944.

Stark, Rodney & William Sims Bainbridge, *The Future of Religion*. Berkeley: University of California Press, 1985.

后　记

　　研究传统宗教的"游移现象"，源于对社会上引起诸多反响的"事件"的不解，如世界佛教论坛、法门寺佛指舍利出访、莫迪访华、海上丝绸之路佛教与文化之行、少林寺海外传法、兴教寺"申遗"、庙会复兴等。这些本属于传统宗教的事务，为何又与社会发生千丝万缕的联系？这些有着数千年历史的传统宗教，在现代社会崇尚科学的语境下，如何适应与发展？摩肩接踵、热闹非凡的庙会又在传递着什么信息？带着种种疑惑，我开始了充满不确定性的"游移"之旅。

　　课题组循着各种事件的线索走进田野。2016 年至 2018 年，我们参访了嵩山少林寺、西安法门寺、上海玉佛寺、庐山东林寺、常州天宁禅寺、广州大佛寺、山西五台山、浙江普陀山、安徽九华山、云南鸡足山等佛教寺院及名山圣地，游览无锡灵山景区，观看刘湘子梵呗音乐会，参加第十三届厦门国际佛事用品展览会、西安佛教文化博览会等，以及颇具特色的各类庙会，包括周至城隍庙会、临潼骊山老母庙会、岐山周公庙会、白水仓颉庙会和周至豆村关公庙会等。身临其境，感触良多。复杂多样的信息纷纷涌入耳目，在头脑中激烈碰撞，不断刷新自己以往的认知，传统宗教正以多种形式与现代社会产生交流与互动。

　　通过田野调研，深刻感受到坚守与变通的并存，精神与实用的共生，神圣与世俗的交融，热闹与清净的和谐，烦恼与解脱的合一。你中有我，我中有你，如同一场盛大震撼的音乐会，共同演奏着精彩纷呈的交响曲。在研究中发现，神圣与世俗是从社会结构的视角将宗教与社会一分为二，的确建立了对两者关系分析的基础，但用于我国的传统宗教研究却显得不太适合。中国传统文化强调"天人合一""敬天法祖"等。对此，需要另辟蹊径，关注宗教文化与社会的互动关系，以现实案例为分析单位，从传统宗教的内部结构入手，认识传统宗教所具有的神圣性与社会性本质，发现其社会性就在于持续保持与社会的关系，服务社会，适应社会，为社会提供精神产品，延续文化的生命力。

回顾课题调研与本书写作过程，感恩之情油然而生。在此，感谢陕西省社会科学院王亚荣研究员。我对"游移现象"研究充满热情，奈何才疏学浅，尤其是对于相关宗教学知识更是处于"无知"状态，不时陷于迷茫之境。幸得王老师慈悲指点，才能顺利完成此书。感谢陕西省社会科学院江波研究员。江老师思维活跃，在研究思路、理论框架、案例收集等诸多方面给予了不少启发性建议，本书字里行间都隐含着江老师的付出。感谢我的硕士生导师陕西师范大学王继教授、段塔丽教授的谆谆教导，指引我走上科研之路。感谢华东师范大学李向平教授，课题研究期间曾多次受邀参加他组织的宗教社会学会议并分享课题阶段性成果，学界同人提出了良多的意见及建议，本人获益匪浅。陕西省社会科学院谢雨锋副研究员、周玉茹副研究员、张颖舒博士，中央民族大学彭雅琪博士，他们参与了不同阶段的调研工作，提出了许多有价值的想法并提供了无私的帮助。社会科学文献出版社陈雪老师，对本书的顺利出版给予了大力支持。责任编辑张媛老师为完善书稿辛苦付出，提出了许多宝贵建议，她的真诚、热情深深地感染着我。在此一并深表谢意。

吴　南

2020 年 6 月 1 日于西安

图书在版编目(CIP)数据

适应与引导:传统宗教"游移现象"的社会学研究/
吴南著. -- 北京:社会科学文献出版社,2020.10
ISBN 978 - 7 - 5201 - 7363 - 6

Ⅰ.①适… Ⅱ.①吴… Ⅲ.①儒家 - 传统文化 - 研究
- 中国②佛教 - 宗教文化 - 研究 - 中国③道教 - 宗教文化
- 研究 - 中国 Ⅳ.①B222.05②B948③B958

中国版本图书馆 CIP 数据核字(2020)第 180513 号

适应与引导
——传统宗教"游移现象"的社会学研究

著 者/吴 南

出 版 人/谢寿光
组稿编辑/邓泳红
责任编辑/张 媛

出 版/社会科学文献出版社·皮书出版分社 (010)59367127
   地址:北京市北三环中路甲 29 号院华龙大厦 邮编:100029
   网址:www.ssap.com.cn
发 行/市场营销中心 (010)59367081 59367083
印 装/三河市尚艺印装有限公司

规 格/开 本:787mm×1092mm 1/16
   印 张:28.25 字 数:429 千字
版 次/2020 年 10 月第 1 版 2020 年 10 月第 1 次印刷
书 号/ISBN 978 - 7 - 5201 - 7363 - 6
定 价/128.00 元

本书如有印装质量问题,请与读者服务中心 (010 - 59367028)联系